本书获暨南大学“211 工程”三期重点建设项目“华侨华人与中外关系”项目资助

教育部人文社会科学重点研究基地
Key Research Institute of Humanities and Social Sciences at Universities

暨南大学华侨华人研究院
Academy of Overseas Chinese Studies in Jinan University

热血注侨情 丹心写春秋

张兴汉华侨华人研究文集

张兴汉 著

暨南大学出版社
JINAN UNIVERSITY PRESS

中国·广州

图书在版编目（CIP）数据

热血注侨情　丹心写春秋：张兴汉华侨华人研究文集/张兴汉著．—广州：暨南大学出版社，2013.4
ISBN 978-7-5668-0462-4

Ⅰ.①热…　Ⅱ.①张…　Ⅲ.①华侨—研究—文集②华人—研究—文集
Ⅳ.①D634.3-53

中国版本图书馆CIP数据核字(2013)第003808号

出版发行：暨南大学出版社

地　址：中国广州暨南大学
电　话：总编室（8620）85221601
营销部（8620）85225284　85228291　85228292（邮购）
传　真：（8620）85221583（办公室）　85223774（营销部）
邮　编：510630
网　址：http：//www.jnupress.com　http：//press.jnu.edu.cn

排　版：广州市天河星辰文化发展部照排中心
印　刷：佛山市浩文彩色印刷有限公司

开　本：787mm×1092mm　1/16
印　张：21.5
字　数：426千
版　次：2013年4月第1版
印　次：2013年4月第1次

定　价：42.80元

序

中国的和平发展呼唤华侨华人研究

“有阳光的地方就有华人”，的确，在当今全球化的时代，华侨华人的足迹遍及全世界的每一个角落，他们在世界各地生根、开花、结果。

华侨华人是住在国经济社会发展的一支重要力量，他们为住在国的经济发展和社会发展作出了重要的贡献，同时也为中外文化交流，为住在国的文化繁荣添砖加瓦。华侨华人在走向世界的同时，也把中华文化带到世界的每一个角落，他们是促进中国走向世界和让世界了解中国的桥梁，是促进中国与世界人民友好交往的使者。一部中国近现代史，也是华侨华人的历史，正是早期的华侨华人使近代中国开始睁开眼睛看世界，是华侨华人支持了中国革命，也是华侨华人带动了中国的改革和开放，促进了中国的和平发展并迈向世界强国。

华侨华人研究是以海外华侨华人为研究对象的一门学问，在相当长的时期里，华侨华人研究比较少人问津。近年来，随着中国的和平发展和中国人走向全球的每一个角落，华侨华人研究逐渐发展成为一门“显学”。各类专门的研究机构如雨后春笋般涌现，这方面的专家学者越来越多，研究成果也越来越丰富，研究的领域也从原来的历史学扩展到政治学、经济学、民族学、社会学等学科，日渐成为一门跨领域、交叉性的综合学科。学者们的研究视野越来越开阔，研究成果越来越多元化，正是因为有其他学科学者的广泛参与，才使得华侨华人研究日益走向繁荣和辉煌。正在和平发展的中国需要华侨华人研究，正在成长为世界大国的中国呼唤华侨华人研究，遍及全球的华侨华人要求华侨华人研究学者为他们排忧解难。

长期以来，华侨华人研究只是依附在历史学科下的一个分支，这种状况极大地束缚了它的发展，也无法满足国家对外开放和走向世界的现实需求，无法解决海外华侨华人社会面对的各种现实问题。研究华侨华人社会的现状和他们在海外面对的各种现实问题，是中国和平发展的需要，是中国走向世界的需要，是华侨华人与世界各国人民和睦相处的需要。近年来，越来越多其他学科的学者参与华侨华人研究，研究华侨华人政治、经济、文化等问题，试图从跨学科、交叉学科和综合学科的视野，全面地考察和分析华侨华人在海外的生存与发展，研究他们与住在国的关系，研究他们与祖籍国的关系，研究他们的后裔在住在国的文化适应状况。正是其他学科学者的广泛参与，才使得华侨华人研究这门学科焕发青春活力，更加丰富多彩。

有许多人认为，华侨华人研究没有理论，也不需要理论，这是错误的观点。华侨华人研究需要理论的指导，但是，它需要的不是单纯某一门学科的理论，而是多学科、跨学科、综合学科的理论，经济学、政治学、历史学、人类学、社会学的理论和研究方法都为华侨华人研究提供了重要的理论基础和思想方法，正是这些学科的理论和思想极大地丰富了华侨华人研究园地。作为一门跨学科、交叉学科，它需要其他学科的研究方法的支撑，需要其他学科学者的参与。华侨华人研究不是一门独立的学科，而是边缘学科、交叉学科和综合学科，这种特性，一方面制约了其发展，另一方面又为其发展提供了多学科的支撑和更加开阔的视野及更多的研究思路。今后，暨南大学在发展华侨华人研究方面，应该充分发挥具有悠久历史和有竞争力的多学科的优势，整合政治学、经济学、管理学、新闻传播学、文学、历史学等方面的相关专家学者，形成一股合力，共同开创暨南大学华侨华人研究的新局面。

暨南大学是一所华侨大学，素有“华侨最高学府”的美誉，作为中国第一所由国家创办的华侨高等学府，暨南大学早在20世纪20年代即设立南洋文化教育事业部，聚集人才，系统研究东南亚问题及华侨华人问题，出版《南洋研究》、《南洋情报》等刊物及多种专著，可谓中国现代史上规模最大、成绩最多、声名最显著的东南亚与华侨华人研究的专门机构，在海内外产生了广泛而深远的社会和学术影响。经过几代人的努力，暨南大学的华侨华人研究院已经发展成为国内外有较大影响的学术研究机构，作为教育部人文社会科学重点研究基地，它承担着推动中外各国的华侨华人研究和培养华侨华人研究人才等方面的重要任务。

我们的近期目标是：突出主题、贴近现实、协同创新，建设世界一流的“智库”。坚持贴近海外侨情、贴近研究对象、贴近侨务工作实际，为中国和平发展服务，为中国的外交和侨务政策决策服务，为维护海外华人的利益服务。通过研究我国和平发展的过程中外交与侨务工作面临的新课题，研究我国企业走出去面临的新课题，研究海外华侨华人生存和发展面临的新课题，将暨南大学华侨华人研究院建设成为国家的“思想库”、“信息库”，建设成为中国乃至世界的华侨华人研究中心，为凝聚侨心和发挥侨力，为中国的和平发展作出更大贡献。

我们的研究宗旨是：聚焦热点问题，服务国家需要，提升研究水平。我们希望通过动员全校相关学科的力量，从多学科、综合学科的视角，透视和考察海外华人参政、华人经济、华商、华人社会与文化、华文教育等问题，重点研究新华

侨华人问题尤其是中国实施“走出去”战略产生的新华侨华人问题，研究中国的海外利益与华侨华人的关系等。

随着中国的和平发展和逐步成长为世界大国，会有更多的国人迈出国门，走向世界，从而也为华侨华人研究提出了更高的要求和更加繁重的任务，我们必须顺应这个形势，研究新情况，解决新问题。华侨华人研究是高度开放的学科，不仅要求有更多的中国学者参与，也欢迎更多的海外学者参与，我们必须以开阔的胸怀，张开双臂欢迎全世界的华侨华人研究学者，我们愿意与全球的华侨华人研究学者一道，共襄盛举，为促进华侨华人研究学科的发展与繁荣而共同奋斗。

暨南大学国际关系学院院长兼华侨华人研究院执行院长　曹云华

目　录

侨领篇

司徒美堂与祖国抗战

在中国人民八年抗日战争的艰苦岁月中，海外侨胞跟祖国人民同呼吸、共命运，经受了战争的洗礼，为拯救中华民族立下了不朽的功绩，涌现出许多爱国华侨和杰出的侨领。美洲著名爱国侨领司徒美堂（1868—1955）先生就是其中一位具有代表性的人物。

值此纪念司徒美堂诞辰140周年之际，本文着重论述司徒美堂先生在抗日战争期间，在团结海外侨胞，发动募捐救国，维护抗日民族统一战线，促进国共两党合作，保护爱国抗日将领访美，进行抗日救国宣传，保护华侨合法权益，救济侨眷，接通侨汇，动员侨资归国，支援祖国建设等方面所作出的卓越贡献。

一、停止堂斗　团结抗战

美洲洪门致公党主席司徒美堂，自抗日战争爆发后，他深明大义，摒除门户之见，从狭隘愚昧的堂斗中醒悟过来，以国家民族利益为重，消除隔阂，团结侨众，联合华侨社会中的一切爱国力量，组织抗日救国统一指挥机构，动员广大侨胞募捐救国，有钱出钱，有力出力，为国捐输，共赴国难。

20世纪20年代末，美国首先爆发而后波及全世界的经济危机，使工人失业人数增加，排华恶浪愈演愈烈。加之受中国国内政治因素的影响，华侨社团之间各种矛盾日趋尖锐，导致华侨社区的堂口斗争加剧。当时，司徒美堂任美洲洪门致公党属下最大的组织安良堂总监，为避免堂斗，缓和矛盾，他离开美国，前往香港。在港期间，他广泛接触洪门兄弟和爱国人士，了解到国内由于军阀混战，南北割据，以致国力不振，民不聊生；国外列强窥伺入侵，瓜分中国，国运危在旦夕。蒋介石又制造宁汉分裂，叛卖革命，发动“四一二”政变，大肆屠杀革命群众，并在南京建立独裁政府，实行“剿共”政策，第一次国共合作已彻底破裂。蒋、汪暗中跟美国谈判，借款购买军火，而国民党官僚却把钱存在美国银行，并对人民进行搜刮，造成中国天灾人祸，财尽民穷。日寇侵略东北，制造“九一八”事变，蒋介石却对日本侵略采取“不抵抗主义”，实行“攘外必先安内”的政策，继续调兵围剿共产党所领导的工农红军。

1931年10月，中国致公党在香港召开第二次代表大会，决定在香港成立致公党中央党部。出席会议的有来自美洲以及南洋各地的代表数十人，与会代表大都是洪门致公党的中坚人物。司徒美堂代表美洲洪门致公党出席这次会议。他与陈其尤等国内洪门人士座谈，了解中国抗战的真实情况，互相交换意见，谈及形势，都表示了海内外洪门兄弟要团结合作支援抗战的决心。在会上，他号召洪门兄弟团结抗日。同时，他抨击南京政府妥协投降的不抵抗主义，呼吁国人团结一致，合作抗日。

通过这次会议，司徒美堂受到很大的教育和启发：国家分裂，国难当头，团结为重。他深深领悟到，由于华侨社团不和，才容易被人利用，制造分裂，产生了堂斗。堂斗是受人挑拨唆使而引起冲突和自相残杀的、愚昧无知的行为。他决心返美后放弃狭隘、愚昧的“小山头”主义思想，以民族利益为重，主动向对立面协胜堂认错讲和，并召开了“和平会”，以消除隔阂。

同年12月上旬，司徒美堂回到美国。这时，华侨社会发生了巨大的变化，堂斗已经停止，大家都非常关心祖国的命运，谈论抗日救国之事。翌年1月，安良堂和协胜堂双方派出代表数十名，召开了和平大会。司徒美堂在大会上介绍了“九一八”日本侵略东北以来的国内局势，还主动作了检讨，与协胜堂负责人握手言和，并当即签订了和约，双方代表抱头痛哭，会场呈现一派团结的氛围。两堂“和平会”的召开，制止了持续三年之久的“堂斗”，给纽约唐人街带来了新气象，在美洲华侨社会中产生了良好的影响。

“和平会”胜利召开之后不久，“一·二八”上海淞沪抗战的爆发使纽约唐人街华侨社会出现空前团结的局面，抗日救国的气氛日益高涨。司徒美堂立即投入抗日救国运动，联合各侨团组织“纽约华侨抗日救国会”，发动华侨募捐救国。2月初，司徒美堂主持了安良堂的干事会，作出了三项决议：①以致公堂名义发电支持坚守上海的军队；②迅速成立洪门筹饷机构，发动募捐；③组织青年航空救国。从此，在纽约唐人街几乎天天都有个人或侨团发电报声援和汇款支援坚守在上海的中国军队，各社团纷纷派专职人员办理捐款捐物的工作。安良堂还组织华侨学校的学生到街头宣传，进行募捐活动。纽约唐人街募捐救国的热潮日益高涨，各社团、堂口的侨胞奔走相告，争相捐献。他们把一批一批捐款捐物，陆续通过中国银行汇给南京政府，转交十九路军。有的通过国内的广东亲人把捐款送往上海，有的直接汇给上海十九路军蔡廷锴将军。还有不少华侨青年纷纷要求回国参战。美洲华侨支援淞沪抗战的行动，大大鼓舞了十九路军将士的战斗意志。

由此可见，当祖国遇到危难，海内外炎黄子孙，胸怀祖国，关心桑梓，不计前嫌，摒弃“小山头”私利，在反侵略的旗帜下，集合起来，同仇敌忾，团结一致，拯救中华。

二、保护抗日将领游美的安全

抗战初期，由于南京政府采取妥协、让步的不抵抗政策，一批抗日将领和爱国人士遭到迫害，被迫流亡海外。司徒美堂对遭受迫害的抗日将领和爱国人士赴美行为全力支持，并尽力保护他们的人身安全。同时，通过他们的访美，进行抗日救国宣传，以激发侨胞的爱国热情，发动华侨募捐救国。

淞沪抗战停火的消息传到海外之后，司徒美堂决定亲自回国一趟。一方面把侨胞的捐款和物资带回上海慰问十九路军；另一方面，进一步了解上海淞沪抗战的事态发展。4 月中旬，他领着慰问团成员携带着侨胞捐赠的物资和慰劳品，乘坐邮船回到上海，亲自面见蔡廷锴将军，详细了解淞沪抗战的真实情况。5 月 16 日他还参加了“一·二八”淞沪抗战阵亡将士的追悼大会，并代表美洲华侨赠送了花圈。会后，他受到何香凝女士的亲切接见。劳军结束后，司徒美堂决定回粤省亲，当他与蔡廷锴将军分手话别时，见蔡廷锴情绪不好，闷闷不乐，于是问：“蔡将军，日寇未赶出国门，为何掉转枪口打自己人呢?”蔡廷锴回答：“前途未卜，见机行事!”司徒美堂安慰他：“蔡将军，日后有难处，请到美国来，海外侨胞欢迎您!”两人就此握别。

不久，蔡廷锴接到南京政府命令，调防福建。他到了福建后，便违背南京政府的旨意，高举抗日大旗，建立抗日政权，组织革命民主政府，推举李济深为主席，蔡廷锴则任革命军总司令。而当福建革命政府号召全国人民反蒋反南京政府时，南京政府却为消灭抗日革命民主政权而派遣空军不断轰炸福州，威胁新生的福建革命政权。蔡廷锴见大势已去，决定解甲出洋，带着军长、警备司令和秘书一行四人到了香港。

1934 年春，司徒美堂接到香港陈铭枢的急电：“蔡廷锴欲访美，能否发动侨团保护，免遭敌人暗害?”司徒美堂即复电：“热烈欢迎蔡将军来美，保证他的安全，一切无误，请放心!”

自“一·二八”上海淞沪抗战发生后，蔡廷锴将军的声誉和十九路军的抗日英雄事迹在华侨社会中家喻户晓。抗日民族英雄蔡廷锴将军访美的消息传开后，广大侨胞非常高兴，都做好欢迎的充分准备。司徒美堂更是不例外。他高兴，同时也为抗日民族英雄的安全操心，亲自向各大城市的安良堂布置保安任务。自 8 月 28 日起蔡廷锴访美期间，访问了几十个城市，司徒美堂始终为他当保镖，确保他每到一处都平安无事，从而顺利地完成了访美任务。

蔡廷锴将军访问美国，在美洲华侨社会中影响很大，进行了一次抗日救国的大宣传、大发动，激发了侨胞的爱国感情，点燃了抗日救国的热情，促进了华侨社会的大团结，为以后掀起全美华侨抗日救国运动奠定了思想基础。继蔡廷锴将军之后，还有杨虎城、冯玉祥和陶行知等人访问了美国。他们也在司徒美堂和侨胞们的保护下，顺利完成了宣传抗日的任务。华侨是爱国的，谁能为振兴中华出力，为民族强盛做好事，他们就拥护谁，甚至倾家荡产、牺牲自己也在所不惜。

1937 年“七七”卢沟桥事变后，全面抗战爆发了。司徒美堂被选为“纽约华侨抗日救国筹饷总会”常委，他全力以赴投入募捐救国的专职工作，并与香港“保卫中国大同盟”的负责人宋庆龄取得联系，将美洲华侨的捐款捐物源源不绝地分送到八路军、新四军各个敌后战场。美洲华侨社会的大团结，对支援祖国抗战起了非常重要的作用。在八年抗战中，仅纽约华侨，平均每人就捐献了 670 ~ 1 000美元。另外，公债和杂捐不在内，额捐款项也在 1 400 万美元以上，还有药品、衣物、汽车等。“七七”抗日战争爆发之后，“我们在美国知道这是长期抗战，要长期募捐救国，因为筹饷局之设，我辞去其他职务，专职纽约筹饷局工作五年之久。每日早上 10 时上班，至深夜 12 时才了事。当时，募款的名目有如下各种：额捐（每人每月 15 元）、收音机捐、散捐、餐馆的自由捐、公债票”①。抗战期间，美洲华侨捐款达数亿美元，仅司徒美堂发动华侨支援祖国抗战的捐款就达 5 400 多万美元。同时，还组织华侨青年回国参军参战，他们有的血洒祖国长空，有的战死沙场。司徒美堂和美洲华侨为拯救危难的祖国作出了重大的贡献。

三、保护华侨合法权益

1938 年 10 月广州沦陷后，广东各地侨汇中断，侨眷生活受到极大的威胁，特别是四邑地区，侨眷饿死无数，活者四散逃荒，沿途饿殍遍野，讨乞成群，造成农田荒废，满目疮痍。1942 年，司徒美堂回国参加国民参政会期间，因会议延期召开，他曾回粤探亲，耳闻目睹广东侨乡严重的天灾人祸，心情无限沉痛。

自“七七”全面抗战以来，美洲华侨为祖国抗战作出了重大的贡献，他们用血汗换来的美金除了交由中国银行汇给国内侨眷作生活费之用外，绝大部分都捐给了国民政府作抗战经费。但是，侨胞汇款回国接济侨眷的生活费，却受到层层剥夺，汇期无限延长，汇率不断贬值，致使饥饿中的侨眷得不到及时接济，四邑侨乡饿死 20 多万人，幸存者逃荒至阳江、阳春等地。“抗战期间，美国华侨将血汗换来的美金交由中国银行汇给国内侨眷作生活费用。中国银行折成国币汇返重庆，按汇率来说，华侨已经很吃亏了，但重庆总行的大头子把侨汇压下，先做一笔买卖，然后再到桂林分行；桂林分行的二头子再做一笔买卖，然后再到韶关支行，韶关的三头子也做一笔买卖，然后再到台山办事处；台山的四头子最后也要捞一把，拿去囤积粮食。这样，侨汇到了侨眷手里，快则半载，迟则一年，许多人已经全家饿死，有幸残存收到钱的，本来可以买米三千斤的，已经买不到一百斤。”[②]日本侵略给中国人民带来灾难，四邑侨乡依靠侨汇过日子的侨眷更不例外，一旦侨汇中断，侨眷则难于自下而上。司徒美堂关心家乡人民的疾苦，在国民参政会上，向政府提案：“救救四邑侨眷，请政府拨款或借款三千万元解救水深火热中的侨眷。”

广东四邑台山、开平等地的侨眷，历来指望由美洲汇来的款项维持家庭生活。可是，自香港沦陷后，侨汇更加困难。侨眷迟迟收不到侨汇，甚至连侨汇的下落也问不到。为此，司徒美堂请求政府拨一笔款子，用作台山、开平四邑的临时救济费。同时，考虑到当时正处于抗战年月，财政上有困难，因此他建议借贷，会后他回美募捐偿还。他说：“国家的开支是有困难的，所以这笔款子是暂借性质。会后我返美即可向美洲粤侨募集归还国家。假若国家目前过分困难的话，那我想向广东省政府方面去设法，将来仍同样付还粤省府。”[③]司徒美堂胸怀宽阔，既爱国家，又爱家乡，体察国家的处境，同情故乡人民的疾苦。他说：“人总不能忘本的啊！国要救，家要救，乡也要救啊！”[④]为了解救苦难中的侨眷，他不顾国民政府当局的态度，仍然直言不讳，慷慨陈词，请求国民政府拨款救济水深火热中的四邑侨眷。这种忧国忧民、眷念乡土的桑梓之情，感人至深。

在这期间，司徒美堂还为筹建华侨兴业银行、接通侨汇、动员侨资归国作了不懈的努力。当时东南亚因被日寇占领，侨汇中断，司徒美堂跟美洲侨胞取得联系，向国民政府交涉，经过一番努力，在重庆枣子岚垭办起华侨兴业银行。为使华侨兴业银行取得侨胞的信任，他亲自出任银行董事长。他原住中央饭店，出入不自由，总被人盯梢。华侨兴业银行开业后，他搬到银行二楼住。这样一来，既可以及时解决管理上碰到的具体问题，又能广泛接触各方友好，了解抗战的真实情况。华侨兴业银行的开业，对侨资归国、解除侨眷的疾苦、输财抗战、投资建设起了非常重要的作用。

华侨是愿意把资本转移到国内投资建设的，但是，华侨担心国内投资没保障，因而华侨资本迟迟不归国。司徒美堂在动员美洲侨胞把资金转移到国内投资建设的同时，又向国民政府提出要求，确保华侨的合法权益不受侵犯。“华侨是不愿把资金放在国外去做‘空中楼阁’，而愿意把资金移回祖国，在自由祖国的原野上去开花结果。现在的问题是怎样移，移作什么用，怎样耕耘，怎样灌溉，准备开什么花，结什么果。”[⑤]

自太平洋战争爆发后，南洋华侨资本受到抑制，无法内移，主要的外汇集于美洲，国民政府希望美洲资本转移到国内。司徒美堂回国期间，对国民政府官僚政客有所了解，担心华侨投资得不到保障，因此要求国民政府保障华侨合法权益，这样华侨才能回国投资。“华侨绝不是财神爷，星洲南洋是沦陷了，现在所谓华侨资本内移问题，主要是美洲和非洲的华侨，只要有正当合理的保证，华侨是能够满足国人这种理想和希望的。”⑥司徒美堂把华侨银行筹办起来后，便返回美国继续动员华侨募捐救国和回国投资建设，支援祖国抗战。

四、促进国共两党合作抗日

1941 年春，正当海外侨胞团结一致、支援祖国抗战的热潮进行得如火如荼的时候，蒋介石不顾国家民族利益，制造了震惊中外的“皖南事变”，屠杀新四军抗日军民，国共合作、团结抗日的局势遭到破坏和分裂。美洲侨胞纷纷通电，反对蒋介石“枪口对内”制造分裂的行为。司徒美堂为了维护抗日民族统一战线，促进国共两党合作，团结抗日，电告国共两党领袖，应以民族利益为重，坚持团结，共同抗日，反对分裂。为了国家前途，他不顾个人安危，冒险返国，冲破日军封锁和可能的拘捕，从香港脱险，历尽艰辛，返回内地。

1 月 7 日“皖南事变”发生，翌日，司徒美堂即以个人名义分别向重庆、延安国共两党的领袖发出快邮代电，敦促蒋介石悬崖勒马，停止摩擦，一致对外。“最近读朱、彭、叶、项发表致何、白佳电，胪列国共摩擦事件，言词痛切，初尚不敢轻信，迨中外电讯播传其事，始悉我军当局确曾下令新四军移防，以及国军二十万五道封锁陕甘宁边区二十三县。国共分裂形势严重，祖国将有内战爆发之虞，各皆言之凿凿，证之佳电信而有征，海外闻之，万分惊骇。思大敌当前，谁敢分裂，自坏长城，自促亡国，况国共两党，经公等领导，相忍为国，团结抗战，数年一日，大著殊勋，不特全国同胞额手称庆，即我海外侨胞亦无限敬佩，而世界人士，尤啧啧称羡焉，际兹战局转好，国际转利，迩者美国且决定以援华为国策，行见抗战胜利，指日可待，噫，何期我国共两党乃于此时间有兄弟阋墙煮豆燃萁之传闻耶，思之思之，信疑仍未敢肯定也。……”⑦司徒美堂这长达一千多字的快邮代电劝导两党团结为重，共同抗敌，言辞恳切，语重意深。毛泽东同志接到司徒美堂的快邮代电后，于 3 月 14 日复电：“奉读一月八日代电，关心祖国，呼吁团结，敬佩不已。中国今日决不能同时进行既对外又对内之两个战争，必须完全取消国民党当局的反共计划，并驱逐亲日派，团结全力，以与日寇相搏斗，抗战始有胜利可期。乃自蒋介石下令消灭皖南新四军及于一月十七日发表宣布新四军叛变，取消该军番号，及将该军军长叶挺交付法庭审判之反革命命令以后，国共合作已遇严重危机。国民党中亲日派与反共派之横行，已直接给予全国抗战极大损害。当民族存亡千钧一发之时，亲日派分子如不驱逐，反共派分子如不放弃其两个战争的计划，一党专政如不取消，民主政治如不实行，三民主义如不兑现，总理遗嘱如不遵从，中华民族之前途，必被葬送于此辈之手。中国共产党始终以民族利益为重，坚持抗日民族统一战线政策迄未稍变，惟对于亲日派及反共派危害抗战之滔天罪行，不得不谋所以制裁之道，业向政府当局提出时局善后办法及临时办法各十二条，尚祈公等一致主张，予以赞助，以期迅速见之实行，团结幸甚，抗战幸甚。”⑧毛泽东同志代表中共中央表明自己的态度和团结抗日的主张，立场坚定，旗帜鲜明。而蒋介石收到司徒美堂从美国发来的快邮代电之后，生怕与司徒美堂闹翻，失去美洲华侨的支援，便以“国民党政府行政院华侨参议员”的名义，邀请他回国，参加国民参政会。

司徒美堂接到重庆国民政府的邀请后，经过一番思考，决定回国一趟。为了民族利益，为了促进国共两党的团结，他不顾年迈之躯，于同年10月，乘坐美国邮轮，横渡太平洋，途经菲律宾，取道香港回国。他回到香港不久，12月7日，太平洋战争爆发，日军占领香港。在一次外出活动中，他被日本特务抓住，被控制在日本特务头子矢崎的手里，失去了自由。矢崎知道司徒美堂在香港有一定的声誉和势力，因此，想利用他的威望，左右香港局势，所以以高薪引诱他出任香港维持会长，以稳住香港的社会秩序。当矢崎命令他任维持会长时，遭到他的坚决拒绝。矢崎问他：“你为何不愿跟我们亲善合作呢?”他大义凛然地回答：“我是一个华侨，你们侵略我的祖国，你我谈何亲善呢?”矢崎劝他：“你只要挂个名，具体工作由你儿子出面就行了。”他慷慨激昂地回答：“宁可我去死，也不让我儿子去死。”矢崎眼看无法说服他，只好强下命令发出通告，司徒美堂将计就计，趁机外出活动，在洪门兄弟的帮助下，利用敌人换班的机会，摆脱特务的跟踪，化装脱逃，偷渡九龙。在游击队的掩护下，他冲破日军炮艇的追击和敌机的轰炸，历尽艰险，步行二三百里，回到粤省战时首府韶关，辗转广西，再飞重庆。共产党对司徒美堂的回国表示热烈欢迎。“旅美侨胞领袖司徒美堂先生，以七十岁高龄，远涉重洋，冒险返国，复经香港之变，旅途劳瘁可知，昨日由香港脱险抵渝，我们诚不胜其欢迎之情。”⑨

司徒美堂到了重庆，受到国民政府高级官员的接见，蒋介石把他请到自己的别墅作客，以最高礼节迎接他。在渝期间，他亲自到红岩村八路军办事处拜见了周恩来、董必武、邓颖超等人，还访问了一些爱国抗日将领和民主人士陶行知、黄兴夫人徐宗汉等人，并跟国内洪门人士陈其尤、黄鼎臣等交往甚密，了解国内抗战的真实情况。蒋介石曾以“国府委员”的桂冠交换，想拉拢他加入国民党，被他拒绝。他说：“谁打日本，谁就爱国，谁能拯救中华民族于水火之中，我就拥护谁，我是洪门致公党，不参加其他党派。”⑩司徒美堂拒绝加入国民党之后，蒋介石又派戴笠和杜月笙出场，以帮会组织的手段想把美洲洪门致公党掌握在手中。司徒美堂清醒地看出了实质，表露心迹：只要有利于团结抗日之事，必当鼎力扶持，国难当头，团结为重，只要国人万众一心，跟日寇决一死战，海外侨胞都愿意支援抗日到底。

司徒美堂在重庆跟各界人士接触过程中，对中国抗战期间的国情有所了解，观点逐渐转变，打消了对中国共产党的怀疑。他说："忠于抗战事业，而创造了抗战办法、展开抗战局面的是共产党而非国民党，那么凡是爱国的人，就绝不该反共，反共的人实际上也一定反对抗战。"[11]返美后，他奔走南北美洲各地，向华侨介绍国内抗战的形势，每到一处，如实介绍敌后战场八路军、新四军艰苦作战、消灭日寇的情况，使侨胞了解中国抗战的真相，进一步发动美洲华侨支援祖国抗战。

在中国人民浴血奋战的八年艰苦抗日中，司徒美堂先生为了灾难深重的祖国的独立和解放，跟美洲侨胞一道，不惜牺牲一切，奔走南北美洲和太平洋两岸，募捐救国，他的光辉业绩将永垂史册。在纪念司徒美堂先生诞辰140周年之际，海外侨胞和祖国人民怀念他，我们要发扬他热爱中华、心怀桑梓的精神，团结海内外炎黄子孙，发展最广泛的爱国统一战线，促进第三次国共合作，调动一切可以团结的力量，为振兴中华、建设"四化"强国、实现祖国统一大业而努力奋斗。

（《暨南学报》1988年第1期）

参考文献：

①②司徒美堂：《祖国与华侨》，香港《文汇报》1956年8月。

③④⑤⑥司徒美堂：《司徒美堂谈救侨》，《新华日报》1942年10月27日。

⑦司徒美堂等致国共两党领导人电，1941年1月8日。中央档案馆编：《皖南事变（资料选辑）》，中共中央党校出版社1982版。

⑧毛泽东同志复司徒美堂等人电文，1941年8月14日。中央档案馆编：《皖南事变（资料选辑）》，中共中央党校出版社1982版。

⑨《欢迎司徒美堂先生》，《新华日报》短评，1942年8月10日。

⑩⑪司徒美堂：《祖国与华侨》，香港《文汇报》1956年8月。

陈嘉庚教育思想的形成与发展

爱国侨领陈嘉庚先生是一位著名的实业家，同时又是一位杰出的华侨教育家，他把自己的资产绝大部分投放到为国育才上，倾家兴学，耗资总金额达一亿美元。陈嘉庚先生办学的业绩在我国教育史上是罕见的。他所创办的集美学校，从幼稚园、小学、中学（包括师范、水产、航海、商业、农林）、国专直到厦门大学等，形成一个规模宏大、教育结构完整的学村。陈嘉庚先生还通过教育推广部倡办和补助了福建全省28个县市73所中小学。他在侨居地对华侨教育事业也十分关心，先后创办五所华文小学、两所中等专业学校，资助过一些运转困难的学校。他为祖国和南洋各地培养了许多人才，他的事业不仅对中国，而且对海外华侨社会的发展也具有重大意义。胡耀邦同志在中国共产党六十周年纪念大会上赞扬他："陈嘉庚先生是对中国革命胜利作出了重要贡献的著名爱国人士。"李先念主席也号召全国人民："学习陈嘉庚先生为发展祖国教育事业而奋斗的精神。"

陈嘉庚先生在政治上从爱国主义、民主主义到拥护社会主义，经历了拥蒋反汪到拥共反蒋、反帝爱国的道路。他的兴学思想也经历了三个发展阶段。

兴学报国

陈嘉庚先生的兴学思想是植根于爱国爱乡的土壤上的。

陈嘉庚于1874年10月21日诞生在福建省同安县集美镇一个侨商家庭，青少年时代在家乡度过。当时，旧中国正处在半殖民地半封建社会，清廷腐败，列强入侵，民不聊生。他的故乡集美镇是民族英雄郑成功抗荷驱寇的根据地，他是在民族英雄曾经抗敌驻防的兵营"延平故垒"长大的。他常常听乡亲们讲述郑成功率领官兵英勇杀敌，从荷兰侵略者手中收复祖国领土台湾及林则徐在广东虎门反英斗争中销毁鸦片的爱国故事。民族意识的熏陶、爱国思想的哺育在他幼小的心灵撒下了爱国的种子。地处祖国东南滨海的集美镇是个贫穷的渔村，文化落后，穷人的孩子没机会上学。陈嘉庚9岁才入私塾，读的是四书五经，每天背书识字，却不理解内容，他对旧式教育的弊端深有感触。

1890年当陈嘉庚17岁的时候，他应父之命，出洋习商，在英帝国主义统治下的新加坡谋生，饱尝了“海外孤儿”的苦楚。开始他是跟父亲经营米店，后来自筹资金，另立铺头，经营菠萝厂、橡胶园等，生意日隆，资本益丰。在激烈的商战和反对殖民主义者的斗争中，他意识到祖国的强弱跟华侨的命运紧紧连在一起，他是多么希望祖国尽快强盛起来啊！1893 年秋，他回乡探亲。翌年冬，他拿出 2 000 元在家乡创立“惕斋学塾”，这是他捐资兴学之始。1895 年陈嘉庚再次出洋，那年清政府把台湾割让给了日本。为了传播中华民族文化，培植海外侨胞后代的爱国思想，他开始致力于海外华侨教育事业。1910 年陈嘉庚出任新加坡道南学校总理，筹资 5 万元扩建校舍，这是他在海外热心创办华侨教育的开端。此后，在他的影响下，东南亚华侨教育事业蓬勃发展起来。

陈嘉庚处在新旧交替的年代，资产阶级民主革命的浪潮波及全国，也冲击着海外华侨社会。1906 年孙中山先生在东南亚各地筹募经费，准备武装起义，得到广大爱国华侨的积极支持。同时，孙中山也吸收了许多爱国华侨青年以及洪门人士加入同盟会。陈嘉庚通过友人林义顺的介绍，结识了孙中山先生，并聆听了孙中山先生的救国心声，懂得了救国的道理，要拯救祖国，根本在于社会革命，国体改革。1910 年 7 月，孙中山再次抵新加坡，整顿同盟会时，陈嘉庚毅然加入同盟会。从此，他走上了革命的道路。他说：“余年三十七岁，即民国光复前一年起，剪去辫发，与满清脱离了关系。”[①]

1911 年 10 月 10 日，辛亥革命把封建王朝清政府推翻，建立了民国，陈嘉庚万分高兴。被新加坡闽侨推举为福建省保安会长的他奔走募捐，不辞劳苦，筹款 20 万元汇给福建新政府。孙中山先生回国就任中华民国临时大总统时，急需旅费，陈嘉庚立即汇去 5 万元，表示对革命的支持。1921 年秋天，他怀着喜悦的心情，回到阔别十多年的故乡，却目睹教育落后，乡间孩童失学严重的境况。他经过一番调查，找出了教育长期落后的原因：一是学校太少；二是学校领导腐化。他在《畏惧失败才是可耻》一文中写道：“更鉴于吾闽文化之衰颓，师资缺乏，海外侨生之异化，愈认为当前争务，而具决心焉。”陈嘉庚充分认识到，推翻清政府后，国家的发展前途，离不开科学文化的发展，而科学文化的发展又依赖于教育。“教育为立国之本，兴学乃国民天职”，“欲为公众服务，亦以办学为宜”。身为炎黄子孙的陈嘉庚深深感到“国家兴亡，匹夫有责”，自己应对祖国尽一份义务。于是，他抱破釜沉舟之志，从改革教育入手，抱实现教育兴国的心愿，遂决心从家乡做起，先办集美小学。他说：“民国光复后余热诚内向，思欲尽国民一份子之天职，愧无其他才能参加政务或公共事业，只有自量绵力，回到家乡集美社创办学校。”[②]1913 年春，陈嘉庚利用旧祠堂办起小学，4 个班，共招收 180 多名学生，后又捐出 2 000 元买了一口鱼塘，填平后建成校舍和运动场。同年夏天，共建好七间校舍，造价达 1.4 万多元。秋天，小学正式迁入新教室上课。这就是陈嘉庚在家乡创办的第一间新型学校——集美小学。陈嘉庚先生创办集美小学不仅为了提高乡间儿童的文化水平，更重要的是想革除旧的思想和教育颓风。

当时，孙中山先生领导的二次革命仍在继续。“革命尚未成功，同志仍须努力。”革命深入人心，远传海外，尤其是孙中山先生的教育思想对陈嘉庚影响极深。孙中山先生非常重视教育，他在1895年《香港兴中会宣言》中提出：“立学校以育人才，兴大利以厚民生。”孙中山先生不仅重视普通教育，同时也非常重视实业教育、师范教育和普及教育，特别强调女子教育。他亲自起草的《中国国民党第一次全国代表大会宣言》中，规定“厉行教育普及”作为一个重要的对内政策。“凡为社会之人，无论贫贱，皆可入公共学校，不特不取学膳等费，即衣、履、书籍，公家任其费用。”③他着重指出：“因中国女子虽有两万万。唯于教育一道，向来不注意，帮有学问都甚少。处于今日，自应提倡女子教育为最要之事。”④陈嘉庚非常敬仰孙中山先生，把孙中山先生的教育思想作为自己办学的方向。他创办的学校招收的主要对象是贫苦失学青少年，给学生以优惠的待遇，除了食宿学费全免之外，还发给衣服、被帐和零钱。1916年秋天，他委胞弟陈敬贤的夫人王碧莲负责筹办集美女子小学。经过一年时间，中学和师范的校舍建好了。1918年3月10日，中学、师范同时开学。集美中学和师范建成，为海外侨胞子弟和闽粤两省贫苦失学青年提供了学习的机会。陈嘉庚的这些活动受孙中山先生教育思想的影响，是显而易见的。孙中山先生的教育思想之所以能引起陈嘉庚的共鸣，并让其不惜一切代价付诸实践，正是出于他强烈的爱国爱乡之情，正如他说：“久客南洋，心怀祖国，希图报效，已非一日。”

陈嘉庚先生从1894年在家乡创办“惕斋学塾”至1918年创办集美中学和集美师范，是他兴学的第一阶段。他这样做纯粹出于爱国爱乡的感情。他爱国兴学的思想已基本形成，随着革命运动的发展和国情的变化，他的认识在不断提高，为教育救国奠定了思想基础。

教育救国

辛亥革命后，国际上发生了第一次世界大战，东南亚各地的经济虽然受到战争的威胁，但由于陈嘉庚独具经济眼光，实业仍在发展。在国内，袁世凯窃取了临时大总统的宝座后，执行卖国投降的外交政策，于1915年5月9日，与日本秘密签订了丧权辱国的卖国条约“二十一条”。1919年5月4日，北京发生了“五四”青年学生爱国运动，提出“内惩国贼，外争国权”的口号。中国处在军阀混战、列强瓜分、国势危在旦夕之际。此时，陈嘉庚对祖国的前途，民族的命运甚为担心。因此“五四”运动对他鼓舞很大，他曾给集美学校师生写信：“吾国今处于列强肘腋之下，成败存亡千钧一发，自非急起力追，难逃天演之淘汰！”[5]他激励学生必须为救亡图存而努力学习，掌握本领；中国已处在列强肘腋之下，危难关头，必须急起直追，发愤图强，否则祖国就可能被列强瓜分。

陈嘉庚先生为了拯救危难中的祖国，加速培养各种实业救国的人才，决心作更大的智力投资。1919 年春天，他把南洋华侨中学办起来后，6 月离开新加坡。回国前夕，他把南洋的全部不动产——胶园 7 000 多英亩，地皮 150 多万平方英尺，捐作集美学校的永久基金。他聘请律师按英国政府条例立字为据，并说：“此后，生意及产业每年所得之利，除花红之外，或留部分以添入资本，其余所剩之额，虽至数百万元，亦决尽数寄归祖国，以充教育费用，是乃余之所大意也。”[6]他的思想已从兴学报国升华到救国图强、振兴中华的境界了。他从国家的前途和民族的命运出发，寻找救国救民的出路，把兴学、兴国、兴家融为一体。他说：“兴学即所以兴国，兴国即所以兴家。”[7]当时，他以国家的需要来思考办学方向。他指出：“科学之发源，乃在专门大学。有专门大学设立，则实业、教育、政治三者人才，乃能辈出。”[8]陈嘉庚决心创办厦门大学，培养高级专门人才。经过一段时间筹备，1921 年 4 月 6 日，厦门大学在集美学校礼堂举行开学典礼。他亲自撰写《通告》：“专制之积弊未除，共和之建设未备，国民之教育未通，地方之实业未兴，此四者望其各臻完善，非有高等专门知识，不足以躐等而达。……且门户洞开，强邻环伺，存亡绝续，逼于眉睫，吾人若复袖手旁观，放弃责任，后患何堪设想！?”[9]同年 7 月 30 日，他又在“陈氏宗祠”召集筹办厦门大学发起人会议上，表达了他兴学的决心：“今日国势危如累卵，所赖以维持者，惟此方兴之教育与未死之民心耳，若并此而无之，是置国家于度外，而自取灭亡之道也。……诚能抱定宗旨，毅力进行，彼野心家能剜我之肉，而不能伤我之心，能断我之臂，而不能得我之心，民心不死，国脉尚存，以四万万之民族，决无甘居人下之理。今日不达，尚有子孙，为精卫之填海，愚公之移山，终有贯彻目的之一日。”[10]陈嘉庚先生育才救国的思想非常明确。会议结束后，他当场认捐 100 万元作为厦门大学的开办费，经常费 300 万元，分期付。他亲自选择校址，在风景秀丽的五老峰下，将民族英雄郑成功的演武场定为厦门大学的校址，还亲自聘请设计师、校长和教师，作出远景规划。厦门大学初办，设立师范（文、理科）、商学两部，本科 4 年，预科 2 年。聘请当时北洋政府教育部参事邓萃英任校长，后由林文庆接任。首批学生 136 名。1921 年 4 月 6 日在集美学校即温楼正式开学，并定在 5 月 9 日“国耻纪念日”那天为厦门大学校舍立基。1922 年第一批校舍落成，学生到新校舍上课。随后陆续新建校舍，扩大招生。当时，厦门大学是福建省第一所大学。1930 年扩充为文、理、法、商、教育 5 个学院，共 17 个系。[11]

陈嘉庚在创办厦门大学的同时，还创办各种实业学校。他每办一种实业学校均是从国家实际需要出发。当时我国水产航海业比较落后，连参加国际航海业注册的资格都没有，因此，他发出“力挽海权；培育人才”的誓言，决心为国家培养水产航海人员。他写道：“余以本省海岸线长，渔利航业关系非鲜，故拟办水产及航海学校。”[12]1920 年 2 月集美学校水产部正式开办。几十年来，该校培养了不少航海家，集美水产航海部的毕业生在国际水产航海界享有一定的声誉。福建省华侨众多，在海外以经商为主，大多数人经营方式陈旧，竞争不过外国人。尤其是日本南进后，商战威胁加大，日本商人根本瞧不起侨商，扬言“白种人是劲敌，不容易同他竞争；那无知识、无组织、无后盾的中国人，一挥就去，可以取而代之”。民族意识极其强烈的陈嘉庚先生听此论调，愤慨万分，誓为华侨争气，替中国人长脸，决心创办商业学校，为祖国和华侨社会培养商业人才，改变国内旧的商业经营方式，增强国际市场的竞争能力。于是 1920 年 8 月他正式开办商科学校。几十年来，商校为海内外培养了许多企业家和金融家。我国是个农业国，而农林科学技术又非常落后，必须培养农业科技人才，发展农业。1926 年春，集美学校农林部正式开学。[13]

陈嘉庚先生的爱国兴学之路可谓坎坷。他为了国家富强，民族兴盛，经受了重重打击，企业破产不怕，学村被毁重建。当企业发展迅速时，他加大教育投资；在经营遭受挫折后，他的办学意志仍毫不动摇。他以顽强的毅力、百折不挠的精神，克服重重困难，披肝沥胆，坚持办学。1923 年至 1925 年是他的企业发展鼎盛期，也是他办学的黄金时代。随着他的企业日隆，集美学校和厦门大学的建设规模也不断扩展。正当他运筹准备将集美各类职业学校扩展为大专院校时，他所经营的企业开始亏损。1928 年由于日本帝国主义和奸商勾结破坏，给他造成严重的经济损失，亏损 100 多万元，但在三年时间里他仍支付两校经费 120 多万元。1929 年资本主义世界爆发了经济大危机，在企业受到更大的打击时，他仍借债维持两校的经常费用。当时，有人劝他停办集美学校和厦门大学，全力以赴维持企业。外国银行也以债权人的资格，要求他停止负责两校的经费来清还债务，否则就要拍卖他的不动产。他毅然回答：“我的经济事业可以牺牲，学校绝不能停办！”1931 年他的经营越来越困难，被迫将企业改为“陈嘉庚有限公司”，但他仍然按月支付两校经费。1933 年他的企业已濒临破产，外国某垄断集团提出以停办集美学校、厦门大学两校为条件，把他的企业作为附属公司而加以“照顾”。他斩钉截铁地回答：“宁使企业收盘，决不停办学校。”他在处境极端困难的情况下，仍然独立负担两校的经费 23 万元。直到 1933 年迫不得已，他只好向至亲知己求援，得到他女婿李光前等人的支援，共同负担两校经费。1934 年为使两校不致停办，他宁愿让工厂倒闭、企业收盘，以维持两校的生存。1937 年春天，困难越来越大，他考虑到两校的前途，为了集中力量维持集美学校的发展，他写信给南京国民政府教育部和福建省政府，提出自愿无条件将厦门大学交给政府改为国立学校。

1937 年抗战爆发后，陈嘉庚先生在海外奔走呼号，募捐救国，成立“南洋华侨筹赈祖国难民总会”，并担任主席，他带头每月捐献 2 000 元，直至抗战胜利为止，还认购救国公债 10 万元。他不仅发动华侨输财助战，还组织华侨爱国青年回国参加抗日。1940 年他率领华侨代表团回国慰问抗日将士。他全力以赴投入抗日救亡运动时，还千方百计为集美学校、厦门大学两校筹措经费。他要求学校把教育与抗日救国事业结合起来，鼓励师生积极参加抗日救亡的宣传工作。他曾给集美校长写信：“时至今日，任何人皆应抱牺牲之决心，各尽所能，以与暴日抗，希鼓励学生，激昂勇气。”[14]“七七”事变后，他致函集美学校：“国难日亟，希激励员生，抱定牺牲若干之精神，努力抗敌救国工作，是所至望！”[15] 1940 年 10 月，他到安溪看望集美学校内迁的师生时，号召大家积极投身抗日斗争：“要把救国的责任扛到自己的肩膀上。”他不仅自己站在抗日救国前线，同时也号召集美学校、厦门大学两校师生走上抗日救亡、民族解放的道路。在他的鼓励下，两校师生积极投入抗日宣传活动。日寇把集美学校师生视为眼中钉，企图把陈嘉庚几十年来含辛茹苦经营的学村毁于一旦，化为灰烬。自抗战爆发后，集美校舍经常受到日寇飞机、大炮轰炸，巍峨壮丽的集美学校被破坏得面目全非。

抗日战争胜利后，国内形势发生了新的变化。日本侵略者被赶走了，但是美帝国主义支持蒋介石挑起内战，打着维护“和平”的招牌，企图控制中国。陈嘉庚先生对国家的前途命运非常担忧，又投入反美反蒋的斗争，他直接通电正告美国总统杜鲁门停止援蒋和干涉中国内政，同时，接二连三揭露蒋介石发动内战的阴谋。他写了《美国救蒋必败》、《蒋介石的最大错误》、《中国内战何日告终》等文章，抨击蒋介石投靠美帝、发动内战的罪恶活动，在此同时，他积极筹资修复集美校舍。他刚从印度尼西亚爪哇岛避难回到新加坡，就立即筹款修复集美校舍。他依靠校友和亲人，从 1945 年 4 月起，开始修复校舍工作，至 1946 年秋，不到两年时间，共修复大小楼房 30 多座，修理和添置校具 3 000 多件，耗资 8 000 余万元。[16]

陈嘉庚先生苦心修复的集美校舍，于 1949 年 11 月 11 日，又遭国民党飞机轰炸。陈嘉庚先生用毕生心血浇灌的集美学村，先后两次遭受日寇、蒋帮的严重摧残，损失惨重。但他毫不气馁，被炸了就重建，他信心百倍地说：“这是最后一次的轰炸，以后我们就可以努力加强建设了，我们应该为集美的新生而欢呼。”[17]

陈嘉庚先生为拯救祖国危亡，培养抗日救国人才，呕心沥血，倾家荡产，作出了莫大的牺牲。虽然，他经受了种种打击和迫害，但救国之心如磐石一样坚定。

教育建国

1949 年 5 月，陈嘉庚先生梦寐以求的独立、民主、自由的新中国即将诞生。他跟祖国人民和海外侨胞一样，欣喜异常。在回国观光前夕，他把自己三年来发表过的议论汇编成册，准备献给政府。他在《自序》中写道："余意设使天祐中国，降生忠诚建国人才。"[18]他多么虔诚地希望祖国早日富强，迫切希望培养建国人才，以尽快把贫穷落后的祖国建设成繁荣昌盛的新国家。

新中国成立了，当接到党中央、毛泽东主席的邀请后，他毅然决定告别南洋，回到祖国的怀抱。他对党和政府无限信赖，对祖国光明前途充满信心，对未来寄予无限期望，他决心发挥余热，为培养社会主义建设人才献出力量。1950 年 3 月他写信给集美学校董事长陈村牧说："如教育方面，我有些钱，我当尽瘁终身。"同年 5 月又给陈村牧写信说："愿意无条件交政府接办，余非从此袖手卸担，凡余私人入息及集友银行入息，亦必尽量补给政府预算之外。"[19]他觉得党和政府对教育事业非常重视，深信国家能把集美学校办好。他定居集美后，开始制订"重建集美学村的规划"，提出要建设新学村。除恢复原有学校外，还拟定增办华侨师范和工矿学校，准备把新学村建设得更加雄伟壮观。为加速培养建国人才，集美学校扩大招生。1951 年 4 月，他亲自撰写招生启事："培养航海人才，以备全国解放后以为收回海权之生力军。"他在为新中国的恢复和建设做好人才的准备。在国家和政府的支持下，集美学校的恢复和发展很快，从新中国成立到 1959 年为止，陈嘉庚先生给集美学校筹资达 575 万元，政府拨款 706 万元，建筑面积超过原有的 4 倍。同期，陈嘉庚还给厦门大学筹集 300 万美元的扩建费。为了集美学校、厦门大学两校的事业，他身居旧屋，素食度日，克勤克俭，把自己全部财产毫不保留地投放到集美学村和厦门大学的教育事业上。他曾说："个人少费一文，积少成多，以之兴学。"国家每月发给他 300 元，他省吃俭用，每月除去 15 元伙食费外，余数全留给集美学校作教育经费。1961 年他临终前定下遗嘱，把国内银行存款 334.2 万元，除 50 万元捐作北京华侨博物馆建筑费外，50 万元作集美社福利基金，其余 234.2 万元用于集美校舍建筑，一分钱都没有留给自己的子孙。他还明文规定：他的子孙回国后，如果经济上没有收入，每个人每月可以从集美社福利基金中支取 15 元生活费，但如有支领学校工资的，应扣抵。

陈嘉庚先生对新中国的教育事业特别关心。他说："科学建设为建国首要之图。”当全国政协开会时，他提出七项提案，其中六项是关于科学、教育、卫生方面的建议。他建议：“在全国各中学普设科学馆，注重数理化各科之讲授，加强科学人才的培养”、“设立各地华侨教育领导机构”等等。[20]他很重视归国侨生的教育，建议政府创办归国侨生补习学校。政府采纳他的建议后，国内华侨教育事业发展很快。

他回国后，参加社会主义建设，政府和人民给予他极高的荣誉，历任中央人民政府委员、全国人大常委、全国政协副主席、中侨委委员、全国侨联主席、华东军政委员会副主席等职。他逝世后，祖国人民和海外侨胞怀念他。在集美学校七十周年校庆时，国家和政府立铜像怀念他；海外侨胞集资在华侨大学建“陈嘉庚纪念堂”以示对他的敬仰；在他诞辰一百一十周年时，厦门大学立铜像缅怀他，以教育后代永远不忘陈嘉庚先生爱国兴学、为国育才的功绩。

陈嘉庚先生兴学功绩卓著，思想影响深远。几十年来，他创办的集美学校、厦门大学两校为国家和海外造就了一大批学者、教授、专家、企业家、金融家和社会活动家，更重要的是他那爱国爱乡、捐资兴学的爱国主义思想，已为海外华侨、华人和港澳同胞树立了一面光辉的旗帜。他们继承和发扬陈嘉庚先生的爱国精神，为祖国早日实现“四化”、培养建设人才作出多方面的努力。他们进行智力投资，兴办各种教育事业，大大改善了办学条件。有的还在国内或海外设立各种奖学金和教育基金，为加速人才培养提供了可靠的保证。目前，广大海外华侨、华人和港澳同胞，更加关心桑梓教育，热心捐办各种学校，为振兴中华、实现“四化”争相作贡献。

综上所述，陈嘉庚先生在政治上经历了艰苦曲折的伟大转变，他的兴学思想也经历了不同时期的发展。爱国主义是他兴学思想形成的基础，辛亥革命是他思想发展的动力，孙中山先生的教育思想给了他极大的启示。他那教育立国、振兴中华的思想经历了兴学报国、教育救国到教育建国的演变历程。为了提高中华民族的科学文化水平，建立独立富强的新中国，他毫不吝啬地献出自己的全部财产。陈嘉庚先生真不愧为“华侨旗帜，民族光辉”[21]，“华侨爱国爱乡热心教育事业的楷模”[22]。

（张泉林主编：《华侨教育》（第二辑），暨南大学华侨研究所1984年版）

参考文献：

①陈嘉庚：《南侨回忆录·与满清脱离》，岳麓书社1998年版。
②陈嘉庚：《南侨回忆录·创办集美小学校》，岳麓书社1998年版。
③孙中山：《社会主义派别方法》，1912年。

④孙中山：《女子教育之重要·广东女子师范演讲词》，1912 年。

⑤陈嘉庚：《致集美学校之诸生书》，《厦大周刊》第 13 卷第 19 期。

⑥《陈嘉庚先生纪念册》编辑委员会编辑：《陈嘉庚先生纪念册》，中华全国归国华侨联合会 1961 年版，第 136 页。

⑦⑧陈嘉庚：《本报开幕之宣言》，原载《南洋商报》，现引自杨进发博士：《陈嘉庚战前言论史料与分析》。

⑨《集美学校校友会杂志》1920 年第 1 期。

⑩《厦大周刊》第 12 卷第 12 期，厦门大学十二周年纪念专号。

⑪陈碧笙、杨国桢：《陈嘉庚传》，福建人民出版社 1981 年版。

⑫陈嘉庚：《南侨回忆录·添办水产航海学校》，岳麓书社 1998 年版。

⑬《增设实业各部和国学专门部》，《集美学校七十年》。

⑭《集美周刊》第 11 卷第 5 期。

⑮《集美周刊》第 22 卷第 10 期。

⑯《自力更新修复校舍》，《集美学校七十年》，第 108 页。

⑰《南侨日报》1950 年 2 月 14 日。

⑱陈嘉庚：《陈嘉庚言论集·自序》，新加坡怡和轩俱乐部、新加坡陈嘉庚基金、中国厦门集美陈嘉庚研究会 2004 年版。

⑲集美校友会收藏陈嘉庚书信。

⑳陈嘉庚：《新中国观感集》，新加坡怡和轩俱乐部、新加坡陈嘉庚基金、中国厦门集美陈嘉庚研究会 2004 年版

㉑毛泽东同志题词，1945 年。

㉒何香凝同志题词，1961 年。

胡文虎与祖国教育事业

“胡文虎是捐资兴学的爱国华侨。”这是福建省委第一书记项南同志对胡文虎先生作出的实事求是的评价。1983年8月间，我们曾经到胡文虎家乡福建省永定县下洋公社中川村进行调查，还参观了他创办的中川小学和侨育中学，访问了老归侨和侨联干部吴奕汉、胡聚友、罗铁贤、曾建平、胡集宏等人，了解了有关胡文虎热心兴办家乡教育的事迹，以及他对祖国教育事业所作的贡献。

胡文虎先生既是实业家，又是慈善家。他一生非常热心社会公益事业，尤其对海外华侨教育和祖国教育事业作出了重要的贡献。“取之于社会，用之于社会”是胡文虎先生的一句常用名言。他把自己做生意赚来的钱60%用于社会公益事业，他用实际行动兑现了自己的诺言。

20世纪二三十年代正是胡文虎先生在南洋各地的虎标良药销路日广、业务不断扩大的时期，他的生意从南洋发展到国内，逐渐向香港、广州、汕头、上海、武汉、天津、厦门、福州、桂林和重庆等城市发展，他的声誉也愈来愈高。这个时期，在辛亥革命的影响下，南洋各地华侨教育正处在蓬勃发展的阶段，华侨不仅在海外兴建侨民学校，同时，也在家乡兴办各种学校。爱国华侨陈嘉庚先生“倾资兴学”的义举，为海外侨胞树立了一面光辉的旗帜，在他的带动下，广大侨胞纷纷在家乡兴办各种教育事业。胡文虎先生是一个热心社会公益事业的侨胞，在陈嘉庚先生的影响下，他不仅在海外创办和资建了40多所学校，而且也非常关心祖国教育事业的发展。他深深地认识到，中国教育不发达，科学文化落后，导致国家没有地位，遭受外邦侵略。欲求中国强大，必须大力发展教育，发展科学，培养人才。1929年7月，上海大厦大学派人前往南洋募捐，他捐叻币1万元；同年10月，何香凝赴南洋募捐，以创办广州仲凯农工学校，在胡文虎先生的带动下，侨胞踊跃赞助，筹得一笔巨款；1932年12月，胡文虎回香港养病，曾到岭南大学参观，赞赏该校的建设，遂捐建一座校舍；1933年春天，中山大学拟在石牌扩建校舍，胡文虎应广州中山大学董事胡汉民、邹鲁、陈济棠等人的邀请，回国实地考察，后捐国币5万元建校舍；1934年，胡文虎率领南洋华侨体育代表团回上海参加全运会，曾给暨南大学、两江女子体育学校等捐助一笔巨款；1935年1月，厦门大学校长林文庆到南洋募捐时，胡文虎赞助1万元以用作教学经费；1935年秋，胡文虎在福建考察教育时，捐资1万元给福建学院建校舍。

胡文虎先生不仅给大专院校慷慨捐资，同时，对闽粤两省的中学也资助不少。在广东省汕头市，他先后给私立回澜中学捐建礼堂1座，给市立女子中学捐建校舍1座和市立第一中学捐建图书馆1座，还给海滨中学、宕光中学、正始中学等捐资建校；又给海南琼山府城琼海中学捐建体育馆1座和游泳池1个。在福建省厦门市，他先后给双十中学捐建虎豹体育馆1座、大同中学捐建校舍1座、群惠中学捐建小学部和幼儿园校舍各1座，还资助中华中学一笔经费；又给泉州开元儿童教养院捐建虎豹楼1座。

30年代初期，胡文虎先生曾到欧美各地旅游考察，亲眼目睹西方人轻视我国文化落后、文盲多，科学不发达。为此，胡文虎先生激愤万分，作为堂堂侨民，暗下决心，要为振兴中华、发展祖国教育事业尽炎黄子孙之天职。自辛亥革命后，孙中山先生提出"普及教育"作为振兴中华的决策，他的思想在海内外广为传播，影响深远。胡文虎先生深受启发，他从欧美视察返回南洋，思想认识有了新的变化，视野更加开阔，决心为提高民族文化、发展祖国教育事业建立功绩。因此，他从资助大专院校和中小学，进一步发展到要为全国普及教育作出贡献。他向国民政府提出，自愿捐资350万元，兴办1 000所小学，遍布全国各县。按当时福建造价，每间小学需3 500元，这笔巨款已汇至香港中国银行。计划在福建兴建100间，广东50间，全国每县1间。当时，福建已建成10多间，其中永定县已建好中川小学、道南小学和坎市小学3间；浙江和江西已部分建成。1937年春，胡文虎派胡兆祥、康绍其前往安徽、山东、山西、河北、河南及东北各省，胡仲英往贵州、四川、云南等省，胡永汤到陕西、甘肃等地，胡桂庚到江苏、浙江，陈桂初赴广西等地磋商建校事宜。胡文虎先生正为祖国实现普及义务教育，振兴中华而大展宏图之时，抗日战争爆发了，全国只完成了30多间，还有600多间尚未建成，而这笔存款被国民政府用去购买救国公债。胡文虎先生对此未遂的宏愿，终生深感遗憾。

胡文虎先生爱国爱乡，桑梓情殷。1938年4月，日本侵略军的铁蹄踏进福建后，无恶不作，人民惨遭蹂躏。福建派往南洋劝募爱国公债的代表团，前往新加坡见胡文虎先生，代表们向他介绍了家乡抗日的形势，他听后义愤填膺，立即开了一张捐献物资的清单，捐献车辆和一大批药品。接着，代表们谈到因战争爆发，家乡教育事业受到严重破坏，小学毕业生很多，但因缺少中学，青少年没有继续升学的机会。胡文虎激动地说："我们应在家乡创办一所中学，培育人才，宣传抗日救国，学习现代科学技能，同时要注意品德教育和体育锻炼！"随后，在他的主持下，召开了永定同乡会馆大会，进行募捐。他首先认捐20万，在他的带动下，300多名永定同乡会员，共捐30多万元，作为创办侨育中学的资金。代表们从南洋回国后，根据胡文虎先生办学的思想，着手筹建侨育中学。1939

年 9 月 1 日，由华侨爱国人士胡甫开先生协助日常事务工作，在中川小学开始招生。侨育中学董事会由当地旅外侨胞、知名人士和当地有名望、有地位的上层人物组成，胡文虎先生任名誉董事长，胡兆祥任董事长兼名誉校长，第一任校长为进步人士郑坚。第二任校长丘长庆是越南归侨，现任广东省科学院院长。侨育中学创办后，为闽西培养了许多人才，为抗日根据地的建立和建设作出了一定的贡献，深受海外侨胞的赞扬。侨育中学在华侨和爱国人士的扶持下坚持抗日路线，宣传抗日主张，在闽西地区影响很大。由于国民党顽固派执行投降路线，把侨育中学视为眼中钉，于 1940 年春，下令封闭侨育中学。事情发生后，董事会立即打电报告知胡文虎先生，接到电报后，他和海外侨胞纷纷拍电报给福建省政府和永定县政府，提出强烈抗议，替侨育中学辩护。在胡文虎先生的抗议和侨胞们的声援下，侨育中学得以继续办学。此外，胡文虎先生派校董到海外为侨育中学募款，校董秘书长胡甫开先生在赴南洋募捐途中，沉船遇险，献出了自己的生命。侨育中学办得很有特色，宣传抗日救国的道理，培养了一大批革命青年奔赴抗日的烽火中。1939 年至 1945 年间，培养了 30 多名骨干，大部分深入闽西各抗日根据地的小学当教师，成为宣传抗日的积极分子。有 4 位同志参加了闽粤赣边纵队领导的武装斗争，大批侨育中学学生参加了抗日游击队。第五届学生 39 人中，参加游击队的就有 15 人，其中 8 人担任连长、指导员、团政委等职务。当游击队配合人民解放军解放闽西时，散布在闽西各地的侨育学生，纷纷加入革命行列。不少师生为民族解放事业献出了宝贵的生命，其中有侨育中学的创办人胡鸿洲、郑坚、余素华、杜南川，还有学生邓连发、邓达发、黄艳宗、曾思训等。

列宁同志说：“爱国主义就是千百年来巩固起来的对自己祖国的一种最深厚的感情。”正当我国人民遭受日本帝国主义铁蹄践踏之时，侨育中学为闽粤两地培养了一批抗日人民武装骨干，为祖国民族独立和解放作出了贡献。胡文虎先生是捐资兴学的爱国华侨，他对祖国教育事业的贡献，家乡人民将永志不忘，他的事迹仍广为流传。我们应该发扬华侨爱国主义精神，尽快把祖国建设成为四个现代化的强国。

（本文与余以平合作）

［张泉林主编：《华侨教育》（第二辑），暨南大学华侨研究所 1984 年版］

宝岛赤子陈学忠

“我今年58岁了，我个人打算，还要用20年时间为祖国做点有意义的工作。”这是日本神户著名实业家、爱国华侨陈学忠先生诚挚地对记者说的话。

近几年来，陈学忠先生为了开发和建设海南岛，先后回来21次，做了许多工作，特别是在智力开发、人才投资、科学发展、教育兴办等方面作出了许多贡献。他捐赠海南侨中42万元人民币，兴建一座三层楼的科学馆；资助海南10年（1979—1989）间所派出的100名留日学生，花费人民币600万元左右；赠送海口教育部门12辆小汽车。他还表示要尽自己的能力为海南大学筹款。

赤子怀乡　丹心报国

爱国华侨陈学忠先生现任日本神户华侨总会常务理事、神户中华同文学校董事和神户华侨不动产协会会长等职。他于1924年出生于广东省海南岛琼山县兴隆村（今属海南省），1948年东渡日本，勤工俭学，在日本法科学校毕业后，改学商业。1950年他被选为神户中华青年会副总干事兼文化部长，积极参加爱国活动，开展团结华侨的工作。1954年大学毕业后，他组织华侨青年团体。1957年他当选为全日华侨青年联谊会关西地区主席。1961年在京都召开了全日华侨青年代表大会，他被选为旅日华侨青年联谊会的顾问。1962年他发起组织华侨不动产协会，并被选为会长。他在日本经过几十年的艰苦创业，逐渐发达。他热心华侨教育和公益事业，为保护华侨权益和发展中日友谊作出了贡献，深受旅日华侨的拥戴。

1978年10月，邓小平副总理访问日本时，在东京会见了旅日华侨代表。陈学忠先生荣幸地见到了祖国的亲人。在招待会上，邓小平同志对旅日华侨为促进中日友好所作的努力给予了高度的赞扬，并表示欢迎侨胞回国探亲旅游，看看家乡的变化。邓小平同志还鼓励他们为祖国统一和支援祖国“四化”建设作贡献。陈学忠先生听了这一席话，非常激动，深深体会到祖国是华侨的靠山，希望祖国尽快强盛起来，认为每一个炎黄子孙都应该为建设祖国和家乡尽义务。

1979年7月，陈学忠先生接到海南侨中邀请他参加校董会的请帖，十分高兴。他依约前往海南侨中参加校董会，受到政府有关部门领导、亲友和老同学的热情接待。

第二天，陈学忠先生驱车到海南侨中。参加校董会的有来自海外的华侨、港澳同胞和国内干部。在陈修发校长的陪同下，大家参观了侨中的教室、学生宿舍、图书馆、实验室和校办工厂后，回到会议室。会议开始，陈修发校长对侨中的现状、发展规划及校董会筹备工作情况作了汇报。他介绍完后，陈学忠先生说："现在，科学技术的应用，人才的培养，对祖国经济发展有着重大的意义，要振兴中华，必须发展科学……"接着，香港汉华中学副校长吴贡伯先生指着摆在会议室里的学校总体规划模型说："我们的责任不仅仅是寄点钱回来就完事了，要像陈学忠先生那样，想得远些，从培养人才着眼，从发展科学开始，让学生都有实验园地……"在讨论海南侨中的发展规划时，有的校董提出捐资帮助学校建设，有的华侨、港澳同胞提出捐献教学仪器和图书设备等，而陈学忠先生却感慨地说："几十年来，我漂泊异乡，开始的时候，日子也不好过，但都闯过来了。现在我富起来了，我愿意尽自己的能力帮助海南侨中的建设和发展。"他看到学校设备简陋，没有一个理想的实验室，迫切需要兴建科学馆，于是他主动提出承担兴建科学馆的全部费用。

这座科学馆是在 1980 年破土动工的，建筑面积 2 460 平方米。馆内有物理、化学、生物等 14 个实验室，9 个贮藏室，还有接待室和会客厅。1981 年 2 月 25 日举行落成剪彩仪式，陈学忠先生专程从日本回来参加。在剪彩仪式上，他热情满怀地说："为了支援家乡海南岛的开发和建设，必须加速培养科学技术人才，积极引进外资和先进技术。在这种情况下，我在睡梦中都想，怎样才能使工业比较落后的海南岛有个良好的开端。"

陈学忠先生关心侨乡教育事业的发展。海南侨中科学馆建成后，给归侨、侨眷子弟提供了良好的学习环境，更激发了他们的学习积极性，促进了教学质量的提高，为侨乡建设、培养人才立下了功绩。

开发海南　智力投资

陈学忠先生参加海南侨中校董会后，在海南行政区副主任黄大仿陪同下，跟其他校董一起环岛参观考察。他目睹家乡的变化，了解到海南得天独厚的巨大潜力，情不自禁地对黄大仿建议说："要开发好宝岛，首先要抓好三件事：一要培养科技人才；二是建设港口、道路；三要引进先进科学技术。"

"是啊！教育是根本，是基础。"黄大仿回答他说，"解放后，海南的教育事业有了发展，但十年内乱，教育遭受严重破坏，我们这么大一个海南岛，一年都没有一个留学生！"

“一年都没有一个留学生！”这句话引起了陈学忠先生的深思。他久居日本，对日本经济的发展有所了解，日本的经济起飞，首先在于重视开发智力资源。他认为在这方面应向日本人学习，要在开发国民智力资源上舍得下本钱。经过环岛考察，参观了许多工厂、矿山、码头和港湾，了解到工业、农业、水产和林业等的发展情况，看到家乡的可喜变化和优越的自然条件，他感到无限喜悦，暗下决心要为开发海南进行智力投资。

于是，他回到日本后，亲自向我国驻大阪总领事馆提出由他资助一百名海南籍留日学生全部费用的建议。领事馆的负责人高度赞扬了陈学忠先生乐助乡梓、培育人才的爱国行动，并立即向我国教育部反映。陈学忠先生还给海南行政区侨务办公室和海南区侨联会写信，信中说：

“我这次荣幸地被邀请回海南参加讨论广东省海南华侨中学的筹建工作。在你们的介绍下，我进一步了解了祖国的生产和建设情况，祖国人民正在为实现中国四个现代化而努力。

我在日本长期从事爱国活动，为促进中日友好、邦交等尽自己一分绵薄之力。现在我更愿意为祖国实现四个现代化建设、培养人才贡献自己的力量。

我自愿负责从1979至1989年间，每年由祖国选派10名学生到日本来留学的一切费用（包括来往旅费和留学期间的学杂、生活费）。

我建议，这些留学生应由海南地区挑选（希望优先照顾琼山县人），选派的条件和具体要求等，按照祖国政府的规定办……”

海南行政区侨务办根据陈学忠先生的来信，经有关部门研究同意，并派人赴省汇报，上京请示，很快得到高教局、教育部的批准。

1979年9月，陈学忠先生由日本回到广州。海南区主管文教工作的负责人专程赴穗，会同省高教局、侨办几位领导同志，与陈学忠先生就有关留日学生事项进行专门深入的商讨，并取得一致意见：①接受陈学忠先生的意愿，即10年内派出赴日留学生100名，全部费用由陈学忠先生负责；②要求将100名留学生纳入国家计划，由国家统一派出、管理；③留学生全部在海南地区挑选海南籍人，学成回国后全部回海南工作；④留学生学习的专业根据海南建设事业发展的需要确定。目前，以进修生为主，以高校教师为主，以理工农医为主，留学生的条件按国家统一标准，并根据海南具体情况给予适当照顾。意见统一后，他们随即派人携带上述意见，前往北京请示。他们先后向教育部和国务院侨办汇报，经研究认为：陈学忠先生资助海南出国留学生是件好事，且在我国还未有先例，是一创举，应予以接受，要认真办好。

1980年8日，教育部批复下达后，海南区文教办便在广东高教局的具体指导下开始选拔赴日留学预备人员。两年时间里，他们按上级批示的精神，先后输送了两批赴日留学进修生预备人员，完成了1981年度和1982年度两批赴日留学的大学本科生选拔工作。第一批进修生6名，第二批进修生7名；第一批大学生7名，第二批大学生9名，共29名。第一批赴日进修生和大学本科生，在留日预备学校学习后，于1982年3月29日和30日分两批飞赴日本深造。第一批留日大学本科生和进修生分别就读于日本名古屋工业大学、北海道大学和熊本大学等10所大学。

陈学忠先生资助海南100名留日学生的美举，在我国华侨史上开创了先例。他捐资育才的事迹，在宝岛海南家喻户晓。

奉献桑梓　振兴中华

1981年秋，陈学忠先生已是第十三次回乡了。海南为了加快“四化”建设的步伐，尽快培养建设人才，决定筹建海南大学。海南行政区副主任黄大仿把中央和省已同意筹办海南大学的消息告诉陈学忠先生，并把海南大学筹划会副主任的聘书送给了他。他激动地说：“要办好海南大学，必须要有人来当教授，十年后将有一百名留日学生回来，就像母鸡繁殖小鸡一样，一授十，十授百，人才会越来越多，有了科学技术就可以更好地开发海南，建设海南。”

1982年8月28日，海南大学筹建委员会在深圳华侨大厦隆重举行第一次海外华侨、港澳同胞代表会议。参加会议的有来自香港、日本、美国、泰国和法国等地的海南大学筹委会副主任、委员和特邀代表十多人。当天上午，时任广东省委书记、省长刘田夫和省委党委、海南区党委第一书记罗天，以及省高教局、省侨联等有关方面负责人会见了全体海外华侨、港澳同胞代表，并进行了亲切的交谈。海南大学筹委会副主任林树兰向代表们汇报了海南大学的建校宗旨和规划：海南大学是面向海南，为加快开发、建设海南，实现四个现代化服务的；海南大学采取院系相结合的形式，设农学院、师范学院、医学院、工学院和财经、政法两个直属系，共24个专业。1983年秋季部分专业开始招收新生。

陈学忠先生为能回来参加这个盛会，感到非常荣幸，一是得到刘田夫省长和罗天书记以及其他领导人的关怀；二是听取了领导的介绍，进一步了解到筹办海南大学对加快海南建设的重大意义。他在会上说：“我是在海南长大的，解放前，海南没有什么建设，解放后，人民政府做了很多工作。现在与先进国家比较，我们还很落后，但我们要变落后为先进，在这方面我们华侨也有责任，我们要与海南人民团结起来，共同努力奋斗，把海南建设好。”他认为，要开发建设海南，就需要有人才，特别是高级人才，因此迫切需要办海南大学，而海南的华侨约有100万人，只要发动大家，为筹办海南大学尽一分力，一定能把它办好。他建议：各位海外代表回去后，要在各地广泛宣传发动华侨和港澳同胞为海南大学作出贡献，有钱出钱，有力出力，言行并举。他希望自己所负责资助筹建的一百名留日学生，毕业回来后能在海南大学当教师，培养人才。

为了筹建海南大学，陈学忠先生在日本及东南亚各地奔走呼号，发动侨胞共同把海南大学办好。在他的带动和影响下，泰国乡亲已初步商定捐资人民币约300万元，给海南大学建一座图书馆；港澳乡亲负责建造一幢行政大楼和生物教学大楼；美国乡亲组织了一个基金会，也筹集了不少资金。陈学忠先生表示将尽自己的能力建一个科学馆。

为加快海南教育事业的发展，便利教育部门的工作，从1980年至1981年他捐给海口教育部门12部小汽车，分别送给海南教师之家、海南华侨中学、海南教师进修学院、海南区文教办公室、海南区教育局、海南区招生办公室、海口市一中、海口教师进修学院、海口计划生育办公室、海口市业余大学、海口市七中和海口市华侨中学。

“海南现在虽然比较落后，但不会永远落后；祖国现在还比较穷，但将来一定会富强起来。”这是陈学忠先生为筹办海南大学，不辞劳苦，奔走东南亚各地，跟海外乡亲常说的两句话。

海南岛是我国著名的侨乡之一，海南籍侨胞有着爱国爱乡的优良传统，他们渴望祖国强盛，家乡繁荣，过去为此作出过重要的贡献，近几年来也作出了许多努力。为了加速开发建设侨乡海南岛，党中央和国务院非常关心和支持，并采取了有力的措施，扩大行政区的自主权，放宽对外经济贸易活动权限，实行优惠政策，为华侨外商投资建设海南创造了条件。我们深信在广大侨胞和海南人民的共同努力下，陈学忠先生的良好愿望在不久的将来一定会实现！

［《世界纪实文学》编辑部编：《世界纪实文学》（第一辑），河南人民出版社1985年版］

华人首富李嘉诚与汕头大学

1983年秋天，在汕头市郊由香港爱国知名人士、长江实业有限公司董事长李嘉诚先生捐资1.7亿港元创办的汕头大学，开始招收中文、法律、外语3个系共180名本科生。1984又有8个系10个专业扩大招生。汕头大学是一所设有文、法、经、理、工和医学院的综合性大学。除向全省招生外，还向海外开放，欢迎港澳同胞和华侨子弟入读，它的规模已发展为拥有在校学生4 000人。汕头大学根据广东的需要，以法律学和经济学为办学重点，理、工科以应用为主。李嘉诚先生捐资创办汕头大学是继爱国华侨陈嘉庚先生独资创办厦门大学后的又一创举。

1977年国庆节，李嘉诚先生应国务院邀请，回北京参加庆祝活动，受到国家领导人的亲切接见，他亲眼看见打倒“四人帮”后，中国发生了巨大的变化，这大大激发了他的爱国爱乡热情。尤其十一届三中全会以后，落实了党的各项侨务政策，汕头地区出现了欣欣向荣的新气象。对此大好形势，李嘉诚先生深受鼓舞。几年来，他在广州、汕头和潮州等地捐资兴办公益事业，作出了很大的贡献。他捐赠暨南大学和广州华侨补校各50万港元，供购置图书、仪器、设备之用；赠给汕头市潮剧院30万港元，捐赠汕头医专500万港元，从欧美各国引进110多项教学医疗器械；在他家乡潮州市和潮安县捐建两座各值1 050万港元的现代化设备医院；在潮州市兴建共1.4万多平方米的群众公寓14幢。

党的十一届三中全会以来，国家对外实行开放、对内搞活经济的政策，促进了广东省沿海各地的经济发展，特别是侨乡汕头的经济非常活跃，广大华侨、港澳同胞在家乡投资建厂，发展经济，迫切需要各种人才。新中国成立以来，在党中央和省人民政府关心下，汕头地区教育事业有很大发展，办有医专、师专等专科学校，但仍适应不了发展的需要，海内外要求筹建汕头大学的呼声越来越高。1980年，廖承志同志在一次谈话中，呼吁华侨与港澳同胞关注汕头大学的筹建问题。李嘉诚听到后，立即响应。他高兴地说：“第一期工程就由我来开头，以后会有人跟着来的。”于是，他首先认捐3 000万港元。1981年5月，国务院和广东省政府批准正式成立汕头大学筹委会。他根据汕头大学建校工作的进展，捐款数从3 000万港元逐渐增加到7 000万、1亿、1.3亿，到目前为止，捐资总额已达1.7亿港元。

李嘉诚先生于1928年出生在广东省潮州市一个书香之家。祖父是清末潮州府秀才，父亲李云经担任过小学校长。1939 年 6 月，日寇的铁蹄踏进潮汕，李嘉诚全家被迫逃离，辗转抵达香港。不久，父亲病逝，他不得不辍学打工。1945 年他在香港一家工厂当推销员，1948 年任该厂经理，1950 年独立经营塑胶厂，成立长江实业公司。1957 年生产塑胶花，远销海外，生意日兴。1976 年他从塑胶花大王一跃成为香港地产巨头，一举扭转香港外资集团长期以来垄断地产业的局面，实现了他多年来“让中国人做点事情给别人看看”的夙愿。李嘉诚曾在民族灾难深重的战乱年月，经历了日本侵略者统治的痛苦，从小失学，过着颠沛流离的生活，在香港又饱尝了英国殖民者统治下的艰苦磨难。他渴望中国强大，民族振兴，只有祖国强大，港澳同胞才有靠山。他在几十年的拼搏中，奔走海外，目睹欧美发达国家重视智力投资，发展教育事业。他深深懂得一个文化落后的国家不可能建成现代化强国，欲求中国富强，步入世界先进行列，必须发展文化教育事业，迅速培养建设人才。事业发达后他不忘报效祖国，尽炎黄子孙的一份天职。他在参加汕头大学奠基典礼时，一位记者问他：“李先生，你为什么要捐这么多钱办汕头大学呢?”他恳切地回答：“这是一个中国人应该做的事。一个国家要富强，发展教育是第一位，也可以说是根本的条件。我们国家要加速‘四化’建设，就要有人才，人才不是天生的，要靠学校教育培养。”他又说：“支持国家建设，造福桑梓，这是我们应尽的天职，也是我抱定的宗旨，近年来，政府顺应民心，实行开放政策，使旅居各国的华侨和港澳同胞更感报国有门。所以，我应时捐资兴建汕头大学，以更好地为中国‘四化’建设培育英才，略表赤子拳拳之心!”这就是李嘉诚先生为国育才、捐资办学的思想，也是他爱国爱乡的精神实质。

李嘉诚先生办学思想的形成，另一方面也是受其岳父庄静庵先生爱国爱乡、捐资办学的思想影响，继承和发扬了先辈爱国兴学的传统。庄静庵先生是香港潮安同乡会名誉会长、中南钟表公司董事长。解放后，他先后在家乡潮州市捐资创办了绵德小学和中学。其中绵德小学的教育经费，几十年如一日，长期由他支付，他为桑梓育才作出了贡献。李嘉诚先生爱国爱乡的思想与其岳父庄静庵先生是一脉相承的。

李嘉诚先生创办汕头大学的决心很大，他希望把汕头大学办成一流大学。他对汕头大学提出要求：聘请有真才实学的教师，培养优质学生；对学生严格要求，树立发奋学习、求实严谨的学风，尊重社会公德。1983 年 1 月，他在给汕头大学筹委会的信中写道：“目前，香港受西方国家经济衰退影响，本人所经营的业务，亦面临诸多困难，然对本人而言，汕头大学创办成功与否较之生意上以及其他一切之得失更为重要。”1984 年元旦，在汕头大学奠基典礼会上，他还说：“汕头大学的创办，乃为国民之根本，较之我所从事的其他事业更为重要，须千方百计，以破釜沉舟之精神，务必使之建成。”这充分表达了李嘉诚先生决心办好汕头大学的坚定信念。为奖励重大科研成果，资助教师和学生出国进修或考察之用，李嘉诚先生特地设立了学术基金。

广东省高教局、汕头大学筹委会、汕头大学全体师生员工遵照李嘉诚先生的意愿，团结一致，同心协力，为把汕头大学办成较高水平而又具有特色的新型大学而努力。目前，正在调动各方面的力量，在保质保量加快基建速度的同时，陆续调进合格的教师和科研人员200多人，并聘请外校和外籍教师来讲学。医学院已引进了一批国外较先进的教学、医疗和科研设备。当前，国际上正面临着一场新的技术革命。汕头大学作为新创办的大学，决心走革新的道路，在总结我国自己的经验和借鉴外国先进经验的基础上，以新的姿态和创新业、走新路、立新规的革命精神，把汕头大学办好。

汕头大学的创办实现了粤东人民的长期愿望，它将对广东省建设四个现代化，发展粤东文化和科学技术，进行精神文明和物质文明建设，发展经济特区起着极大的推动作用。早在1947年，陈嘉庚先生在《论潮州大学》一文中写道："潮州与闽西毗邻，并与嘉应、海陆丰接壤，地广人稠，人口一千万，尚未有一所大学，诚属憾事。"陈嘉庚先生的愿望，在党和国家的关怀下，在港澳爱国同胞和海外侨胞的热情支持下，终于实现了。在汕头大学奠基典礼庆祝会上，我国著名经济学家、中国社会科学院顾问、汕头大学校长许涤新同志说："福建有陈嘉庚、潮州有李嘉诚，难能可贵！我们一定要办好汕头大学，才对得起华侨、港澳同胞的爱国爱乡热忱。"

不久的将来，一座比较现代化高架庭园式的汕头大学黉舍将屹立在南海之滨、桑浦山下。它将为海外和港澳莘莘学子学习祖国民族文化和科学技术提供优越条件，也为我国"四化"建设培养专门人才。

（张泉林主编：《华侨教育》（第二辑），暨南大学华侨研究所1984年版）

参考文献：

①方式光：《爱国爱乡，从我做起》，《汕头日报》1983年4月19日。

②金克木：《李嘉诚发迹史》，王敬义等：《香港亿万富豪列传》，（香港）文艺书屋1978年版。

③陈衍：《办汕头大学是我应尽的一份责任》，《羊城晚报》港澳海外版1984年1月8日。

④曾楚楠：《赤子乡心一寸丹》，《羊城晚报》港澳海外版1983年10月2日。

⑤陈维善：《粤东人民的大喜事》，《广东侨报》1984年1月13日。

⑥陈嘉庚：，《陈嘉庚言论辑·论潮州大学》，新加坡怡和轩俱乐部、新加坡陈嘉庚基金、中国厦门集美陈嘉庚研究会2004年版。

何香凝与海外侨胞

中国近现代民主革命先驱何香凝是伟大的爱国主义者和政治活动家，同时又是优秀的国家领导人。

随着时代步伐不断前进，何香凝积极支持孙中山改组国民党，制定三大政策，促成第一次国共合作；在抗日战争中，她动员海外侨胞支援祖国抗战，建立抗日民族统一战线，促进第二次国共合作；新中国成立后，她不顾年迈之躯，呕心沥血，团结海外侨胞，扩大爱国统一战线，为祖国的统一大业不辞劳苦地奔走。她是华侨港澳同胞的贴心人，深受广大侨胞、归侨、侨眷的爱戴，被誉为“华侨慈母”。

华侨是“革命之母”，这是孙中山对为辛亥革命作出重大贡献的海外侨胞给予的极高评价。出身于华侨世家的廖仲恺，追随孙中山，是孙中山的得力助手，在推翻清朝、进行反帝反封建的斗争中，建立了不朽的功绩。在他为中国民主革命献出宝贵的生命后，其夫人何香凝女士继承其遗志，忍含悲愤，奔走海内外募捐经费创办仲恺农工学校，为培养革命和建设人才作出努力。

为了创办仲恺农工学校，除了国民政府拨的有限经费外，何香凝亲自向社会募捐办学经费，首先向黄埔军校教官和学员，其次向省港各界人士。为了扩大仲恺农工学校的办学规模，她出国卖画，向海外侨胞筹募办学经费，得到海外侨胞的大力支持。

1929 年秋天，何香凝带着自己的画离开上海，取道香港出国，赴菲律宾、锡兰、吉隆坡、新加坡等地。她在吉隆坡见到廖冰筠，在新加坡会见了胡文虎等著名侨领，得到广大侨胞的积极支持，募集了 10 万大洋汇回仲恺农工学校扩建实验大楼，以增添图书、实验仪器等设备，大大改善了办学条件。

1938 年冬，何香凝举家迁往香港。为发动海外侨胞支持祖国抗战，她支持宋庆龄组织“保卫中国同盟”，号召海外侨胞有钱出钱，有力出力，支援抗战。她还在香港领导和发动各界妇女，投入抗日救亡运动。她除了自己作画义卖筹款外，还成立了“香港各界赈济华南难民联合会”，募捐筹款，救济难民。同时，她发动海外侨胞募捐救国，将侨胞的捐款、捐物源源不断地输送到抗日前线。她还发动南洋华侨青年回国参加抗战，组织了“南洋惠属东江华侨抗日回乡服务团”，跟港澳青年一起回到罗浮山，战斗在东江两岸，发动民众到抗日武装部队作战和救护伤兵等。她在港期间，跟宋庆龄一起接见了从美洲回国参加国民参政会的爱国侨领司徒美堂，并向他介绍了中国抗战的形势，希望司徒美堂将祖国抗战形势转告美洲侨胞，积极支援祖国抗战到底。[①]何香凝在香港脱险后，辗转回到桂林，又全力以赴投入抗日救亡工作，继续进行绘画义卖募捐救国活动，直到抗战胜利。

1945年抗战胜利后，何香凝积极投入民主和平运动。1947年6月17日，她和李济深联名发表《致海外同胞同志书》，揭露美国政府支持独裁者制造分裂、发动内战的阴谋。同时，号召海外侨胞继承孙中山的遗志，团结一心，反对分裂，制止内战。她还与友人联名致电美国朋友和呼吁海外侨胞及各界人士，谴责美国当局破坏中国人民的民主和平运动。她大声疾呼："所望吾海外同志暨侨胞，继承总理遗志，继续过去援助革命运动之光荣传统，为祖国独立而贡献一切，则吾党幸甚，国家幸甚。"[②]

中华人民共和国成立后，饱经沧桑的何香凝满怀喜悦迎接新中国的诞生。1949年10月，她参加了开国大典，虽年逾七旬，仍全力以赴投入到新中国的建设事业中去。

1949年10月19日，在中央人民政府委员会第三次会议上，她被任命为华侨事务委员会主任委员，在她的领导下，22日正式成立了华侨事务委员会。她是新中国成立后第一任国家侨委主任。她在任职期间，全心全意为华侨、归侨、侨眷服务，保护华侨的合法权益，制定各种侨务政策，鼓励华侨回国投资支援祖国建设，欢迎华侨青年学生回国就读；为扩大爱国民主统一战线，实现祖国和平统一大业而努力工作。"作为国家侨委主任的何香凝，为散居在海外各地尤其是东南亚的1 300万华侨，倾注了大量心血，进行了大量争取、团结工作，将爱国统一战线扩大到海外有华侨居住的任何地方，对于归国华侨、侨眷制定了适合他们特点的一系列特殊政策。"[③]50年代侨务工作特别繁重，许多新的问题不断出现，何香凝不顾年迈有病，夜以继日工作，不仅扎扎实实为华侨、归侨办实事，还在各种不同场合向海外侨胞介绍中国的变化和建设的成就。据不完全统计，她利用元旦、春节、国庆节、三八节向海外侨胞发出的广播词、献词达14篇，在各种会议上发表有关华侨的谈话、演讲20余次，致侨胞、侨属函电3封，并发表有关华侨的论文、诗歌多篇。

她把工作重心放在保护华侨的合法权益、促进海外华侨的团结、增进华侨与侨居国人民的团结上，让海外华侨成为中国与世界各国人民友谊的桥梁和友好往来的使者。

新中国成立之初，由于国际上反华势力对中国采取敌视和封锁的政策，因此，海外华侨的处境也非常艰难。有些国家实行排华政策，严重迫害华侨，广大海外侨胞的生命财产受到威胁，生命得不到保障。一些国家还颁布苛刻的法令，限制华侨汇款接济国内亲属，阻挠华侨学生回国求学，封闭侨校和华文报馆等。1952年国庆节，何香凝在对华侨广播讲话中指出："我们国家和全国人民在这3年中，为保护我侨胞的正当权益，对某些国家当局迫害华侨的行动，先后发表了严正的抗议和声明，而对于我饱受迫害的侨胞，表示了无限的深切关怀！"④3年中，在她的组织领导下，接待安置了华侨5万多人；政府帮助华侨参加生产、工作和学习。贫困的归侨得到救济，有病的送进医院接受免费治疗，有技术的送进厂矿企业部门，华侨青年送进学校，老弱病残都给予妥善安排。马来西亚华侨被驱逐回国的有19批，共13 100多人，其中750人由政府出资送回乡参加工作，2 800多人则安排在海南岛万宁县兴隆华侨农场和东莞县万顷沙华侨农场参加生产，重建家园。其余根据不同情况给予妥善安排。

土改开始后，为了更好地保护华侨的合法权益不受侵犯，1951年8月她协同政务院制定《土改中对华侨土地财产的处理办法》，对华侨的土地、房屋及其他财产按政策规定给予适当的照顾。在土改时，广大归侨、侨眷跟当地群众一样享受到应有的待遇，没有土地的分到土地，没有房屋的分到房屋。但是在广东省部分地区，由于受到极左路线的干扰，政策偏离，部分华侨利益受到侵犯，有的被错划为地主、富农，财产被没收。当何香凝接到华侨和侨眷的来信反映后，立即派人到基层去调查，还亲自过问，向有关部门反映，必须按政策办事，不能把华侨用在海外辛勤劳动、勤俭积累的一点血汗钱所置的家业都给没收了，把被错划的成分纠正过来，被侵占的财产一一退回业主。1955年2月她又制定了《关于贯彻保护侨汇政策的命令》，规定任何人不得侵犯侨汇与干涉侨眷使用侨汇的自由，违法者应分情节轻重依法处理。何香凝勇敢捍卫华侨、侨眷的合法权益，受到侨胞的尊重和拥戴。她号召华侨支援祖国建设，回国投资办实业。在她的主持下，中侨委制定了适合华侨投资的政策。1950年新年，她对华侨发表广播演讲，指出："我们热烈诚恳欢迎海外华侨，本着革命传统，加倍地帮助祖国，参加建设新中国的伟大光荣事业。"⑤1951年1月，在她的倡导下，广东、福建、上海等地相继成立了华侨投资公司，以适应中等资力的华侨回国投资。同时，在广东、福建、云南、海南等省区成立华侨热带作物垦殖公司。首先，在海南岛拨出60万亩地，供华侨回国投资热带作物生产基地用。随后云南、福建也陆续提供更多的荒地，用作华侨投资。由于当时制定了各项适合华侨投资的优惠政策，大大鼓舞了广大侨胞回国投资办实业的信心。华侨回国投资参加建设的积极性提高了，回国投资的华侨逐年增多。1955年，华侨回国投资的数量同比增加了50%。广东、福建吸引侨资增加了3倍，1956年两省华侨投资公司的股金占地方工业投资的1/10，两省华侨投资创办的工厂和企业有44个。华侨投资为地方工农业发展作出了重大的贡献。[6]

其次，认真做好安置归侨和难侨的工作，创办农场，发展热带作物及其他经济作物，支援国家建设。

何香凝对归侨、侨眷非常关心，从制定政策和具体落实都亲力亲为，根据国务院的精神和归侨的特点，参与制定“一视同仁，不得歧视；根据特点，适当照顾”的侨务政策。1952 年她倡议国家拨巨款在广东、福建、云南等地营建几个农场，根据实际情况，安置几十万归侨。据 1956 年统计，安置归侨 20 多万人，其中绝大多数从事农、林、副业集体生产。这些农场不仅使广大归侨有安家之地，同时，也发挥了他们的专长。因为归侨中大多数来自东南亚各国，他们熟悉热带和亚热带经济作物的经营与管理。因此，开发、引进热带和亚热带的经济作物，如橡胶、胡椒、咖啡等近百种，对祖国的经济建设作出了极大的贡献。

为了支持和关心华侨开垦农场，发展经济作物，何香凝在 1955 年和 1956 年先后两次将自己出版诗画集的稿费 7 000 元人民币赠送给福建省永春县北硿华侨农场作为生产资金，大大鼓舞了农场职工和海外侨胞。1960 年 7 月她得知北硿华侨农场又安置了 2 000 多印尼归侨，非常高兴，欣然提笔，精心绘了一幅国画，并赋诗一首：“一张拙画慰劳君，勉励归侨爱国心，万劫千辛归故里，勤劳建设勇于人。”她高度赞扬了华侨热爱祖国、艰苦创业的精神。从印尼回国的尤扬祖先生在家乡福建永春县海拔 700 多米高的猛虎山上，开办了一个垦殖场，为让柑橘上山、节约平原耕地创造了成功的经验，受到何香凝的表彰[7]。何香凝的“华侨慈母”之心深深感动着侨胞。

再次，创办各种华侨学校，解决华侨子弟及侨眷入学问题。

何香凝十分关心华侨青年的学习，在她的主持下，先后在北京、广州、汕头、福建、广西、云南等地办起了归国华侨中等补习学校。同时，她也鼓励华侨办学，各地侨乡纷纷办起了华侨中、小学校，解决华侨子弟入学难的问题。不足十年，帮助近 4 万名归侨学生进入各级学校学习，其中已有约 20% 的侨生进入高等学府，还有近 2 000 名归侨学生先后从高等学校毕业，参加了祖国的社会主义建设。

50 年代，除了以上为华侨、归侨、侨眷子女创办的大、中、小学之外，还兴办各级各类的职业培训学校，方便归侨、侨眷就业。在广东、福建重点侨乡办起了补习班、学习班、训练班等。福建省从 1950 年到 1959 年办起了华侨文化实习学校 8 所，独立实习班 46 处。1950 年元旦，广州南方大学创办了华侨学院，招收 3 期学员，共培养了 624 名归侨干部。1951 年 4 月到 1953 年 7 月举办了 4 期华侨青年学习班，共培养了 638 人。1951 年燕京大学华侨先修班，招收高考落榜而具有高中文化程度的华侨学生，他们补习一年后，再报考高等学校，成绩优秀者可升入燕京大学各系或其他大学。另有两年制的补习班，补习两年后再报考高等学校，两个班共招收 140 人。还有实业技术工作训练班和工农业技术训练班等，为华侨培训了不少人才。[⑧]

何香凝主管侨委工作期间，全心全意为华侨、归侨、侨眷服务，她办了许多好事、实事，不愧为优秀的国家领导人。

（《廖仲恺何香凝研究——廖仲恺何香凝学术研讨会论文集》，广东高等教育出版社 1993 年版）

参考文献：

①张兴汉：《从徒工到侨领——司徒美堂传》，湖南人民出版社 1987 年版，第 147 页。

②尚明轩、余光炎主编：《双清文集》（下卷），人民出版社 1985 年版，第 482 页。

③李永、温乐群、汪云生：《何香凝传》，中国华侨出版公司 1993 年版，第 82 ~ 86 页。

④尚明轩、余光炎主编：《双清文集》（下卷），人民出版社 1985 年版，第 630 页。

⑤尚明轩、余光炎主编：《双清文集》（下卷），人民出版社 1985 年版，第 524 页。

⑥李永、温乐群、汪云生：《何香凝传》，中国华侨出版公司 1993 年版，第 223 页。

⑦李永、温乐群、汪云生：《何香凝传》，中国华侨出版公司 1993 年版，第 225 页。

⑧张泉林主编：《当代中国华侨教育》，暨南大学华侨研究所 1989 年版，第 92 页。

归侨篇

抗日战争中东江华侨回乡服务团的贡献

华侨具有爱国主义的光荣传统。抗日战争期间，东南亚各地广大爱国华侨为了祖国的前途命运不辞辛劳，奔走呼号，募捐救国，输财助战，甚至组织队伍回国参战。多少爱国华侨青年血溅轩辕，他们将自己的鲜血洒在祖国的大地上，浇灌了民族解放战争胜利的鲜花。他们立下的不朽功绩，是永远值得我们纪念的。东江华侨回乡服务团就是这样一支队伍。笔者曾经拜访了东江华侨回乡服务团中的十多位革命前辈，根据他们的回忆而写成此文。

华侨回乡服务团的产生及影响

抗日战争爆发后，南洋各地成立了筹赈祖国难民委员会（以下简称筹赈会），由爱国侨领陈嘉庚先生担任总会主席。在总会的领导下进行募捐活动，许多爱国华侨教师、学生、青年、店员、海员纷纷组织各种救亡团体，开展爱国宣传，到各城市巡回演出，进行义卖，募捐筹款，动员广大侨胞有钱出钱，有力出力。他们把募捐的大量衣服、药品、汽车和捐款，源源不断地送回祖国，支援抗日军民和惨遭离乱的难民。1936 年宋庆龄、鲁迅、邹韬奋、沈钧儒、李公朴、闻一多、史良、章乃器、沙千里、王造时等人组织了"全国各界救国联合会"，在南洋各地开展活动；菲律宾华侨除捐款外，还组织抗日义勇队 70 多人，1937 年回到福建厦门，1938 年编入新四军；1937 年南洋各劳工联合会组织回国慰问团 50 多人，将华侨的捐款和乐器送给叶挺的部队。总而言之，南洋华侨的爱国抗日救亡热潮不断高涨。

当时，主持南方局工作的周恩来同志执行党中央的抗日民族统一战线政策，号召爱国华侨支援祖国抗日斗争。在海外的戴子良、官文森、钟醇生、黄适安、黄伯才等人，在国家民族存亡的生死关头，相继成立了英荷两属惠侨救乡总会，号召华侨青年参战，以人力物力援助东江人民抗日游击队，组织了东江华侨回乡服务团。他们离开亲人，远涉重洋，回到烽火连天的祖国。除部分奔赴海外，大多数留在东江两岸，配合华南人民游击队，投入抗日救亡活动，为祖国的民族解放和独立立下不朽功绩。

1938 年日本侵略军从大亚湾登陆后，由于国民党采取妥协投降的不抵抗政策，节节败退，大好河山沦于敌手，沿海地区和广深铁路被日军占领。在我党领导下的华南人民抗日游击队，奋起抵抗，曾生同志率领的游击队一连打了几场胜仗，对日寇进行了有力的回击。胜利的消息传到海外，广大侨胞欢欣鼓舞，奔走相告。他们看到，只有共产党才能挽救中华民族的危亡，于是，南洋侨胞为了灾难深重的祖国，节衣缩食，自动募捐。捐钱的方式多种多样：富裕的华侨一次可以拿出几百元、几千元甚至几万元；有些贫苦的侨胞变卖家产；三轮车工人车上装着小盒子劝捐；有的家庭妇女把首饰、嫁妆等贵重东西，甚至把结婚时丈夫送的金戒指也拿出来拍卖捐献；中小学生也在街上卖花劝捐。与此同时，总会还在南洋各地展出日本侵略军占领沿海各地后，给沿海人民群众带来灾难的图片，更加激发了广大侨胞仇恨的怒火，个个义愤填膺，摩拳擦掌。于是，南洋各地英、荷两属，惠州十属的华侨，除了募捐救国外，许多爱国的华侨青年纷纷组织救亡团体，在街上高唱《延安颂》、《松花江上》和《铁蹄下的歌女》等抗日救亡歌曲，到处可以听到义卖的歌声：

“先生，买花吧！

这是爱国之花，

这是救国之花……”

华侨的心和祖国人民紧紧地连在一起，可是，华侨的爱国之心却被国民党反动派欺骗了，国民党多次派人赴海外劝捐，被蒋、宋、孔、陈四大家族贪污的捐款，据不完全统计，仅马来西亚就有 1 500 余万元，菲律宾 170 多万元。后来，华侨派出代表团回国，到延安、南京、上海和西南等地参观考察，耳闻目睹国民党蒋介石执行投降路线，不顾民族利益，贪污华侨的捐款；同时，亲眼看见八路军和新四军为了民族利益艰苦奋斗、真心抗日的情景。因此，他们不再上当受骗，把华侨募捐的款、衣服和药物等，派遣代表亲自送回祖国，交给共产党领导的真正抗日军民手中。爱国侨领黄伯才和官文森亲自回国，官文森找到宋庆龄，要求把华侨的捐款和药物送给真正抗日的队伍。陈嘉庚先生捐款修筑滇缅公路，送汽车并派司机回国支援抢运抗日物资，在云南山区极其艰苦的环境下，不少司机为国捐躯。就在这个募捐的高潮中，许多爱国华侨青年纷纷要求组织回乡服务团，回国参加抗日救亡活动。

华侨青年回国参战及所建立的功绩

1939 年夏天，一批批爱国华侨青年，肩负着海外侨胞重托，唱着《告别南洋》，漂洋过海，回到灾难深重的祖国怀抱，战斗在硝烟弥漫的故乡。他们是：由黄义芳率领的吉隆坡队 73 人；由王春红率领、侨领官文森组织的文森队 7 人；

由黄志强率领、侨领黄伯才和张郁才两人捐款组织的“两才”队12人；还有双莪队、加影队、越南队和暹罗队等华侨回乡服务队。“曾生同志领导的抗日游击队，于1939年夏，解放葵（涌）、沙（鱼涌）两据点，击溃日军五百余人，王作尧部解放南头，首创解放县城之战例。海南冯白驹等取得一系列胜利，打开战争局面，把从胜利中缴获的物资，用以救济从沦陷区逃出之难胞，深得广大人民的拥护，初步打下了群众基础。英勇的抗日事迹远播海外，港澳、南洋各地侨胞、知识青年相继组织吉隆坡、双莪月、文森、两才、越南等回国服务队归国参加战争。”

当他们回到香港时，受到我党在港的八路军办事处、东江特委和工委负责人廖承志、连贯、梁广、杨康华和吴有恒等同志的热情接待。还有宋庆龄和何香凝等爱国人士，特别是港澳青年组织，如惠阳青年会、余闲乐社、海陆丰同乡会、赈济会、青年歌剧团等各种社团的热烈欢迎。同时还拍有《华南烽火》纪录片，颂扬华侨青年的爱国热情。华侨回国抗日行动有一个发展变化的过程，开始通过筹赈会募捐物资药品、衣服和钱，派人送回来。随着爱国热潮一浪高过一浪，他们认识到只捐金钱物资，不能完全表达他们尽忠报国的心愿，于是决心组织服务队回国亲身参加宣传鼓动工作，这样才能表达海外赤子支援祖国抗战的一片丹心。遂组成回乡服务团，一批一批地回国抗战。当他们在宝安沙鱼涌上岸时，受到曾生部队和群众的热烈欢迎，却遭到国民党部队的刁难，国民党海关要他们把带回来的东西，如自行车、药品和衣服等打税，才放行，因而引起双方争吵。而我党的曾生部队却掩护他们强行通过，华侨青年对国共部队留下了不同的印象。

入境后，他们慰问抗日将士，首先到曾生部队，受到热烈的欢迎。部队还发子弹给他们练习射击，大家都很高兴。游击队里还有许多女兵，都彼此相处融洽。他们亲眼看到这支部队官兵一致，男女平等，艰苦奋斗，深感佩服。随后，他们也到国民党部队慰问，却见到另一番景象：军官随意打骂士兵，士兵吃不饱、穿不暖，等级差别大；当官的带着姨太太打麻将、跳舞、上酒馆、大吃大喝；有的军官贪污华侨捐款，发国难财，因投机买卖，走私分赃不均发生火拼。这些鲜明的对比，引起华侨青年的深思，同是抗日队伍，为什么如此不一样？他们在海外也曾听说在延安共产党领导的八路军、新四军官兵一致、男女平等、艰苦奋斗、英勇奋战。现在更是亲身感受到人民游击队才是真心抗日的。他们也看到国民党部队采取不抵抗政策、溃不成军的狼狈相，老百姓骂国民党部队吴铁城和余汉谋：“吴铁无城，余汉无谋”。现实的教育使华侨青年对抗日人民游击队产生了感情，下决心在东江两岸配合这支队伍进行抗日宣传。“华南人民抗日游击队抗战事迹远传海外，引起了极大的反响。海外的华侨报纸杂志，如法国巴黎的《救国时报》、新加坡的《南洋商报》、香港的《华商报》及《星岛日报》都大量报道抗日游击队的战绩，还发表了华南人民抗日游击队和抗日民主政权告海外华侨同胞书，为抗日救国做了大量宣传工作，很快得到海外侨胞的热烈响应。他们为了抗日，相继组织了吉隆坡队、文森队、双莪队、两才队、越南队、加影队、暹罗队等归国的抗日队伍，投身到抗日救国斗争中去，建立了不可磨灭的功绩。同时，爱国华侨在精神上、物质上都给予游击队有力的援助，国外华侨不断捐款捐物，冲破了日伪和国民党的层层封锁，保障了这支抗日队伍，尤其是初期的经济补给，真正做到了有力出力，有钱出钱，有物出物，可谓是‘国家兴亡，匹夫有责’。”

东江特委根据上级指示，把华侨青年、港澳青年与本地青年学生组织在一起，于 1939 年 1 月组成 400 多人的东江惠属华侨回乡服务团。开始总团设在香港，后迁惠州，叶锋同志任团长，刘宣同志任副团长。主要任务：①进行宣传发动工作，动员人民抗战。办夜校，建立读书会、妇女会、青救会和儿童团，宣传抗日。②发动群众，组织农民武装队。如打猎队、自卫队和联防队等，随时准备参战。③协助地方党组织，壮大和发展进步力量，为建立敌后根据地传播种子、积蓄力量，巩固抗日民族统一战线。在南洋华侨救乡总会的领导下，由东江华侨服务团（简称“东团”）成立救济总指挥部，对沦陷区的灾民给予救济，用“南洋华侨救乡总会”汇来的大笔捐款，买了许多大米、棉衣和药物，发给灾区的难民。同时，从香港请来名医，举办“医务班”培训救护人员，组织南洋英、荷两属，惠州十属救乡总会救护队四五十人，派回东江各地开展救济工作。东江沦陷区许多灾民饥寒交迫，疾病急需治疗，除了发给救济粮和棉衣外，还要护理伤病员。同时，开展抗日救亡统一战线工作，把香港和东江各地的爱国民主人士团结起来参加抗日民族统一战线，还派出代表跟国民党顽固派进行谈判。随着形势的发展，总团迁至惠州，住在平湖门“湖上煜庐”，除在惠州留下一个直属话剧队之外，其余的分成 10 个队，深入到东江两岸的河源、增城、博罗、东莞、紫金、惠阳、和平、龙川、海丰和宝安 10 个县，进行抗日宣传活动，动员民众，团结抗敌，点燃了抗日烽火。他们除了慰问部队和表演抗日救亡戏剧外，还进行街头宣传，出墙报，贴标语，办夜校，教唱歌，发动民众团结抗日，深受抗日军民的欢迎。叶锋和刘宣所领导的东江华侨服务团，组织力量深入农村宣传，发动群众。每到一处，汽灯一亮，锣鼓一响，便围集了一大堆群众。同志们乘机向他们讲演抗日救国的道理，还演活报剧、唱抗日歌曲、对唱山歌等，深受群众欢迎。坪山、龙岗一带搞得热火朝天，群众中到处流行着这样的民歌：

“大哥当红军啊，
二哥打日本，
三小妹就系涯（我），

涯也去参军啊……”

起初，国民党反动派想拉拢他们，采用“集训”的形式，动员他们加入国民党，企图利用华侨的金字招牌来骗取海外侨胞的捐款。他们在训练班里宣传“三民主义”、“抗战建国”，但是“三民主义”与“抗战建国”挂不起来，无法解释，不好理解。我党地下组织也介绍《论持久战》等进步书籍给他们阅读，华侨青年看了很受启发，非常向往延安。国民党顽固派威迫他们加入国民党，他们异口同声地说：“我们回乡是参加抗日，不参加任何党派。”顽固派看见华侨青年心向共产党，便怀疑他们跟共产党有来往，因此，把他们拉到博罗县去“集训”，企图让他们摆脱共产党的“赤化”。正当他们在博罗县“集训”时，我党派人前往博罗故意放话：“日本兵已进攻增城，很快就要来博罗了！”国民党顽固派听到这个消息，立即离开博罗，训练班不宣而散。从此，国民党更加怀疑服务团是被共产党利用，为共产党宣传，对其恨之入骨。加之华侨服务团在宣传活动中揭露了顽固派贪污腐化、妥协投降、破坏抗日统一战线等罪行，更引起顽固派的不满。因此，国民党把华侨服务团视为眼中钉、肉中刺，想方设法要打掉这支队伍，但不敢公开驱赶他们，只好找种种借口，不让他们在大庭广众中演出，并派人秘密监视，限制服务团的演出和宣传活动，甚至服务团在墙上写抗日标语和街头演出都受到他们阻挠。爱国壮志尚未酬，革命烈火扑不灭。华侨服务团在惠州宣传抗日的自由没有了，他们只好背着行李，携带乐器，到乡下去，到山区去，到部队去，到民众中去，寻找真正的伟力。住在惠州的直属演剧队，不仅演出受到限制，连他们在惠州西湖边上的住地“湖上煜庐”也被封了。为了正义斗争，爱国民主人士张友仁让出自己的别墅“荔晴园”给服务团居住。最后，国民党顽固派又派出武装把团部队员以及吉隆坡队和两才队队员逮捕起来，并驱逐他们出境，这就更加暴露了国民党顽固派妥协投降的反动面目了，东江华侨回乡服务团已被国民党顽固派逼到“抗日无自由，居住祖国无自由”的地步了。为了保护华侨青年的安全，总团根据特委的指示，让服务团转移到山区，配合人民武装力量，开辟革命根据地。东江华侨回乡服务团的活动，为建立敌后抗日人民武装打下了思想基础和组织基础，巩固和扩大了抗日民族统一战线，鼓舞了东江两岸抗日军民的斗志。

反迫害斗争与博罗队胜利出狱

1939年7月由李翼（杨德源）同志率领30多人的博罗队深入罗浮山下，在长宁、澜石、响水、新作塘等地，扎根于群众，开办夜校、识字班，宣传抗日主张，并发展了党组织，成立了青抗会、妇救会等群众抗日组织，掌握了自卫队武装。博罗队的活动引起国民党顽固派的注意和不安。国民党顽固派不顾国家存亡，执行投降路线出卖民族利益，压制抗日力量，迫害华侨回乡服务团博罗队，华侨青年团结一心跟顽固派进行斗争。1940 年初，国民党东江游击指挥所主任香翰屏，遵照蒋介石《限制异党活动的办法》，执行余汉谋的密令，不顾广大人民的利益，破坏抗日民族统一战线，派遣一个团的兵力，首先开赴博罗县罗浮山，向华侨服务团博罗队开刀，把活跃在罗浮山下的 23 名服务队员逮捕起来，掀起反共高潮。得到隐藏的内奸分子李志刚告密，国民党惠州游击指挥所特地出兵到博罗，协助博罗县保安队，于 1 月 31 日至 2 月 2 日在响水、澜石、长宁和县城，将博罗队队长李翼及所有队员都逮捕了，包括我党派往博罗县委工作的李健行、刘汝琛和杨凡在内。“东团”接到消息后，曾派高云波（“东团”组织部长）和两位队员去博罗交涉，结果他们三人也被扣留了一夜才放回。事后，爱国民主人士张友仁先生跟两位士绅去见香翰屏，质问他为什么要逮捕爱国华侨青年。香翰屏回答：“他们勾结土匪，扰乱社会治安。”张友仁代表爱国民主人士对顽固派这种行为表示抗议，愤怒而退。国民党顽固派早就想借故打击“东团”，而博罗队又是“东团”较强的一个队。据我党在博罗伪县府的内线情报：开始，顽固派是想抓杨凡，说他是延安派来的，散布了许多“反政府”的言论。后来顽固派又得到李志刚密报，说杨步尧等服务队在响水开会，同时，他们又得到土匪要到博罗县城劫狱情报，因此，就捏造一个“博罗队勾结象头山土匪要在博罗县城暴动”的假消息，加之顽固派第四战区游击指挥所参谋长杨幼敏早就想找借口捕杀惠、博进步力量，于是乘此良机抽调武装部队，假戏真做。他原想拘捕后警告一番，留下三五个判罪，其他逐个释放，而后再取缔“东团”各地组织，借此教训一下惠属东江一带的进步人士。顽固派这种倒行逆施、压制革命的罪行，暴露了他们投降派的真面目，激起了公愤。博罗队无辜被捕的消息传出后，社会舆论同情他们，连指挥所国民党政宣队的人也偷偷去狱中看望他们。惠州城为抗议当局迫害华侨服务团打出众多标语口号：“反对迫害华侨青年”，“抗日无罪”，“我们是东江华侨服务团博罗队”，“请社会贤达主持正义”等。社会呼声给顽固派压力很大，使他们陷入被动。开始，博罗队被拘禁在西湖玄妙观中，第一次过堂时，他们审问队长李翼为什么要勾结土匪密谋暴动，却当场被他驳斥得哑口无言。当杨幼敏亲自审问队员李健行时，也被反驳得狼狈不堪；他们几次问杨凡的来历，也毫无结果。最后，顽固派抓住年纪最小的杨步滔进行审讯，严刑拷打，然而小步滔临危不惧，坚强不屈，经受了威迫、利诱和酷刑拷打等种种迫害，始终没有向顽固派屈服。

国民党顽固派制造震动中外的东江奇冤，引起各阶层爱国人士的反对和海外侨胞的强烈抗议。起初，“东团”总部派人到香港将博罗队被捕的详情电告南洋救乡总会，请他们出面营救。东南亚各地华侨获悉博罗队被捕的消息后，抗议的信件、快邮代电一封接一封飞向国民党政府；周恩来同志在重庆的《新华日报》向全国人民发出呼吁；宋庆龄、何香凝、沈钧儒、史良等人向国民参政会提案，要求尽快释放博罗队队员；陈嘉庚亲自打电话质问余汉谋；英、荷两属的华侨还派出以官文森为首的慰问团，回国慰问被捕队员，并与国民党进行谈判。总团负责人叶锋把从南洋带队回国的吉隆坡队队长黄义芳、两才队队长黄志强和文森队欧巾雄召回惠州，并亲自领着他们三人一起去见香翰屏，要求立即释放博罗队23名队员。香翰屏回答说："未满十八岁的小青年可以先保释，其他要等战区司令长官批示发落。"叶锋识破他的阴谋，义正词严地回答："抗日不分老少，我们是一个团体，为了抗日前来参加工作，要释放就一起宣布无罪释放，今后你们要保证不再发生类似的事。"香翰屏本想利用谈判之机威迫叶锋交出"东团"各地工作队员名单，妄图一网打尽，但被叶锋断然拒绝，这次谈判就此结束。2月底，抗议迫害"东团"博罗队的呼声日益高涨，国民党当局感到压力很大难以收场。南洋救乡总会向东江游击指挥所提出抗议，强烈要求释放被捕博罗队全体队员，并在香港印了各社团快邮代电送到惠州、博罗等地散发，代电除要求国民党当局立即无条件释放被捕的博罗队队员之外，还要求保证全体东江华侨回乡服务团成员的人身安全，以此为条件，华侨才会继续捐助财物支援救乡工作。南洋各地来电后，余汉谋责备香翰屏处理不周，香翰屏又埋怨杨幼敏轻率从事，最后决定将全体博罗队队员押送韶关第四战区军法处审理，博罗队23名爱国人士在3月上旬，被国民党顽固派押送到粤北芙蓉山监狱，沿途老百姓含泪相送。

"东团"博罗队全体队员被押送到韶关不久，国民党顽固派在惠州连续掀起反共逆流。曾生的独立大队与王作尧的模范队被迫进行"小东征"，"东团"总部被封，形势越来越紧张。总团撤到香港之后，立即派刘宣和何鼎华去吉隆坡向马来西亚华侨报告博罗队被捕事件的经过，并揭露顽固派消极抗战、积极反共的阴谋。于是，南洋救乡总会特派官文森等人回国调查"东团"被迫害的情况，并慰问博罗队被捕成员。总团决定派黄义芳、钟育民和吴逸民三人以南洋救乡总会代表团名义到韶关跟国民党进行谈判，营救博罗队员出狱。代表团出发之前，香港工委负责人连贯同志作了指示，宋庆龄还给余汉谋写了亲笔信，还带了以南洋救乡总会名义写给韶关国民党军政头目的介绍信和两面锦旗：一面给余汉谋的写着"配合民众抗战到底"，另一面给李汉魂的写着"唤起民众，保卫家乡"。当时，韶关国民党的情况是：余汉谋新任七战区司令长官，把四战区张发奎排挤走了，成为地方实力派，余想巩固自己的实力，必须讨好华侨，争取群众，于是搞些貌似进步兵役法以笼络民心；但他要向蒋介石表忠，不配合反共搞分裂也不行，所以余汉谋只能要两面派手法。总团分析了当前的形势，如果抓住华侨这一有利条件，不涉及其他问题，博罗队出狱问题是可以顺利解决的。刘宣和何鼎华到南洋后，首先发回要求释放博罗队的电文，且除了惠属侨胞，连英、荷两属各地的商会都给余汉谋发了电报，有的侨领还给曾经代表余汉谋去南洋宣慰华侨的特使丁培伦发了电报。在这种情况下，派代表团到韶关跟国民党谈判是有可能获胜的。

6月初，总团派出以黄义芳为首的三人代表团到达韶关，首先跟北江特委取得联系，而后找到绥靖公署内一个原来是十二集团军参谋处（这是余汉谋与外直接联系的机构）的少校，要求见余汉谋并献旗，同时，要求到军法处监狱慰问在押的博罗队队员。他们见到余汉谋之后，余命令少将参议黄泛一和丁培伦跟代表团洽谈。谈判席上，黄泛一首先发言说："'东团'博罗队扰乱治安，危害抗战，政府依法逮捕，现余长官爱护青年，从轻发落，其中十九人可以具保释放，四人要侦查后才能发落。"黄义芳从座位上站起来反问："华侨回国参加抗日，何罪之有？"接着钟育民和吴逸民也提出质问："扰乱治安，破坏抗日，有何事实？"他们三人的质问，弄得会场难以收拾，谈不下去，只好宣布休会，改日再谈。狱中23人也一致表示：要坐牢一起坐，要走一起走，坚持到全体无罪释放。代表团坚定不移地向丁培伦提出，坚持全体无罪释放是南洋救乡总会的意见，也是狱中全体队员的意见，又是社会贤达的意见。这样双方各持己见出现了僵局。就在这个时候，陈嘉庚先生向国民参政会提出的要求释放华侨抗日青年和"东团"博罗队的提案也转到七战区，因为国民党内部也有矛盾，余汉谋也想早日结束这个案子，以减轻社会舆论压力，于是代表团的吴逸民同志抓住时机找到东江特委书记尹林平同志，汇报了谈判的情况。尹林平同志便带着他们三人去见我党省委书记张文彬和李大林同志。省委决定：队员要快点出狱，不能拖延，可以分批出去。代表团把省委的决定转告狱中的队员，狱中党支部根据省委的指示，召开干事会（即支部会），研究同意分两批出狱。于是，代表团向军法官表示同意19人先出狱，希望其余4人也能缓三五天后出狱。军法官便取出担保书，要他们具结担保，他们看了具结式的担保书，语气透有悔改之意，又要随传随到，认为这样不合适，博罗队既未"触犯法律"，何来"悔改自新"当良民？他们觉得办这样的手续不妥，都不同意签担保书。于是，他们跟军法官吵起来，几个人异口同声地说"查明无罪，就地释放"就行了。军法官也无法对付他们，只好推给丁培伦处理。次日，丁培伦又接见代表团四人，劝说他们："你们要体谅政府的苦衷，余长官爱护华侨青年，宽大处理，你们也要给政府一点面子，具保是例行公事，不会真正随传随到的，你们准备一下，把他们领出去好了，其余的四人在十八天后也要放的。"黄义芳回答他们："南洋救乡总会要的是无罪释放，还希望政府保证今后不再发生类似的事情，如果按军法处那样具结，那就是承认有罪，而且还不能结案，这样出来我们也不好交代，狱中的队员也不同意以有罪的身份出狱，还保证做个‘良民’。”他们跟军法官辩论起来，丁培伦见这场争论无法结束，口气软下来，假惺惺地问：“那按你们的想法应该怎么办？”黄义芳理直气壮地回答：“宣布查明无罪，就地释放就可以了！”丁培伦奸猾地说：“法律是有凭据的，总不能一句话就把人放了，无论如何总要说明被捕的缘由，由什么人保领才行呀！”这次谈判又不欢而散，丁培伦要代表团回去商量，拟个草稿。翌日，吴逸民便找到省委宣传部长石辟澜同志，他又介绍“新华南社”谭天度、李筱峰同志一起研究，最后决定把“具保”改为“领释”，由救乡总会签章领出去。他们把领释书送给丁培伦，丁又交给军法官。第二天代表团把19人领出来了。过了一个星期之后，又把杨凡等4人也领出来了。经过一个半月的谈判，被捕的博罗队23人终于全部顺利出狱。他们这次出狱没有办任何自首、悔改的手续。在被审讯中，没有发现任何人泄露组织的机密。在党的领导下和全国人民、海外侨胞和爱国民主人士的声援下，以及狱中的23位队员坚持以种种方式跟国民党顽固派斗争，这次事件取得了胜利。博罗队23人中，有来自东南亚各地的华侨，有来自港澳的进步青年，也有刚放弃大学、中学学业的青年学生，他们为了挽救祖国危难，不约而同奔向抗日前线，为了建立罗浮山革命根据地，发展抗日人民武装力量，不辞劳苦，为组织民众、宣传抗日而工作。他们虽然获悉国民党顽固派要抓他们，为了坚持抗战、坚持团结、坚持进步，他们不畏惧、不躲避、不逃跑，坚定不移地跟顽固派进行面对面的斗争。他们真不愧为炎黄的子孙、民族的骄傲、华侨的精英。狱中的斗争生活并没有浇灭他们的爱国热情，胜利出狱后，除个别返回南洋外，大多数继续参加战斗，到敌后投入武装斗争，在战火中锻炼成长。

华侨青年血洒南天，在战火中成长

1940年秋，日本帝国主义加紧侵略我国，国民党坚持投降路线，大搞分裂，破坏统一战线，再次掀起反共高潮，企图扼杀抗日革命力量。可是华南人民抗日武装力量不仅没有被扑灭，而且日益发展和壮大，琼崖纵队、东江纵队、珠江纵队、韩江纵队和北江支队相继成立，抗日游击健儿活跃在华南土地上，给予日本侵略军以致命的打击。东江华侨回乡服务团10个队的成员，除少数返回南洋之外，大部分参加东江纵队，到敌后投入武装斗争。有的在战斗中壮烈牺牲了，如两才队队长黄志强在曾生部队参加武装斗争，一次战斗中，他带着队伍通过敌人的封锁线，与日军相遇，遭受伏击，不幸中弹，以身殉国。有的在执行任务时被敌人抓去，坚贞不屈，英勇献身，如增（城）龙（门）博（罗）的地下交通员陈志奋，原是马来亚橡胶工人，家中只有年老体弱的父亲，全家人都靠他赡养。他回国之前，经过一番思想斗争，意识到没有强大的祖国，海外孤儿便没有靠山，强烈的爱国主义思想激励着他，使他毅然决定放弃个人利益，报名参加服务团回国抗日。回国之后，他父亲的生活由爱国团体照顾。他参加了服务团，分配到增城县的白面石、正果和麻炸一带进行活动。当时，增龙博的中心县委就设在那里，是接近日寇的敌后前线指挥部。他在一次执行任务中通过敌人的封锁线时，不幸被敌人抓去，受尽严刑拷打，始终坚强不屈，没有泄漏机密，最后被敌人杀害了，牺牲时才23岁，他为了祖国的独立流尽了最后一滴血。又如，工人出身的港澳女青年陈笑影是战地医院的负责人，在一次突围中被国民党顽固派抓住，在审讯时，她临危不惧，义正词严地斥责国民党反动派卖国投降的罪行，在军法官面前，顽强不屈跟敌军夺枪搏斗，后英勇牺牲。

东江华侨回乡服务团是革命的大熔炉，培养造就了一批革命干部、军事人才和文艺家。他们是一支点燃抗日烽火的宣传队和战斗队，为民族独立解放战争和建设社会主义作出了贡献。抗日战争胜利结束后，曾经战斗在东江两岸的华侨服务团成员，大多数已成长为东江纵队的骨干力量。1946年他们随军北撤，到山东烟台，参加胶东人民的斗争，经受了艰苦岁月的考验。1949年随军南下，为解放华南立下功勋。如文森队欧巾雄出生在马来西亚一个华侨知识分子家庭，父亲是工程技术员，她是家中的独生女。回国时，母亲病重，她为了祖国的抗战伟业，含着眼泪离开亲人，回到灾难深重的祖国，投入火热的战斗中，把自己的青春献给祖国，艰苦的生活也丝毫没有动摇她的决心。1939年冬，她光荣地加入了中国共产党；1946年东江纵队北撤时，她担任部队教导员职务；1947年被选为两广纵队代表，出席在波兰华沙召开的世界青年联欢节。新中国成立后，她在中联部工作，后任铁道部医院院长。全国解放后，东江华侨回乡服务团成员，除少数留在部队外，大部分已转业到地方，参加社会主义建设，分布在全国各地的政府机关、工厂、艺术团体等，有的担任领导工作，有的成了艺术家。如“东团”团长叶锋同志，曾任国家地震总局副局长，现任香港新华分社负责人；副团长刘宣同志，曾任东江专署副专员，现任交通部第四工程局党委书记；博罗队队长杨德源同志，曾任佛山地委书记，现任广东省人民政府副省长；吉隆坡队队长黄炜然（黄义芳）同志，曾任湖南省郴州军分区副司令员。他们仍然战斗在不同的岗位上，为祖国“四化”作贡献！

结束语

41年过去了。南洋华侨回乡服务团爱国青年回国时，正当我们国家处于水深火热之中，他们为了祖国的复兴和民族的生存，抛弃个人安逸，不避艰险，担起民族重任，在战火纷飞的日子里，挥洒热血。他们在艰苦的环境中锻炼成长，住山窑、吃野菜、坐监牢，都没有动摇他们对祖国无限深情的爱，他们为全民族利益作出了莫大的贡献。但是，文化大革命期间，林彪、江青反革命集团，颠倒黑白，捏造莫须有的罪名，胡说东江华侨服务团是“土匪”、“特务”、“特嫌”、“叛徒”、“国际间谍”等，许多老同志被关押、受刑，遭受重重迫害，有的家破人亡，妻离子散，有的被流放到青海高原进行劳动改造，有的甚至含冤屈死。

41年前，南洋华侨青年壮志满怀，热血沸腾，回国抗日，却遭到国民党的迫害；在十年浩劫中，他们又受到无情的打击。但最终党中央领导全国人民粉碎了林彪、江青反革命集团篡党夺权的阴谋，人民胜利了，党胜利了。历史恢复了本来的面目，东江华侨回乡服务团的光辉事迹将永载史册！

一直以来，华侨都有着爱国主义的光荣传统。从辛亥革命、抗日战争、解放战争、抗美援朝，直至社会主义建设时期，他们对祖国作出过重大的贡献。我们深信，在社会主义“四化”建设中，广大侨胞将会作出更大的贡献！

（撰写此文时曾采访过杨德源、黄义芳、黄复康、胡一声、钟紫、刘宣、吴逸民、李健行、高云波、黄小英、严英等老同志，本文是在他们的指导和帮助下写成的，特表感谢）

[朱杰勤主编：《华侨史论文集》（第二辑），暨南大学华侨研究所1981年版]

忆恩师著名散文家秦牧先生

20世纪70年代初的一个冬天，我从山西回来广东探亲，得知老作家秦牧从省作协下放到博罗县委任副书记，主管宣传部门的工作。有一天，我到博罗县委拜访他，受到他热情的接待和亲切的教诲。我向秦老先生介绍了自己的家庭和个人经历，我跟他说曾听过他讲的课，读过他的散文，受益匪浅；自暨南大学中文系毕业后分配到山西工作，在文化部门搞过文艺创作，曾在《人民文学》发表过散文《太行山上》；父亲是新加坡归侨，老革命，在杨村华侨柑橘场退休，年老多病，弟妹还小，我希望调回来，以便照顾他们。当我提起杨村华侨柑橘场时，他非常熟悉地说："杨村华侨柑橘场有印度尼西亚、越南、马来西亚、新加坡等国的归侨，我还在《人民日报》写过文章介绍归侨的情况，听说还有几位老归侨参加过早年的开发。"我插嘴说："是的，我父亲就是首批开场元老之一。"他说："我也是新加坡归侨，这个农场是全亚洲最大的柑橘基地，农艺师还是我们潮汕老乡。"我接着说："没错，农艺师是汕头人，他姓林，也是归侨，是我父亲的老战友。"相谈融洽时，我说："老师，我想调回博罗县工作可以吗?"他恳切地说："好！欢迎你，只要那边肯放，这里没问题，县里学大寨很需要人，你在山西大寨县工作过，把大寨精神带回来，我们文化宣传部门也需要人，这样吧，你先写一个报告，我批一下！"后来我照他的吩咐写了报告经他批示后转给人事部门。

1973年冬，在秦牧老师的帮助下，我终于调回博罗县工作。秦牧老师原本想安排我到宣传文化部门工作，后来被人事部门分配到县委办公室工作。在一个县委大院工作，与秦老师朝夕相处，他那平易近人、艰苦朴素、深入细致的工作作风对县委干部影响极大。他经常深入农村第一线，无论防洪抢险和市政建设，都亲力亲为，热情参加。有一年夏天，县城筑路，他头顶草帽、腰围水布在工地劳动，已是11点时分，我走过去劝他："秦老，时间不早了，你先回去休息吧！"他说："不，下班时间没到。"这让我记忆深刻，一位大作家，严格遵守劳动纪律，不怕苦不怕累，不搞特殊化。他那高尚的品格、坦荡的胸怀、刚正不阿的精神永远值得我们学习。不久，他因工作需要调回省作协和省文联任主席。

1978年暨南大学复办，我也调回母校，起初在校刊编辑室工作。1980年成立华侨研究所时，我被调入华侨研究所从事华侨华人研究工作。我在华侨研究所工作时，也曾有几次向他请教，得到他极大的关怀，他还把两本有关华侨华人的散文送给我。1988年在国务院侨办和全国侨联的支持下，在梁奇达校长的鼓励和秦牧老师的关心帮助下，我完成了一部反映美洲华侨领袖司徒美堂的文学传记《从徒工到侨领》。该书名还是秦牧老师给定下来的。有一次，我受厦门大学的邀请，参加关于陈嘉庚电视连续剧的研讨会。那时，我和秦牧老师一起赴会，受益匪浅。他知识非常渊博，对侨领陈嘉庚和司徒美堂都非常熟悉，他鼓励我说："华侨文学题材很丰富，它像一座金山，尚未开发，你在研究华侨史的基础上，可搞些文学创作，为华侨树碑立传，陈嘉庚也有电视连续剧了，司徒美堂也可以改编成电影或电视连续剧，再过几年必会引起社会舆论。"他的话一直激励着我。

《从徒工到侨领》出版后，引起社会关注。梁校长读完全书后，鼓励我把它改编成电视连续剧。全国电影家协会会长、全国侨联主席司徒慧敏约见我，建议改编成上、下两部电影，很遗憾，那年他回京不久就因胃癌逝世。不久，上海电影制片厂著名导演孙道临同志带着制片主任和助手来找我洽谈拍摄电影事宜。随后，珠江电影制片厂著名导演丁荫楠同志也来约我筹拍电视剧事宜。我跟老同学钟毓材合作改编22集电视连续剧《司徒美堂》，皆因种种原因，目前还没有搬上屏幕。但愿该剧能早日摄成，以告慰著名归侨作家秦牧老师的在天之灵，寄托哀思！

（张汉明、李玉梅主编：《暨园古道照颜色》，香港明星创作公司2006年版）

骨肉难留报国心

——记西德归侨专家邝公道博士

"只有我在登上飞机时，我才相信确实去西德！"这是暨南大学医学院外科教研室主任邝公道教授，听到西德朋友邀请他去考察的消息时，半信半疑地对人们说的。

1980 年 9 月，他真的乘着飞机从北京飞往波恩了。

严峻的考验

邝公道教授是全国著名的骨科专家，又是国际外科学会会员和中华医学会外科学会委员，1980 年当选为广东省侨联常务委员。

邝教授 20 世纪 30 年代怀着科学救国的希望出洋留学。1939 年在柏林大学毕业，第二年撰写了论文《双侧性肾病手术治疗的适应症》，荣获柏林大学医学博士学位。他毕业后在柏林大学任教，后来，在一间创伤医院担任主治医师。1945 年他毅然放弃了主治医师职位，带着德国籍的妻子回到祖国的怀抱。

30 多年来，他以自己的智慧和才能，在外科、骨科的教学、科研和医疗工作中，做了大量努力，取得了显著的成效，赢得了"华南一把刀"的美誉。解放后，他在中山医学院担任外科主任，为祖国培养了许多医学人才，可谓桃李满天下。1959 年正当我国遭受经济困难之际，他的妻子带着儿女回西德去了，可他却坚持留在祖国，与全国人民一起承受困难的考验。艰苦的生活丝毫没有削弱他为祖国尽忠的意志，然而，精神上的打击却伤透了他的心。作为一个热爱祖国的海外赤子，他被那些无端的罪名弄得晕头转向，不是批判斗争，便是深刻检讨，在极左路线干扰下，他政治上得不到信任，工作上得不到支持，技术得不到发挥。尤其是在十年浩劫中，他从进牛棚到坐牢被软禁，前后达 6 年之久。"投敌叛国"、"反动权威"、"特嫌分子"三顶帽子压得他喘不过气来。报国无门，反遭迫害，中国之大却无自己立锥之地，他曾经含着眼泪想再渡重洋，离开自己的祖国。

邝教授就是这样一个饱经忧患、历尽沧桑的归侨知识分子。这次他出国考察，是西德科技学术交流中心发出的邀请，然而摆在他面前的却是一道难题。出国对他来说，不仅是他自己不敢想，旁人也会带着怀疑的眼光提出一系列问题：

“他儿女都在西德，这一去能回来吗？”

“他早就想走哩！这回可是个好机会，国家买飞机票送他出国。”

还有的说：“邝公道此去不会再回来了，到时不知暨大领导人如何担当这个责任！”

但种种议论却无法改变这样的事实：邝教授从牛棚出来，恢复工作后，没有耿耿于怀，也没有斤斤计较个人得失，而是兢兢业业，拼命工作。他重新拿起那把荒废了十年的手术刀，在有关单位的协作下，几年来，不辞辛劳，上山下乡，深入基层。南海之滨、珠江两岸、罗浮山下都留下了他的足迹。从1972年至1980年共收治下肢小儿麻痹后遗症患者550人次。他经过刻苦实践，总结出了宝贵的经验，以此撰写出论文《小儿麻痹后遗症合并膝关节畸形的外科治疗》，获得医学界极高的评价。单位评选先进工作者，他又名列金榜。

单位领导回顾了他的历史，根据他的现实表现，呈报上级批准他出访西德。

“中国还是我自己的中国”

暨南大学医学考察团带着中国人民友好的愿望到达西德。邝教授回到阔别35年的第二故乡，骨肉团聚，故好相会，所到之处无不盛情相待。考察团首先访问慕尼黑，他的儿子邝彼得驱车赶去，见到父亲时，头一句话就是：“爸爸，我没有想到您真来了！”父子俩含着喜悦的眼泪，享受着团聚的欢乐。彼得的话，在某种程度来说，代表了邝教授在西德许多老朋友的想法，他们都觉得邝教授不可能返德，可是他真的来了，为此《柏林晨报》还专门发了消息，并登了邝教授的照片。

邝教授的儿女在西德定居20多年了，少小离家，老大相会，骨肉团聚，真是难舍难分，此情此景难于描绘。一天，邝教授与儿子、媳妇、女儿在一起，享受着团聚的幸福和欢乐时，儿女同声恳求他：“爸爸，您别走了，就留在我们身边，让我们侍奉您安度晚年吧！”人是有感情的，何况这又是儿女的一片真情。邝教授闪动着泪花，对儿女说：“孩子，祖国已给我落实了政策，中国还是我自己的中国，那些搞‘左倾’路线的人不能代表中国，我还是要回去，祖国需要我，我的有限余年还要为祖国‘四化’作点贡献！”

邝教授的一位老同学是西柏林的卫生局长，知道他到了柏林，邀请他留下来担任一所大医院的外科主任。邝教授婉然拒绝：“如果我要留下来，早就留下来了。过去我放弃了柏林创伤医院外科主治医师的职务回国，就是觉得祖国更需要我，今天的情况更是如此。”

3个月过去了，邝教授跟考察团一起载誉而归。记者采访他的时候，他深有感触地说："如果在过去，我是不可能被派出国考察，要是去了也不会回来。每一个中国知识分子都有爱国心和民族自尊心，过去受到打击迫害，不让走都想走；现在党的政策落实好，祖国信任我们知识分子，就是放我出去，我也还要回来！"

（本文与晓南、洪涛合作）

（乔涟编：《归侨丹心》，人民出版社1981年版）

青松岭下一丰碑

——记新加坡归侨老红军张权同志

一、家境贫困、寻找出路

张权原名张华盛，号骏辉，生于1905年3月，是五华县安流镇福江村鹅池塘人，因家庭贫穷，早年丧父，全靠母亲古氏种菜挑担和做鞋养活全家。张权只读了三年小学就到揭阳的河婆圩裁缝店当学徒讨饭吃，不久又跟五华的一个石匠到广州学打石。

张权在广州打石期间，受辛亥革命的影响，追随孙中山参加革命。1920年还不满16岁的他便在粤军第六军当了士兵。国民党和共产党合作时的1924年，他被调入黄埔军校教导团辎重监视队当一等兵，1925年中国正处在轰轰烈烈的大革命时期，反动军阀陈炯明部队盘踞粤东一带进行反革命暴乱，2月广东革命政府举师东征。黄埔军校校长蒋介石和政治部主任周恩来统领东征军征战。此时古大存受中共广东省委派遣到革命军张民达师的战地政治宣传队担任负责人，张权在攻打惠州城时负伤，在战地上遇见古大存，彼此都觉得很惊奇和高兴。因为古大存在安流三江书院读书时，曾寄宿过书院创办人张柳堂家世昌楼，古大存还与张柳堂的小儿子张子翩结拜为兄弟，而张权又是张柳堂的侄孙，故张权与古大存早已熟悉。

第一次东征胜利后，省委派古大存以广东省农民协会特派员的名义回到五华，他要求省委将军校教导团的一等兵张权也留在五华，让张权当他的贴身警卫员。张权在古大存的引领下，从警卫员升任农民自卫队队长、县模范赤卫队队长，先后参加了安流、华城、双头、潭下、转水、横陂、对镜窝、龙村、塘湖等地20多次战斗，击毙、捕获反动分子和官兵40多人，处决了罪大恶极的反革命分子张谷山（土皇帝）、李寿眉（反动资本团团长）等人。

二、营救同志旗开得胜

革命军第一次东征，在五华取得重大胜利的同时，广州的军阀杨希闵、刘震寰又公开叛变，东征军又回师广州进行平叛。而军阀陈炯明就乘机卷土重回五华，1925 年 7 月下旬陈炯明部下的华振中部队勾结安流区伪区长郭洪恩，带队围攻安流区农会，将农会长胡汉奇、指导员张骏声、农会副会长古心君等人扣押，企图用木船解往伪县府交给伪县长陈炯光（陈炯明之弟），船从琴江河顺水而下，刚到牛麻潭河面上，被小塘学园的农军拦击，张权闻讯带领万安乡和伏溪乡农军 100 多人火速赶到，营救出胡汉奇、张骏声（大革命失败后在新加坡牺牲的烈士）等 4 位同志，俘捉敌军警 10 多人，后张权带农军趁势冲上安流圩，捣毁伪区署警察所，释放了被关押的民众。

三、河岸前突袭陈兵

1925 年夏陈炯明部下的华振中旅趁东征军回师广州平叛乱军之时又重回五华，占据安流三江书院后，四面出动大肆摧残农会，到处杀人放火奸淫抢掠，导致安流地区鸡犬不宁、人心惶恐。五华县农会发动安流、棉洋、梅林等地农民武装共 1 000 多人，于 8 月 4 日（农历六月十五）高举犁头红旗攻打三江书院的叛军。农军从安流圩梅子坪、三江圩锅口寨及鹅池塘三面进行攻击，在一时难以攻破敌阵的关键时刻，张权挑选了万安乡农军中的 10 多人组成敢死队，摸爬到离叛军只有 50 米的棉洋河岸的小山包插比墩时，突然向叛军开火，发挥了近战威力，打死打伤敌兵多人，迫使华振中旅放弃阵地，溃逃渡过琴江河，其参谋长陈铭勋和近百名兵士被击毙在河中，农军大胜。

四、处决资本团头目

五华农民运动高潮时，五华的地主老财、官僚恶霸为了保护自身利益，与反革命集团相勾结，先后组织“资本团”、“新农会”，以图破坏共产党领导的农民运动和农会组织。他们的反动气焰十分嚣张，华城湖田村的张谷山就是总后台。1927 年 2 月古大存在华城一间“当铺”开会，派张权、贺民教两人前往湖田村通知张谷山开会。会上张谷山不听古大存的劝告，仍声称坚持反动立场，要“资本团”、“新农会”与共产党的农会对着干。古大存立即下令“把张谷山捆起来”，张权、贺民教将张谷山扣押，随后押往五华农军指挥部所在地谭下百安监禁，后将其处决。

1927 年 9 月 14 日，古大存率领农民赤卫队 600 多人，深夜悄悄开进了安流的对镜窝村，将长寿楼团团围住，派李斌、李英跃入反动“资本团”团长李寿眉房中，将其逮捕，押解回革命军总部三江书院审讯。由于李寿眉罪大恶极、坚持反动立场，五华县县委书记曾天节下令对其执行枪决。县革命委员会在三江书院门前的大河沙坝召开了宣判大会，会后张权持枪处决了李寿眉。

五、左右开弓守益和当

1927年蒋介石在上海叛变革命，屠杀共产党人，发动“四一二”反革命政变；广东的国民党右派与蒋介石相呼应，五华的形势非常严峻。此时，古大存率领模范赤卫队到横陂圩，准备在横陂区农会筹备召开县农民代表大会。4月15日凌晨，国民党反动军宋世科团与五华张九华的县警队共千余兵，突然包围了横陂圩。模范赤卫队奋起抵抗，古大存一边令人突围呼救，一边组织赤卫队退守到壁坚墙厚的益和当，固守待援。张权在古大存指挥下坚定沉着，带领队员英勇作战，他手持一支德国造的“贴耳乌机”枪，在当铺楼上左放一枪右放一枪，东射一枪西击一通，依靠枪法准确击毙敌军，使敌军始终不敢靠近当铺墙根，为退敌争取了宝贵的时间。横陂、锡坑、里江安流的农军和大众农民兄弟，足有1万多人，闻信火速赶到横陂，将敌军击溃，退守益和当的古大存和农会干部安全脱险。

六、避难出逃新加坡

由于以蒋介石为首的国民党右派叛变革命，第一次大革命失败了。1928年2月国民党军黄旭初一个师进驻五华，配合五华反动军警队长张九华血腥镇压革命，大肆屠杀共产党人和革命群众，对苏区进行烧、杀、抢“三光”政策，全县被杀害的共产党员、农会干部和革命群众共计3 000多人，造成2万多人无家可归，妻离子散。革命形势的迅速逆转，白色恐怖横行，不坚定分子纷纷自首和叛变，使革命处于低潮。1928年2月古大存带领没有走散的中坚分子60多人，走上了五华与丰顺交界的八乡山，继续坚持斗争。

安流区委书记兼农会会长张骏声、古连、张权、张俊南、张子明5人一起，与古大存失散后到了汕头，想到中央所在地上海找海陆丰农运领袖澎湃。当闻知澎湃在上海被叛徒出卖后，决定留下古连到东莞、广州隐藏找工作，张俊南身份未暴露仍回五华，张权、张子明负责护送张骏声到国外去暂避。1928年4月汕头海关有一艘船招募华工到新加坡，张骏声、张权、张子明便乘该船到了英殖民地新加坡。张权学过打石，便到新加坡的武吉智马石场做工。后来，张骏声、张权都参加了马来西亚共产党领导的反对英国殖民政府的罢工斗争，张权还担任了石业工会的筹备委员。张骏声、张权的举动引起了当局的注意，他们利用反动工会暴徒打伤了张骏声，后张骏声不幸病逝。1938 年6 月，英殖民当局扣押张权后将他驱逐出境。张权回国后在广州东莞做苦工寻找古连，3 个月后偷偷回到家中，为了生存，在家乡福全小学（今安流小学）找了一份为教师做饭扫地的杂工，半年后到三江中学（今安流中学）正式做了厨房的炊事工。

七、云开雾散重归队

1940 年夏的一天，张权到安流圩广吉杂货店找宋广吉闲聊，无意间碰到了扮作挑担送货上门的揭阳人陈权，其真实身份是中共潮汕地委地下“交通站”的联络员。他到五华的任务是物色人员，发展党组织。宋广吉在大革命时曾任磂沙乡农会干部，他和张权、陈权意气相投、心灵相通。陈权第二、三次送货到广吉店时，请宋广吉邀请张权共进午餐，三人尽情畅谈。陈权介绍，“由于国民党的压迫，地主的剥削，农民揾食艰难，揭阳良田的农民很有办法，利用山地边远地方大种鸦片烟，用鸦片烟换粮食解决了饥饿问题”。陈权跟张权说，如有意到良田种烟，他将帮助解决居住和土地问题，张权立即答应，辞掉了三江中学的厨工工作，跟随陈权去良田种烟，这一去又是 4 年。谁知种烟是假，干革命才是真。张权从此就接上了中共潮汕地委的地下组织关系，在潮汕地委书记曾广和揭（阳）陆（丰）华（五华）边县委书记陈权的领导下，组织了“五华交通站”，内部又称联络站，也叫“安流联络站”。五华交通站受良田交通站领导，任务是负责上下级秘密情报信件传递、护送领导同志、输送枪弹给游击部队、串联发动青年参加革命、寻找老党员老红军失散人员重回队伍、散发和张贴革命传单标语等。良田交通站负责人先后更换了陈权、蔡若明、蔡洛 3 位同志，而下级的安流交通站由张权任站长，一直到 1949 年 4 月安流解放，交通站撤销。张权寻回古连、刘坚、朱国贞、宋振、宋广吉、万载夫、万梦熊、梁仕超、古乐贤、张映乾、胡焕寰、胡育宏等同志重回党组织和革命队伍；教育启发引导张若伦、张聂夫、张聂雄、张振宏、张振先、张德、张汉辉、张启发、张谣、张坚、钟亚运和张志汉等 30 多人参加革命，并把他们送入党领导的游击队。

“安流交通站”设在鹅池塘大寨寨门的“景阳楼”楼上和张权家中，虽任务重、形势复杂多变，但张权凭着斗争经验和智勇双全的无畏精神，保证了党的交通站一路安全，任务顺利完成。这里有两件意外事件值得一提。

一件是发生在 1945 年的大年三十晚。张权的胞弟张成荣是党领导的潮汕抗征总队安流抗征小组组长，与交通站互不联系，是各自独立的革命组织。张成荣在策划国民党驻军暂八师士兵拖枪兵变的行动时，被反动官兵跟踪，他将跟踪的伪兵击毙后逃脱。反动的伪镇长张杰民带暂八师军队围住世昌楼和张权家，将张权和老赤卫队员张运宣及烈士张骏声的父亲张雁南、叔父张汉模4人捉去。交通站刚建立不久幸未暴露，经组织营救和宗亲凑钱，张权等人才被赎出。

1949年2月，海丰龟灵岛的海盗土匪黄忠冒充我人民解放军，进驻安流，勾结安流恶棍张继金，组织反动武装“护乡团”，到处设卡收税，勒索钱粮，迫缴民枪，为非作歹，建立伪乡镇政权，妄图独占一方。我交通站密切监视他们的活动，将情况及时向上级报告。海盗想方设法破坏我们的组织，竟派兵到鹅池塘围捕我交通站长张权和联络员张若伦，并将两人的手枪缴去。张权义正辞严揭露其盗用我人民解放军的名誉欺骗人民，勾结反动势力欺压群众，扰乱社会治安等罪行，敦促其改邪归正，指明他们接受我中共领导，归我“韩江和东江纵队”收编才是唯一出路，否则将自绝于人民。黄忠和其参谋长邹世良慑于共产党的崇高威望和解放军的威严，便放回张权和张若伦两人，送还手枪，还道了歉。后来，该海盗逃回海丰后被我东江纵队三支队曾天节部队歼灭。

八、合格的武装部长

1949年2月我中国人民解放军闽粤赣边纵队二支五团和八团，相继开进五华琴江河以东地区，而粤赣湘边的二支队四团和五华武工队已占据了琴江河以西的乡村。4月7日我闽粤赣边二支八团解放里江，4月11日解放安流，4月20日解放水寨和河口。1949年6月18日奉中共中央华南分局命令，揭陆华边行政委员会在安流三江中学（今安中）宣告成立，后行委会迁吉水村办公。五华县的河口、水寨、郭田、平南、大都、里江、安流、棉洋和揭阳五经富、河婆、棉湖、里湖以及陆丰的河田、五云归揭陆华边行政委员会领导。边县委书记为黄佚农、副书记曾列明、行政委员会主任曾列明，下设民政科长张九、财粮科长张益谦、文教科长蔡洛、供管科长刘导、农会长古连、武装部长张权。

由于刚解放，中华人民共和国还未成立，国民党的残兵败将和游匪土霸仍大量存在。为了保卫新生的人民政权、保卫革命的胜利果实，民兵组织必须迅速组建并逐步健全。张权知道当武装部长责任重大，任务艰巨，他不畏惧不推辞，立即带领警卫员彭杰，深入到揭阳、陆丰、五华边的各区乡进行部署，迅速组建民兵，落实领导责任，收缴民间的枪支子弹装备民兵，还短期速成训练民兵的作战本领。正是张权果断的组织行动，使揭陆华边的1 000多民兵在抗击国民党胡琏兵的入侵时，迅速集结奔赴战场，取得了骄人的战绩。

国民党的胡琏兵团，在淮海战役战场被我华东野战军围歼时脱逃，一路南下窜扰民众。当胡兵团窜入江西时，中共中央华南分局于1949年7月3日在梅县召开兴梅地区各县党政军领导人的会议。紧急会议指出，“胡琏兵团南窜粤东和闽西必定会引起华南解放前夕一场残酷的斗争，为了保卫家乡，保卫夏收，迎接大军南下，我们必须打好这一仗”。会后的7月10日，揭陆华边县委、行委会在五华双华召开紧急会议，传达、贯彻华南分局会议精神。会议由行委主任曾列明主持，县委书记黄佚农传达并作部署。会议宣布组建一支民兵大队（又叫基干民兵营），由武装部长张权任基干民兵营长，配合八团二营营长张适勤部队、三营八连连长张文育共同作战。会后张权带领平南、黄沙、虎石、双华、大都、里江、安流、棉洋民兵900多人奔赴战场。

8月10日胡琏军两个营窜到水寨肆意奸淫妇女、抢掠财物之后，又窜到平南来，我营长张适勤和民兵营长张权带领军民早已严阵以待，奋起抗击，激战一天毙敌伤敌7人，我平南民兵杨妙坤不幸牺牲。

9月21日胡琏兵200多人，企图洗劫平南乡，张权配合平南乡长丁容波、指导员丁茂思、农会长曾亚六，在增坑、青拐塘一线阻击敌兵。在张适勤营的支援下，黄沙民兵用2支台枪、3支百子炮，连同步机枪一齐向敌开火射杀，打得胡军晕头转向退回水寨，这一仗打死击伤胡兵8人，而我民兵只伤1人。

我东江纵队三团和五华民兵，在县委书记张日和、县长魏麟基领导下，军民团结奋战，取得抗击胡琏的“东楼战”、“水寨战”、“新桥战”、“油田战”的胜利之后，彻底打击了胡军。在我南下解放大军乘胜追击、势如破竹的攻势下，疯狂一时作最后挣扎的胡琏匪军退出五华境内，经潮汕出海，亡命溃逃台湾。

在抗击胡琏军窜扰战胜利后，张权集中精力抓民兵组织的落实建设和训练，为使广大民兵做到“招之即来，来之能战，战之能胜”，以适应清匪反霸，保卫新生的人民政权，保卫农民翻身当家做主的胜利果实的现实需要。此外还为迎接即将到来的土改，为了革命工作，他日夜操劳奔忙，连年老的母亲都无法伺候照料，妻子儿女也无暇关顾。

九、重回古大存身边工作

1949年10月19日中央人民政府任命叶剑英为广东省人民政府主席，方方、古大存、李章达为副主席，古大存为中共中央华南分局常委并兼任广东省政府民政厅厅长，主管省政府的行政工作。1949年年底前，古大存从东北回到广州。

1950年3月，揭陆华边县奉中共中央华南分局政令撤销建制，归五华统管，古大存在审议东韩江五华合并的领导班子人选安排时，发现了他的老部下张权和古连，于是立即通过组织关系将张权上调省民政厅，安排在身边工作。张权于1950年4月到省民政厅报到，先在群众来信来访科，1951年他参加中央老苏区访问粤东分团，被分到兴梅片的五华、丰顺、大埔、梅县等县的小组担任负责人。访问结束后回省，跟随古大存到土改重点县英德蹲点。1952 年张权跟省民政厅厅长、长征干部周辉到博罗筹办农场。张权是由农场改造建成杨村华侨柑橘场的主要负责人之一，是农场元老。

张权为了把杨村这块昔日荒凉的土地开发成亚洲最大的现代化柑橘园，立下了殊勋。他发扬了艰苦奋斗、任劳任怨的精神，走群众路线，听取群众意见，克己奉公，心怀群众，对革命事业忠心耿耿，值得我们敬仰传颂。

1975 年张权病逝，省民政厅召开了追悼会，广东省杨村华侨柑橘场党委和职工为缅怀他的功绩，在农场的青松岭为他竖立了丰碑。

（本文与张德、聂夫合作，由张德执笔）

（中共广东省委党史研究室编：《军旗为什么这样红》，广东人民出版社 2010 年版）

暨南篇

百年侨校坎坷复办举旗人梁奇达校长

一、少年立志图报国　出生入死为革命

珠江，雄伟壮美的珠江，逶迤宛然流向海洋，滋润着岭南沃土，培育着勤劳勇敢、思想开拓、敢于革命的广东人民。珠江两岸河网纵横，田园阡陌，物产丰饶。珠江三角洲孕育了无数仁人志士和革命先驱，高举反帝反封建的大旗，在中国近现代史上立下了不朽的功绩。广东是中国近代民主革命的发源地，无数革命知识分子为了国家的强盛、民族的解放、社会的繁荣，鞠躬尽瘁，死而后已。

在美丽富饶的珠江三角洲西部有一个闻名海内外的华侨之乡和文化之乡——开平县。开平县受海洋文化的影响，哺育了一代代革命家、教育家、艺术家和侨领等名人，他们给岭南文化增添了光彩。本文的主人公梁奇达就是这块沃土孕育出来的无产阶级革命家和传播中华文化的华侨教育家之一。

1916 年 7 月 15 日，梁奇达出生于开平县博建乡会龙里一个华侨家庭。他自幼在家乡私塾读书。1931 年他从博建小学毕业后，考入广州大中中学。广东是近代民主革命的发源地，是我国近现代革命运动的中心。正值青春年少的梁奇达从三埠乘船来到广州，刚刚踏入大中校园，便被学生请愿抗日的标语口号吸引，受到青年学生爱国抗日救亡热情的鼓舞，幼小的心灵萌发了爱国主义的思想。

1931 年 1 月 28 日，日本侵略我国上海，爆发了“一·二八”淞沪抗战。驻守在上海的第十九路军在广东名将蔡廷锴军长的率领下，抗命举旗抵御日军进攻，血战吴淞口，保卫大上海。广州大中学校的青年学生热血沸腾，不断组织上街游行，向国民政府请愿，坚持抗战，反对投降。

初秋的一天，梁奇达参加了广州中等学校联合举行的万人请愿抗日示威大游行，他在游行队伍里，激情满怀，深感“天下兴亡，匹夫有责”，爱国家爱民族的思想已在他胸中扎根。年仅 15 岁的梁奇达，痛下决心要努力学习，将来为国家和民族效命。除了刻苦学习功课之外，他还如饥似渴地阅读进步书报，关心了解国家大事。1932 年他与一群思想进步的同学秘密组织读书会。当时主要的成员有他同乡兄弟梁湘和潘先濂等人，主要阅读进步的文艺书籍和主张抗日的刊物，如高尔基的《母亲》和鲁迅的杂文等。

1933年夏天，梁奇达结识了广州大学和勷勤大学的林振华、麦蒲费两人，从他们那里间接与在上海从事发行工作的王均予取得了联系。王均予是上海中共中央出版发行科的科长，他的主要任务是在青年学生中秘密推销中共中央出版的马、恩、列、斯等著作，以及中共在上海出版的《红旗》杂志和《红军捷报》，一般先是在学校找到代销人，再由代销人向进步学生推广销售。当时在上海的暨南大学、复旦大学、大夏大学等9所学校都有代销人。后来经过上海进步学生的介绍，逐渐向全国各地发展推广，如北京、天津、武汉、广州、澳门、厦门以及南洋等地的学校都被纳入其中。广州的麦蒲费是勷勤大学的学生，他与王均予秘密联系，所有马列著作和进步书籍刊物通过他流传到广州青年学生中。王均予为了加强与读者的联系，以拓展推销范围，1933年4月间，他自编了一张小报，叫《时代文化》，秘密印刷，向全国各地秘密发行。报纸主要内容是报道上海出版消息，介绍马列主义书籍，登载上海和全国各地群众抗日救亡活动，答复读者来信；也报道时事政治及各地学生罢课、工人罢工、农民暴动的消息，是一个为发行科服务，联系各地读者、组织读者的工具。通过这张报纸的发行路线，在上海以外的城市依靠代销人，把当地经常购买阅读马列主义书籍的读者团结起来，组成《时代文化》读书会，形成党领导下的群众组织。广州《时代文化》读书会的负责人是麦蒲费，主要读者是勷勤大学、广州大学、中山大学、中大附中、大中中学等校学生。这些日子，梁奇达从上海王均予发行的书刊报纸中学习了许多马列知识，了解了很多抗日救亡的消息，看的刊物主要有《读书生活》、《世界知识》、《中国妇女》等，此外还能看到一些秘密刊物和文章，如中国苏维埃简介、红军反围剿胜利的消息等。梁奇达与读书会成员集资购买油印工具和纸张，秘密印刷这些进步书报，利用各种渠道和方式散发出去，宣传共产党的抗日主张和共产主义思想。一次他看到《为争取发展五十万红军而奋斗》的文章，深受鼓舞，情绪激动，非常向往到苏维埃红军大学学习。1934年他毅然决定弃笔从戎，奔赴苏区。他筹足了路费，规划好路线，准备秋天前往。不久，他忽然接到消息，苏区红军已出发，离开瑞金开始二万五千里长征，无奈只好终止计划，继续留在广州读书。

1934年秋天，梁奇达考入省立第一师范高师部。他一边学习，一边秘密组织读书会，发动40多名学生参加读书会，并以学生会为阵地创办壁报，进行抗日宣传和共产主义思想的传播。此时，由于某种原因，《时代文化》停刊。上海发行科党小组考虑到，报纸停刊，各地读者必然停止活动，为了不让各地读书会的组织因报纸停刊而解散，商量提出用一个组织名称，同发行书刊的工作结合起来，以保持组织关系。于是，他们想出了用“中国青年同盟”（以下简称“中青”）这个名称来代替读书会名称，继续发行马列主义书籍和党的报刊。王均予在上海向各地组织发信，说明改名称的原因，“中青”组织便成了党领导的外围群众组织。1934年底，广州已有20多名“中青”成员，主要分布在勷勤大学和中山大学两所学校，总负责人是麦蒲费。勷勤大学有林振华，中山大学有钱兴、曾生、粟稔、梁湘、梁奇达、李锦波、黄书光、周明等人。主要任务是宣传反蒋抗日，揭露国民党卖国政策，宣传红军长征胜利和党的“八一宣言”。

1935年7月，王均予在上海遭到国民党的迫害，机关受到破坏，只好转移到广州继续开展革命活动，原来发行科的党小组成员王平和易志光仍留在上海开展地下革命活动。因为上海发行科与王均予有近3年的工作联系，党组织决定让王均予到广州，帮助开展广州“中青”活动，继续维持发行科的工作，跟上海党小组王平和易志光仍然保持联系，向他们汇报工作情况，接受他们的意见，马列主义书籍由他们寄送。王均予来到广州后，把“中国青年同盟”改名为“中国青年抗日同盟”。经过整顿和发展，“中青”为重建广州市委打下了思想基础和组织基础。

同年夏天，麦蒲费、林振华、梁湘、梁嘉、梁奇达等人把王均予接到广州，直接领导“中青”的工作。梁湘以学生身份在越华路一条小街租了一间房子，和王均予住在一起，以此为掩护。王均予的生活费、房租费和工作活动费全部是梁湘、麦蒲费、林振华、潘先濂、梁嘉和梁奇达等人从读书费用中节省下来的。王均予的住所绝对保密，只有麦蒲费和梁奇达除了工作需要能去外，任何人不能到那里去，以确保他的安全。王均予到广州后，一项重要的工作就是为恢复和发展广东党组织做准备，为此成立“广州青年抗日同盟会”这个秘密组织。首先吸收进步群众加入“广州青年抗日同盟会”，进行考验和锻炼。梁奇达是较早加入“广州青年抗日同盟会”的，由王均予介绍入盟，随后王均予派他为省立第一师范学校“中青”组织的负责人，发展了100多人。省一师位于风景优美的北江河畔的江村。梁奇达考进该校后，按照王均予的指示，秘密串联，发展一批“中青”积极分子，如王树潘、王国强、李畔驰、陈进礼、郭植秋等人。同时，他还在校外江村建立“中青”的秘密据点，为避免暴露，他经常在夜晚约王国强、王树潘等骨干分子到江村秘密据点开会。有时，数十人挤在一间屋的大厅里，点着小的煤油灯，彼此的脸孔都不能全部看清楚，只听到梁达奇的激情演说。散会后，三五成群在漆黑的夜幕中返回学校。

1935年12月9日，北京爆发了学生爱国示威游行，当晚梁奇达把“中青”骨干分子召集在江村秘密据点开会，为响应北京学生爱国运动，安排“中青”骨干分子连夜张贴抗日救亡标语。当夜，“中青”骨干分子就给全校学生的脸盆都贴上了“停止内战，一致抗日”的标语，10日清晨，师生们起来洗脸，都看到了抗日救亡的标语，非常震惊。学校当局派人调查，也没有查出结果。后来

"中青"骨干分子王树潘在墙报上写了论战的文章，被学校开除学籍。自 12 月 9 日北京爆发学生爱国运动后，梁奇达更加积极主动宣传抗日，发展"中青"组织。他根据王均予的指示，放宽条件组织近百人参加半公开的"中青"读书会，有文艺、哲学、时事的研讨会，引导学生读进步书刊，如鲁迅、茅盾等著名作家的作品，以达到团结抗日的目的。学生依靠这个进步组织，在学校争取学生会的领导权，出版墙报，宣传共产党的抗日主张。他每两个星期到王均予住处汇报工作情况，听取王的指示；有时，根据工作需要，王均予也会隔周派人与他联系，传达信息。梁湘则协助梁奇达誊写、印刷各种宣传品，然后由梁奇达直接带到学校散发。其中有中央文件，还有红军长征新闻等。由于他的活动次数较多，引起了学校的注意，到高中二年级时，被学校当局以"操行不好"为由开除学籍。梁奇达把工作安排好后，便离开了省一师。但他没有屈服，在王均予的指导下，以"中青"盟员的身份转到肇庆师范就读。他到肇庆后，以"中青"盟员的资格发展肇庆中学和肇庆一批抗日同盟成员数十人。

王均予到广州经过半年的工作，克服了封闭保守的思想倾向，整顿了群众组织，最大限度吸收一切拥护抗日的群众到各种抗日社团来，推动群众抗日运动走向高潮。1936 年起，王均予决定抓紧时间到天津向北方局汇报工作，请示重建广东党组织的意见。当时，王均予没有回天津的路费，怎么办呢？梁湘、梁奇达、梁嘉、麦蒲费等人变卖各自的金饰资助王均予北上天津。王均予找到北方局领导，详细汇报了广东的工作，得到北方局领导的充分肯定，批准重建广东党组织。于是王均予迅速返回广东，按照北方局领导人的意见，配合南方委员会（设在香港）薛尚实同志，立即开展建党工作，首先在"中青"盟员中发展第一批党员。

1936 年 10 月，由王均予介绍，梁奇达正式加入中国共产党，10 月 10 日在广州惠福路一间古色古香的茶楼举行了入党仪式。此后，梁奇达成了大革命失败后肇庆地区第一个共产党员、高要中共党组织的重建者，肇庆这块圣土成为梁奇达人生重大政治生涯的开端。年仅 20 岁的梁奇达，一心向往苏维埃，如今梦想成真。1936 年 10 月 10 日是梁奇达第二次生命的喜庆日，也是他永远难忘的生命里程碑！

高要是西江重镇，在大革命时期，苏维埃运动在这里蓬勃发展，素有"小海陆丰"之称。蒋介石叛变革命后，国民党大肆屠杀共产党人，使这里的党组织受到严重破坏。此时，梁奇达接受任务，冒着生命危险在肇庆开展革命活动，重建党组织，碰到许多困难。他"明知山有虎，偏向虎山行"，将个人安危置之度外，因为党的利益高于一切。他回到肇庆之后，马不停蹄地开展工作，加速党组织的恢复和重建，以党的外围组织"中青"为基础，注重培养那些工作热情高涨，经得起复杂政治形势考验的盟员。为了团结更多的青年学生，他在肇庆中学创办了较为激进的刊物《肇庆校刊》和组建名为“解放剧社”的演出团体，开展抗日爱国主义宣传教育，以培养锻炼其中的突出分子，将他们作为发展对象，进行发展党员和建设党组织工作。那时正在肇庆中学读书的王晋禧是“中青”盟员骨干，又是负责宣传工作的学生会领导成员。遵照王均予的指示，他与王晋禧接触，发现王晋禧讲的是“布尔什维克”、“苏维埃政权”等马克思主义理论和苏联十月革命道理。他思想进步，工作积极热情，立场坚定，态度坚决。于是，梁奇达作为介绍人首先吸收他加入中国共产党，不久，王晋禧作为介绍人吸收了肇庆中学学生陈炽崇入党。根据党章规定，3 名以上党员可以成立支部。鉴于高要从大革命失败以来，一直未能恢复党组织，经中共广州工委和后来的广州市外县工委负责人王均予批准，1936 年 10 月中共高要支部成立，成员只有梁奇达、王晋禧、陈炽崇 3 个，书记梁奇达，隶属广州外县工委。

当时，国民党反动当局对广大进步青年严格控制，对他们的活动监视严密。中共高要支部虽然秘密成立了，但无法公开活动，只能趁着民间兴起的抗日救亡形势，大力宣传反蒋抗日。梁奇达为了坚持革命活动和扩大宣传范围，挑选了肇庆中学和天主教会创办的海星中学作为中共高要支部和“中青”活动的场地，组织一个半公开的秘密读书会，先后吸收了教师黎淑娴和一批进步学生如黄次娴、叶翠卿、何瑞兰、郑礼芳、关秉琪、冯绍诚等加入读书会，并租赁了肇庆中学对面中山纪念堂侧边的一间小屋作为读书会的活动地点，不定期出版宣传抗日救亡、拥共反蒋的爱国主义思想刊物《小主人》。同时，他还仿效教育家陶行知先生倡导的“小先生”制的平民教育举措，让青年走向社会，对一些成年人进行识字教育。

1936 年 11 月间，梁奇达从肇庆各中学和师范学校师生中，发展了数十名“中青”盟员，使肇庆、高要乃至西江各县抗日救亡运动蓬勃开展起来。抗日战争爆发后，广大进步学生和爱国人士积极参加抗日救亡团体，特别是抗日自卫团，在西江已有十余万民众的规模。年底“西安事变”发生后，国民党高要当局在肇庆城区举行了庆祝“西安事变和平解决”的集会，梁奇达组织中共高要支部和“中青”盟员利用这次机会，动员青年学生到街道、广场等进行演讲，剖析事件真相，揭露蒋介石不顾民族危亡，实行所谓“攘外必先安内”的反共投降政策，及其在西安事变中被扣押时的种种丑态，宣传中共反对分裂、反对内战、坚决抗日的主张，使民众受到一次深刻的爱国主义教育。

1937 年 1 月，国民党高要党部设在肇庆师范学校的区分部侦察“中青”活动，对学校学生参加抗日宣传活动的言行严加监视。获悉梁奇达是骨干分子和领导人后，以操行“丙”等为由将其开除出校。为革命奔走的梁奇达因宣传抗日、

组织学生运动，又一次被当局开除学籍、赶出校门。1 月下旬，广州市外县工委负责人王均予及时通知梁奇达撤离肇庆转回广州，中共高要支部负责人王晋禧接任，负责“中青”工作。

1937 年初，梁奇达回到广州向王均予汇报后，王均予把他安排到广州郊区岑村小学当教师。他的组织关系转到中山大学，跟同乡兄弟梁嘉和金昌华（朝鲜籍）编为一个支部，梁嘉任支部书记，他任支委。他一边在岑村小学任教，一边配合中山大学社教组织开展中大周围乡村的工作，包括东圃、萝岗等地。他以组织“小先生”名义，推广陶行知的教育理念，把当地的教师组织起来，大力发展“小先生”制，加强扫盲工作和抗日救亡宣传。活动不到半年，被国民党察觉，下了秘密通缉令。王均予得到这个情报，通知梁达奇马上离开岑村小学，把他介绍到中山县。当时，“七七”事变爆发，中国全面抗战开始了。梁奇达带着王均予给的联络暗号到中山县找到中山县委书记孙康。为了避开国民党的追捕，他改名为梁浪舟，在五区大布乡小学以教务主任兼教师身份开展工作。他到五区后，成立区工委，并担任区工委书记，叶向荣任组织委员，孙一之任宣传委员。大布乡小学的校长就是孙一之，在他的支持下，大布乡小学有一批爱国的进步教师从事抗日救亡宣传活动，拥有一定的群众基础。梁奇达到该校后，先后吸收教师郑少康及校友黄炳南入党，组成大布乡党支部，他兼任支部书记。大布乡党支部经研究决定，以该乡小学为基地，首先着力于团结全校教师和高年级学生及校友，以组织读书会、上政治时事课、教唱抗日歌曲、演出抗日话剧等适合青年特点的活动方式，进行爱国主义的教育与宣传。梁奇达大力推荐学生阅读当时上海出版的《生活周报》、《永生》、《中国农村》、《妇女生活》等进步期刊及《哲学讲话》、《中国的过去、现在和未来》、《政治学常识》等宣传马克思主义的通俗读物和革命文艺作品，对青年的思想和政治启蒙起了重要的作用。为了进一步把工作由学校推向农村，党支部还组织一些高年级的学生当“小先生”，在农村举办农民、妇女识字班，利用晚上等课余时间对青年农民和妇女开展教育工作。期间，梁奇达工作很忙，经常亲力亲为去检查和帮助“小先生”的工作，有时还亲自授课。他甚至搬到农民家里去住，经常探望学生家长和父老乡亲，与青年聊天，广交朋友。他生活艰苦朴素，平易近人，待人诚恳热情，办事负责，很快在群众中建立了极高的威信，不少群众有问题都来找他商量。在他的主持下，大布乡成了全县群众工作比较出色和牢固的据点。

梁奇达任五区工委书记期间，与叶向荣、孙一之团结合作，努力发展组织，积极开展群众抗日救亡运动。抗战爆发后，五区区委的工作重心放在发展群众上，尤其注重发挥青年知识分子在抗日斗争中的宣传作用。他们组织了谷镇文化界抗日工作团，全部党员加入工作团，梁奇达任党组书记，三乡商会主席郑兆田为团长，桥头小学校长邹文汉和孙一之为副团长。抗日工作团成立后，积极开展活动，每逢节假日都到附近乡村宣传救亡，演出街头剧《我们的故乡》、《青纱帐里》、《血洒卢沟桥》和《放下你的鞭子》等。他们组织了壮丁队、救护队、妇女大刀队等群众组织，很快就把全区的抗日群众运动搞得热火朝天，影响遍及全县。为了发动海外华侨捐款支援抗日，办起了《大布乡报》、《桥头乡报》等各种乡情报，寄给海外乡亲。在海外华侨的支持下，中山抗日游击队的武装有相当部分是华侨捐助的。与此同时，梁奇达很注意在抗日救亡运动涌现出来的爱国青年中物色发展对象，以发展壮大党的组织。不久在五区的平岚、乌石、大布、桥头、鸦岗、雍陌、马溪、平湖、沙岗、茅湾等十多个村发展党员近200名，成为中山县发展党员数量最多的地区，并建立了多个村党支部，当时的五区被称为中山的“小延安”。

1938年5月，经省委批准成立中山县委，孙康任县委书记，孙晖如任县委副书记，徐云任宣传部长，8月梁奇达调县委任组织部长。在任期间，他兢兢业业，尽职尽责，着力抓好党的组织建设，为中山县发展、巩固和壮大党的组织做了大量工作。到1939年10月，中山县已有中共党员500多名，为全省之冠。在全县9个区中，除七区因沦陷较早未建立党组织外，其余8个区都建立了党组织，而五区的党员人数最多。当时的县委机关设在石岐民生路太原第，梁奇达与县委副书记孙晖如、宣传部长徐云三人共住在一间租来的侨房里。出于秘密工作的需要，三人以兄弟称呼，孙晖如为老大，梁奇达为老二，徐云为老三，因此，大家亲切地称他为“二哥”。

1938年冬至1939年秋，梁奇达在任县委组织部长期间，不仅注意加速发展组织，同时重视培养和提高党员的素质，在一年时间里举办了三期党员骨干培训班：第一期为游击干部培训班，第二期为青年“抗先”，第三期为青年妇女积极分子培训班，为珠江三角洲日后开展抗日游击战争储备干部。后来珠江、粤中地区的抗日游击队骨干大多数是他培养出来的。每次办班，从备课到讲课，他都亲力亲为。参加过学习班的党员有郑少康、曾谷、方群英、黄乐天、杨子江、程志坚、吴孑仁、卢德耀、黄友涯、黄旭、陈特、高平、简洁、郑秀等八九十人。这批党员骨干经过培训，回去后都成为珠江敌后抗日斗争的顶梁柱。

梁奇达非常重视武装斗争和统一战线工作。他在五区任区工委书记时就很重视武装工作。当时国民党政府要求各乡组建抗日自卫团，他以区工委的名义决定各乡党支部要尽量动员党员、学校教师和青年农民参加军事训练，并吁请各乡乡绅父老购置枪支弹药，为武装抗日，保家卫国做准备。他调往县委任组织部长后，继续抓好抗日武装队伍的建设，建立抗日根据地，发展党组织，领导抗日人民武装力量。中山县成立的第一支抗日游击队——中山人民抗日义勇大队，就是中山县委亲自组建的，枪支武器都是梁奇达发动群众一手筹划操办的。

当时正处第二次国共合作抗日阶段，梁奇达十分重视抗日统一战线的工作。早在五区任区工委书记时，他就很重视统战工作，代表县委要求各乡党支部对各乡学校的校长、校董、乡长、自卫队长以及父老乡绅、归国华侨都要尽力做好“团结和争取”的工作。当时各乡群众抗日运动的蓬勃发展，跟各方的支持是分不开的。梁奇达还与国民党五区分部的书记长郑星池、区长孙子静及驻军独立九旅驻在三乡的营长等都保持联系，每逢召开群众大会都请他们坐在主席台上并发表讲话，形成了团结抗日的良好氛围。梁奇达调任县委组织部长后，积极协助县委书记孙康做好“团结争取”统一战线的抗日组织工作。1938 年 12 月 9 日，成立了国民党出面组成实则中共组织的广东省抗日青年先锋队中山县队，县总队长由中山县长张惠长担任，副队长由中共中山县委书记孙康担任。梁奇达负责具体的组织领导工作，各区相应成立区分队，接着又成立了中山县战时妇女协会，由张惠长的妻子薛锦迴担任会长，中共党员刘紫云任副会长，各区成立战时妇女协会分会。1939 年秋天，日军先后两次进犯中山横门，中山县委以“抗先”、“妇协”名义组织别动队、民兵救护队、运输队等数千人的队伍开赴前线，激战七天七夜，与国民党军队共同抵御日军。在全县军民的齐心协力下，两次横门战斗告捷。

正在这个节骨眼上，国民党顽固派在全国发动第二次反共高潮，这股破坏抗战的反动逆流波及中山县，给团结抗战的大好局面笼罩上一片乌云。县委书记孙康被国民党通缉，“抗先”、“妇协”等抗日群众团体被勒令解散，各方停止活动。中山县委面临重重困难，县委转移到贝头里村，住在农民家里，仍然坚持领导全县人民进行抗日斗争。正在这个时候，梁奇达的大女儿出生，他无暇顾及家庭。尽管身处险境，但他不顾个人安危，抢先安排一批已暴露身份的党员转移到他乡工作，还安插了一批地下党员到五桂山村镇当教师，有效地保存了党的骨干力量。

1939 年秋，由于受党内“左倾”机会主义路线的干扰，中山县委受到不公正的处分，县委主要领导人被调走，梁奇达因工作需要仍留任中山县委。10 月间，广东省委将中山县委划归粤中特委，粤中特委调陈翔南任中山县委书记。原中山县委领导班子成员孙康、孙晖如、叶向荣、徐云人、梁绮卿等人相继调走，只剩下梁奇达一人留任县委副书记兼组织部长。他冒着危难坚守阵地，积极配合县委书记陈翔南做好党的工作，组织全县党员在困难中坚持抗日斗争。

二、五桂山上举红旗　驰骋珠洲战恶狼

1939年10月4日，日军首次攻陷石岐，持续几天奸淫烧杀，石岐变成暗无天日的人间地狱。中山县委党组织没有被吓倒，上级任命梁奇达为代理县委书记。年仅28岁的梁奇达，勇敢地挑起了重担，顶着逆流知难而上。他率领一区张溪、员峰近百名民兵上山打游击，直抵五区马溪，与五区区委书记郑少康率领的民兵万余人会合；随后，又与四区谭桂明、肖志刚率领的崖口民兵数十人会合，并把一、二、五、六区的民兵组织起来，奔赴五桂山打游击，开辟抗日根据地。

五桂山绵亘于中山县东南部，纵横跨越三四十千米，面积100多平方千米，是山峦起伏、沟壑纵横、坑谷深邃的山野地带。这里居住的山民大多数是客家人，他们的先辈从中原河洛地区南迁而来。客家人吃苦耐劳，团结拼搏，具有强烈的爱国爱族革命精神，在反英抗法的斗争中表现非常英勇，辛亥革命时，一心一意追随孙中山推翻清朝统治。梁奇达和郑少康等人率领部队打日本鬼子，深受客家山民的拥戴，为日后建立五桂山抗日根据地打下了良好的群众基础。

自中山县沦陷后，人心惶惶，成千上万百姓被迫离乡背井，流落四方。中山县是侨乡，因此侨汇也中断，侨眷生活艰难。中山人民在中共县委的领导下，积极组织武装，打击日寇，保卫中山。1940年4月中旬，中山县委经过策划，以五区委和六区委领导的武装“青抗先”，同时向雍陌和唐家湾日军驻地袭击，打响了中山县沦陷后的第一枪。日军受袭后，惊恐万分，盲目还枪，彻夜不得安宁。与此同时，潜伏下来的民族败类成立伪组织，伪县长、区长、乡长粉墨登场，一时群魔乱舞。中共中山县委针对这种情况，及时部署了第二次行动，分别由崖口和长洲党支部领导武装锄杀两乡作恶多端的伪乡长。这两次行动大大鼓舞了中山抗日民众。在香港出版的《今日中山》以特号快讯刊出，传到海外，侨胞闻讯，同声欢庆，纷纷来电表示祝贺，随后还寄钱寄物支持子弟兵抗日保家乡。

上级对中山县委的两次行动给予高度的赞扬，并指示县委将崖口、长洲两乡民兵开赴九区，与梁伯雄领导的武装会合，成立中山县第一支主力游击队。县委根据上级的指示，决定选派精明能干的欧初担任大队长。临行前梁奇达找到欧初，语重心长地对他说：“同志，这个担子不轻啊！但是，党信任你，希望你尽快建立起这支武装队伍，我们等着你的好消息！”“好！二哥，请组织放心！我决不辜负县委的信任和全县父老乡亲的期望。”说完，欧初紧紧地握着梁奇达的手，目光炯炯有神，而梁奇达被他强有力的双手紧握着，被他充满信心的目光感染着。

欧初经过一番奔走，从“青抗先”的骨干中挑选了几十名队员，准备成立中山人民抗日武装。1940 年冬天的一个夜晚，中山县委在九区小学召开会议，商量建立中共中山县委直接掌握的一支抗日人民武装队伍的有关事宜。梁奇达和九区区委书记黄君来以及欧初等人来到九区小学，连夜开会，落实县委的决定：在梁伯雄的部队内建立中山党组织直接领导的第一支抗日武装。他们研究了全套计划，包括枪支和队伍成立起来后的活动计划。天已蒙蒙亮，会议即将结束，梁奇达满脸笑容地对欧初说：“那好吧，我们等着你的好消息。”两人握别。欧初站在小学的门口，目送消失在熹微晨光中的二哥……

不久，欧初领导的第一支“中山人民抗日大队”在珠江三角洲胜利诞生，各区党委领导的民兵也相继成立抗日游击队：如八区以陈中坚名义成立抗日中队；一区以黄石生名义成立的国民兵团常备中队；二区以杨子江名义成立的联防办事处特务中队，以周培源名义成立的国民兵团常备中队，爱国人士刘震球成立的民兵集结队；九区除梁伯雄抗日中队外，还有由老农会会员陈军凯组织的中队、冯连枝组织的中队等抗日武装。

1940 年，中山县中共领导的人民抗日武装力量不断发展壮大，取得了一定的成绩，引起中山县委的极大重视。上级党委决定把梁奇达调到广州郊区番禺任禺南工委副书记、政治特派员，从事地方党的领导工作，发动群众，组织武装，配合部队开展对敌斗争。

6 月，中共广东省委召开扩大会议，省委书记张文彬传达了中共中央关于加强对敌后地区武装斗争的指示，决定建立南番中顺中心县委，以便统一领导该地区的党组织和抗日武装力量。在省委的直接领导和关心下，南番中顺地区的抗日武装斗争发展很快。应广东省省委书记张文彬的请求，党中央从延安选派红军长征干部、抗日军政大学第三分校的大队政委谢立全和大队长谢斌等一批干部来广东，以加强南方敌后抗日游击斗争的领导。从此，珠江三角洲的抗日烽火越烧越旺。

9 月，中心县委决定从中山、番禺抽调共产党员和进步青年 60 余人，组成独立第一中队。10 月，中心县委直接领导下的独立第一中队成立不久，日伪顽军企图扑灭这支敌后人民抗日队伍，纠集近千人的部队，依仗大炮和机枪的密集火力，兵分两路围攻番禺沙湾的南番中顺中心县委司令部，形势非常危急。谢立全和谢斌直接指挥这场反击战。当时，担任中心县委禺南工委副书记、政治特派员的梁奇达，也带队配合二谢指挥作战，战斗从早上一直持续到晚上，终于击退了敌人的围攻。沙湾战斗，首战告捷，这支由共产党直接领导的人民抗日武装名声大振，由小到大，越战越强，像插进敌人心脏的一把尖刀，成了敌人的眼中钉。

1941年8月13日拂晓，大雾弥漫，驻扎在番禺新造的日军300多人分两路进犯里仁洞。谢立全带领一支36人的小分队，跟100多名日军在婆岗相遇，战斗打响了，我们的队伍勇敢地冲上前，抢占了制高点，用火力压制住敌人。此刻，梁奇达正在新造做群众工作，听到猛烈的炮火声，立即带了一队民兵，登上离里仁洞最近的一个山冈，指挥民兵配合谢立全的部队，共同抗击日寇。敌人发现我们的增援部队，见势不妙，立即撤退。这次战斗结束后，梁奇达又接受了新的任务，开始迎接新的战斗……

1941年8月下旬，中共南番中顺中心县委召开紧急会议，根据珠江三角洲的对敌斗争形势，作出了"发展中山，经营番禺"的决策，任命谢立全为全权代表，梁奇达为政治特派员协助谢立全工作。谢立全和梁奇达两人进入五桂山，为建立根据地进行详细的调查和具体部署。梁奇达曾经担任过中山县委书记，对中山县的情况非常熟悉，尤其对五桂山的情况更是了如指掌。中山县委从1937年孙康任县委书记之时，已有把五桂山创建为抗日根据地的打算，梁奇达接任县委书记时，也有创建五桂山抗日根据地的意图，后因种种原因搁置了。谢立全非常赏识梁奇达的工作能力、战斗作风以及他的刚强性格，他们结伴深入五桂山作全面深入的调查后，达成共识，一致认为五桂山有一定的群众基础，同时，三四十平方千米的山区有回旋的余地，周围平原地区也有坚实的群众基础，党的力量较强。经过谢、梁两人的深入调查，中山县确信，五桂山必定可以建设成坚不可摧的敌后人民抗日根据地。从此，五桂山便成了珠江三角洲人民敌后抗日武装斗争的根据地。南番中顺中心县委指挥部也迁至五桂山。

1942年春天，五桂山漫山遍野盛开的红杜鹃格外鲜艳多姿，迎接着抗日健儿的到来。罗章有和黄智带领18人组成的先遣队来到五桂山合水口、石门村一带，进一步摸清民情、敌情和地形，为建立五桂山敌后根据地打前站。随后欧初带领第二主力中队、卫国尧带领第一主力中队先后进入五桂山与罗章有的先遣队会合。他们成了五桂山根据地的先头部队、开荒牛，当地老百姓把他们称作"山坑部队"。

南番中顺中心县委为了进一步加强对中山县武装力量的领导，将五桂山的两支主力中队进行整编，内部宣布成立"中山县抗日游击大队"，隶属中心县委，谢立全代表中心县委直接领导游击大队。从这时起，中山县的抗日游击战争进入了一个新的发展时期。地方党组织派中共党员杨子江、黄石生、曾培源等人回沙溪一带参加国民党地方部队，掌握了三个中队的兵力。驻斗门的陈中坚部队，及驻南头、阜沙一带的梁伯雄部队也逐步站稳了脚跟。

1941年12日，太平洋战争爆发后，日军加大侵略步伐，企图从海上进攻珠江三角洲。1942年3月，日军从佛山、番禺、江门等地，调兵2 000多人进驻中山进行“梳篦”式的扫荡，企图一举消灭中山人民的抗日武装力量。由于部分中间力量开始动摇，抗日形势一度出现低潮。

1943年春，中共广东省临时委员会军政委员会为统一领导珠江三角洲地区的武装斗争，成立了南番中顺游击区指挥部。总指挥为林锵云，政治委员为罗范群，副指挥为谢立全，副指挥兼参谋长为谢斌，政治部主任为刘向东（后刘田夫）。同年7月，南番中顺游击区指挥部从禺南榄核转移到中山县五桂山。珠江三角洲抗日游击队凭借着五桂山这个天然屏障，到平原地区活动，连续突击了驻三乡、前山、翠微、唐家、正棚等地的日伪顽军，捷报频传。

1943年底，全国各地抗日斗争开始进入新的发展阶段，南番中顺游击指挥部为适应新形势，决定成立中山人民抗日义勇大队，发表了成立宣言。大队长为欧初，政委为谭桂明，副大队长为罗章有，政训室主任为杨子江。中山人民抗日义勇大队成立后，开进五桂山抗日根据地。南番中顺中心指挥部要求义勇大队抓住战机，尽快打几个大胜仗，进一步壮大队伍，巩固五桂山抗日根据地。正在这个时候，活动在凤凰山区的白马队派人来报告，中山五、八区护沙总队长卢荣汉派了四个中队进驻了岐关东路南段的翠微村，企图建立据点，控制中山南部的平原地带，在军事上配合日军卡制五桂山的游击队，经济上则掠夺当地的粮食和其他资源。指挥部决定，趁这批伪军立足未稳，给他个下马威，把他们全部消灭掉，以壮抗日义勇大队的声威。

1944年1月中旬，梁奇达跟中心指挥部的领导人林锵云、罗范群、刘田夫、谢立全、谢斌、欧初等率领四个主力中队从五桂山出发，到达离翠微村只有七八华里的东坑村。17日黄昏，部队集结完毕，队伍分成三路，向翠微村进发。18日晚上，仅用10分钟左右的时间就结束了战斗，共俘虏敌人120多人，缴获机枪3挺，长短枪135支，子弹7 000余发，军用物资无数。四个主力中队无一损失。这是中山抗日义勇大队进驻五桂山抗日根据地的第一仗，不仅获得胜利，而且打得干脆利索，缴获大批胜利品，大大鼓舞了人民群众抗日的士气与斗志。

1944年10月，中区纵队在五桂山槟榔岭村古氏宗祠成立，欧初任大队长，梁奇达任政委。不久，珠江三角洲首届县级抗日民主政权——中山县督导处在五桂山石莹桥村成立。随着形势的需要，五桂山抗日根据地不断壮大发展，1945年1月15日，广东人民抗日游击队珠江纵队正式成立，中山人民抗日义勇大队改称珠江纵队第一支队，另辖活动在顺德的第二支队和活动在南海、三水的独立大队。梁奇达任珠江纵队第一支队政委，他的老战友欧初任大队长。珠纵第一支队下属有：民族、民生、民权等9个中队和交通、宣传、医疗、情报、税收、粮站等机关队伍。其主要任务是保卫民主政权机构，包括中山县督导处及其下属的五桂山区政务委员会、海滨区政委委员会，谷镇区、凤凰山区以及一区民主政权筹备处等。此外，在九区梁伯雄大队内部，郭定华中队被扩大为九区独立大队，下设3个中队。

自珠江纵队部分主力挺进粤中后，留下的力量相对减少，敌人乘机追迫，在金斗湾、三乡、神湾、唐家等地驻扎重兵，向五桂山根据地施压，形势比较紧张。珠江纵队司令部根据这一情况，指示一支队分兵两路，罗彰有和杨子江率一部在岐关公路东线的一、四、六区活动；周伯明和欧初大队长率另一部在岐关公路西线的一、五区活动。纵队司令员林锵云和一支队政委梁奇达留在五桂山根据地主持全面工作。

珠江纵队成立之后，打了一连串漂亮的胜仗，威震敌胆，大大增强了中山县和珠江三角洲人民抗日斗争的信心，声名远播海内外，侨居海外的华侨纷纷捐钱捐物支援祖国人民的抗日战争。曾经在辛亥革命时期支援孙中山先生的侨胞纷纷疏财抗战，为保卫家乡、保卫祖国作出了重大的贡献。

1945年3月18日，日军占领前山，伪军也在前山附近驻扎了一个联防中队。伪军依仗附近有日军驻守，放松了警惕，周伯明参谋长和欧初大队长命令驻守在东线的民族中队在中队长杨杜和林伟干的率领下趁夜突袭前山。刚过半夜就结束了战斗，中队带着战利品凯旋。

东线出击的胜利，激起了敌人的恼怒，敌人发动围攻我军驻地白石村。周伯明参谋长和欧初大队长指挥珠江纵队第一支队打一场防御战。上午8点左右，日军100多人，伪军200多人，还有一个炮兵队，开始向白石村进犯，敌人发动几次攻击，均被珠一支队击退。战斗进行到下午4点，梁奇达受林锵云司令员的指令，带着队伍增援，配合一支队发起反攻，各碉楼火力同时向敌人射击。日伪顽军发现梁奇达率领的援军火力威猛，狼狈逃窜，日军死伤十多人，伪军死伤更多。战斗结束后，梁奇达的队伍与周伯明、欧初的队伍会师，指战员和战士们互相握手、拥抱、欢呼，沉浸在胜利的喜悦之中。周伯明、欧初与梁奇达老战友胜利重逢，有说不出的高兴，都非常激动。欧初紧握着梁奇达的手，热泪盈眶地说："二哥，感谢您的支援，要不然，不知道还要几点才能结束战斗！"

"不用感谢我，要感谢的话首先感谢林叔，他怕你们顶不住，派我带队伍来支援你们！"梁奇达谦让地说。

"老伙计，你转告司令员，我们没有辜负他的期望！你回到五桂山根据地后，向他汇报战况，并代我们向他问好，谢谢他的神机妙算！"周伯明兴奋而又激动地说。

"好，参谋长，请你们放心！我回五桂山一定向首长详细汇报，要表扬你们会打防御战了！"梁奇达紧握着周伯明的手说。

珠江纵队第一支队的指战员在战场上见到老政委亲自带部队来增援，都非常激动，争着与政委握手问好。梁奇达平时与战士们亲密无间，他平易近人，关心战士，胸襟坦荡，深受战士的爱戴。虽然有时候为了工作着急起来会发点小脾气，但谁也不会放在心上。他跟林锵云司令员留在五桂山根据地指挥珠江纵队的全面战斗，一支队指战员还免不了想念他，这次火线重逢，更觉他和蔼可亲。战斗结束后，他要带着队伍回五桂山根据地，一支队的指战员列队相送。周伯明和欧初目送他带着队伍远去直到消失，才回到宿营地休息。

梁奇达担任珠江纵队第一支队的政委以来，跟大队长欧初配合默契，他不仅善于做党员、干部、战士的政治思想工作，同时还会针对不同的对象采取不同的方式进行教育。如给交通员训练班上课，他就有侧重地进行爱国主义和气节教育；给部队战士上政治课，则着重于形势任务、爱国主义、革命英雄主义、“抗战、团结、爱国”和“三大纪律八项注意”等教育。

他爱兵如子，关心和爱护战士。对敌斗争生活艰苦，干部战士经常吃不饱穿不暖，风餐露宿，给养困难，不少指战员患上夜盲症和疟疾，大大影响了部队的战斗力。指挥部把给战士治疗夜盲症的任务交给他负责。他在五区大布村设立了伤病员总站及各地分站，把伤病员和夜盲症的患者都收容起来进行治疗，共有数百名病号和伤兵在医疗站得到治疗。由于他视山区群众如父老乡亲，而山区的大爷大娘待他也如自己的儿子，所以，他很快就在五区大布、平湖、乌石、平岚、鸦岗、雍陌、白石等村发动了一批群众，空出房间来接收伤病员，找到民间医生为指战员诊疗。部队也想方设法改善给养，以提高夜盲症的治疗效果，使部队战斗力明显提高。

三、转战东江斗顽敌　罗浮山下打游击

1945 年夏天，随着全球反法西斯战争的节节胜利，中国人民经历了八年的艰苦抗战，胜利的曙光即将来临。可是濒临灭顶之灾的日军，还要垂死挣扎。日本侵略者企图阻止美军在华南登陆，为了阻击中国军队的反攻，调整了兵力部署，在中山的日军增至 3 500 人，从 4 月 5 日起，向五桂山抗日根据地发起大规模进攻，疯狂围剿珠江纵队。梁奇达与周伯明、欧初、罗章有、杨子江等人带领珠纵一支队，在根据地群众的支持下，勇敢地坚持战斗，采用小部队打麻雀战对抗敌人。周伯明跟欧初、梁奇达商量，拟带领部队转移东江以避敌锋芒。这项提议得到广东省委和南委批准。

1945 年 5 月 21 日，周伯明、欧初和梁奇达率领珠江纵队司令部机关工作人员及一支队民族中队，从五桂山出发，到崖口乘七艘木帆船东渡波涛汹涌的伶仃洋，向东江进发。此时，梁奇达望着辽阔的海面，情不自禁地想起南宋末年民族

英雄文天祥脍炙人口的《过零丁洋》："辛苦遭逢起一经，干戈寥落四周星。山河破碎风飘絮，身世浮沉雨打萍。惶恐滩头说惶恐，零丁洋里叹零丁，人生自古谁无死，留取丹心照汗青。"

他对欧初大队长说："老欧，文天祥过伶仃洋写了一首著名的诗，你过伶仃洋也写一首诗吧。"渡过伶仃洋后，欧初大队长把写好的诗交给了梁奇达，说："二哥，任务完成，请过目。"梁奇达接过欧初的诗，放声朗诵起来：

伶仃不复叹零丁，号角三声妖孽惊。

纵目东江潮未落，射鲸何必数归程。

他重念一遍，激动地说："好诗！还有两句佳句：'号角三声妖孽惊'，气魄雄伟；'射鲸何必数归程'，格调高昂，意境不亚于文天祥的诗。一定要赶走日本强盗，胜利是属于我们的！"

两个人高兴地笑了，笑得那么惬意。他把诗歌交给欧初大队长说："你保管好，不要弄丢了，待抗战胜利、革命成功后，把你这首诗放到博物馆去，教育后代人！"说完，他们带着队伍朝着东江纵队游击区的方向，沿着崎岖的山路继续前进。经过紧急的行军，队伍到了宝安县东江纵队游击区待命。次日凌晨接到东江纵队司令部的命令，火速赶赴松岗茨田蒲，拔掉日军的据点。他们刚从珠江三角洲五桂山根据地转移到东江纵队抗日前线，即与垂死挣扎的日军作战，这是一场恶战，也是黎明前的战斗，胜利的曙光即将到来！

梁奇达接到东江纵队的命令后，立即召开紧急会议，与周伯明、欧初等人研究，并部署作战方案，兵分两路，围攻日军。他指挥一队人马，朝着敌人的据点进发。到达目的地后，他侦察了地形和敌情，指挥队伍抢占山头投入战斗。战斗打响后，他指挥机枪手发起攻击，战士们听到机枪声，立即兵分两路包围敌人，经过几个小时的激烈战斗，在山头阵地上就消灭了8个日本鬼子。除一小股日军往西逃窜外，其余的日军眼看我们的战士冲上山头，占领阵地，全部缴械投降。他又命令部队乘胜追击，把一小股西逃的日军消灭掉。这是珠纵一支转战东江地区后的第一仗，以胜利结束。

松岗茨田蒲战斗刚结束，部队还来不及休整，又接到东江纵队命令，乘胜追击残余的日伪顽军。梁奇达马不停蹄地带着部队攻打沙井。经过几个小时的战斗，解放了沙井。沙井战斗结束后又继续追击西逃的日军。他带着部队向西乡挺进，解放了西乡。接着直捣日军驻地南头镇，这是日军在宝安地区的最后一个据点，也是日军司令部所在地。梁奇达带着部队重重包围了南头镇，首先发动了政治宣传攻势，叫翻译官用高音喇叭向日军喊话："只有缴械投降才是你们的活路。"日军司令官见大势已去，走投无路，只好举起白旗投降。此刻梁奇达用望远镜看见日军司令部屋顶摇晃着白旗，兴奋地握起拳头，从腰间"嗖"的一声拔出手枪，命令翻译官和警卫员陈文英说：“快，把子弹上好膛，跟我来！”于是他带着翻译官和警卫员向日军驻地南头镇司令部疾步前进。日军南头镇驻军司令部守卫森严，经过三个岗哨才到达一间三层楼房。他命令警卫员陈文英：“你做好警戒，我们进去谈判。”梁奇达和翻译官跟日军谈判，日军司令官在投降书上签了名，集合队伍在司令部门前放下武器，举手投降。日军投降接收仪式完毕后，梁奇达带着队伍押着投降的日军和缴获的枪支弹药等各种胜利品，赶到阮屋村布防，准备截击从西乡往深圳逃窜的残余日军。不久，日军进入伏击圈内，梁奇达站在前沿阵地观察敌人的动静，亲自指挥战斗。这场狙击战从上午 11 点直打到下午 2 点，经过了 4 个多小时的激战，日军全部当了俘虏。

阮屋村的狙击战胜利结束，在宝安的日军投降了。梁奇达接到上级命令，要迅速赶到盐田，执行接收澳门海上伪军投降的任务。海上伪军黄公杰是一个大汉奸、大特务，是日军驻澳门地区特务机关的首脑。他纠集了当地五六万名歹徒，还掌控了几艘装船，在零丁洋海面与澳门一带横行霸道，为非作歹，澳葡当局对他恨之入骨，但又无可奈何。1945 年 8 月 5 日，日本战败，他无处可逃，便向东江纵队投降。澳门当局要求引渡黄公杰，并口头答应引渡后，允诺澳门居民三个条件：①澳门居民有集合结社自由；②香港进步报纸可运到澳门公开发售；③不再随意拘押我游击队人员。正好这时候，梁奇达带着部队赶到盐田，接受了黄公杰的投降。欧初大队长也从珠江带了部分队伍转到盐田。两人重逢，非常高兴。梁奇达请欧初审问黄公杰；审问完毕，交阮洪川将其引渡澳门。

黄公杰引渡给澳门政府后，其部下几万人则通过办班集训，教育后遣散。在集训大会上，梁奇达深入细致地做思想政治工作，教育、改造这帮土匪强盗。他深情地说：“兄弟们，中国人民饱尝了战争之苦，经历了八年的艰苦抗战，取得了伟大的胜利。你们也是中国人民的一分子，难道就不希望和平吗？难道就不想让你们的父老乡亲过上好日子吗？难道还要让刚从铁蹄下解放出来的苦难兄弟、骨肉同胞再打内战吗？不！我相信你们都是有血性的中国同胞，希望和全国人民一道过和平幸福的日子！但是蒋介石要下山来抢夺胜利果实，不择手段挑起内战，不让老百姓过和平的日子。希望你们擦亮眼睛，分清是非，认清形势，不要跟国民党蒋介石踏进内战泥坑，而应跟全国人民一道为建设和平统一的新中国建功立业……”梁奇达的激情演说打动了伪军官兵的心，他们不约而同地高喊：“反对内战，实现和平！”这个伪军团经过教育、改造，一部分被遣散回乡，一部分则要求参加东江纵队，迎接新的战斗。

东江纵队是一支在中共中央南方局和广东省委直接指挥下的广东人民抗日主力军，在八年艰苦抗战中作出了卓越的贡献。这支抗日队伍有港澳华侨青年直接参加，经济上也得到海外侨胞和港澳同胞的支持。自 1938 年日军侵略者在大亚湾登陆后，党中央派廖承志、连贯、尹林平、方方等人在香港直接领导指挥广东人民的抗日斗争，东江纵队在党中央和省委的领导下，开展敌后抗日游击战争，大大地消灭了日军的有生力量，狠狠地打击了日军的气焰，牵制了日军北上的作战计划。

1945 年 8 月 15 日日本投降后，国民党蒋介石为了抢夺中国人民经历了八年艰苦抗日取得的胜利果实，实行独裁统治，企图消灭东江纵队，否认广东有共产党领导的抗日军队。为了适应新形势，广东省委决定，东江纵队大部队向粤北转移，珠江纵队大部分转移到东江、北江。珠江纵队第一支队分批转移东江及划归东江纵队建制。东江纵队与珠江纵队合并整编。东江纵队以东江为界分设江南、江北两个指挥部。江北指挥员为周伯明，政委为陈达明，政治部主任为饶璜湘，副主任为梁奇达，参谋部主任为罗章有。梁奇达与欧初率领的原珠纵第一支队转移到东江纵队的江北指挥部后，主要在博罗、龙门、增城、从化等地活动。东江人民素有光荣的革命传统，辛亥革命中，许多有识之士追随孙中山两次东征；抗日战争时，东江纵队司令部就设在罗浮山。罗浮山是扼守广州通往汕头、梅州等地的水陆咽喉要道，进可攻，退可守，地理位置十分重要。梁奇达来到东江纵队后，对灾难深重的东江人民无限同情，对东江两岸秀丽的风光和巍峨矗立的罗浮山无限热爱，他爱罗浮山的壮美，更爱东江两岸的人民。刚刚赶走了日本侵略军，渴望过和平日子的东江人民，此时又被内战的阴云笼罩着。梁奇达肩负重任，带着部队驻扎在罗浮山下，住山头，吃野菜，风餐露宿，生活艰苦，有时甚至饥寒交迫，还经常遭到国民党军队的袭击。

1945 年 10 月，东江北岸寒意正浓，部队给养困难，战士们衣着不够，粮食欠缺，全靠番薯、野菜度日。部队广泛发动群众，每到一地，战士们就上街贴标语，写“坚持团结、反对内战、反对独裁、实行民主”等口号。每次群众集合，梁奇达总是宣讲“反对内战，坚持团结”、“反对独裁，实现民主”的道理。他讲得头头是道，群众听得津津有味。只要有他演讲，会场就坐满了人，鸦雀无声。他讲话生动，很有说服力，群众都喜欢听。有一次，他带着部队的宣传队来到罗浮山下离长宁墟镇不远的石下墩，开展宣传工作。这里是老区，群众基础较好。他首先调查了曾经在这里驻扎的“南洋惠属东江华侨回乡服务团”的事迹，以服务团的事迹教育群众，发动群众，动员群众认清形势，反对内战，为争取和平而进行斗争。

1945 年 8 月 15 日日军无条件投降后，我党为了制止内战，争取和平，在 8 月下旬，以毛泽东为首的中共中央代表团赴重庆与蒋介石谈判，签订了《双十协定》。我党在不损害人民群众根本利益的前提下，作了有原则的让步，同意将中国共产党领导下的广东、广西、湖南、湖北、浙江、皖南、皖中、河南、苏南等解放区让出来，把部队撤到陇海铁路以北，东江纵队、珠江纵队、粤北支队、韩江支队等华南人民抗日武装队则北撤山东。

但是，国民党蒋介石却背信弃义，《双十协定》墨迹未干，便向共产党领导的解放区发动进攻，企图在3个月内消灭共产党领导的军队。国民党当局公然否认广东有中共领导的部队，胡说只有"土匪"和零散的伪军。同时又从云南调动全部美式装备的新一军、新六军、新七军和广东五十四军、六十二军、六十三军、六十五军以及广西四十六军入粤，以东江、粤北、海南解放区为重点目标，进行"清剿"，疯狂扫荡解放区和游击根据地。国民党六十三军的两个师进攻增城、从化、龙门和博罗等地，东江两岸解放区和游击区遭到敌人反复扫荡，损失惨重。

1946年3月9日，党中央电召尹林平同志飞赴重庆。11日尹林平同志在曾家岩中外记者招待会上，介绍中共领导的华南抗日武装的建立、战绩和发展实情，揭露国民党当局"不承认"广东有中共领导下华南抗日武装部队存在的阴谋。18日，在周恩来同志召开的记者会上，尹林平同志再次详细介绍了抗战胜利前后，国民党蒋介石发动内战的实情，并散发了在抗战中被我东江纵队营救过的盟军飞行员所写的感谢信。后来，尹林平回到广州又与方方、曾生等一起同国民党进行针锋相对的谈判。国民党一面谈判，一面加紧进攻我军，对此我方提出严重的抗议。新华社、《新华日报》、《解放日报》和其他报纸，包括香港的大小报纸都公开揭露和抨击国民党的可耻行径。3月27日，周恩来同志在重庆军调三人小组会上，逼使国民党承认在广东存在中共领导的部队，并签订了北撤协定。

东江纵队北撤协定虽已签订，但是，国民党总想在北撤之前把东江纵队消灭，故百般刁难，多方阻挠，限在一个月内把遍布全省各地的东江纵队分队集中到宝安沙鱼涌。在集结途中各部队经常遭到国民党军队的袭击。

沙鱼涌地处葵涌南面，背山面海，是大鹏湾通往香港和海外的一个重要港口。沙鱼涌往西不远便是盐田沙头角。1946年6月30日，东江纵队从沙鱼涌出发，北撤山东烟台。部队在准备北撤期间驻扎在葵涌，受到当地群众的盛情接待。

梁奇达跟江北指挥部的战友周伯明、陈达明等，连日来在集结途中，冲破国民党反动派的重重封锁和百般刁难，终于赶到葵涌，与各路战友相会，准备北撤。梁奇达从珠江三角洲转移到东江北岸，在罗浮山下一年多的战斗生活中跟山区人民同甘共苦，住山寨、吃野菜，饱尝了内战的苦楚，与东江人民建立了浓厚的情谊，此时要离开东江两岸的父老乡亲，真是难舍难分。但是为了广东与全国人民的和平，梁奇达与北撤官兵一样，怀着眷恋故乡和憎恨敌人的心情告别了东江。

大鹏湾的清晨，薄雾笼罩着整个港湾，东方一轮金黄色的太阳跳出海面，映红了整个海面。太阳越升越高，它发出的光和热渐渐驱散了笼罩着大地的云雾，辽阔的海面碧蓝碧蓝，在阳光的照射下金光闪烁。海水有节奏地冲击着沙鱼涌的海滩，整个葵涌村人声鼎沸，熙熙攘攘。在慰劳军队的群众和送别亲人的家属队伍中，有父母送子、妻子送郎、战友相送，这感人的场面激动人心。群众还带着鸡蛋、米糕、水果、花生等慰劳北撤的子弟兵。

路旁悬挂着欢送亲人的标语口号："祝同志们一帆风顺"、"祝大家一路平安"、"为了和平民主我们才北撤"、"争取和平，反对内战"、"实行民主，反对独裁"、"东江父老兄弟，胜利后我们再相见！"

乡亲们激情朗诵着《送别我们的子弟兵》：

同志们呀慢慢地走，
且让我们再紧紧地拉把手。
要说的话儿说不完，
请喝完我们这杯送别酒。

八年的时光不算短呀，
你们打击敌人没曾松过手。
保卫自己的人民和土地，
你们的鲜血没白流。

广播里南方局负责人方方同志的慰问信刚播完，曾生司令员便向北撤战友发表铿锵有力的讲话："同志们，今天我们集中就要乘船北上了。我们这次北撤是为了和平民主。我们部队集中期间感谢米勒上校（调停第八组美方代表）及第八组人员的帮忙，今天特送米勒上校一面锦旗以表感谢……"曾生司令员把一面绣着"和平使者"的锦旗送给米勒上校。米勒接过锦旗后高高举起，大声欢呼："祝中国的和平早日实现！"一阵阵热烈的掌声响彻天空，飘荡在大鹏湾的海面，传向远方。此刻站在米勒上校身旁的方方同志举手高呼："和平万岁！""民主万岁！"欢送的人群中响起一阵阵的呼喊声："和平万岁！""民主万岁！"这声音雷鸣似的震荡着整个海滩……

黄昏时分，美国四艘军舰从海上出现，一艘驱逐舰率领 585 号、1026 号、589 号登陆舰，由远而近逐渐靠近海滩。北撤的队伍按秩序上舰。装船完毕，战士们站在军舰甲板上向送行的人群挥手致意。

起航的汽笛响了，北撤的军舰慢慢离开沙滩，离开了葵涌，战士们都在默念着：“再见了东江！再见了亲人！”4艘军舰消失在茫茫的大海上。

梁奇达编入北撤的干部大队担任政委，乘1号军舰与曾生、尹林平、林锵云、王作尧等东江纵队领导人一起北撤。此时此刻，他思绪万千，久久不能平静……

四、北上烟台解放区　南征北战为人民

当舰艇驶向台湾海峡时，风力越来越大。北撤的指战员们大多数不适应海上生活，许多战士晕船、呕吐，甚至有的连胃液都吐出来了，不省人事。海员出身的林锵云政委，亲自到锅炉房烧开水给战士们喝。梁奇达虽然晕船呕吐，但仍坚持关照其他战士，给晕船的战士送水送饭，嘘寒问暖。开始的时候，美国大兵对北撤战士极不友好，每天只给每人一杯水。后来看见战士们守纪律，又团结，官兵一致，很受感动，便开始每天供给开水，晚上在甲板上放电影给大家看，有的还邀请战士比赛唱歌，气氛活跃起来了。一位美国军官说：“好！你们战士守纪律，跟国民党兵不一样！”一位战士回答：“因为我们是共产党领导的人民子弟兵，代表着亿万劳苦民众的利益，有铁的严明纪律！”

护送北撤部队的4艘美国军舰，从祖国的南海穿过台湾海峡，到东海进入目的地山东烟台，停泊在码头。曾生司令员率领部队登岸后，受到烟台胶东地区、军区和烟台市党政军领导及群众的热烈欢迎。有的群众把大红枣、鸡蛋、花生等食品送给战士们。顿时，军乐吹响，锣鼓声、鞭炮声、掌声、口号声响彻天空。梁奇达非常激动，他真切感受到解放区人民的真诚热情，解放区的天空特别晴朗，解放区跟国统区有着天壤之别。

烟台人民政府在码头附近，举行了欢迎大会。胶东行署主任曹漫之、胶东军区副司令员王康、烟台驻军师长刘勇、师政委仲曦东以及烟台市副市长徐中夫等各部门领导人都发表了热情洋溢的讲话。曾生司令员代表东江纵队北撤官兵对烟台党政军民的热情慰问表示感谢。

北撤部队在烟台停留期间受到热情接待，天天都有慰问活动或联欢，就像过节一样。北撤官兵在烟台休整一个月，干部进行整编，有的分配到华东党校，有的分配到华东军政大学。梁奇达被分配到华东党校学习。同到华东党校的还有林锵云、刘田夫、罗范群、李进阶等老领导、老战友。梁奇达和李进阶担任党小组长和支委。华东党校由刘少奇同志创办并兼任校长，他办校经验丰富，曾为新四军和华东地区培训过许多中高级干部。这座学校在新四军中和华东地区都很有名气，校风很好。这一期主要是学习毛泽东《论群众路线》和刘少奇同志《论共

产党员修养》里面的内容，学习时间为一年。梁奇达意识到这是一次很难得又很宝贵的学习机会，自参加革命以来，不是忙打仗，就是组织和发动群众抗日，根本没有时间来学习提高自己的整体素质。这次北撤来到老解放区山东烟台，前方还在打仗，战斗频繁，而他们却在党校学习，可见这是组织对他们的重视和信任。他下决心，要系统、认真地学习马列主义、毛泽东的《论群众路线》和刘少奇同志的《论共产党员修养》，不断提高自己的理论水平，用于建设新中国。他是党支部委员，又是小组长，必须奋发当先、刻苦学习，认真听首长报告，仔细做笔记，积极参加讨论，还经常跟老战友李进阶互相探讨和交流。党校的学习目标是理论联系实际，除了读书、听报告、讨论外，还要把理论运用到实践中。所以理论学习还没有结束，学校便把学员派到革命老区渤海地区参加土改，在实践中贯彻群众路线。他们到农村去，跟贫雇农同吃、同住、同劳动，进行访贫问苦、扎根串联，组织贫雇农队伍。从小在南方长大的梁奇达，长期在珠江三角洲水网地带生活、工作、打仗，现在来到北方农村，生活习惯、语言、风俗都不同，出现了诸多困难。梁奇达本来操着满口的广州话，现在只得强迫自己讲北方话。山东老百姓吃玉米、高粱等粗杂粮，这对于一日三餐吃大米的广东人来说，是面临的第一个困难。但是梁奇达很快就克服了，粗杂粮吃得很香。秋天，渤海地区到处是青纱帐，玉米、高粱就像珠江三角洲的香蕉、甘蔗。当年他在甘蔗林穿梭，组织群众打鬼子，如今又出没在青纱帐发动群众搞土改。他的胆子依旧很大，英勇不减当年，经常一个人出入青纱帐，到农村去扎根串联。农村情况复杂，有些破坏分子经常隐蔽在青纱帐里放枪骚扰。有时他带着警卫员陈文英一起到村里开会，陈文英在外边放哨，他独自一人访贫问苦，深夜两三点钟才返回驻地，警卫员总是为他提心吊胆。他每到一个地方，那里的贫苦农民都把他当作亲人，他们有话跟他说、有苦向他诉。他经常开会到深夜，贫雇农怕他累坏身子，煮好鸡蛋、烙了大饼请他吃，他总是婉言拒绝。遇到有贫苦农民非要他收下时，他只好偷偷地给贫苦农民留下钱。他脑子里始终想着群众的困难，坚决不拿群众一针一线。

梁奇达和部分北撤干部在华东党校经过一年的学习，并通过亲自参加土改、发动群众等实践，理论水平大大提高，革命意志更加坚定，胸怀更加宽阔。这些北撤干部大多数文化水平较高，接受能力较强，所以学习结束后取得了优异的成绩，受到了党校领导的表扬。

党中央非常重视广东北撤的革命干部，给他们提供好的学习环境和锻炼条件，为解放广东培养和储备建设人才。华东党校的学习结束后，广东 20 名北撤干部便被分配到河北省平山县西柏坡，在中央工委驻地附近搞土改复查。梁奇达同志从烟台来到党中央所在地西柏坡。土改复查工作是刘少奇同志亲自领导的，由钱俊瑞任土改团的团长，梁奇达和黄宇等人一个组，主要任务是负责复查，落实政策。这是党中央对广东北撤干部的信任和重视。

在土改工作团下乡之前，大家听了钱俊瑞团长的报告，同时也听了刘少奇同志的指示。刘少奇同志说："我们在老区前段土改工作有成绩是肯定的，但也有'偏差'、'过火'的地方，如将所有的地主富农扫地出门；把原来的乡村干部作为坏干部统统'搬石头'拔掉，这是不符合党的政策和群众利益的，有错必纠，实事求是，我们共产党是代表人民利益的，只有维护群众利益，才能得到群众的拥护，希望你们认真调查研究，了解更多的情况，搞好复查工作。"梁奇达和广东北撤干部听了刘少奇同志的指示后，深感这是一次学习和实践的好机会，在党中央身边工作，绝不能辜负党的期望。梁奇达和土改团的同志分头下乡，进行为期一个月深入细致的调查研究工作。

梁奇达深入平山县西柏坡的农村进行调查，开始时困难重重，村里的干部不敢与他来往，老百姓不跟他接触。土改后农村本该热火朝天搞生产、发展经济，可是在这里看不出这种新景象。为什么？里面肯定有原因。他不分昼夜地深入群众，以心交心，与干部促膝谈心，干部群众不再疏远他，逐渐地和他亲近起来，向他吐露心里话。河北平山县是晋察冀边区老解放区，西柏坡又是抗日战争的革命根据地，解放已十多年了。这里经减租减息、土改、调整土地，早已不存在地主、富农。现在作为富家被扫地赶出门的农民，大都是过去的贫雇农得到土地后勤劳致富起来的。现在把他们划为地主富农赶出门去是极不应该的，必须纠偏。共产党之所以得到亿万农民的拥护，是因为共产党领导农民从地主富农手中夺回土地，解放了生产力，让农民富裕起来，发展了生产，推动了社会发展。为什么要把这些土地的真正主人重新戴上地主富农的帽子"扫地出门"?！老解放区的农村干部，在战争年代里，今天动员参军，明天动员支前，任务重、时间紧，难免有强迫命令的作风，因而引起群众不满，动不动就要"搬石头"把干部拉下来，这给农村工作带来极大的困难。经过一个月的调查研究，各抒己见，大家达成共识后由李进阶等代表向中央首长汇报。刘少奇同志听了代表的汇报后，极为重视，指示他们回去要实事求是地落实好政策，有错就改，充分调动干部和群众的积极性。大家听了刘少奇同志的讲话后，非常兴奋，苦干5个月把西柏坡的农村复查工作完成，落实了各项政策，把被扫地出门的"地主富农"和被"搬石头"的干部重新找了回来。

1949年春天，梁奇达和北撤战友参加了土改复查总结大会。会上，刘少奇同志告诉叶剑英总参谋长，这次到西柏坡参加土改复查的有20多名东江北撤干部，他们工作很出色。叶剑英总参谋长听了非常高兴，特邀他们到家里作客。梁奇达听说叶剑英总参谋长要请他们到家里去作客，十分激动。他对叶剑英总参谋长非常崇敬。早在大革命时期，叶剑英同志参加领导广州起义，在黄埔军校教导团担任参谋长，在红军长征途中，关键时期与毛主席站在一起挽救了革命，挽救了党，这次能亲眼见到他，梁奇达觉得真是莫大的荣幸。

那一天下午，梁奇达与广东北撤干部们到达叶剑英同志的家门口时，看到警卫员早就在那里等待着客人了。警卫员赶紧通报："报告总参谋长，广东客人已到！"叶剑英总参谋长马上起身说："快！快！快！请他们进来！"并赶紧走出门去迎接客人，并和他们一个一个握手。"欢迎广东老乡到家做客！"参谋长招呼大家在窄小的房间里坐下。梁奇达问候："叶总参谋长，近来身体还好吗？"身材魁梧的叶总参谋长拍拍胸脯风趣地说："很好！还可以跟国民党再打几个大仗，很快北平就要解放了，我们还要打回广东老家去。到那时，你们跟我一起南下解放广东，好不好？"此刻气氛活跃起来，大伙异口同声地说："好！跟参谋长一起打回老家去，解放家乡！"叶总参谋长用带着浓浓客家口音的普通话说："同志们，党中央很重视你们，因为你们在广东跟日军经历八年艰苦抗战，孤悬敌后，取得很大成绩。抗战刚刚胜利，蒋介石国民党又挑起内战，国民党企图消灭你们，党中央把你们这批经过战争考验的老干部北撤到烟台老解放区保护起来，给你们学习的机会，将来解放全中国，是要你们为建设新中国出力的。"大家听了叶总参谋长的一席话又高兴又激动。其中一位问道："总参谋长，我们什么时候才能打回广东去？"叶总参谋长说："快了，解放了北平，很快我们就要南下。"大家又是一阵热烈的掌声。梁奇达问总参谋长："我们还回不回部队？"总参谋长说："当然要回部队。不过先要到华北军政大学去学习军事技术。我们还要成立两广纵队，为解放广东、广西及全中国作出贡献！"大家觉得总参谋长很平易近人，无拘无束，气氛越来越融洽。

时间过得很快，6点左右，大家仍意犹未尽，厨房里飘来阵阵香味。坐在梁奇达身旁的李进阶悄悄地对他说："喂，老兄，你闻到什么味道？"梁奇达低声说："好家伙，今晚大家开荤了，好像是狗肉香哩！"李进阶笑道："对了，是狗肉香，今晚可以不盖被子了！"叶总参谋长看见大家交头接耳，议论纷纷，他微笑着对大家说："在农村搞土改，生活艰苦，今天特意给你们开开荤。广东老乡喜欢吃狗肉，还有客家人喜欢的白切鸡，今天放开肚皮多吃一点，等我们打回广东老家去，到你们东江去吃盐焗鸡！"客籍的东江纵队干部异口同声地说："等全国解放后，叶参谋长回到广东，我们要用东江酿豆腐、盐焗鸡和客家糯米酒好好招待首长，欢庆胜利！"叶剑英总参谋长高兴地说："好呀！你们到华北军政大学要掌握更多的军事技术，为南下解放广东作出贡献，现在命令你们把这些狗肉全部消灭光！"叶参谋长的话引起大家哄堂大笑。

过了几天，在一次会议上，中央组织部安子文同志通知他们："同志们，过些日子你们就要到华北军政大学高干班学习了。朱总司令要接见你们，具体时间另行通知。因为朱总司令很忙，他正在石家庄外围作战，没空回到这里，只好在石家庄附近的前沿阵地利用空闲时间接见你们，至于到华北军政大学学习的手续，我会为你们安排。”

大家听到这个消息，个个欣喜若狂。梁奇达拍着李进阶的肩膀说：“老李，我们真有幸，在西柏坡短短 3 个月，就有三位中央领导同志接见我们，党中央真够关心我们，今后一定要努力学习和锻炼，为解放全中国作贡献！”李进阶高兴得难以形容，手舞足蹈地说道：“我们到了军大一定要努力学习军事技术！”

秋夜，风清月白，星光灿烂，即将收获的玉米、高粱，在秋风吹拂下沙沙作响。北撤干部 20 多人经过几十里的行军，终于来到石家庄外围朱总司令的指挥部。这周围的火药味很浓，部队已进入临战状态。重炮、山炮、六零炮已向石家庄瞄准，步兵已进入战壕，部队已重重包围国民党军队。梁奇达等 20 多名北撤干部来到朱老总的指挥部，朱老总微笑着接待他们。北撤干部看见朱老总慈祥的面容，带着微笑接待他们，大家异口同声地说：“首长好！”朱总司令招呼他们说：“欢迎劳苦功高的北撤英雄！”

大家坐定后，朱总司令说：“同志们辛苦了，走了这么远的路。本来我要抽空回西柏坡去看望你们，实在走不开，军情紧急，只好请你们来这里相见，也好让你们感受一下当前我军作战的形势。这一仗打完拿下石家庄，接着进军北平；北平解放了，接着南下，解放南方和大西南；不久的将来就要解放全中国。夺取全国解放战争的胜利指日可待……”朱总司令向大家介绍了当前的军事形势，大大提高了北撤干部对当前大好形势的认识。梁奇达和李进阶坐在一起，凝视着这位戎马生涯、南征北战的总司令，非常敬佩。

朱总司令继续说：“不久，你们就要进入华北军政大学学习，希望你们多多掌握军事技术，特别是军事策略，南下时发挥更大的作用。你们广东人要注意，不要因语言关系搞小圈子、小宗派，要多接近北方的同志，向他们学习！”朱总司令的话引起大家的警觉，大家决心牢记总司令的话，到华北军政大学要注意这个问题。朱总司令的提醒给梁奇达今后的工作敲响了警钟，在革命队伍里要团结广大来自五湖四海的干部，不能搞小宗派。朱总司令的话牢牢地刻在他的脑子里。

夜深了，朱总司令的接见结束。大家纷纷表示感谢首长的关心，朱总司令一一向大家握别。20 多名北撤干部在星光灿烂的夜色中，行进在华北大平原，沉浸在幸福里。大家不顾疲劳，兴高采烈连夜赶回宿营地。这一个不平凡的夜晚，给他们留下了永恒的记忆！

不久，华北军政大学正式开学了。梁奇达的老战友李进阶和罗范群被分配到政治部学习，他自己被分配到军校第一部学习战略技术。华北军政大学由叶剑英总参谋长兼任校长，他常到军大作报告和指示工作。主持日常工作的是肖克副校长。华北军政大学的教学和训练都很正规，大家学习很认真。李进阶在政治部工作很好，深受叶剑英总参谋长的赏识。北平解放后，李进阶和卢伟良一文一武被选定跟随叶剑英总参谋长开展工作。学习结束后，梁奇达留校担任政治教员，讲授中国近代史。

1949 年秋，梁奇达随军南下广东。广州解放后，他回到阔别多年的珠江三角洲，跟曾经浴血奋战过的人民群众一起建设新生活。解放初期，他被分配到佛山珠江地委任地委常委、宣传部长、珠江公学校长。1953 年珠江地委与西江地委合并为粤中区党委，仍任地委常委、宣传部长兼党校校长。1956 年秋调回广州，任广东省高教局党委第二书记、副局长。1957 年任广东省高教局党组书记兼第一副局长。1958 年高教局与教育局合并，他任教育厅党组书记、第一副厅长。同年秋天，中央决定重建暨南大学，省委书记陶铸兼任校长，他兼任党委书记、副校长。从此，梁奇达又走向新的征途，继续挑起重担，开始为党的教育事业，为海内外华侨华人、归侨侨眷和港澳台胞子女的教育而奔忙。

（张德昌、张茵林主编：《常有四海心》，暨南大学出版社 2004 年版）

暨南大学董事、牛仔裤大王杨钊

东江是广东省四大水系之一，东江文化是岭南文化的一支，又是独具特色的客家文化属地。东江文化在中国近代史上孕育过无数的革命家、教育家、实业家、慈善家、知名人士和民族英雄。全国政协委员、中国外商投资协会副会长、广东外商公会会长、香港青年工业家协会会长、香港“银紫荆勋章”获得者、暨南大学董事、惠州学院创办人、香港旭日集团董事长杨钊先生，是改革开放新时期涌现出来的实业教育家。他把“服务人民、回报祖国、奉献社会”视作人生的价值，兼善天下为己任，多年来他为香港和内地捐资共 3 亿元人民币。他不仅捐资创办惠州学院，还在 2006 年暨南大学百年校庆时捐资 200 万元筹建了暨南大学旭日集团运动场，2008 年又捐了 80 万元给暨南大学教育基金会。

敢为天下先的实业教育家

“国家要强盛，关键是国民素质，办学是一条很好的途径。”1985 年，杨钊先生在回惠州办实业的同时，还捐资创办惠州服装职业学校。1989 年，他又捐资 1 000 万元人民币兴办惠州学院，为东江地区培养人才作出贡献。

杨钊先生从 1985 年决定回家乡惠州投资办厂开始，首先考虑到的是家乡的人才培养问题。广东实行改革开放以来，由于毗邻港澳，天时地利，条件优越，经济飞速发展，居全国首位，但是教育事业的发展却令人担忧。他对广东的教育问题产生了忧虑，于是深谋远虑，把教育列为首要任务。从小在惠州长大，对家乡的教育状况非常了解，而“文革”十年浩劫又给家乡和整个内地教育事业带来了极大的创伤，他立志要把家乡这座有着悠久历史的文化古城建设成中国乃至东南亚第一流的纺织城。至于惠州侨乡投资环境中的“硬件”、“软件”他都不考虑，有地方党政领导和父老乡亲的支持，困难再大也能克服。他是怀抱着家乡情、社会情、爱国情和“不怕吃亏、乐于奉献，为惠州人民谋福利，解决家乡成千上万待业青年问题”的意念而来的。令他最担忧的还是人才问题，尤其是纺织服装应用型人才奇缺，这与他要在家乡兴建现代化高标准制衣王国的需求极不适应，于是，他决心在惠州创建旭日集团大进制衣厂的同时，捐资 500 万元兴办旭日职业学校。

捐资兴办惠州服装职业学校

1985年4月杨钊先生为了迅速培养实用型人才，他向广东省惠州市政府提出独资创办一所服装实验学校的构想，市政府立即表示支持。可是在当时外商独资创办高等教育尚无先例，乃属禁区，只好改名为惠州旭日服装职业学校。杨钊先生出钱出力，上下奔走，多方协商，克服重重困难，经过短短四五个月时间的筹备，终于在1985年9月8日正式开学。杨钊先生为了办好这所学校，出资500万元，从香港购进学校需要的汽车、教学仪器设备、各种衣车器械、图书资料及办公用品等。他不顾商务繁忙，亲自兼任校长，亲自拟定学生培养目标和规格，提出“学工一体，学用并举”，以培养适应社会需求的服装行业应用型人才为办学宗旨。他把毕业生能否较快地适应工作需要，能否得到社会用人单位的认可视为办学是否成功的衡量标准。为了把旭日服装职业学校办成一所独具特色、培养服装行业合格有用之才的学校，他极其认真负责。凡旭日服装职业学校招收的学生都是高中毕业生，首期60名学生。在校学生一律免交学费，每年由学校发给学生冬夏两套校服，成绩优秀者可获得不同等级的奖学金，这使在校学生能够安心学习，刻苦钻研，取得优异成绩。

办好一所学校，校长和师资是关键。为解决师资问题，他高薪从香港请来高级讲师任教，同时，也从毕业生中挑选优秀生送到香港理学院和英国高等服装院校深造。学校教学大纲和课程设置按大专要求，香港理学院纺织及制衣系主任陈家驹先生根据实际情况并借鉴国外经验编制、设置了16门课程。学校专业课教学由香港理工学院教师担任，基础课教学由惠州市相关教师担任；坚持理论联系实际、连通社会、学以致用的方针；运用现代化手段，注意因材施教，学制3年，要求学生在3年时间里，学会服装生产、经营管理的理论知识和实际操作技能，从而成为服装行业的专门人才。

捐资创办惠州大学西纺惠州分院

创办惠州旭日服装职业学校仅仅是杨钊先生办学的开端，他的愿望是要为祖国教育事业分忧，创办一所培养服装行业高级人才的大专院校，为高等职业学校教育改革闯出一条新路。1985年5月9日，邓小平同志在全国高等教育工作会议上的讲话中，提出利用社会各界人士及海外华侨、港澳同胞的爱国热情捐资办学，解决办教育困难的问题，他指出“无论是革命还是建设都要注意学习和借鉴外国经验”。邓小平同志“科教兴国”的思想，给我国高等教育改革和侨乡教育事业的发展指出了一条正确的道路，也给杨钊先生实现报效祖国、捐资育才、改革教育的宏愿带来了新契机。为了扩大办学规模，提高办学效益，加速职业教育的改革，他再次向国家纺织部和有关部门提出希望独资捐办服装职业学院的要求，并派人到全国十多个省市去考察有关的职业教育。他决心冲破禁区，要敢为天下先改革职业高等教育，最后克服了重重困难，在惠州市政府领导的支持下，通过广东省纺织公司负责人找到正在广东召开纺织教育工作会议的纺织部领导。杨钊先生捐资办高等教育的义举，得到纺织部领导的肯定，提出可以考虑走港内外联合办学的道路，纺织部推荐西北纺织学院与杨钊先生协商联合办学。杨钊先生抓住这个机会，上下奔走，跟有关部门联络协商，经过一年的努力，终于获得广东省政府同意，签订了由原纺织部、省纺织总公司、西北纺织学院、惠州市政府、旭日集团联合办学的协议。1987 年 10 月西北纺织学院惠州分院（简称“西纺惠州分院”）正式挂牌成立，并由西北纺织学院委派领导和教师，这就提高了办学档次。西北纺织学院惠州分院成为中南地区唯一培养服装高级人才的高等院校。

1989 年 4 月西北纺织学院惠州分院与惠州师专联合，一套班子两块牌子，一校两制。惠州大学办起来后，杨钊先生捐资 1 000 万元作为惠州大学的办学经费。为把西纺惠州分院办出特色，办出水平，他特地到美国去考察西方教育并结合商务一起开展。在美国逗留期间，他对美国科技教育进行深入的考察和分析。他深深体会到，美国科技发达与其先进的教育有密切关系，美国教育更注重实践。他把美国教育与中国教育作了比较分析，认为中国要走科技兴国的道路，一定要进行一场教育改革，于是下定决心要为中国的教育改革闯出一条新路。他决定首先在职业教育方面下工夫，把西纺惠州分院作为试验基地进行大胆尝试，要敢为天下先，要做教育改革的开荒者。

1990 年杨钊先生从美国回到香港，首先了解有关西纺惠州分院与惠州师专联合办学的情况。当他获悉旭日教学大楼尚未动工，立即捐资 100 万元人民币，亲自组织有关得力人员投入兴建惠州大学旭日教学大楼的工作，在原惠州师专和市政府领导及有关方面的配合下，仅用了 4 个月的时间就把旭日教学大楼建成。在兴建旭日教学大楼过程中，他亲力亲为，亲自参与选址，大楼的设计、布局、规划，甚至课室的采光以及建筑材料的选用，都根据他的要求符合现代化的标准。

旭日教学大楼建成后，学生有了良好的学习环境，大大改善了惠州大学的办学条件。杨钊先生不仅为西北纺织学院惠州分院提供办学经费，同时还花费了大量的时间与精力参与教学管理和改革工作。为了调动各方联合办学的积极性，他提出建立董事会管理模式，为高等教育改革提供了成功的经验。

杨钊先生引进国外先进的教育体制把西纺惠州分院作为职业教育改革的试验田，制定了办学方针——“学校实行学工一体，学用并举，面向社会，面向企业，为国家培养实用型人才，缩短制衣企业家的社会适应期。”为了保证实现这个培养目标，他还亲自参与教学计划的制订和修订工作。为让学生毕业后尽快适应工作岗位的需要，他特别强调对学生进行动手能力的培养。在制订教学计划中，主张专业课必须坚持理论与实践并举，理论课和实践课各占一半，其中生产实习与毕业实习至少3个月以上。为了实现他的办学宗旨，保证教学与生产相结合，他除了每年向西纺惠州分院提供数十万元的常年经费供学校添置设备和书籍外，还专门从国外购进100台先进的制衣设备，并提供了学生实习用的全部纸张和面料。目前，西纺惠州分院已有车缝和纸样车间，并增加了材料实验室、服装展览馆、计算机房、语音室等实验园地。他还把国内的服装企业作为学院的实习基地，并亲自安排实习计划和实习目标。

他对学生的培养，不仅重视技术知识的传授，同时还强调德育的重要性，德育和专业教育相结合，要求培养的人才要讲文明礼貌、有职业道德和遵守纪律，同时，要能吃苦耐劳，具有工作责任感和企业家献身精神。他亲自给学生讲课作报告，进行品德教育，把师资队伍的建设当作学校头等大事来抓，学院的教师既要有理论知识，也要有实践能力。除了挑选优秀教师送往英国、香港进修外，又从香港理学院聘请高级讲师到学院来培训教师并承担教学任务。他强调只有高素质的师资队伍才能培养出高标准的合格人才，因此，他聘请了国内外著名的专家来校讲学。

二十多年来，杨钊先生为惠州大学西纺惠州分院教育改革呕心沥血，共捐资3 000多万元，为我国纺织服装行业培养人才作出了贡献，先后为社会输送了600多名服装生产技术和管理方面的高级人才。由于学生在校受到良好的服装工程训练，动手能力强，深受用人单位的欢迎，部分毕业生提升为服装企业的厂长、经理及车间主任或企业生产管理的骨干力量，每年都有不少服装行业向该校预定毕业生或委托代培服装企业急需的人才。杨钊先生的苦心换来了良好的教育效果和显著的社会效益，旭日集团与惠州大学西纺惠州分院走境内外联合办学的道路，引进国外教学模式和管理体制，为社会培养应用型人才进行探索，取得了成功的经验。西纺惠州分院成了广东省高等教育改革的一面旗帜，广东省高教系统还在惠州大学举行了“广东高等教育与社会主义市场经济暨产学研合作教育研讨会”。杨钊先生创办惠州大学西纺惠州分院为侨乡教育事业的发展作出了贡献，为高等教育改革树立了榜样，为我国教育事业分忧，是教育改革的先行者。

造福桑梓、热心公益的慈善家

“我只是抱着这样一个意念：心怀家乡情、社会情、爱国情，回来投资的。”

这是杨钊先生在第二届世界惠州同乡恳亲大会座谈会上说的一席话。杨钊先生1948年出生于惠州的一个小商人家庭，青少年时期在美丽的惠州西子湖畔度过，在惠州念完高中，1967年赴港谋生，改革开放以来在祖居地良井热心捐办公益事业，善举累累。乡人在赞誉他时，情不自禁谈及其父杨文先先生的慈善为人，杨文先先生出生于惠阳县良井草塘下一个贫农家庭，为人勤奋善良，早年从事过肩担小商，后在良井圩合股开设“骏丰行”烟店，光景日好却受村中土霸欺凌，只好转移到惠州经商，与人合股开设“永丰行”。杨文先先生人缘甚好，对乡土眷恋情深，乡人登门，莫不热情接待，需食宿者，无论亲疏，一律照顾。抗战期间，日军占领香港，大批香港难民逃到广东内地，无衣无食，饿殍遍野。当香港难民来到惠州时，杨文先先生曾多次煮粥施舍。杨钊对其父亲敬重孝顺，受父亲的乡土情深影响极大，也继承了他积德扬善的美德。改革开放初期，杨文先先生向儿子建议为家乡做好事，他遵照父亲的意愿一项一项落实。杨文先先生逝世后，他仍遵照父亲遗愿，为家乡兴办公益慈善事业的悠悠情意一如既往，深得乡亲赞许。

继承父辈，乐善好施。杨钊先生在家乡良井捐办公益事业，义举诸多。重点乃是教育事业，以兴学育才为主。他遵照父亲遗愿，为振兴家乡宏基小学，亲自考察学校，出谋献资，多次派员回乡共商建设新校舍事宜，捐资40万港元，新建一座850平方米、两层10间课室的“育才楼”，1983年8月动工，1984年落成。随后，他又捐资30万港元在良井中学兴建楼高三层、建筑面积1 515平方米的“文先楼”。该楼1986年初落成后，他又捐资20万元给仲恺中学兴建一座楼高三层、建筑面积630平方米的办公大楼。

杨钊先生不仅关心家乡教育事业，同时，还支持家乡的经济建设和公益慈善事业。为了帮助乡亲发展农业生产，他给家乡桥背村赠送丰收牌中型拖拉机1台；捐资1万元人民币修建八眼桥抽水站一座；捐资人民币2万元修筑草塘下和地垭沥的三个蓄水陂头；又捐助了3万元在桥背、地垭沥修筑了三座桥；出资2万元修建了沙岭窝至草塘下长达3公里的公路，可通汽车；为了帮助乡亲解决日常生活的需要，捐资1万元维修高压线路，整治鱼塘和新挖了几口水井供乡亲饮用；捐资10万元修葺草塘下、霞阁、黄陂蟹、新陂等地的公房，让住户得于安居。敬老恤贫是他的美德，近十年来，逢年过节，他从没有忘记乡亲，委托其叔父杨文添给草塘下及附近村民中凡60岁以上的老人和困难户30多人送红包，累计共有10万元。1986年，村民杨振良因车祸受重伤，缺乏医疗费用，他获悉后深感同情，送12 000元人民币给其治疗。此外，他每年捐出5 000元用于村中修路、敬老和宏基小学等公益支出。

杨钊先生还对良井镇人民政府给予经济上的支持，1981年，他赠给镇政府面包车1辆、大彩电1部、吊扇20台，大大改善了地方政府的办公条件。为了改善良井圩镇及周围村庄乡民的饮水困难问题，他投资70万元人民币兴建一座日产2 500吨水的自来水厂，于1988年10月动工，1989年4月完工，为家乡良井圩镇及附近居民解决了饮水难的问题，家乡亲人对此感激不尽。

杨钊先生不仅关心家乡公益，同时也心怀祖国人民。他说："无数人组成的我的祖国，帮助需要帮助的人，就是帮助了祖国。"他的胸怀宽广，境界高远，他所做的慈善公益事业惠及全国各地教育、文化、体育、福利、扶贫和宗教等等。

振兴民族工业的爱国实业家

"经济效益和社会效益并重，为企业的进步努力，为社会的进步努力，这就是我们的价值观。"

这是杨钊先生在旭日集团大进制衣厂（惠州）有限公司荣获国际标准ISO9002品质保证书颁发仪式上说的话，表达了他的旭日精神和人生追求。

1967年杨钊先生刚满19岁时，仅穿一条牛头裤，就敢于只身赴港闯天下，在亲友的帮助下，当了一名制衣工人。由于他勤奋，能吃苦，不怕吃亏，讲究诚信，有责任心，又乐于助人，深受老板赏识，很快被提为工长，后又晋升为经理。有抱负的杨钊心里想：凭自己的勤劳和智慧，当一辈子工人不如自己当老板，为个人和社会创造更多的财富，这才能实现自己的理想，对社会有所奉献，这样的人生才有意义。于是，1973年，他才25岁，便与朋友合股，白手起家，开始创办旭日制衣厂，建立起独具一格的制衣王国。1974年接到美国商人要定做一批格子牛仔裤订单，由于缝制难度大，成本高，利润低，许多大厂不愿加工，不敢接单。杨钊先生独具慧眼，毅然接下这个订单，并在加工中研制发明了专打格子的工具，降低了成本，大大提高了工效。这单生意的成功给他带来了运气，随之而来的世界各地订单让他们应接不暇。从此，他被誉为"香港裤王"。1976年，他的牛仔裤向东南亚和欧美各国进军，随着业务不断向外拓展，生意日隆，牛仔裤畅销海内外，"牛仔裤大王"誉称更广为流传。

改革开放的国策，打开中国长久封闭的大门，给杨钊提供了报效祖国的机会，他成了第一批回内地吃螃蟹的香港商人。1978年，他在珠江三角洲顺德县容奇镇创办了“全国第一间来料加工贸易工厂”，成了首位在内地投资设厂的港商。在他的带动下，七八十年代，珠江三角洲成了港商在内地投资最早、投入最多、效益最大的地区。如今，他的旭日集团发展成国际化、多元化的企业，除了纺织制衣外，还向金融、房地产进军，旭日集团旗下拥有80多间公司，遍布世界各地。旭日集团在菲律宾、印度尼西亚、孟加拉国、柬埔寨等地都建立了生产基地，雇员逾2万人，年产超过2 500万件成衣制品，营业额逾4亿美元，为东南亚最大的服装制造和出口商之一。在澳大利亚、新西兰及中国拥有庞大的零售网络，在全中国各地有逾420家以“真维斯”命名的服装零售店，遍及202个市镇，覆盖23个省市。

1989年旭日集团旗下18家厂中有7家被全国外经委评为“先进企业”。1990年11月10日他在北京被选为“中国外商投资企业协会”副会长，是正副会长中唯一的香港人。1991年他获得香港青年工业家奖。目前，杨氏旭日集团总资产已超过100亿港元。

杨钊先生于1985年怀着报效桑梓之心，为解决家乡数千名待业青年就业问题回到惠州投资，兴办大进制衣厂，捐资兴办旭日服装职业学校。1987年获广东省政府批准办成大专时，他勉励师生说：“改革的路很长很长，师生们要有一腔抱负，不断努力，为我们国家服装事业的发展贡献自己的力量。”他在回乡投资之日起就立下军令状，誓为中国民族纺织工业的振兴赴汤蹈火而在所不辞。经过几年的努力拼搏，1994年，旭日大进制衣厂（惠州）有限公司获得全国服装行业第一张国际标准ISO9002品质证书，这是有史以来中国人首次在世界服装行业夺得国际免检证王牌。他成功了！摘取这项桂冠多不容易啊！享有国际商品免检权，这不仅仅是香港地区，而且是中国乃至东南亚地区唯一获此殊荣的。他为东江父老争得了荣誉！为中华民族争得了殊荣！为中国传统纺织服装工业走向世界，参与国际市场竞争增添了信心！旭日集团是中国优秀的企业之花，骄傲的民族之花！

东江人民的骄子——杨钊，他的事业正如旭日东升，他的名字将鼓舞着惠州人民大踏步前进！

（本文与张剑峰合作）

（成晓军：《东江文化纵横谈——首届东江文化全国学术研讨会论文集》，暨南大学出版社2010年版）

[illegible]

[illegible] 1990 年 [illegible]

[illegible]

[illegible]

[illegible]

[illegible] 2010 年版。

华侨华人办医篇

敢为天下先　创建全国典范医院

广东是全国重点侨乡，华侨、港澳同胞众多，他们素有爱乡、捐资办学办医的光荣传统。广东省中医院是在20世纪30年代初由华侨、港澳同胞捐资创办的，它经历了坎坷不平的风雨历程，如日本侵略者的蹂躏、国民党统治者的摧残。新中国成立后，在党和国家、省委省政府的领导及华侨、港澳同胞的关心和支持下，发扬广东人民“敢为天下先”的革命精神，广东省中医院被建成全国现代化综合性中医院的典范。十多年时间里发生了天翻地覆的变化，从原先的门诊量2 000多人次跃升到13 000多人次，年门诊量突破400万人次，连续11年居全国同行首位。从原来300张床位发展到目前2 800多张，从一个医院发展为5个分院，从过去仅有15亩的面积发展到今天360亩；建筑面积从4.8万平方米发展到30多万平方米；医疗设备总值从原先3 000多万元增至4亿多元。

经过多年的努力，医院积聚了强大的医疗和科研实力。目前，拥有省级以上的临床重点学科和重点专科16个，开展专科专病100多个；国家级基地一个，省部级重点实验室、研究室5个；5年来，承担国家级课题26项，省部级课题100多项；设有国家药监局GCP培训中心等研究机构。这里既是医界精英云集之地，又是培育一代名医的摇篮。目前，该院拥有享誉全国的邓铁涛、禤国维等大师级老中医，还有其他高级专业技术人员243人。有博士学位的80人，有硕士学位的298人。中青年业务骨干中，任全国专业学会主任委员的有2人，副主任委员13人；省级专业学会委员15人，副主任委员24人。多年师从名老中医的中青年骨干110多人，有5人被纳入广东省“千百万工程”培养计划。医院的主要学科带头人的平均年龄只有40岁。全院现开设100多个专科门诊，其中70%以上由中青年骨干主诊。

多年来广东省中医院被评为全国精神文明建设示范点、全国示范中医院、全国先进基层党组织、全国百佳医院、广东省抗非英雄和白求恩式先进集体等。吕玉波院长曾多次被评为全国卫生系统先进工作者和全国优秀院长；省中医院被评为全国先进基层党组织，黄慧玲副书记曾受到胡锦涛总书记的亲切接见；禤国维教授当选为“和谐中国十佳健康卫士”；林琳和杨志敏两位教授被香港医管局授予“抗非勇士”金质奖章，林琳荣获“首届中国青年女科学家奖”、“全国‘五一’劳动奖”，被授予“全世界抗非优秀科技工作者”荣誉称号，杨志敏荣获

“中国中医药十大杰出青年”荣誉称号。去年，刘军副院长代表广东省中医院在北京人民大会堂作巡回报告，受到与会者的好评和赞扬。

广东省中医院人凭着什么样的精神和力量为振兴中医中药创造辉煌业绩呢？在住院部的科室和病房，处处挂着病人送的、写着“医术精湛，医德高尚”的锦旗和横幅。我在中医院住院期间，怀着崇敬的心情，带着这些问题，采访了一些老专家、教授、中青年骨干和医护人员。他们廉洁行医、爱心服务、技术精湛、医德高尚、诚信经营、以人为本的医疗作风深深感动着我，是他们高尚的情操、无私的奉献、爱心的服务捍卫了白衣天使圣洁的灵魂。

“病人至上，真诚关爱”

广东省中医院取得如此辉煌的业绩，得益于先进文化的发展。1993 年新班子上任后，采取了一系列的改革措施，大胆地提出了“双线六制”的管理模式创新方案，以患者需要为导向的医院内部管理机制和以病人为中心的文化建设。除了改革内部管理机制外，还非常强调医院文化建设。以“病人至上，质量第一”为医院的宗旨，把“一切以病人为中心”作为医院思想文化建设的总目标和医院价值观的核心内容。医院的文化发展战略规定：

“病人至上，真诚关爱”是医院的价值观。

“仁爱，敬业，务实，进取”是医院的精神。

“运用人类文明的一切有用成果，尽自己最大的努力为患者解除痛苦，抢救生命，提高生存质量”是医院的信条。

医院对社会的责任是力争用最好的方法为患者解除痛苦，抢救生命；医院对员工的责任是尽心尽力提供发展机会，创造成才条件，提高生活质量；员工对医院的责任是把医院当成自己的家，尽心尽力把自己岗位的工作做到最好；科室与科室、员工与员工之间相互尊重、相互理解、相互帮助、相互友爱是医院的理念。

“一流的技术，一流的服务，一流的管理，一流的人才，一流的效益”是医院的追求。

严（严格要求，严谨学风）、细（细致认真，一丝不苟）、实（求实、求真、扎实）、高（高标准、高要求、高层次）是医院的作风。

“建设全国一流、国际知名的、现代化的、综合性的中医院”是医院的奋斗目标。

医院的文化激励着员工奋力拼搏，中医中药要振兴，必须在继承中医传统的基础上创新发展。中华民族有五千年的历史，祖先给我们留下了丰富的精神文化遗产，中医中药就是祖先留给我们的保健、养生、治病方面的宝贵财富。首先，要继承中医先圣的高尚医德医风。历代的名医华佗、扁鹊、李时珍等大医先圣均是以人为本，以挽救生命、解除人民痛苦为己任，悬壶济世救苍生是大医精诚。唐代医圣孙思邈在《备急千金方·大医精诚》中写道："凡大医治病，必当安神定志，无欲无求，先发大慈恻隐之心，誓愿普救含灵之苦，勿避险巇、昼夜、寒暑、饥渴、疲劳，一心赴救，无作功夫形迹之心。如此可为苍生太医。"孙思邈的话被挂在医院中间的瀑布屏幕上，像一面镜子照亮着全体医护人员的心灵。医院领导经常向员工灌输"病人可以没有省中医院，但省中医院不能没有病人"的道理，让大家牢牢记住"病人是我们的衣食父母，没有他们我们无法生存，病人选择我们是对我们的信赖，我们必须用精湛的医术、良好的医德医风来回报他们"。

近十年来省中医院的快速发展是用汗水和鲜血换来的，医院医护人员们用生命捍卫了中医中药事业，用情和爱赢得了患者良好的口碑。

全国著名皮肤专家、享受国务院特殊津贴的博士生导师禤国维教授，他教书育人，行医治病，著作甚丰，殊荣极多，先后获得了广东省名老中医、广州中医药大学首席教授、全国优秀教师、"和谐中国十佳健康卫士"等誉称，还得到了"科技突出贡献奖"。他担任副院长时，从不摆官架子，以普通医生的身份爱病人、爱学生、爱工作、爱中医药事业。1996 年省中医院为了缓解上班族看病难的问题，作出超前的决定：每周一至周五，医院增设夜诊，下午 6 时开诊，晚上 9 时结束，规定有"副主任医师"职称以上的医师都要参加，每周至少一次。他是开设夜诊的积极支持者和参与者，虽然担任副院长，行政事务较多，但他每周参加两次夜诊，这样便可多一些时间为老百姓看病，尽一个医生应尽的责任。医院每个医生夜诊只能挂 40 个号，可是挂他号的病人特别多，每次夜诊都超过 60 个，得多看两个小时。星期五有许多从外地赶来的病人，挂号最多时超过 70 个，所以禤教授经常诊到十一二点，年过半百的他太辛苦了。从 1986 年至今，20 年的 7 000 余天中，他除了每周 6 个工作日外，还有 3 000 个晚上是在医院诊室度过的。按每次看夜诊最少 50 个病人计算，2 000 次夜诊中，他看的病人高达 10 万人次。1990 年春天，有一回，他值完夜班去巡查，到办公楼六楼时发现有可疑的人在活动，他走过去时突然被几个小偷按倒在地。他欲与歹徒搏斗，但小偷用铁锤砸过来，他受伤晕倒在地，鲜血直流。时间一分一秒过去，他醒来后，用尽全身力气挣扎起来，扶着墙摇摇晃晃地向总值班室走去。这时碰巧七楼的学生发现了，便赶紧把他送到急诊室，紧急包扎，止住了血。因当时省中医院还没有神经外科，值班医生和医院领导及时把他送到孙逸仙医院外科抢救。他的伤势太重了，颅骨广泛性、粉碎性骨折，脑挫伤，脑血肿，血压几乎为零，必须马上动手术。手术通宵达旦紧张地进行，等候在手术室外的亲人、领导、同事和学生，都在心里默默为他祈祷，祈祷他快快苏醒，早日康复。手术很成功，他在昏迷中被推进特护病房。禤教授在医护人员的精心治疗护理和领导亲友的关心照顾下，终于苏醒过来了。他在朦胧中勉强睁开眼，一眼看见守候在他身旁的妻子彭熙，他说出声音微弱的第一句话：“今晚夜诊，我去不了了，快去停号。”他清醒后首先想到的是患者，他心中始终装着病人，这是何等崇高的大医精诚啊！几天后，他神志逐渐恢复清醒，天天躺在病榻上，望着天花板背方歌。有一次，他的高徒陈达灿主任去探望他，望着恩师苍白的脸和虚弱的身体，多么想询问他的健康状况。可是还没等学生问候，禤教授就高兴地说：“小陈，你坐下听听我的方歌有无遗漏！”接着他兴致勃勃地念方歌，徒弟当然洗耳恭听……他恢复记忆后，头等大事就是背方歌和中药名，他始终想着的是中医中药事业。

禤国维教授经受住了一场毁灭性的灾难，苍天保佑好人健康长寿，得以继续为苍生服务。经过这场磨难，周围的亲友、学生、领导都劝说他“退休算了，颐养天年，安享幸福”。他斩钉截铁地回答：“病人需要我就是我的幸福，我要用我的余年为更多的病人服务。”十多年来他不顾自己的糖尿病和高血压，超负荷地为病人服务。大家赞美他是“击不倒的铁杆中医”。有一回，医院刚刚启动的电脑系统出现故障，一个上午80多个病人，快到12点了，桌上还剩厚厚的一叠病历，门外候诊的病人急起来，有的沉不住气了。这时，护士出来安抚病人说，请大家放心，禤教授不看完病人不下班。这样候诊室才安静下来。时针指向两点半时，他终于看完了最后一个病人，他站起来伸伸腰背舒了一口气，才觉得肚子空得难受。最后那个病人连声说：“谢谢禤教授，你该下班吃饭去了。”他对病人笑了笑说：“不必客气，你也没有吃饭饿着肚子等我看病，现在快回家吃饭吧。”

禤国维教授每周都要到二沙岛分院开诊一次。一天上午，快到下班时间了，还有一个病人没有来，他让博士研究生王欣拨打病人在挂号处留下的联络电话去了解情况，结果发现是外地手机，而且电话接通了却没有人回应。王欣知道导师下午1点钟要去省卫生厅开会，而回大德路总院的车又只有一班，心里很着急。导诊护士听说后认为已经到了下班时间，禤副院长又有事，还是按时走吧，如果病人来了，她会告诉病人，请他等禤教授下次出诊时再来。但是禤教授不同意，他说：“我再等等吧，你们想一想，人家从那么远的乡下挂这么贵的号来找我看病，肯定是急症或重症，来迟了也一定有原因。如果好不容易赶来，看到我们都走了，该有多失望，还是等一等。”

时间一分一秒地过去，禤教授和王欣饿着肚子在等着一个素不相识的病人，将近12点半，病人和其亲属匆匆赶到了。他们是从江门赶过来的，一早出了门，原可以按时到，没想到遇上大塞车。一路上他们都在着急，看着时间快到 12 点了，心想这回肯定看不成了，这世界只听说过病人等医生，哪有医生等病人的呢。可好不容易挂了禤教授的号，又实在不甘心。加上病人因为在当地诊断不明确，拖了近一年，钱花了不少，病情反加重了，就更把希望放在禤教授身上。病人一进诊室，发现禤教授还在等着，非常激动，反复说："省中医院就是不一样，禤教授就是不一样，真的是为病人着想。"禤教授马上为病人检查，详细了解了病史，最后诊断病人是得了皮肌炎，病情比较严重，他给病人开好药方并作出治疗方案，病人一再表示感谢。看完这个病人，已快 1 点钟了，他来不及吃饭，直接打"的士"去卫生厅开会。

有一次，禤教授看完一个病人，让护士叫了下一个名字，听到有人答应了，但迟迟不见人进来，他觉得奇怪，抬头一看，那位病人就坐在门口的椅子上，想站起来，双脚就是不听使唤。他急忙站起来，快步走到病人跟前说："你行动不方便，就不要起身，我出来给你看就好了。"话还没有说完，他就蹲下来，一边询问情况，一边给病人号脉。原来病人得的是血管炎，病情严重，走路很困难。今天家人刚好有急事，把他送到医院就先走了，说好等会儿再来接他。一位老专家、大教授走出诊室，蹲在一个素不相识的陌生病人面前为他看病、开药方，既和蔼又体贴，这多么温暖病人的心。

老专家、老院长禤国维教授的大医精诚、高尚的医德医风深深影响着省中医院的全体员工。"一切为了病人"的思想、"病人至上，真诚关爱"的价值观在中青年医护人员一代一代地传下去。有一次，广州大学城的工地发生塌方，不少工人被埋在土里，大学城省中医分院门诊部闻讯后，立即派医生护士乘救护车赶赴现场。当值班医生和护士梁彬心急如焚到了现场才知道，有一个民工已被埋超过 15 分钟，尽管人们在奋力挖土救人，但还没有见到他的影子。梁彬凭着多年的急诊经验意识到，伤者再多待一分钟就少一分存活的机会。于是，梁彬想也没想就跳下五六米深的大坑，跟先前已在坑下的民工一齐扒泥，在大家的齐心协力下，终于拉出一名已经昏迷的年轻人。梁彬对伤者作了简单的处理后，就跟大家一起把伤员托举到地面抢救。施救完毕，大家都松了一口气，但梁彬怎么也爬不上来，最后还是警察找来一根绳子才把她拉了上来。在场的警察严肃地对梁彬说："小护士，你想也不想就冲下去救人，这坑随时有塌方的可能，到时可不是闹着玩的！"梁彬笑笑说："我当时只想救人，其他没有想那么多。"

还有一次，番禺某地打群架伤了不少人，梁彬和同事一起赶赴案发地。此时，警方和保安还没有完全控制局面，梁彬和医生一起，不顾个人安危冲进一间房子，在有 20 多个正在打架的人群中拉出一位被击倒在地、头部鲜血喷涌的伤者，进行抢救。事后，人们都为梁彬他们捏了一把冷汗说："当时很危险，为什

么不等警方控制了场面再去救人呢?”梁彬说:“什么都可以等,但伤者怎能等!就算我们受点皮肉苦,也不能让伤者受活罪。”在场的民警和围观的群众纷纷议论:“中医院的医护人员真勇敢,为了抢救伤者,不怕一切危险。”

在省中医院“病人至上,真诚关爱”的文化理念下,医院领导、共产党员、共青团员、归侨侨眷发挥模范带头作用,高举振兴中医中药的大旗,全体员工团结一心,为创建全国典范医院而奋力拼搏。

2003 年春天,一场灾难突然降临祖国大地,在这一场没有硝烟的战争中,省中医院人舍生忘我,本着“一切为了病人”的信念,不分昼夜战斗在“抗非”前线,全院先后有 70 多名医务人员被“非典”感染。在一次抢救重症病人时,有 7 个医护人员感染倒下,其中有急症室张忠德主任和叶欣护士长,他们在病房里通过手机短信互相鼓励。当叶欣护士长病危转入重症室后,张敏州主任夜以继日组织医护人员进行抢救,更有医院领导互相轮替守候在重症室门口。吕玉波院长、黄慧玲副书记、罗云坚副院长、呼吸科林琳主任以及全国著名老中医专家邓铁涛、周仲英、路志正、焦树德等人都为在“抗非”中受感染的医护人员能迅速战胜病魔而出谋献策。3 月 25 日凌晨,叶欣护士长经多方抢救无效,离开了她的领导、战友、亲人和病人。叶欣护士长一心为了病人,不顾个人安危,日夜守在病房,常对战友说:“这里有危险,让我来!”她用自己的生命去“抢救病人,保护战友和领导的安全”。最后她以身殉职。“抗非”前线人手紧缺,一个共产党员倒下去了,全院的共产党员、共青团员主动请缨,一直冲在最前面。不仅第一线的医护人员坚守岗位,其他科室还有 100 多人主动报名要求去一线科室增援。其中有才休了一天婚假就赶回 ICU 上班的新娘;有产假未满的护士;有从医几十年将要退休的老专家;也有参加工作不久的年轻医护人员。一个叶欣倒下了,更多的“叶欣”冲向前。全院上下一心,团结战斗,科室、部门协同工作,亲如一家,像一支不可战胜的团队,这种团队精神一直在鼓舞着省中医人勇攀高峰。在“非典”战斗中,有的医护人员与病魔进行顽强的搏斗,在死亡线上勇敢战斗,倒下去又站起来。省中医院经历了这场血与泪的战斗的洗礼,用鲜血和生命造就了辉煌。在广东省抗击“非典”的总结表彰大会上,他们荣获“广东省抗击非典先进集体”称号,22 个科室和 295 人受到表彰和奖励。

在“抗非”艰难的日子里,省中医院人在党中央、国务院、省委省政府和港澳台侨胞的关心以及全国名老中医专家的支持下,以超强的智慧发扬广东人民敢为天下先的精神,勇敢探索出一套前所未有的中西医结合治疗“非典”的方案,替病人解除了疾苦,为和谐社会作出了贡献。

世界卫生组织考察组专家、美国疾病预防控制中心传染病中心的马索尔博士到省中医院视察后,高度认可医院中西医结合治疗“非典”的疗效。

胡锦涛总书记视察广东省疾病控制中心，并与广东省医疗卫生专家座谈，在会上亲切接见了吕玉波院长，听取了吕玉波院长汇报省中医院使用中西医结合抗击“非典”的建议后，非常赞赏，鼓励他说：“我在网上已经看到了，世界卫生组织评价很高，中医药学是我们祖国宝贵的医学遗产，应该发挥它的作用。”

香港医管局派专家来考察，随后邀请中医院派专家赴港讲授治疗 SARS 患者的经验。香港知名人士霍英东先生捐资 800 万元给省中医院非典型肺炎防治中心，用于“非典”的医疗和研究。

温家宝总理视察广东时，还亲切接见吕玉波院长，并听取了他关于抗击“非典”情况的汇报。

随后，香港护士总工会邀请省中医院护理部主任张广清前往香港交流护理 SARS 患者的经验。同时，应香港管理局的邀请，省中医院派出林琳教授和杨志敏教授赴港，与香港医学专家共同研究中西医结合治疗非典型肺炎的案例，以提高临床疗效。

应澳门医管局邀请，省中医院罗云坚副院长与刘伟胜教授赴澳门讲学，介绍省中医院中西医结合治疗“非典”的经验。接着上海卫生部门邀请罗云坚副院长和刘伟胜教授前往上海参加 SARS 病人的会诊。刘伟胜教授还出席卫生部举办的广州、北京电视电话会议，研讨中西医结合治疗非典型肺炎的问题。专家邹旭和韩云两位教授应邀前往北京交流中西医结合防治“非典”的经验。专家陈伟教授代表省中医院参加北京中国科学协会、中华中医药学会联合举办的中医药防治“非典”专家报告会。

省中医院专家陈伟、林琳、杨志敏、韩云代表广州参加了北京、广州、台北三地共同举办的研讨中西医结合治疗 SARS 经验的会议。省中医院派出的林琳和杨志敏教授在香港治疗 SARS 患者，取得明显成效，香港媒体反响强烈。为了巩固成绩和进一步探讨，香港医管局邀请吕玉波院长、罗云坚副院长、刘伟胜教授赴港交流和讨论中西医结合治疗 SARS 的问题。

2003 年 7 月 7 日，赴港支援“抗非”的专家林琳和杨志敏教授，因在香港抗击“非典”过程中作出了特殊贡献，荣获香港政府颁发的“抗非勇士”金质勋章。

在抗击“非典”的艰难日子里，有一支活跃在抗非前线的特种兵小分队，他们既是战士又是号手，当前方将士传来胜利的消息时，他们不顾安危，不分日夜，立即深入前沿阵地病房或科室采访患者和医护人员，并即时向报纸杂志、电视、电台报道战况，还及时出版《医院信息》战报，以鼓舞大家的斗志。他们就是共青团书记、宣传部胡延滨主任所领导的宣传尖兵，他们的事迹也很感人。抗击“非典”是医院 2003 年头等大事，宣传“抗非”事迹至关重要。他们把医务人员的“抗非”事件整理出来，医务人员英勇无畏的举动和真情感染着每一个采访者，他们往往是流着眼泪完成报道的。宣传尖兵人少任务重，但他们团结合作，使省中医院的“抗非”宣传始终走在前列。省中医院是第一个正面报道医务人员奋勇“抗非”的医院，是广东省第一个使用中央媒体介绍“抗非”事迹的医院。广东电视台《社会纵横》栏目推出《舍生忘死抗击非典》，第一次向社会披露了“抗非”一线医务人员的内心世界，在全省引起极大的反响。叶欣的事迹在媒体报道后，在全国造成了巨大的影响，《人民日报》专门发了社论，对以叶欣为代表的“抗非”精神给予高度的评价。胡延滨主任带领宣传尖兵取得了多项宣传成果，发表新闻稿件720多篇、制作完成电视新闻专辑5辑、反映医院“抗非”专辑《大医精诚》一部、医院院史1部、画册1本、录像《情铸医魂》1部、《情系中医七十年》1部、《医院信息》12期等。胡延滨主任还组织共青团员参加全国青年文明号的竞标及服务之星和十佳员工的评选等工作，成绩卓著。医院内一科获称省级和国家青年文明号；医院青年志愿服务队被评为全国青年学雷锋先进集体。

在抗击“非典”的战场上，省中医院人用生命和鲜血捍卫人民的健康，叶欣护士长走了，可她“一切为了病人”的精神永远鼓舞着大家，人民没有忘记她，医护人员没有忘记她，省中医院在二沙分院给她竖立永久的丰碑，为她塑了一座汉白玉雕像，她将永远活在人们心中，护卫着医护人员的尊严和人民群众的健康。5月12日护士节，叶欣护士长荣获第39届弗洛伦斯·南丁格尔奖。省市领导蔡东士、李兰芳、王宁生、雷于蓝、陈开枝等人参加了叶欣雕像的揭幕式。姚锡娟、赵胤胤等著名艺术家到场采用艺术的方式演绎《叶欣的故事》。从此，每年护士节，医院领导亲自带领护理部干部和部分护士前往银河公墓为叶欣护士长献花，用叶欣一心为病人不惜牺牲自己的精神激励大家前进！让叶欣精神永放光芒！

“中医水平站在前沿，现代医学跟踪得上”

广东省中医院在改革开放的大潮中，深深体会到优秀服务虽然重要，服务周到能吸引病人上门就医，但是随着现代化医学技术日新月异的变化，中医中药也需要吸收现代医学的优点，以完善补充自身的不足。因此应采用先进的技术，推进中医中药的提升，在国际激烈的生存竞争中谋求创新发展。

自鸦片战争以来，随着列强的入侵，西方文化渗透中国，西医在中国迅速传播，中医受到极大的冲击。广州是西医进入最早的城市之一，独具岭南特色的中医首当其冲，面临冲击。目睹中华传统医药文化受到西方文化的压制而停步不前，广东籍华侨、港澳同胞挺身而出，联合筹办中医药专科学校。从1913年起经过11年的筹办，学校于1924年9月正式开课。1930年至1933年，省中医中药省港药业集团和海外侨胞集资在广州大德路创办了广东省中医院。经过70多年的风雨历程，新中国成立后，医院在党和国家、海外华侨和港澳同胞的关心支持下才有了今天的新局面。

随着我国经济迅速发展，综合国力日益增强，国际地位不断提升，中华民族实现伟大复兴的时代已经到来。中医走向世界，中医药文化在海外传播倍受重视。中医中药要振兴，首先要培养高素质的人才，走中西医结合的道路。省中医院要建设成现代综合性典范医院，提出“育人工程”，首先从培养人才着手，建设有特色的名科名医名院。一方面把优秀的中青年骨干派出去，去国外进修，学习西医知识，掌握现代医学的先进技术。一方面还要请进中医老专家传授中医技术，充分发挥老中医专家的作用。2001年省中医院聘请全国最著名的18位老中医来院带徒38名。他们是邓铁涛、任继学、焦树德、朱良春、唐由之、路志正、陆广莘、周仲英、干祖望、张琪、吉良晨、张学文、石仰山、罗金官、晁恩祥、薄智云、石学敏等。

3年过去了，经过勤学苦练的38名中青年骨干已完成学业，其中30名的毕业论文得到恩师的好评，毕业后他们都成了医风高尚、技术精湛的专家名医。有的南下港澳给港澳同胞治病；有的北上京城当“御医”，为中央首长看病。2003年突如其来的灾难使省中医院经受了一场严峻的考验，在这不平凡的一年里，他们跟“非典”病毒进行了殊死的搏斗。在没有硝烟的战场上，这些高徒奋不顾身，与死神搏斗，倒下去了又爬起来继续冲锋在前，战胜“非典”病毒，抢救SARS病人的生命。在这场生与死、血与泪的战斗中涌现出一批奋不顾身、英勇善战的勇士和英雄。

名医工程育成的女科学家林琳教授，是省中医院呼吸科主任，全院最年轻的学科带头人。行医十多年来，她师从刘伟胜、周仲英等名老中医，并在医疗、科研上不断取得新的突破，其科研成果“中西医引进人才治疗传染性非典型肺炎的临床研究”获国家科技进步二等奖，“广东传染性非典型肺炎的防治研究”获广东省科技进步成果特等奖。此外，她先后获得了“首届中国青年女科学家奖”、“全国‘五一’劳动奖章”、“广东省抗非一等功”、中国科协“全国防非优秀科技工作者”、香港“抗非勇士”金质奖章等奖项与称号。

林琳在广州中医学院学习期间，品学兼优，光荣地加入了中国共产党。从那时候起，她自觉践行共产党员先锋模范的要求，铭记“大医精诚”的训诫。她认为：“从医就意味着奉献，为了民族的复兴，可以舍弃一切，乃至生命。”“非典”期间，她不仅放弃了与亲人共享天伦的美好时光，而且多次与死神擦肩而

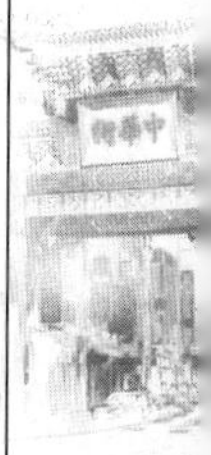

过。在抗击“非典”的150多个日夜里，她天天吃住在医院，往返于ICU与隔离区之间。非典型肺炎具有极强的传染性，一开始还没有人弄清病因和传染途径。眼看着自己的亲密战友叶欣牺牲了，同行的邓练贤、陈洪光、范信德也牺牲了，省中医院也有几十位同事被“非典”击倒了，广州被一片阴霾笼罩着。但她认为，越是危险，自己的责任就越重大。她作为呼吸科主任，秉着“我不下地狱，谁下地狱”的大无畏气概，义无反顾地战斗在抗击“非典”的最前线。在那些日子里，她每天昂首走进隔离病区，走到她呵护着的“非典”病人身边，就像一位战士牢牢地站在自己的岗位上。在ICU的日日夜夜，她为抢救呼吸衰竭的病人进行气管插管，病人的分泌物多次喷在她脸上、手上。为了赢得抢救时机，她顾不上擦洗消毒。“明知山有虎，偏向虎山行”，她目睹自己的许多同事，在与“非典”搏斗时不幸被感染，一个个病倒了，然而她没有退缩，惨烈的现实更激发了她与“非典”恶魔作殊死战斗的豪情。

突如其来的SARS病毒，让人类措手不及，作为管委会医务工作者，林琳教授深感责任重大。她决心抓住这个机会，分析SARS的病因病理变化，为此深入临床第一线，面对面地从“非典”患者身上收集大量的病症资料，深入开展对SARS的中医辨证研究。在那些日子里，她和同事们详尽地记录每日“非典”病患的中医症候及其接受中医治疗后的变化，从中研究中医病因病机及病理特点；探求出中医症候的演变规律，制订“抗非”的中医治疗方案，发挥中医药的独特作用，尔后又进行有效性的验证等。为了完成这些研究，她和同事们及时了解广东省及国内专家对SARS病毒的认识和救治方法，吸取院内外中西医专家的意见，共同制订诊疗方案。同时反复向著名的老中医专家、中西医结合专家求救，邓铁涛、任继学、颜德馨、周仲英、朱良春、晁恩祥、刘伟胜、洪广祥等名老中医在关键健问题上都给了林琳有力的指导和帮助。

在攻克“非典”的征途中，林琳细心观察，缜密思考，终于发现一个常人容易忽略的现象，即“非典”患者在发病的过程中，初期温热症明显，到了中期甚至极期时反而热象不明显，而表现为虚热现象。她反复自问：热邪到哪里去了？在邓铁涛、颜德馨、周仲英教授等名医的指点下，她终于解开了这个谜：由于SARS病毒凶猛，在短期内耗伤人之正气，湿热之邪化毒内陷了，所以表现为以心虚为主；痰湿淤毒内闭于肺，壅阻肺气而致疲乏无力，呼吸窘迫。在治疗上，名师们又鼓励她为病人大补元气，佐加理气泻肺之品，补中见泻，泻中有补，必要时合用小承气汤，以泻浊去壅，这在当时是一种突破常规的大胆之举，没经过再三准确的辩证，没有深厚的中医基础是迈不出这一步的。她就是这样，大胆运用温补之法，在临床上取得显著成效，为拟订“抗非”的有效治疗方案打了漂亮的一仗。她用智慧和勇气，终于拨开了迷雾，提出了SARS湿、热淤、毒、虚的病理特点。把传染性非典型肺炎分析为早、中、极、后四个时期，中医辨证9个证型，并总结了行之有效的中医基本处方10个，此外，还有大量随症增加的经验。这些均被国家中医药管理局所采纳，为全国抗击“非典”提供了宝贵的经验，使不少“非典”患者摆脱了死亡的威胁。

2003年5月，广州的“抗非”初战告捷，疲惫不堪的林琳本该休整一下。这时，香港告急，请求援助。上级指派林琳和另一位专家杨志敏教授赴香港再战“非典”。这对林琳而言又是一场严峻的考验。广州“抗非”，她苦苦支撑了100多天，健康严重透支，参与香港“抗非”，人地生疏，医疗状况也不相同，一旦受感染，后果难料。然而，林琳毕竟是一个关键时刻站得出来，危难时刻豁得出去的共产党员，她毅然接受组织的命令，与战友杨志敏一道顶着巨大的压力再向虎山行。

临行前，省中医院吕玉波院长亲自送行到火车东站，紧紧握着她们的双手，语重心长地说：“你们不要辜负港澳同胞的期望，有医院做大后方和老专家的支持，要保护好自己，保持联系，多请教老专家，我们在等待着你们胜利的喜报。”这两位年轻的“女郎中”肩负着院长的嘱托和港澳同胞的期望，勇敢赴港。她们到了香港一放下行李，来不及休息，马上投入战斗。由于香港与内地有着不同的文化背景，对中医药缺乏了解，甚至有歧视的情况，给她们的工作增加了不少的困难。但她们坚信中医药的科学力量，不亢不卑地为香港“非典”患者奉献着自己的聪明才智。

首战就遇到一块“硬骨头”，那是一位运用气管插管进行机械通气治疗的SARS重症患者，病情日渐加重，而且腹泻不止，各种治疗腹泻的药物都用过仍不见效，导致不得不插肛门接粪，病人危在旦夕。家属要求中医治疗，林琳、杨志敏经过详细的望闻问切和中医辨证，果断地采用中医药的独特治疗法。经过三天治疗，患者腹泻止住，肛管拔掉了。过了几天，这位曾被判处“死刑”的患者终于走出了死亡线，康复出院了。初战告捷，整个病区一下子沸腾起来了，那些原先对中医药半信半疑的西医主动向她们了解中医中药知识。此后，粤港两地的中西医相互协作，继续向“非典”发起抗击。两位“女郎中”，她们妙手回春，啃掉了这块“硬骨头”，使中医的优势和特长在香港大放异彩，赢得越来越多的信赖。

3个月过去了，中西医治疗康复出院的“非典”病人越来越多，中医药的显著疗效引起香港社会和医学界的关注，就连一向以刁钻闻名的香港媒体也发出一片赞誉声，天天头版头条报道她们中西医“抗非”疗效的最新消息，安抚香港民心。此后，林琳、杨志敏两人被邀请延期离港，以协助香港同胞继续抗击SARS病毒。在支援香港“抗非”期间，林琳与杨志敏会诊了近200名患者，诊治病人3 000多人次，都取得了良好的疗效。她们以无私奉献的精神和中医药的神奇疗效，赢得了香港公众的认同和赞赏，中医药的疗效也得到了香港医学界和世界卫生组织的认可，香港政府为林琳和杨志敏颁发了“抗非勇士”金质勋章。她们为中医中药走向世界开创了新的平台。“非典”过后，香港医管局与省中医院签订合作协议，省中医院在港设立门诊，帮助各大医院开展中西医诊疗和培养中西医人才。

省中医院名医工程培育的专家除了在“抗非”战场上冲杀出来的林琳、杨志敏两位“勇士”外，还有活跃在各科室的学科带头人和闻名海内外的专家名医。

大内科主任、博士生导师黄燕教授，从1995年她就敏锐地意识到：当时在西医界比较成熟的颅脑血肿穿刺清除术，若能与中医结合，会更好地解决高血压中大量脑出血致残的问题。她为了实现这个设想，直奔沈阳虚心求教，成为第一批学习此项技术的中医界医生。她学成回院后马上开展此项技术，同时组织申报国家“九五”攻关课题。由于中风患者绝大多数是急诊病人，进院不分白天夜晚，为了能在第一时间掌握病人情况，任何时候她都是急诊，无论是三更半夜，还是刮风下雨，都是随叫随到，随到随诊。由于长期的高负荷工作，她患有失眠症，常要靠安眠药来维持睡眠质量，但当时为了尽快开展这项技术，有很长一段时间她坚持不吃药，怕的是不能及时接听电话。经过5年的研究，“九五”攻关课题形成了一套针对中、大量脑出血的治疗方案，使得大量脑出血的死亡率下降13%，致残率下降17%。她重视科研，以研促医，学术成果突出。她主持的项目“高血压性中、大量脑出血中西医结合综合救治方案的研究”获得中华中医药学会应用科技进步一等奖。在完成“十五”攻关课题后，又进行了“十五”攻关后期课题“急性缺血中风辩证规范和疗效评价的示范研究”。她不仅在临床科研方面成绩显著，在培养人才方面，长期承担硕士研究生、博士研究生、七年制硕士班的教学和培养工作，在教学中屡有创新。2004年在第二临床医学院的教学课件比赛中荣获一等奖，还被评为“南粤教坛新秀”。

二沙岛分院院长、原大外科主任陈志强教授经历了一段不堪回首的岁月。20世纪80年代初，省中医院为生存而苦苦挣扎，外科水平很低，甚至被一些医院戏称为“卫生院水平”。遇到病情稍复杂的病人，因为水平有限而无所作为，只能去求人、请人、等人来做手术。这种状况让陈志强痛心疾首，痛恨自己没有本事为病人解除痛苦。也就是从那时候起，他把讥讽当成鞭子，把磨难当成财富，矢志不移地把发展外科，练就过硬本领，突出中医优势作为救治病人的最大战场。这坚如磐石的信念支撑着他20多年来无论遇到多少挫折、多少失败，都能豪情满怀地战斗在拯救病人的战场上，战斗在发展和推动学科建设的战场上。不仅他自己在泌尿外科的临床和科研方面颇有建树，而且在他的带领下，省中医院的外科业务突飞猛进，中医特色及优势突出，整体医疗水平有了显著提高。从80年代仅有一个综合外科，到现在包括心脏外科、肝胆外科、泌尿外科、血管外科、颅脑外科、乳腺、肛肠等十几个科室的大外科；从被人戏称的“卫生院水平”到现在吸引了众多国内外患者前来治疗，从只能进行简单外科手术到能够进行复杂外科手术，如冠状动脉搭桥手术、换瓣手术、肾移植手术等，省中医的大外科已进入一个辉煌的时代。

原大骨科主任邓晋丰教授，1963年从广州中医学院毕业后一直在省中医院骨伤科工作。他是全国第二批带徒名中医，中医骨伤科博士研究生和博士后导师。曾任广州中医药大学第二临床医学院骨伤科教研主任、广东省中医院大骨科主任。现任中华中医药学会内科伤分会理事、广东省中医药学会理事、广东省中医药学会骨伤科专业委员会主任委员、《中国中医骨伤科》杂志编委、《中国人工关节》杂志编委等。他是省中医院在骨科病例诊治中将中西医治疗方法结合运用的第一人。在创伤骨科方面，对腰椎间盘突出症、颈椎病等脊椎退行性疾病，除了采用非手术治疗外，重症患者亦可采用现代医学最新疗法，术后配合中医辨证施治内外用药，加强功能锻炼，对巩固疗效、减少复发有积极的作用。他是提倡“治骨养骨”理论的第一人，是中西医结合治骨的岭南大医，在全国和海外享有较高的声誉。他主持国家级科研课题3项，撰写论文50余篇，代表作有：《骨与关节退行性疾病的诊治》、《骨伤科专病：中医临床诊治》、《现代疑难说病中医治疗精粹》等，并多次获得省、市科技进步奖项。邓晋丰教授在传承中医骨科方面也殚精竭力，培养硕士、博士研究生17名，博士后1名。现任大骨科主任林定坤教授是他的高徒，正沿着他开创的中西医结合治骨理论，建设独具岭南特色的大骨科。林定坤主任在导师邓晋丰教授的言传身教中学习他高尚的医德医风和精湛的技术，以及严谨的态度和诚实苦干的作风。他把每一次手术都看作是自己的第一台手术，从不马虎。他还把导师严谨的作风带给同事，因此，他们给病人做手术时极少发生医疗事故。他们对病人服务周到，经常收到患者的锦旗和嘉奖信。林定坤主任还拜全国著名的骨科大医石仰山教授为师，学到不少治骨病的绝招。从师3年写下《石氏伤科“调治兼邪、独重痰湿”理论在痹病诊治中的应用》。

针灸科主任符文彬教授是广东省针灸学会副会长兼秘书长，中国针灸学会理事，广东省中医脑病中心副主任。他毕业于广州中医药大学，取得博士学位，在省中医院针灸科工作多年，经常应邀出国讲学和为海外华侨华人治病。他到过英国、法国、意大利以及东南亚新、马、泰等十多个国家，还有不少外国驻华领事馆的官员经常找他看病。

二沙岛分院消化科主任黄穗平教授，是硕士研究生导师，现任广东省中医药学会消化专业委员会副主任委员。师从北京的全国著名的老中医、脾胃专家吉良晨教授，他对吉老博学多才，擅长中医内科疑难杂症，尤对养生保健延缓衰老之术颇有研究深为敬佩。经过3年勤学苦练，他从吉老那里学到一套宫廷养生保健术。学有所成后，他医术提高很快，很快名扬北京，经常受中央首长邀请，跟消化专家罗云坚副院长一起上京为首长讲解养生保健知识及看病咨询，得到好评。

”传统疗法中心陈秀华副主任是中华中医药学会内科脑病专业委员会委员、广东针灸学会理事、全国第三批老中医药专家学术经验继承人。“中心”集医疗、教学、科研、康复和保健于一体，汇全国名老中医、名派名家和民间的多种传统外治疗法，具有独特的临床疗效和中医特色。引进石学敏院士“中风单元疗法”、薄智云院长“腹针疗法”、王文远教授“平衡针疗法”等，并拜师西班牙“切脉针灸”专家俞云教授。“中心”设有特诊室、传统疗法诊室、情志治疗室、正骨推拿室、中药熏蒸室、中药沐足和音乐诊疗室等，充分体现传统医学“治未病”、“防重于治”的养生保健思想。

省中医院肛肠科有着悠久的历史，现任科室主任罗湛滨副教授是中华中医药学会肛肠分会常务理事、广东省中医药学会肛肠专业委员会主任委员。他带领着科室人员走创新发展的道路，从传统的治疗痔疮切除手术发展到引进较先进的PPH手术，减少病人的痛苦和后遗症，深得病人好评。

肾病专科主任杨霓芝教授，系博士生导师、中华中医药学会肾病专业委员会副主任委员、中国中西医结合学会肾病专业委员会委员、广东省中西医结合学会肾病专业委员会副主任委员。她退任后由全国第二批名老中医学术继承人、硕士生导师刘旭生教授接替科室工作。肾病专科是1989年成立的，早在40年前该院已对肾脏病开展研究，1997年被国家中医药管理局确认为全国中医肾病医疗中心建设单位，2001年正式确定为全国中医肾病医疗重点专科，同时，又是广州中医药大学及省中医院重点专科。经40余年的努力，现已建成集医疗、教学和科研于一体的中医肾病中心。目前有教授4名，副教授4名，博士生导师2名，硕士生导师5名，博士后1名，硕士5名，主治医师5名，在读博士、硕士10名。目前有医院“青年拔尖人才”3名、“广东省千百十人才工程优秀人才”3名、全国名老中医师带徒3名。肾病专科充分发挥中医的优势，坚持以中医为主，能有效治疗慢性肾炎、IgA肾病、尿路感染、肾结石、早中期慢性肾衰等肾脏常见病、多发病；中西医结合治疗肾病综合征、糖尿病、肾病、系统性红斑狼疮性肾炎、急慢性肾衰竭等疑难杂病及急危重症；积极采用现代科技手段，开展肾脏CT及ECT、自免系列、肾活检病理等诊断项目；开展大肠水疗、结肠、皮肤透析等中医特色疗法；开展血液、腹膜透析、血浆置换、血液灌流、血液透析过滤、连续性肾脏替代治疗血液净化技术；研制尿毒康、通脉口服液、加味阳和汤冲剂、大黄胶囊、结肠透析液等中成药投入临床并取得明显疗效，在降低透析并发症、提高病患生活质量等方面取得明显效果，深受患者欢迎。2003 年肾病重点专科还开展了肾移植手术，填补了院内的空白。在临床取得明显疗效的基础上，还积极进行科学研究。肾脏专科承担国家自然基金及国家中医药管理局等省部级课题共 20 余项，总经费超过 100 万元；出版学术专著 5 部，发表论文 60 余篇，获国家发明专利 1 项。肾病专科采用以中医为主、中西医结合的手段进行诊治，临床疗效满意，病人来源广，除内地外，还有来自香港、澳门地区的患者以及泰国、法国、印度尼西亚、日本、美国等国外患者。

省中医院大妇科主任王小云教授是该院著名老中医妇科专家——“送子观音”李丽芸教授的接班人。她刻苦学习，在短短的几年内迅速成长为全国著名的妇科专家，2001 年师从全国著名老中医专家、中国中医研究院路志正教授，她把“送子观音”李丽芸教授的临床经验和导师路志正教授“治病先治心”的情志疗法相结合，研究出治疗妇女更年期的多种疑难杂症。为了帮助更年期患者调整情绪，她亲自为患者做情志治疗，用正面情绪纠正患者的负面情绪。长年累月的劳累，让她身患多种疾病。然而，令她欣慰的是，无数患者在她的中药与情志疗法的配合下，安全地度过了更年期，得以与家人共享天伦之乐。2005 年她主持的国家科技“十五”攻关课题“妇女更年期综合征中医诊治规律研究”获得国家教育部科技进步二等奖。在此基础上，她带领科室的同事继续开展对更年期骨质疏松、抑郁症、失眠等课题进行研究，并取得显著的成绩。

省中医院不仅有一流的人才，还拥有国际一流的实验室。检验专家、硕士生导师庄俊华主任技师经过多年的努力，从美国、德国、日本等国家引进国际最先进的设备，建立起符合 ISO 国际标准、全国一流的检验科，2004 年 4 月成为全国第一家通过 ISO/IEC7025 国际通用标准认证的实验室；2005 年 6 月成为全国第一家通过 ISO15189 医学实验室认可（国际专用标准）的综合性医学实验室。经该科检验的多种指标数据结论，不仅在国内通用，而且在国际上通行。国际救援组织 SOS 门诊就设在二沙岛分院门诊部。全院检验科有 63 人，其中博士 3 名，硕士 20 名，科研实力雄厚。该科临床诊断（检验）学硕士点，现有 11 名硕士研究生。在科研方面硕果累累，居全国中医院校领先水平：①国家基金“863”子课题 2 项；②广东省自然科学基金 1 项；③广东省社会发展攻关特色课题 3 项；④广东省卫生厅医学基本课题 5 项；⑤广东省中医药管理局课题 1 项；⑥广州市科报局课题 1 项。近年来，学科带头人庄俊华教授陆续主编出版了多部著作：①广东科技出版社：《临床检验掌中宝》；②人民卫生出版社：《医学实验室质量体系文件范例编写指南》；③湖北科学技术出版社：《分子生物学检验基础与临床》。该科室还与广州中医药大学、广州军区学院等单位合作，并引来北京、上海、武汉以及全国其他地区的医疗卫生部门150多家和本省70多家大中型医院检验科代表前来参观学习、进修培训和学术交流。庄俊华主任技师曾多次受邀赴本省市检验中心、医学会、大医院以及新疆、四川等地进行学术交流和开办专题讲座，深受欢迎。

今年3月中医院成立了“中医治未病中心”，它是全国首家“中医治未病中心”，由杨志敏副院长主管，林嫦钊任中心主任。中心由体质辨识体检中心、健康调养咨询门诊和传统疗法中心三部分组成。中心引进一批国际先进的设备，如亚健康检测仪，有DDFAO鹰眼系统、布康XSC－2000型超信生物显微系统，HR－2医用红外热像仪评价系统等设备。在引进先进设备的同时，还进行相关亚健康检测培训，得到各位专家的热情参与和好评。杨志敏副院长亲自带领一批名医、中青年骨干和擅长中医体质辨识的治未病专家举办大型对外义诊，为市民把脉问诊，给部分市民上了一堂生动的养生保健课，受到亚健康人群的称赞。中心成立不到半年，不仅开展体质检查，为市民义诊和免费咨询，还召开了全国中医治未病视点工作会议，介绍经验，得到卫生部副部长、国家中医药管理局局长王国强和北京大学王琦教授的充分肯定和好评。

有着70多年历史的广东省中医院，在改革开放大潮中崛起，秉承“病人至上，真诚关爱”的价值观，奉行“中医水平站在前沿，现代医学跟得上”的技术路线，追求“一流的技术，一流的服务，一流的效益”，以建设全国一流、国际知名的、现代化的、综合性的中医院为奋斗目标。2006年5月16日，经卫生部和国家中医药管理局以及广东省卫生厅各方专家、领导论证，被认可为“全国综合性现代化中医院典范”。

从鸦片战争之始，虎门销毁鸦片，三元里人民反英斗争，洪秀全领导太平天国运动，孙中山领导辛亥革命到改革开放大潮，广东人民敢为天下先，勇当排头兵。中医中药要振兴，既需要继承，更需要创新和发展。广东人民高举振兴中医中药的大旗，弘扬敢为天下先的革命精神，不断创辉煌。

时任中共中央政治局委员、广东省委书记张德江同志赞誉“广东省中医院是全国最好的医院之一”。建设中医药强省是张德江书记首先提议、省委省政府集体决定的一项战略决策，这对于坚持以人为本，建设经济强省、文化强省、和谐广东，造福人民，具有重大的现实意义。时任广东省委副书记、省长黄华华同志在《从战略高度推动中医药振兴和发展》报告中指出“我们要从战略高度，充分认识到建设现代中医强省，是落实科学发展观的重大举措；是建立和完善医疗卫生服务体系，维护和保障人民群众健康，加快推进和谐社会的迫切需要；是培育新的经济增长点，提高中医药产业竞争力，加快建设经济强省的迫切需要；是发掘和发展岭南中医药文化，弘扬中华优秀文化，加快建设文化大省的迫切需要。”广东省副省长雷于蓝同志在《积极推进中医药强省建设，为构建和谐社会作出新贡献》报告中指出：“中医药学是祖先留给我们的宝贵财富，是中华文明的自豪和骄傲。继续保持中医药在世界传统医药领域的领先地位，不仅对中医药自身的繁荣发展极为重要，而且对振奋民族精神，增强民族凝聚力，实现中华民族的伟大复兴将会起到有力的推动作用。”

振兴中医中药是时代赋予我们的重任，它不仅仅是医疗改革，更是一场医学革命，既是弘扬中华文化的途径之一，也是发展经济的新亮点。2004 年省委省政府高瞻远瞩，在建设经济强省和文化大省的同时又提出了建设中医药大省，这是坚持科学发展观，促进社会和谐，建设现代化强省，提早实现小康水平的战略决策。广东省在未来几年内要建成 35 间现代化中医院，广东省中医院不仅是我省的领头羊，也是全国同行的典范。广东侨乡要发展经济，促进社会和谐，海外华侨华人、港澳同胞和各地侨务工作者也要为我省振兴中医中药摇旗呐喊，擂鼓助威，善于引进人才、技术和资金等，在建设中医药大省中作出新贡献。

（《中国改革开放 30 周年优秀成果总揽》，中央文献出版社 2008 年版）

海归专家大显身手

在广东省中医院二沙岛分院诊疗楼挂有一个写着“广东—加州心脏中心”的牌子，这是美国加州洛杉矶心脏中心与二沙岛省中医分院合作的心脏研究中心，由留美心脏医学博士阮新民教授主持，他与留美医学博士陈秋雄教授，邓老弟子邹旭副院长，邓老弟子医学博士吴焕林主任，留日心脏专家张敏州教授，学术带头人、全国名老中医心脏专家邓铁涛教授和中国中西医结合学会会长陈可冀院士联合，打造了这一独具特色的国际品牌——中西医结合心脏研究中心。这个中心不仅吸引了全国各地的患者，同时，也有不少世界各国的元首、名人以及港澳华侨知名人士前来就医，进行冠状动脉搭桥、换瓣等手术。一位慕名而来的美国棒球教练前往二沙岛分院心脏中心诊治，手术做得很成功，手术后，医院采用中医中药给患者调治，病人恢复得很快，提早出院。这位美国棒球教练出院时非常高兴，握着阮新民教授的手激动地说：“谢谢你们用中西医结合的方法治好我的心脏病，中医真了不起，很值得西医学习！”

阮新民教授毕业于兰州大学医学院，1980 年在甘肃省人民医院工作。1987 年至 1998 年在美国加州洛杉矶心脏中心工作，这间医院规模很大，有 1 500 多张病床，3 000 多名员工。他在美国的 11 年里，刻苦求学，练就了一身硬本领，获得医学博士学位和教授、专家职称，还有汽车、洋房……该有的都有了，可谓已名利兼收。可是他身在大洋彼岸，心却时刻思念祖国，总想用自己学的技术为祖国人民服务。他怀着报效祖国的心愿，从 1994 年开始，每年都回国讲学，与国内学者进行学术交流。阮教授多次到北京、上海、南京、广州等地考察访问，1998 年回到广州时，特地考察了几间大型医院，同时也访问了省中医院，受到吕玉波院长和邓铁涛教授等领导的热情接待，双方进行了亲切的交谈。吕玉波院长向他详细介绍了省中医院的历史和现状以及近年来医院的发展和变化，同时把将中医院办成国际化、现代化综合性典范医院的远大构想告诉他，并热切希望他加入本院，为振兴中医中药伟大事业作贡献。吕玉波院长的一席话给了这位海归专家无穷的力量。随后，他毅然决定“落草”广东省中医院，加入创建全国典范医院的行列。阮新民教授来到医院后，领导考虑给他安排一套豪宅，他却要求住跟普通医生一样的公寓，生活上并没有提出特殊的要求，只希望业务上有可发展的空间。他提出两项建议：①引进世界最先进的技术设备；②创建一流的心脏手术室。吕玉波院长很高兴，按照他的建议迅速从欧美引进最先进的设备，如德国制造的心导管数字减影电子计算机 DSA 和美国的心肌激光打孔机等，建立起功能齐全的心脏手术室。吕院长还从美国引进心脏专家陈秋雄博士，回国合作创建独具特色、中西医结合的广东—加州心脏中心。“中心”建立近十年来，在开展心脏手术的临床治疗上，采用中药配合，减少了手术的风险和并发症，避免血管狭窄，缩短了住院的时间，提高了手术的安全系数，降低了医疗费用，给病人带来福音。在科研方面有“十一五”、科技部支撑课题“冠心病血运重建术中医干预的临床研究”以及“冠心病心脾证治研究”等科研成果。广东—加州心脏中心，在采用中西医结合治疗心血管病方面取得很大的成就，声名远播，吸引了全国各地心脏病患者以及海外华侨华人前来治疗，均取得明显的疗效。

阮新民教授与邓铁涛教授携手，在中西医结合治疗心血管病方面走出了一条新的路。目前，他们正在探讨如何采用中医中药代替心脏搭桥手术，一旦成功，那将是人类的福音，省中医又一新的辉煌。

（《华夏侨讯》2007 年第 3 期）

归来兮，大医精诚

——西班牙针灸专家俞云

金秋季节，天高云淡，艳阳高照，祖国南大门美丽的花城广州依然是处处花红柳绿，五彩绚烂的紫荆花、大小紫薇、美丽异木棉和杜鹃花把她点缀得格外漂亮，这座英雄城市的人们正在加快改革开放的步伐，建设现代化的国际大都会。广东人民在省委省政府的领导下，响应党中央胡锦涛总书记构建和谐社会，早日实现小康水平的号召，提出建设经济强省、文化大省和中医药大省的科学发展战略目标。广州显得更加充满活力，处处呈现出欣欣向荣的景象。我迎着灿烂的霞光，来到背靠五仙古庙、坐落在大德路和惠福路之间的风水宝地——广东省中医院，29层的医院大楼像一把亮丽的青铜宝剑直指蓝天，又像一尊枕戈待令的远程火箭高耸入云，蓄势飞越太空。

我站在这间在20世纪30年代由省港药业集团和海外华侨捐资创办的广东省中医院的门口，被传统观念和现代意识相结合、设计新颖的绿色医院大楼吸引住了。东边12层方形结构大楼，西边29层呈流线形的住院大楼，7层有“空中花园”之称的“水城”，可谓中西合璧，既雄伟又俊俏。中间一道高架屏风把两座大楼相互连结起来，中屏的设计别具一格，屏幕上镌刻着我国唐代医圣孙思邈《备急千金要方》中的“大医精诚”四个大字，像一面明镜高悬中央，照亮医护人员的心，亦像甘露滋润着每个医护人员圣洁的灵魂，一泓清澈的泉水流下，仿佛是高山飞瀑弹奏出昂扬激越的“大医精诚”之歌。

走进后院则另有一番天地，正面一个大石镌刻着“全国中华中医药学会”的《中医颂》碑文，金光耀眼，它给医护人员带来极大的鼓舞，激发了中医人弘扬中华文化、振兴中医中药的自信心。后院既是花园又是草药圃，笔挺擎天的大王椰摇曳多姿，仿佛向人们招手致意。挺拔粗壮的北杏老树枝叶繁茂，满园花香、草药香扑鼻。这一独具岭南特色的园林，古榕如伞，竹树环合，真是美不胜收。长廊东侧低屏上方有四个古代药壶，壁上写着“仁爱、敬业、务实、进取”八个大字，刻着医圣华佗、李时珍、孙思邈和张仲景四位中医药先祖的雕像，构成一幅寓意“悬壶济世”的园林景观。通向后院的检测和康复诊疗大楼走廊有一块大石镌刻着“医诚术精”四个大字，园林中央在四棵青翠欲滴的非洲榄仁树的掩映下，有炫惑人眼的《岐黄薪火，代代相传》金榜檄文：“岭南胜地，羊城医府，名医荟萃，俊彩星施，意承神农之志，技秉华佗之功，二千年始，国粹中兴，广东省中医院精选青年才俊，遍访神州泰斗，打造名医工程，师徒授业，代代相传，岐黄薪火，生生不息，亦望借此之机，扬中医于四海，续新篇于五洲，造福人类，泽被众生，有鉴于此，特铸师徒掌纹，以承志勋劳，勖启来者。”金榜上排列着全国著名的18名老中医和他们35名徒弟的掌纹，师徒铸下掌纹，以示传承技艺，为振兴中医事业而献身的决心。清澈见底的湖水里五颜六色的金鱼在竞游，一轮弯月载着白衣天使在湖面腾空而起，肩负着中医人的理想情操，朝着辽阔的天际自由翱翔，飞越蓝天，走向世界，展示中华医药文化两千年来的辉煌历史，医院的标志和庭院的设计是中医人集体智慧的结晶和崇高理想的象征。

我走进大厅，望着络绎不绝的人群，看见墙上贴着多种标语：“病人至上，真诚关爱”，“认真开展以病人为中心，以医疗服务质量为主题的医院管理活动”，“全心全意为广大患者服务”，“共产党员奉献在前，共产党员学习在前，共产党员贡献在前”。大厅的服务小姐彬彬有礼：“先生，你需要我提供什么服务吗?”“阿姨，有什么需要我帮忙吗?”礼仪小姐的询问给人一种温暖的感觉。

随后，我在东区行政大楼乘电梯到八楼的办公室，在走廊，一块巨幅明镜“振兴中医中药”六个大字映入眼帘，它像一股无形的力量震撼着我。此时，会议室里，各方媒体的记者、编辑忙碌不停，非常热闹。会场布置得庄严肃穆，正中屏幕显示“广东省中医院邀请海外著名中医学切脉针灸专家俞云教授带徒拜师会”横幅，圆桌中间绿色的大叶兰和红色的枫叶显得格外生机勃勃，仿佛也在迎接从海外归来的专家。左边坐着的有广东省卫生厅副厅长、省中医药管理局局长彭炜，广州中医药大学副校长、广东省中医院院长吕玉波，广州中医药大学终身教授邓铁涛，广东省中医院副院长罗云坚、邹旭、杨志敏等人；右边坐着的有中国科学技术信息研究所贾谦教授，西班牙切脉针灸治癌研究所所长、美国中国医学科学院名誉教授、《国际针灸》及《东方医学》杂志常务编辑俞云教授与夫人郑桂莲医生及其徒弟徐凯、裴宪民、刘宇龙、陈秀华、张海波、张国雄、甄宏鹏、彭桂元、吕渭辉、杨万全等医生。会议由杨志敏副院长主持，她说：“今天是我院邀请海外著名切脉针灸专家俞云教授进行的带徒拜师会，大家热烈欢迎俞云教授回国带徒。下面请吕院长讲话。”一阵热烈的掌声过后，吕玉波院长作了讲话：“各位嘉宾、同志们，今天我们隆重欢迎海外回国带徒的切脉针灸治癌专家俞云教授，这是我们中医院一件大喜事，在这里，我们对俞云教授夫妇的拳拳爱国之心表示崇高的敬意!”会场响起一阵热烈的掌声，他继续说：“首先要感谢贾老、邓老以及代表省委省政府关心和支持我们的省中医药管理局彭炜局长。”全场再次响起热烈的掌声，主持会议的杨志敏副院长说：“现在请俞云教授讲话。”

此时此刻，俞云教授热泪盈眶，激动地说：“各位领导，47 年来，今天是我最高兴的日子。我从事切脉针灸治癌经历了不少坎坷，今天终于能把我毕生研究的中医国宝带回祖国，这是中医先辈留给我们后代的珍贵遗产，我们要让它在祖国土地上开花结果，发扬光大，造福人类。首先我要感谢贾老和吕院长把我引进广东省中医院，我决心把自己的医术毫不保留地传授给徒弟们，实现我报效祖国的心愿！”又是一阵雷鸣般的掌声。接着他把自己的著作《切脉针灸治癌》和金、银针一箱以及自制的针筒分送给 11 位徒弟。在热烈的掌声中，肿瘤科徐凯主任站起来代表徒弟们表示感谢和决心：“……继承和发展中医药学是老一辈中医学家的重任，也是我们后辈的责任，今天我们 11 位徒弟被选中师从著名海外中医学家、切脉针灸专家俞云教授，感到非常荣幸，同时，也感受到肩上重担。我们决心刻苦学习，不辜负医院领导的信任，不辜负老师的殷切期望，不辜负患者的性命之托，将老师所授继承和发扬……我们要制订严谨的学习计划，刻苦研读经典，掌握临床切脉针灸技能。我们要学习老师高尚的品德和爱国之心，为振兴中医中药，建设中医药强省，建设典范医院作贡献。”师傅的嘱托，徒弟的愿望，融为“振兴中医中药”的心声。

此时，中国科学技术信息研究所贾谦研究员也心情激动地说：“从‘SARS’期间推动广东省中医院介入临床治疗，支持邓老申报 973 国家重点课题，直至引进俞云教授加盟广东省中医院回国带徒，也许是我跟广东特有的情结。广东要建设中医强省，广东省中医院要成为我国振兴中医的基地，我愿意为省中医院引进更多有特色而且有成就的高素质人才，为把省中医院建设成全国医院的典范作出点贡献。中医不仅要在广东发扬光大，还要走向全国，走向世界！”

九十高寿的全国中医泰斗、广州中医药大学终身教授邓铁涛先生也高兴地说：“近日我在外地疗养，听吕院长说贾谦教授偕同俞云教授伉俪来院带徒，我格外高兴，赶回来参加。中医在 20 世纪处境艰难，濒临消亡，现在俞云教授来院带徒，让我看到中医在爬坡起飞。俞云教授是从西医到中医，又从海外回归祖国的专家，他的切脉针灸治癌法是从中医的经典中挖掘、继承、发展、创新取得的，从他的研究我看到了中医振兴的希望。我从 1959 年起有了冠心病，全靠中医药活到现在，西方文化有其进步的一面，但也不能让西方文化淹没了中华文化。西医充其量只有 200 年历史，我国传统文化已有 2 000 多年的历史。只要同仁们共同努力，中医一定能振兴，我们需要鼓起自尊和自信。只要海内外炎黄子孙团结合作，中医前景是光明的！今天要特别感谢一向关心和支持我们中医院的贾谦教授，是他支持我们中医介入‘SARS’临床治疗，是他支持我们参加国家‘973’科研项目，是他为中医事业摇旗呐喊和引进人才！希望今后多介绍有特色的顶尖人才！”坐在邓教授身边的广东省卫生厅副厅长、省中医药管理局彭炜局长激动地说：“贾老为中医奔走呐喊，感谢他为振兴中医事业研究、支持中医参加‘SARS’抢救和引进人才作出的重大贡献。同时，要感谢邓老为我省中医院引进18位全国著名的老中医传承带徒，也要感谢各媒体对发展中医事业的关心和报道。省委省政府决心把广东省建成中医药强省，张德江书记、黄华华省长、副省长钟阳胜、雷于蓝和人大李兰芳主任功不可没。半年多来全社会都动员起来了，省委部委办和市县都行动起来了，中医是中华传统文化，中华民族的复兴要与中华文化结合起来。钟阳胜常务副省长提出发展中医5至15年的方向性纲要，三年初见成效，五年大见成效。大家都在行动，你们研修院要办好，要培养有特色和复合型人才，俞教授从海外回归扎根本土，定会枝繁叶茂。我对中医的未来充满信心！”拜师会在热烈的掌声中结束。热烈的掌声，铿锵的语言，团结的气氛，让我感受到了广东省人民和中医院人发扬先辈敢为天下先的革命精神，听到了他们振兴中医中药的前进的脚步声，仿佛正奏出为中医药传统文化再铸辉煌的现代化最强音！

拜师会过后，俞云教授除了给徒弟们制订学习中医四大经典著作的计划外，还安排了三节专题讲座和临床实践。临行前，师徒欢聚在金矿酒家举行告别晚会，师徒互赠礼物。之后的卡拉OK和照相留念活动热闹非常。俞云教授夫妇和徒弟们一起合唱《爱我中华》和《难忘今宵》，他们的歌声响彻夜空，回响在珠江两岸。我国中医是一座金山，只要全球炎黄子孙团结合作振兴中医中药，未来这座金山将为人类社会的和谐作出重大的贡献！我们期待着这辉煌日子的到来！

广东省中医院二沙岛分院坐落在四面环水、风景如画的珠江岸边，医院门口“仁爱、敬业、务实、进取”八个大字显示着中医院人的精神风貌，带给病人可信、可赖、可依、可托之感。院内庭院式建筑，中西合璧，新颖别致，四周松柏常青。西院有供患者活动的网球场、游泳池，还有地下停车场；东院有草地、锦鲤池、亭台水榭、小桥流水和山石水瀑。灿若红霞的英雄树，笔挺高大的大王椰树和浓郁婆娑的非洲榄仁树衬托着门诊大楼和住院大楼。行政大楼内设有培训部、体检馆、会议室、招待所和餐厅等。花园里处处鸟语花香，桂花、含笑花、玉兰、九里香令人陶醉。悠扬悦耳的古典音乐和典雅亮丽的园林景观给患者营造了一个美好的环境。在摇曳多姿的马尾松树下，有邓铁涛教授所题“名医树”三字的巨石，告诉人们这里是培育名医的摇篮。这里有世界一流的专家、一流的设备、一流的服务和一流的环境，曾吸引东南亚国家的元首级人物和美国网球教练前来就医和参观。

清晨，我来到二沙岛中医分院，走过急诊室，瞻仰了叶欣护士长的汉白玉雕像后，穿过大厅走到住院部的楼下，看见一群患者在做八段锦保健操，我也加入他们的行列进行操练。晨运完毕，我朝医院招待所走去。当我走进俞云教授夫妇下榻的客房时，一眼望见窗外珠江两岸迷人的景象：江边古榕成荫，像一道绿色的长城卫护着广东人民的母亲河；江上划艇穿梭如飞，络绎不绝。我情不自禁地说："俞教授，这边风景好哇！"

"是呀，尤其是夜景更美，两岸灯火辉煌，真比天上的银河彩带还漂亮，不亚于塞纳河的景致。"

"喏，那是我国划艇健儿在为向世界冠军宝座冲刺而苦练呢。"

"嘀嘀，我们也要向划艇健儿学习，夺取中医世界皇冠上的金牌！"

"是的，您这次回国，省中医院欢迎您，祖国人民感谢您，广东人民对您寄予很大厚望！"

此时，俞云教授夫人郑桂莲医生已泡好一壶工夫茶，热情地招呼我说："张教授，请喝茶！"

"好，谢谢！"我有些疑惑地问道，"郑医生，您会泡工夫茶吗？"

"会呀，我祖籍潮阳，从小跟父亲学的。"她自豪地回答。

"哈哈，那么俞教授你是我们广东人的女婿哟！"我半开玩笑地说。

"是呀，这次首先应该感谢我夫人鼓励我回她家乡广东考察，其次是要感谢贾谦教授和吕院长的关爱。"

"啊，原来如此，你们跟广东有缘，广东人民欢迎你们回来作贡献。那么你对省中医院印象如何？"

"这里是个风水宝地，我走遍欧美许多国家，参观过不少医院，这么好的医院环境并不多见。更可贵的是医护人员刻苦学习，努力工作，良好的医德医风堪称一流，这跟医院领导有方分不开，我总算找到了归宿！"

"俞教授，此话怎么说呢？"

"我从六月来考察后就下定了决心，要把我毕生研究的成果留在岭南这块热土上，让它开花结果，我和夫人已铁了心要把我们的技术带回祖国，要传授给炎黄子孙，绝不能流失海外。所以我们选定在广东省中医院带徒传艺。我要在有生之年为祖国中医培养 100 名切脉针灸治癌专门人才，决定每年回来 3 ~6 个月，用来带徒传艺。"

他这番话给了我很大的震动，彼此之间的交谈更加融洽和深入。我进一步了解到他在国内潜心研究切脉针灸治癌的坎坷历程，他的研究成果《切脉针灸治癌》一书发表后，引起国际医学界的关注，而在国内却受到非难、打压、攻击等不公正的待遇，甚至遭受迫害。他遇到的不公正待遇正反映了我国中医发展的坎坷历程，他走过的道路正是我国中医药事业发展的真实写照。

俞云教授 1940 年 9 月出生在江苏省苏州市，1964 年毕业于徐州医学院。他曾在上海市第一医院儿科医院、上海肿瘤医学院和上海钢铁一厂职工医院从事西医、中医、针灸医疗工作20多年之久。他本科念的是西医医疗系，在学习期间刻苦好学，博览群书，虽学西医，但对中医经典著作《内经》、《难经》、《脉经》、《濒湖脉学》等刻苦钻研，特别对切脉针灸治疗奇难杂症进行过深入研究。他曾在上海市肿瘤医院从事肿瘤诊治多年，在农村巡回医疗实践中，研习了中医学和针灸术，在肿瘤临床工作岗位上，看到众多手术后复发病例和某些用现代医疗技术而诊治效果不佳的病人消极悲观和家属绝望痛苦的情景，他决心探索切脉针灸治癌的方法。经过多年的努力，使许多癌症病人有的减除了痛苦，有的延长了生命，有的身体完全康复并恢复了工作，有的至今还活着。他在上海肿瘤医院工作了18年，曾下乡巡回医疗，培训过500多名赤脚医生，治疗过不少肿瘤病人。他总结了切脉针灸18年的临床经验，经过一年的努力，1981年写下了一部探索中医针灸治癌的专著《切脉针灸治癌》和论文《银针也能攻癌》，分别刊载在上海《自然杂志》和香港《大公报》上。当时，他的研究成果不但没有引起国人的重视，相反，还遭受到少数对中华医药文化缺乏自信心，对民族文化采取虚无主义态度和极端崇洋媚外的人的诬蔑和歧视，被斥为“邪说谬论”，“江湖骗术”，甚至遭到迫害。他怀才不遇，报国无门，只好含着眼泪远走海外谋求发展。他深信总有一天，中华传统医药要为人类造福，要在祖国土地上扎根，为中华民族和世界人民服务。俞云教授的专著和论文发表后，引起海外医学界轰动，经常收到国外寄来的咨询和邀请信。1982年，有一次他接到西班牙的马奴艾医生的邀请，请他参加国际针灸学术研讨会。几经周折好不容易得到出国批准，学术会议结束后，马奴艾医生要求他留下，从此，他带着200美元和一袋银针开始了浪迹天涯的传奇人生。

他初到西班牙时住最便宜的旅馆，在华人餐馆吃便餐。一个月过去了，200美元用完了，于是开始在马奴艾医生的诊所看奇难杂症病人。第一个病人是晚期糖尿病患者，双脚已腐烂七年，发出恶臭，走访了世界许多国家都没有治好。面对这样的“硬骨头”，他仅用了半个月切脉针灸就治好了。于是马奴艾医生把这个病人的治疗费350欧元全数给了他，这样就可以解决3个月的吃住问题了。这件事情像一阵风似的传开了。随后，他又接到第二个病人，是西班牙的警察，他给那位警察看病不收钱，作为回报，警察为他提供住所。又过了些日子，另一位医生知道他的高明医术后，邀请他到“霍塞门诊”看病，并拜他为师，看病收入全归他，作为学师费用。他在“霍塞门诊”干了三年，三年过后，霍塞医生也学成出师了。俞云教授有了一定的积蓄，名声也传开了，于是自己租了两间门诊，门诊挂着“中国针灸门诊”，每天分上、下午奔走两地轮流坐诊，病人不少，收入也不低。那里是旅游城市，来自世界各地的游客很多，以西班牙人为主，德国人、奥地利人、美国人也很多。“中国针灸门诊”业务开展顺利，名气越来越大。他在临床诊断看病的同时，精读中医经典，深入研究切脉针灸治癌术。他凭着三个指头、几根银针给各地奇难杂症和癌症患者减轻了病痛，使他们延长了生命，许多人还康复了，因而深受世界各地患者的欢迎。

20 多年来，俞云教授在海外传播中医针灸，为弘扬中华文化作出了贡献。他在西班牙前 10 年以给患者治病为主，近 10 年来到世界各地进行学术交流，也开始回国讲学。他亲身感受到，随着中国经济、科技发展，综合国力日益增强，中华文化在国际的影响不断扩大，全世界掀起“中文热”和“中医热”。各国来华留学的学生主要是学习中文和中医两个专业，特别是传统中医针灸在世界各国掀起一股热潮。几年来，他常常回国考察，发现国内的中医针灸远不如国外热，因而深感忧虑。

在西班牙，一个仅有 4 000 多万人口的国家已有 2 000 名中医针灸医生，有两个针灸学校，3 个针灸学会。日本有 1 亿多人口，中医针灸医生 5 万名。美国 2 亿多人口，已有 13 000 多名中医针灸医生，每个州都有针灸协会，纽约州有 4 个针灸协会，纽约和洛杉矶要求针灸医生每年要进行 30 小时的课程培训。英、德、法、韩、朝针灸医生比西班牙多，英国剑桥大学里设有中医针灸学院。东南亚国家中医针灸医生更多，不少国家还派留学生到中国学习中医针灸，甚至邀请我国中医针灸专家去给学生们培训和讲学。在国内仅以上海为例，拥有 1 000 多万人口的大城市，却只有 300 多个针灸医生，他深感中医针灸墙内开花墙外香之不合理。

1996 年俞云教授应邀出席在美国纽约召开的第四届世界针灸大会，在大会上，他作了《切脉针灸治癌》的报告，引起了极大的轰动，美国报纸对此大肆报道。会后，哈佛大学针灸学会会长邀请俞云教授去看他的朋友，是一位晚期肿瘤患者，咳嗽气短，疼痛难忍，大便不通，高烧不退，无法入睡。会长带了四位医生跟他一起去看病人。他到了病人家里见到病人后，立即切脉问诊了解病情，在给病人扎针过程中，让会长和四位医生先切脉，然后，他边扎针边问他们病人脉象的变化情况。半个小时针灸结束，他再问病人的病情变化，这时候病人烧退了，疼痛也止住了，而且睡着了。会长惊奇地说：“真神奇，切脉针灸太好用了！”会长与四位美国医生都异口同声说：“Good！China Acupuncture！”第二天病人能吃饭了，第三天竟跟正常人一样可以活动了。俞云教授切脉针灸治愈美国癌症病人的消息传开后，引起极大的轰动。曾有一家医院以每月 100 万美金高薪诚聘被他拒绝，他执意回国带徒。另有一家日本出版商以高价收购他《切脉针灸治癌》一书的出版权，也被他拒绝了。俞云教授在西班牙已居住了 25 年，本可入籍，但至今仍未入籍，就是为了把切脉针灸治癌研的究成果带回祖国，不让它失传海外，所以仍然保留中国籍。我问他："俞教授，你们每年回国3~6个月，收入会减少许多吧?"

他回答说："是的，从经济上来说是会损失不少，不仅收入减少，同时每月还要多交1 000欧元的管理费。但我是中国人，祖国文化哺育了我，我要回祖国。虽然外国人出高价来聘请我，购买我的研究成果，可我是炎黄子孙，不能数典忘祖，我要在祖国培养100名切脉针灸专家，要后继有人，切脉针灸才不会失传，要以中国人的名字让切脉针灸走向世界，夺取世界皇冠上的金牌!"这是多么可贵的赤子之心啊!

1997年他又一次应邀出席在美国洛杉矶召开的"第九届中医针灸、中西医结合大会"，他在会上作了"切脉针灸治疗"的专题治疗发言，引起轰动，不少医院邀请他给肿瘤病人作治疗。1998年再次应邀出席美国旧金山"第七届世界中医针灸大会"，他作了关于切脉针灸治癌的发言，再次引起轰动，并荣获大会特别奖。

俞云教授自1993年回国后，把20年前在国内写的《切脉针灸治癌》一书，结合在海外临床实践的体会，将40年的研究成果带回祖国出版。从此，他每年都回国3个月或半年不等，在苏州、上海、北京、香港、广州等地奔走，参加门诊、开办讲座和进行学术交流。2005年回到上海时，经针灸协会主席介绍，参加了在江苏南通召开的全国名老中医师带徒大会，在会上认识了中国科学技术信息研究所的贾谦教授，经贾谦教授的介绍又认识了吕玉波院长，他接受了吕玉波院长的邀请来穗讲学。于是，这位海归专家带着"绝活"加盟广东省这块热土上的"岭南杏林第一家"——广东省中医院当教官，他下定决心要在有生之年为祖国培养100名切脉针灸治癌专家，去摘取世界皇冠上的金牌，为振兴中医中药奉献绵薄之力。

（《华夏侨讯》2007年第3期）

铁杆中医学者贾谦

在江苏南通召开的全国名老中医师带徒大会上，中国科学技术信息研究所贾谦教授对海外归国的切脉针灸专家俞云教授特别感兴趣。会议期间，他跟俞云教授详谈了整整一天，随后便将广东省中医院吕玉波院长介绍给俞云教授认识，求贤若渴的吕玉波院长利用会议活动游览南通河的机会跟俞云教授促膝谈心，两人志趣相投，迷人的南通河胜景没有吸引他，而俞教授切脉针灸治癌的研究成果却像磁石一样吸引着他。游览结束后，吕玉波院长诚恳邀请他有机会来穗考察。俞云教授被吕玉波院长尊重人才、坦诚憨厚、谦和待人的人格魅力所感动，欣然允诺来年春天到广州考察。铁杆中医研究学者贾谦教授为了慎重起见，会后不久，特邀请俞云教授于2005年7月赴京参加中国科学技术信息研究所、中国中医药学会联合召开的“中国医药发展战略研究”研讨会和“中医经络研究”专题座谈会。在会上俞教授作了“针灸治癌战略刍议”的演讲，他的报告非常精彩，给参会人员以极大的鼓舞。会后俞教授还被邀请到国家科学部诊所给肿瘤病人作临床治疗，经针灸治疗的病人，有的减少了痛苦，有的增进了食欲，其中有一个乳腺癌病人，经10天的切脉针灸后肿块消失了。中国科学技术信息研究所还专门为他开办了一次讲座，大家反响强烈。于是，贾谦教授决定把他的成果介绍给广东省中医院。2007年6月吕玉波院长致函邀请他来穗考察，在肿瘤科他用切脉针灸给各种癌症病人作治疗，短短几天时间，经他治疗过的病人均有不同程度的好转。临床实践证明他的切脉针灸疗效显著，吕玉波院长如获至宝，立即商定8月份请俞云教授来省中医院办班，双方做好准备工作。于是，俞云教授决定推迟3个月返回西班牙，先回上海做教学内容和讲学计划。就这样，他决定把40多年研究切脉针灸治癌的绝技奉献给可以信赖的广东省中医院。

8月下旬，伯乐贾谦教授亲自陪着俞云教授来到广东省中医院，一起参加带徒拜师大会，会上贾谦教授介绍了俞云教授的科研成果，同时他也作了激动人心的演讲。贾谦教授是铁杆的中医研究学者，多年来，他为中医中药的生存和发展到处摇旗呐喊，为中国医疗体制改革不辞劳苦，奔走在祖国的边陲和大江南北。他为了振兴中医中药，带领“中医药发展战略研究”课题组成员，历时3年深入基层，在农村乡镇实地调查研究，写出了《中医药发展战略地位研究》、《用中医药确保13亿人民特别是9亿农民健康》和《走出误区重铸中华医魂》等重要论文。他们在研究论文中强调要解决目前看病难、看病贵的问题，中国要建立有自己特色的新型医疗卫生保障体制，走西方医疗保障模式根本不可能，必须根据我国的实际国情和文化特色发展中医，走中西并举的道路。“从中国实际出发，充分发挥中医药简便廉验的优势，建立起以中医药为主、中西医并举的具有中国特色的医疗卫生保障体系，才是唯一正确的道路。”“西方医学成果之显著，效果普遍已为世界公认，但是西医治疗费用之高昂也是有目共睹的。西医现代化投资越大，费用也就越昂贵。其结果是，发达国家卫生保健体系普遍发生了支付危机。”面对现实，西方许多国家的政府在研究并着手改革现行卫生保障体系，以降低成本。在这种背景下，过去被否认和禁止的中医、针灸、草药等传统医学方法，开始得到西方国家的承认和重视，并作为“替代和补充医学”，逐步被纳入各国医疗卫生保障体制。“中医是我国原创性的医学，源远流长，其不可磨灭的功绩及其简便廉验的特色早已为我国几千年的历史所证明，要解决13亿人特别是9亿农民的健康问题，必须发挥中医药的重大作用。”

他们的研究成果给党中央和国务院决策机关提供了我国医疗改革可靠的参考依据，为振兴中医中药立下了不朽的功绩。

贾谦教授与广东有着特殊的情结，在2003年“SARS”横行之时，其课题组积极倡议广东省中医院介入“SARS”临床治疗，实行中西医并举，并取得了骄人的成就。在国务院和省政府领导支持下，广州中医介入最早最深，病死率不到4%，全国最低。过去香港不准许中医挂牌，“SARS”期间，却专程邀请广东省中医院林琳和杨志敏两名教授赴港参加抢救“SARS”病人，疗效显著，在短期之内控制了局面。从此，香港改变了对中医的看法。在表彰大会上，香港政府授予两位教授“抗非勇士”的勋章，并与省中医院建立了长期合作的关系，承认中医在港的合法地位。过去，国家科研部在制定重点科研项目时，对中医药没有足够重视，贾教授的努力帮助终于为广东省中医院邓铁涛教授的“973”国家重点科研项目作出了重大贡献。铁杆中医学者贾谦教授，他不仅是一名学者，还是振兴中医药的号手，他奔走呼告，吹响了中医现代化进军的号角。

（《世界杰出华人风采》，世界杰出华人研究中心2007年版）

中医泰斗邓铁涛教授

"首先要感谢贾谦教授长期以来对我们中医院的关心和支持，不仅在'非典'期间积极鼓励我们中医要参加救治'SARS'病人，同时，为我们申报国家重点科研项目作出了贡献，现在又为我们引进海外专家到我们铁杆中医的'黄埔军校'当教官，带徒培养人才，希望以后介绍更多的人才来振兴中医。中医在20世纪处境艰难，濒临消亡，现在俞云教授从海外归来，从西医到中医，从继承挖掘到创新发展，我预感到中医在上坡起飞，也看到中医振兴的希望。中医需要的是信心，中医是中华民族的原创性文化，是五大发明之一，只要我们有信心，中医必定能振兴！"这是广州中医药大学终身教授、博士生导师、中华医学会终身理事、国家中医药界领袖级人物、九十高龄的中医泰斗邓铁涛教授在俞云教授的带徒拜师会上说的一席话。这次他特别高兴，专程从疗养地赶过来参加俞云教授带徒的拜师会，他对中医事业的发展和未来的前景充满信心，认为只要后继有人，国家重视，若干年后中医会成为世界医学的发展方向之一！

邓铁涛教授出身于广东省华侨之乡、文化之乡开平县一个中医世家，早年毕业于广东省中医药专科学校，曾在香港与同学合作创办南国新中医学院。1941年太平洋战争爆发后，日军占领香港，他回到内地，辗转于广州、武汉两地行医。新中国成立后，曾任广东省中医药专科学校和广东省中医进修学校教务主任，广州中医学院副院长。他是我国中医药界中具有岭南特色的代表人物，以振兴中华传统医学为己任，为捍卫中华医药文化作出了杰出的贡献。每当中医药遭到排斥、挤压、打击，他便挺身而出，进行勇敢抗争，曾多次联合全国著名老中医上书党中央和国务院要求保护中医药事业。"文革"期间，中医药文化受到严重摧残，无数中医医生遭受迫害，中医已走向低谷。"四人帮"垮台、邓小平同志复出后，1984年，他亲自给主管医疗战线的国务院副总理徐向前元帅写信，倡议国家成立中医药管理局；1990年，国家中医药管理局即将被裁撤的时候，他牵头发起医学界"八老上书"，轰动全国，保住了国家中医药管理局；第三次是在全国刮起把中医学院合并到西医学院之风时，他再次上书把合并风刹住。2003年"非典"期间，他向党中央建议"中医是我们祖国的瑰宝，应该在非典型肺炎的治疗中发挥作用"。他的建议得到党中央、国务院的支持，因此省中医院介入较早，并取得骄人的成绩。为了加速培养中医人才，2001年他发起全国

18 位著名的老中医在广东省中医院举办"集体带徒"研究生班，他题写了"铁杆中医的黄埔军校"横幅送给省中医院，寄托着他培养出更多中医人才的希望，及为振兴中医中药服务的愿望。2003 年，首批 38 名学徒经过 3 年的学师顺利毕业，且成绩显著。名师出高徒，这批徒弟刻苦好学，青出于蓝而胜于蓝。出师后有的被邀请进京为中央首长当"御医"，有的被邀请南下香港为港澳同胞治病。特别是在"SARS"横行的日子里，两位女专家林琳和杨志敏教授被邀到香港参加"SARS"的临床治疗，"非典"过后，香港政府授予她们"抗非勇士"勋章。有了人才就会创造奇迹，为了加速中医人才的培养，邓铁涛教授把自己的平生积蓄拿出来，设立"邓铁涛人才培养基金"。他捐资育才的义举，感天动地，引起社会极大的反响，消息传到港澳同胞中，大家纷纷捐助"邓铁涛人才培养基金"。首先，香港知名人士、全国政协副主席霍英东先生带头捐赠 500 万元给"邓铁涛人才培养基金"。霍英东先生在"非典"期间，捐款 2 000 万元用于防治非典型肺炎，他特别点名要把其中 800 万元捐给省中医院。霍英东先生逝世的消息传到省中医院时，全体员工怀着沉痛的心情举行"缅怀霍英东先生"座谈会。吕玉波院长深情地回忆了霍英东先生生前关心中医院和中医事业发展的感人事迹。霍英东先生热爱中医，关心中医，他生病期间，希望能得到中医治疗，曾多次邀请中医院专家前往香港对他进行治疗。邓铁涛教授在座谈会上，心情格外沉痛地说："现在有一些不懂中医的人在鼓吹'取消中医'，霍先生他相信中医，中青年中医人才应该从霍先生那儿得到信心，他对中医这一祖国传统医学的热爱之情，令人感动。刚开始我设立的'邓铁涛人才培养基金'资金很少，使用的范围也比较窄，有了霍英东先生的捐赠，我们的基金就可以面向全省，尤其是贫困地区。"谈到这里，他更加难过地说："霍英东先生生前这么重视中医院，可惜他生病的时候，我因为身体不佳不能参与对他的治疗，不能为霍英东先生看病是我一生的遗憾。我们要全心全意振兴中医，把基金用好，作为对霍英东先生的回报。"缅怀霍英东先生的座谈会结束后，中医院组团赴港参加霍英东先生的追悼会，表达了广东省中医院人振兴中医中药的决心和信心，以告慰霍英东先生在天之灵！

邓铁涛教授十年如一日，教书育人，科研硕果累累，弟子遍布海内外。他培养出高素质人才硕士 27 人，博士 10 人，博士后 2 人，1993 年被广东省政府授予"南国杰出教师特等奖"。

（《世界杰出华人风采》，世界杰出华人研究中心 2007 年版）

“岭南杏林第一家”掌门人

“医院最重要的资源是名医，名医水平有多高，医院水平就有多高，一个专家、一个名医就是一面旗帜，病人会汇聚在这面旗帜下。而作为一所中医院，要生存，要发展，要对人类健康有所贡献，首先要培育一支高水平的中医药人才队伍。”这是广州中医药大学副校长、广东省中医院吕玉波院长曾对记者说过的一席话。自他在1993年接任省中医院院长兼书记的职位后，首先把培养人才当作头等大事来抓。1994年就提出“育人工程”、“名医工程”、“专科建设”等计划，十多年来不惜一切代价，从资金的投放到拜师全国名医，从政策上的扶持到创造有利于人才成长的氛围，从创造成长条件到搭建人才施展才华的舞台，竭尽全力把医院构建成为“现代名医的摇篮”。起初，把中老年骨干派到北京、上海、广州的大医院和欧美各国大医院进修学习，又从美国引进心脏专家阮新民博士及先进手术设备，建立起广州—加州心脏中心。先后又从美国、法国、日本引进先进设备，建立起符合国际标准ISO的全国一流的检验科，并承担了国家“863”科研计划课题。2000年他在高参邓铁涛教授的支持下，把全国著名的18名老中医请来省中医院集体带徒38名。3年过去了，38名徒弟出师了，名师出高徒，青出于蓝而胜于蓝。2003年不平常的春天，阴霾密布，在“SARS”横行的日子里，涌现出以林琳、杨志敏等“抗非”勇士和叶欣烈士为代表的“抗非”英雄。在吕玉波院长的指挥下，医院领导班子成员团结拼搏，冲锋在前，哪里有危险，他们就在哪里与医护人员并肩作战。他每天7点左右提前上班，到深夜才拖着疲倦的身体回家，一天干足16个小时。在他的埋头苦干、不怕牺牲、勇当排头兵的行为影响下，没有一个人退阵，前面的医护人员倒下去了，后面的争先恐后请缨冲上去，唱响了健康卫士捍卫人民生命的赞歌。在一场没有硝烟的战场上，决战千里，师徒联手战胜了病毒，迎来了辉煌。

香港医管局派人来了，邀请省中医院专家赴港协助中西医治疗“非典”，疗效显著。从此，香港政府承认中医的合法地位，并与中医院签署了长期的合作关系。

世界卫生组织考察团专家来了，美国康奈尔博士高度评价医院中西医结合的疗效和所作的贡献。

党中央胡锦涛总书记也来了，亲切接见了吕玉波院长，听了他汇报中西医结合抗击非典取得显著疗效的建议后，胡锦涛总书记非常赞赏地说："我在网上已经看到了，世界卫生组织评价很高，中医药学是我们祖国宝贵的医学遗产，应该能很好发挥它的作用。"胡锦涛总书记的话给了他很大的鼓舞和力量。

吕玉波院长从上任那天起就把自己的生命与中医事业紧紧连在一起，暗自立下誓言，为了振兴中医哪怕受苦受累也在所不惜，誓要把省中医院建成拥有一流技术、一流服务、一流管理、一流人才、一流效益的现代化综合医院，不达目的决不罢休。他以超前的管理意识和实干苦干的工作作风，带领团结战斗的班子和奋力拼搏的员工，磨炼出一支具有团队精神的集体，坚定执行他"双线六制"的管理模式，提出"中医水平站在前沿，现代医学跟得上"的口号，无论心脏手术、肾脏移植以及各科的微创手术，介入不仅要跟得上，而且要过硬。"病人至上，真诚关爱"的价值观推动了医德医风的转变。收红包、开大处方、拿回扣是影响和谐医患关系的恶劣行为，必须禁止，如有违反，当触犯天条论处。中医院靠一流的服务，一流的设备，精湛的医术和高尚的医德医风赢得了患者的极佳口碑，使具有70多年悠久历史的"岭南杏林第一家"焕发了青春，创造了一个又一个奇迹，把医院办成医、教、研相结合的综合性现代化医院典范，实现了跨越式发展和零的突破。医院拥有临床重点学科17个，其中国家级8个；省部级重点实验室5个，国际合作项目4个；国家级课题26项，其中包括863计划，973计划，国家自然科学基金课题，国家"九五"、"十五"攻关重大课题，省部级课题103项，厅局级课题154项；近5年来争取到种种科研经费6 000万元；从没有一个博士生导师发展到有数十个，还有博士后流动站。经过几代中医人的努力，目前医院已发展成为一个拥有4亿元医疗设备，1 700多张病床，1 800名员工，4个三甲医院，4个门诊和1个药材加工厂的集团性中医院。从日均门诊量仅有2 000多人次发展到超过13 000人次，年门诊量370万人次，从1所医院发展到5所医院，每年上万台的手术，实现门诊量连续10年居全国首位。中医院连续多年被评为全国精神文明建设先进单位、全国精神文明建设示范点、全国职业道德建设先进单位、全国示范中医院、全国百佳医院、全国先进基层党组织、广东省"抗非"英雄先进集体和白求恩式先进集体等。吕玉波院长以共产党员吃苦在前、享福在后，不图名、不图利的高尚品德和人格魅力影响着员工，大家都称他为"拼命三郎"。

他从广州中医学院毕业后，留在省中医院工作，一步一个脚印，踏实苦干，从基层做起。他刻苦好学，边工作边学习，后在中山大学管理学院攻读研究生，取得硕士学位。他结合医院实际，撰写的论文《"双线六制"现代中医院管理模式的探索》获得国家科技进步二等奖。他曾多次荣获全国卫生系统先进工作者和全国优秀院长的光荣称号。

广东人民发扬敢为天下先的革命精神，随着深化改革的前进步伐，省委省政府提出要建设中医药大省的战略决策，不久的将来全省要建成35间现代化中医院。吕玉波院长深感责任重大，为加大培养人才的力度，他又把眼光投向海外人才。他在江苏省南通市全国师带徒的大会上，经贾谦教授的介绍认识了俞云教授。在会议结束后周游南通河时，他们两人坐在游船上娓娓谈心，吕玉波院长对俞云教授在海外通过切脉针灸传播中华文化所取得的成就非常敬佩，特意邀请他在适当时候到广东省中医院来讲学，从此，他们俩结下了不解之缘。

中华民族要振兴，中医中药要振兴，需要千千万万铁杆中医，祝愿广东省中医院为我国振兴中医中药培养更多高级人才，让我国传统医药文化走向世界，再铸辉煌！

在广州中医药大学50周年校庆之际，全国人大常委会韩启德副委员长与广东省政协副主席、卫生厅姚志彬厅长，省政协副主席、广州中医药大学陈蔚文副校长一起视察了广东省中医院。韩启德副委员长在医务人员座谈会上说：“我来广东之前很着急，担心我国几千年优秀的中医药到我们这一代断掉了，今天看了广东省中医院，我觉得非常受鼓舞。很多我原来想象中的事情，今天都做到了，包括中医师带徒人才培养的模式，以及传统疗法的运用。”他充分肯定广东省委省政府关于建设中医药强省的战略部署，他鼓励广州中医药大学和广东省中医院要敢于突破框框，探索出一条发展中医的新路子，引领中国中医药事业蓬勃发展！

（《今日中国》杂志社编：《中国优秀领导干部论坛》，中央文献出版社2010年版）

[illegible]

[illegible]

[illegible]

[illegible]

客属华侨华人篇

冲出山门　走向世界

客家人只有冲出山门，走向世界，寻求发展，改变住山吃山的传统观念，才能创造辉煌业绩。

客家人从东晋之始离开中原，经历了五次长途跋涉迁徙到了南方，散居各地，由于沿海和平原地区大多是原住民居住地，他们只好向山区进发，建村落、造山田、筑围屋，艰苦开拓，发展山区经济。因此，客家人形成跟“山”密不可分的传统观念与生活方式。山地环境束缚着客家人的视野和创造精神，大大影响着客家人勇敢开拓进取的意识。世世代代居住在山区，过着自给自足的农耕生活，与外地商贸交流较少，商品经济意识较差。从清朝解除海禁之始，沿海人民纷纷出洋，居住山区的客家人为了摆脱清朝的腐败统治，寻找生活出路，也有部分乡民勇敢走出山门，漂洋过海到东南亚各国谋生，当契约华工，到马来西亚种橡胶、到印度尼西亚挖锡矿、到泰国种水稻等。经过几代人的艰苦奋斗，他们发达起来，在侨居国成了实业家、银行家、政治家、科学家、教育家等等。

有着“大唐客长”之称的罗芳伯是 18 世纪中叶的华侨代表。他生于 1738 年，是广东梅县人。因家境贫困，34 岁时漂洋过海到了南洋盛产金矿、钻石的西加里曼丹。起初以教书为业，后来邀集一部分客家老乡合伙开发矿业，在合并西加里曼丹坤甸地区 4 个公司（即大埔人刘乾相组织的三星公司、大埔人张现才组织的山心公司、海陆丰人黄桂组织的老浦头公司、嘉应州人江戊伯组织的兰和堂公司）的基础上成立了兰芳公司。1777 年他创建的兰芳公司的总部设在曼多，属下有 2 万多人，大家称他为“大哥”，或者“大唐客长”。他组建的兰芳公司是综合性的自治机构，实行法制和税收相结合的政策。他组建的自卫军应当地苏丹邀请，平定内乱，立下了战功，获得苏丹酬谢的大片土地，同时，罗芳伯成为当地威望极高的侨领。在他的管理下，兰芳公司闻名东南亚，把偏僻的荒野开发成富饶的宝地，数万华侨过着丰衣足食的安定生活。他开发西加里曼丹坤甸地区功勋卓著，受到当地人民和华侨的尊敬。1795 年他逝世时年仅 58 岁。后来他亲手创建的兰芳公司历经 111 年，于 1888 年被荷兰殖民者强占。但是他的业绩已载入史册，永远为海外华侨华人和当地人民所传颂。印度尼西亚是客家华侨移居较早而且侨民较多的国家。

19 世纪中叶，许多客家人移居马来西亚。1837 年出生于惠东县的贫苦农民叶亚来，17 岁跟随同乡到马来西亚古城马六甲，在当地的矿场当杂工，兼做小生意。后来他自己在吉隆坡开辟了 2 个新矿场和 1 个药材铺。1860 年至 1869 年被推荐担任芙蓉、吉隆坡的华人甲必丹。1869 至 1873 年，他三次击败当地酋长、矿场主及私会党为争夺吉隆坡控制权的枪炮进攻，整顿了社会治安，维护了地方安宁。雪兰莪苏丹再次任命他为吉隆坡华人甲必丹兼吉隆坡矿场长官，还特别赠予他“巴生，吉隆坡光荣英勇胜利而忠诚的华人甲必丹”称号。此后十多年里，叶亚来把全部精力贡献给吉隆坡的开发和发展，直到逝世。他以不屈不挠的精神，把毁于战火，后毁于火灾，后又毁于大水的吉隆坡进行了三次重建，盖起了厂房和店铺，开通了连接吉隆坡与各矿区的牛车大道。同时，克服资金严重不足、劳力短缺、生活用品价格昂贵、锡价市场动荡不安等种种困难，以先进的机械设备及较低的开采成本取得了锡市场竞争的胜利。19 世纪 80 年代，叶亚来经营的锡矿开采场达 1 000 多英亩。此外，他还拥有锡米冶炼厂、采矿工地维修作坊、种植园、木茨粉加工厂、采石场、砖瓦厂、石灰厂、养猪坊、屠宰场、码头、货仓、货舱等，其有雇工 4 000 多人。他在吉隆坡创办华文学校——唐文义学，建立难民收容所，兴建仙四爷庙，资助医疗事业等等，为吉隆坡的教育医疗事业作出了贡献。叶亚来是开辟吉隆坡的先驱，在马华两族人民中享有很高威望。在他出殡的那一天，市政机关停止办公，市政官员和众多市民为他送葬。直到今天，吉隆坡还保留“叶亚来街”，每年农历二月初八，人们还在叶氏宗祠纪念他的诞辰。

20 世纪初，旅居泰国的谢枢泗 1886 年出生于梅县，19 岁到暹罗（今泰国）曼谷谋生。起初，他在一家酒店当店员，后来在泰国的铁路工程处谋到一职，不久被任命为工程中一个地段的总经理和巡检官，后来又承揽了 12 个地段的工程，为泰国的经济发展作出了贡献，成为著名的华侨实业家。1913 年，谢枢泗在泰南铁路的终点地区购得大片灌木丛生的荒原，将其开辟成大块大块的平地，投入大量资金盖起了商店、市场和火车站，并修建谢枢泗一路、二路、三路等街道，还捐资兴建起医院、学校、慈善堂、体育场等公共设施。至 30 年代中期，谢枢泗用自己的努力和汗水建成了一座拥有千间店铺屋舍的城镇，这就是今天泰南的重要城市合艾。此后，他又数次捐赠土地和巨款，在合艾市区内外开辟修建了 34 条街道和公路干线，兴建了合艾中专学校、合艾医院、合艾老人慈善救济院、紫拉那空体育场、板甫路公共墓地等等。40 多年来，谢枢泗捐赠慈善事业、文教设施及市场建设等方面的款项，每年都超过百万铢泰币，惠及当地居民和华侨。在半个多世纪里，谢枢泗开辟合艾、发展合艾，功勋卓著，多次获得泰皇及泰国政府的嘉奖：1929 年，泰国七世皇陛下赐他“坤宜发贞那空”的皇族爵位，并御赐皇家勋章；1932 年，他又获泰皇赐予的三级白象勋章；历届国务院院长先后奏请泰皇御赐谢枢泗 30 余种银质和别针式勋章。谢枢泗逝世后，泰国九世皇陛下御赐圣土，下葬他于合艾市谢枢泗公园。1985 年，合艾市议会为谢枢泗塑了铜像，并将之立于芝兰纳赛运动场中。该年 9 月 1 日是铜像落成揭幕典礼的日子，合艾市政府把这个日子定为合艾市开埠纪念日，以纪念谢枢泗对合艾市政所作出的贡献。

"金奖白兰地"和"张裕"品牌的创制人张振勋，字弼士，1841 年出生于大埔侨乡，父亲张兰轩是秀才，家境清贫。张振勋 15 岁就走出了有"山中山"之称的大埔山门，穿着"牛头裤"、拖着长辫子从韩江乘船到汕头，漂洋过海到千岛之国印度尼西亚的巴达维亚（今雅加达）谋生。他成家后开设米店和酒行，因获准承包酒税、烟税与典当捐务，获利甚丰。1866 年，他向荷印殖民政府租赁土地，投资种植业，创办了裕和有限公司。几年后他又将垦殖业扩展至苏门答腊的棉兰地区，先后创办亚齐垦殖公司和裕兴公司，继而将事业扩展至马来半岛；在彭亨州、文冬埠开办东兴公司，在槟榔屿创办万裕兴公司，还建立了庞大的药材批发网，沟通海内外药材市场。他还与友人张煜南（梅县人）在日里合资开办笠旺公司，后又合伙开办日里银行，集股在巴达维亚创办裕昌远洋航运公司，在亚齐创办广福远洋轮船公司。经过 30 多年的苦心经营，张振勋已成为 19 世纪末 20 世纪初东南亚首屈一指的华侨巨富，为发展东南亚经济作出了杰出的贡献。张振勋爱国思想强烈，他在担任清政府驻新加坡总领事期间，注意消除华侨的地域界线，组织中华总商会，树立华侨的民族之心。他多次捐出巨款赈济河南水灾，捐助广东海防粮饷，捐办汕头"育善堂"，还捐助孙中山先生的革命事业。此外还在槟榔屿捐资创办中华应新等学校，香港大学、中山大学也曾获得他的巨额捐赠。1894 年，他在山东烟台创建张裕葡萄酿酒公司，引进外国先进的设备和管理方法，培养中国技师，生产具有独特风味的名酒。1915 年，公司的其中三种名酒一举获得巴拿马国际博览会金质奖章和优等奖，这是中国品牌第一次在世界博览会上夺金，"金奖白兰地"至今还驰名国内外，这是客家企业家的骄傲！张振勋在国内投资的企业还有宝兴公司、广州亚通机织厂、广东开建金矿公司、惠州复兴玻璃厂、海丰平海福裕盐田公司、佛山裕益砂砖公司、雷州普生机械火犁垦牧公司等。此外，他还动员荷印华侨张煜南、张鸿南兄弟回国参加兴建潮汕铁路。张振勋曾三次受到清光绪帝的召见，还历任粤汉铁路的帮办、总办和督办闽粤农工路矿大臣、商部考察外埠商务大臣、槟榔屿管学大臣、督办铁路大臣等要职，是当时海内外颇具影响的头面人物。

张煜南，1851 年生于梅县，少年时代在家乡读过几年私塾，后来帮助父亲经营小杂货店，因生计艰难而漂泊至巴达维亚并投奔张振勋门下，后转到苏门答腊的棉兰地区发展自己的事业。1878 年，他与张振勋合资开办笠旺公司，经营橡胶种植、咖啡、椰子和茶叶等。后又合资开设日里银行，逐渐成为棉兰地区华侨中的首富，被荷兰殖民者委任为华人“雪兰珍”和“甲必丹”。不久他弟弟张鸿南从家乡来到印尼，成为他的得力助手，他们在西甫兰收购了一荷兰人经营不善的大种植园，又参与筹建中华银行，拥有该银行 1/3 的股份，张氏兄弟一时成为东南亚举足轻重的华侨财团之一。张氏兄弟热心社会公益，在棉兰独资创建敦本学校，捐建济安医院，架造棉兰日里河大桥，为华侨创建寺庙和公共衣冢，还给当地清真寺和印度教寺庙捐赠基金。他们关心桑梓，热爱祖国，在这方面亦有许多义举。如捐款资助清政府扩充海军力量，捐巨款救济灾区人民，捐资创办松口中学，捐巨款作为广州一所高级中学的基金，独资捐助出版《梅水诗传》，捐资编纂出版《光绪嘉应州志》，捐款给香港大学、岭南大学作办学经费等。张鸿南还捐了一笔巨款支持孙中山先生领导革命起义，因此获得孙中山先生亲笔题赠的“博爱”大字斗方一幅。特别令人称道的是张氏兄弟倡议并创建了潮汕铁路。这条铁路于 1904 年动工兴建，由张煜南出任潮汕铁路公司董事长，张氏兄弟认购了总经费 2/3 以上的股票。1906 年 11 月，我国近代史上第一条由华侨投资兴建的全长 39 公里的纯商办铁路——潮汕铁路终于建成通车。潮汕铁路沟通了祖国与海外华侨的联系，对发展粤东经济曾起到积极作用。1911 年，张煜南在侨居地棉兰逝世，他生前曾被清政府授予花翎二品顶戴四品卿衔，三品京堂候补等官衔，曾受到慈禧太后的接见，还被清廷任命为南洋商务大臣。他还著有《海国公余辑录》、《海国公余杂著》两书。

姚德胜，1859 年出生于平远，1878 年出国到马来西亚谋生。初在芙蓉当采锡工，1880 年移居怡保，从事小商贩，后开设姚德和杂货店，生意兴隆，获利甚丰。此后又投资采锡业，在暗邦一带购置数千英亩锡地，雇佣采锡工数千人之多，使怡保产锡量跃居马来西亚之冠。他还与其他华侨富商一道承包霹雳和芙蓉等地的酒税和典当税，至 19 世纪末发展成为当地颇具实力的华侨实业家。姚德胜重视乡团，1900 年他与其他客籍华侨发起组织旅霹雳同乡会，并捐巨款创建嘉应会馆，被推举为会长，连任 10 年。他还推动并捐助雪兰莪、森美兰等地建立嘉应会馆，首倡建立霹雳中华总商会和矿务农商总会，以维护华侨商业及农矿业的经营利益。他热心市政建设，1904 年应怡保市殖民当局之请，投资兴建新市区两层楼房、店铺 216 间，重建灾区晓罗街两层楼、商店数十间。另在近打河对岸建 1 条新街，还辟地建设新市场，1904 年建成后献给市政当局。翌年还兴建了德胜戏院。当地政府为表彰他的功绩，市议会将新建市场命名为姚德胜市场，新街则命名为姚德胜街。同时他关心桑梓，1900 年回乡省亲，适逢家乡受灾，即捐巨款在县内 15 个乡和大板圩设大平义仓，购粮赈济灾民。随后，又汇白银 6

万两赈济山东水灾灾民，故光绪皇帝特赐“乐善好施”匾额。武昌起义后，他又汇银7万两，用作北伐军饷，得孙中山颁发的一等嘉禾勋章。他热心教育事业，除捐资创办育才中学和明德小学外，还在新加坡捐赠开办应新小学；他还捐白银10万两在大拓乡兴建平远中学新校址，又在高墩下捐建设备完善的私立芝兰小学。1910年返回故里，在家乡创办纺织厂，开了嘉应五属农村兴建近代工业之先河；此外，他还开印刷局，发展地方文化事业等等。

李桂和，出生于1880年，五华县华城区人。1900年以契约劳工身份到马来西亚怡保当采锡工。1918年转为承包开采锡矿，逐渐积累了一些资金。1922年在怡保创办新广和与广和昌两家锡矿公司。1937年又增办新广元等7个全机械化生产的采锡企业，拥有700多名采锡工以及4个橡胶园，并在怡保购置了50间店铺经营生意。李桂和关心公益事业，从1932至1937年，在华城镇兴建一条“桂和街”，拥有店铺103间。他热心于家乡教育事业，1935年返乡时捐巨款在五华一中（今华城中学）建校舍2座，命名“桂和楼”；另在河口五华二中兴建“桂和科学馆”一座，又在五华三中（安流中学）兴建“桂和宿舍”一座。1936年5月，五华天灾严重，路有饿殍，他在华城子良街设施粥站，救济灾民，历时10天。1937年捐资家乡兴建一座大型木桥，宽2米，长80米，以沟通五华城、潭下和长布的交通，便利了华城地区的集市贸易。抗日战争全面爆发后，他又捐赠10万元国币支援祖国抗战，获民国政府赠予“积善余庆”横匾。

李莱生是马来西亚十大企业家之一，被誉称为“橡胶大王”，他出生于马来西亚，祖籍梅州。他从小在华校接受华文教育，24岁大学毕业后，到澳大利亚悉尼攻读医学。后来中途弃学回马，在父亲的锡矿场工作，经过15年的奋斗成为著名矿业家。1955年，转而进军橡胶业，并拥有100多个种植园，种植橡胶油棕和可可等。目前担任50多家公司及附属吉隆甲洞集团的董事长。他热心社会公益，为马华社会和当地人民作出了极大的贡献。

吴德芳，1937年出生于马来西亚马六甲州，祖籍梅县。幼年丧父，由母亲抚养长大。在家乡培风中学修完初中课程，随亲人赴新加坡，在中心中学念完了高中课程。毕业后到台湾成功大学攻读化学专业，学成后回到马来西亚，曾担任华文学校教师，后来弃文经商，跟兄弟一起开设打金工场。不久他在吉隆坡金马购物中心开设“多美金钻行”，随后又在全马各地开设多间分行，成为金钻珠宝业之翘楚，被选为全马金钻珠宝商公会联合总会会长，他为马来西亚黄金业的开发立下了殊勋，被称为“金钻珠宝大王”。他热心华社文化教育公益事业，为促进华人团结作出了无私的奉献。他在华人社会中德高望重，身兼数职，任劳任怨。1994年被选为全马来西亚中华大会堂堂联主席。他担任多间华校的董事长，除了推动华文教育发展外，还积极组织华社开展文化寻根活动，举办“华人文化节”、“马华文学奖比赛”、“儒家思想讲座”、“华语研讨会”、“侨史研究”、“精武比赛”等，以弘扬民族传统文化，促进华人团结，增进中马人民的友谊。同年10月，他又率领马来西亚客属代表团赴中国梅州参加世界客属第十二次寻亲大会，在他的支持下，新山客家公会邀请中国客家研究学者张卫东、张永和、张兴汉三人赴马作客家文化研究巡回演讲会，并出版了《客家文化研究特集》，推动了客家华人的文化寻根活动。

伍佐南，1879年出生于梅县，13岁赴泰国。辛亥革命前父亲逝世，他继承父业，并不断拓展业务，他经营的甘亨碧府柚木园、广高隆出口行、广金隆木锯厂和广安隆保险公司等发展很快，并在香港、上海、广州、汕头、梅县以及新加坡、印度尼西亚、印度、古巴、南非、伦敦等地设立了分行或代理处，成为泰国经济界巨子。孙中山在东南亚宣传革命，途经泰国时与他相识，并发动商界创立中华公所，团结华侨集资支持革命活动。1910年，伍佐南创立暹罗客属公所，并担任副会长。1927年，发动改组客属公所，并向政府立案，成为合法社团，此后连续担任该公所第一届至第六届总会长，并曾任泰国中华总商会会长。他关心家乡和泰国社会公益事业。20世纪初，曾多次捐资修复梅县松口高等学堂，倡建宏青小学，设立沪上中华职业学校和溪南公学等。1903年，鼠疫流入嘉应州，家乡连年遭灾荒，他与父亲在暹罗购买大批大米运回家乡救济乡亲。他对倡建天华医院、进德学校、客属义山、保存庙堂等，亦尽力资助。曾任天华医院董事长，受聘于泰国红十字会董事长，1939年逝世。

丁家骏，1909年出生于丰顺县。早年在家乡求学，先后毕业于丰顺县立中学、汕头岩石中学和新加坡英华学院。第二次世界大战前，曾任广州及香港亚细亚石油公司业务经理。战后任广州煤油公司理事长。1950年赴美国创办泰油贸易有限公司，出任董事长。不久，获得泰国著名商标“宾赛”滑油机在东南亚的总代理权。1977年在挽红县高速公路旁设立宾赛站服务中心；1980年建立一座规模宏大的宾赛油站服务中心及拖拉机陈列部；1983年初，他在北揽府建造一间大型的润滑油及油脂调和厂，事业日益发展。丁家骏成了泰国“石油大王”，泰王曾赐其勋章以示表彰，他对泰国石油业的发展作出了重大的贡献。他对促进中泰友谊也作出了巨大的贡献，对泰国和家乡的文化教育等公益事业非常关心，曾拨200万泰铢给泰国政府设立教育基金，以帮助贫苦学生进入大学深造。他曾任泰中友好协会副会长、泰国客属总会永远荣誉会长、中华总商会副主席、泰国红十字会募捐委员会副主任、泰国天华医院副董事长、丁氏宗亲总会理事长、泰国丰顺会馆永远名誉主席及暨南大学董事会董事等职。

丘细见，1911年出生于丰顺。早年随母赴泰。因家境贫困，少年便辍学，但他勤奋自学，靠自学通晓中、泰文。先后在曼谷奇香酿酒厂、东方酒业有限公司就职，随后又创设冰厂、粮厂等。1941 年承包英国援建的曼谷至机场的高速公路；还与他人合作，接收和改组泰商银行，成为该行首任董事、总经理，银行业务发展很快。他是泰国华侨社会中有名的实业家，现兼任东方酒业有限公司常务董事长及丘细见金融证券有限公司、国际工程有限公司和亚玛彝展有限公司董事长等职。他热心公益，尤其关心教育事业，独资兴建多所平民学校，并设立奖学、助学基金。在 1952 年曼谷建都 200 周年庆典中，担任“王恩宠荫”庆典委员会主席。因他对泰国社会作出了贡献，泰王赐予他“一等王冠大绶勋章”。现同时担任泰国中华总商会名誉主席，泰中友好协会副会长、客属总会和丘氏宗亲总会永远名誉理事长、丰顺会馆名誉主席。

伍班超，1924 年出生于泰国曼谷，祖籍梅县。他是泰国客属大殷商伍喃三家族的第四代华裔，先后毕业于曼谷三仓书院、朱拉隆功大学附属高中及朱拉隆功大学科学系。曾留学美国，获美国密歇根大学化学硕士学位。毕业后返泰，于 1951 年担任泰国人寿保险有限公司董事总经理。1962 年任泰华农业银行董事总经理，1976 年任该行董事长和常务董事主席。他执掌泰华农业银行后，业务迅速发展，1974 年该行在泰国商业银行中排名第八位，1983 年跃居第二位，仅次于盘谷银行，同年建成了 19 层银行大厦。1984 年他被评为泰国最优秀银行家，曾荣获泰王赐予的农业大学科学荣誉博士学位。1993 年他逝世后，泰华农业银行董事长一职由其弟伍捷朴接任。

（张兴汉、陈新东、黄卓才、徐位发主编：《华侨华人大观》，暨南大学出版社 1990 年版）

在海外，许多客商先辈为侨居国的经济发展和社会文明建设作出了重大的贡献。前文介绍的只是少数具代表性的人物，还有许许多多跟他们一样的人，在此不一一赘述。除了在海外经商的，还有不少在香港创业的知名人士，他们为香港的繁荣发展作出了重大贡献，如田家炳、曾宪梓、熊德龙、姚美良、杨钊等实业家。

“人造革大王”田家炳

“人造革大王”田家炳先生，1919 年出生于大埔县。从小在家乡受教育，1935 年父亲去世，便肩负起家庭重担，辍学谋生。1937 年为发展大埔瓷土外销业务，远赴越南西贡，与同乡合资创办茶阳瓷土公司。1939 年 6 月，日军占领汕头，瓷土出口中断，他转赴印尼，先后创办起超伦橡胶厂和南洋橡胶厂，业务发展很快。1958 年后业务逐渐转移到香港。目前他创建的田氏塑胶厂和田氏化工厂有限公司为东南亚最大的人造革制造厂，在香港被人称为“人造革大王”。20 世纪 50 年代，香港塑胶加工业尚在萌芽期，田氏开业后为厂家提供加工技术，解决原料供应、海外市场开发等多方面问题，使香港产品在国际市场占据了一定地位，香港当局及工商界人士交口称誉，认为他是一位不可多得的成功企业家。1982 年香港总督为表彰田家炳先生的贡献，特颁赐英皇荣誉奖章以示嘉勉。他除了主持其独资的塑胶厂及其他机构外，还先后担任京华银行董事、新安企业公司及华安置业建筑公司董事长、大埔县旅港同乡会永远会长及其他数十个商业团体、慈善机构的会长、理监事、顾问等职。

田家炳先生热心社会公益事业，慷慨捐资不图名利，不分地域，其中特别重视文化教育事业。他在香港成立了田家炳基金会，多年来先后修建青少年活动中心、老人宿舍及服务中心、幼稚园、小学、中学、图书馆等，造福了广大市民，还设立奖贷学金基金以嘉奖成绩优异的有为青年。在台湾省捐出数千万元成立田家炳文教基金会，举办各类奖学金评选，推动多种具公益性的文教事业活动。

1978 年中国实行改革开放政策后，他受到很大的鼓舞。为了帮助祖国发展人造革业，他主动捐赠一套价值数万港元的生产线给广东省政府（拨给佛山市），经他多次派技术员前往协助，产品质量已符合国际水平。多年来他还为国内不少单位引进新技术，发展新产品。另外还在他的桑梓大埔县捐办了不少项目，除了独资兴建154米长、11米半宽的双程行车湖寮大桥外，还兴建了明德大桥、党溪大桥、玉湖大桥、蒹葭桥、廷乐桥、银滩水电站等多项关系国计民生的工程项目。除此之外，他还对教育事业特别关心。他说："中国是文明古国，国家要富强，就要造就人才，要造就人才，就要多办学校。"他也这样做了。他曾先后多次上书时任广东省委书记林若、省长叶选平、大埔县领导和旅居广州及北京的文化界同乡，希望加紧规划在县内各乡镇多办中学，以配合中央义务教育的推行，让全县高小毕业的适龄学生都能进入初高中，还希望能加办大学，普遍提高家乡教育水平，以适应现代化建设的需要。

田家炳先生对家乡大埔县的文化教育事业的捐助是多方面的。首先在原湖寮中学旧址兴建一座能容1 200多人的教学大楼，解决48户教师住宿问题的宿舍，能住500人兼备餐厅厨房的学生宿舍，使湖寮镇小学生及初中生无法继续升学的困难得以解决。大埔县政府将此中学命名为田家炳中学，以作纪念。后还在银滩兴建玉湖中学，在邻乡三家村兴建完全小学。此外还为大埔电视台添购卫星传送地面接收机，让全县师生能够收看中国电视教育节目；连年捐钱给教育局作为奖学金，从高中毕业生中挑选品学兼优的学生，保送至梅州师范学院培训，毕业后再由教育局统一分配到全县各中学；购置收、录音机分送全县数十间中学以便利教学；捐资母校大麻中学扩建教学大楼，并制订各乡镇中学以及规模宏大的综合职业技术学校等全面性教育规划。

1984年春，广东省倡议创办嘉应大学，香港嘉应商会刘锦庆会长把这个消息告诉田家炳先生，他以喜悦的心情和坚定的立场表示极力支持。该校5层高、建筑面积5 000平方米的田家炳科学馆，就是他独资捐建的。他对教育事业很重视，对文化事业亦很关心。广州华南文艺业余大学缺少教学设备，也得到他大力的支持和无私的捐助。大埔县汉剧团缺乏服装道具，他也捐巨款解决。他还捐资兴建青少年宫等公共设施。

田家炳先生一贯主张捐款做善事，目的不是为了个人名利，而是真心想造福人民，他不仅关心家乡的事，对香港、祖国内地同样不分区域尽心尽力捐助。他捐资公益慷慨大方，个人生活却克勤克俭。他曾经给一位亲人写信道："……每当我看到中国人有什么成就，内心也很自然地感到愉快，而且还会想尽自己有限的能力，去栽培未来的国人，去促进中国迈向康乐富强。现在我脑子里总是想着如何把有限的财力贡献给社会，以做一些更有意义、更有作用的事业……"这是田家炳先生内心世界的真实写照，他言行一致，是一位爱国爱民的实业家，他身上体现着真正的客家精神。他为国家、民族培养人才作出了无私的奉献，感天动地。紫金山天文台为此将他发现的一颗小行星命名为"田家炳星"，他的功绩与日月争辉，光照大地。这是客家乡亲的光荣与骄傲！

（谢佐芝主编：《世界客属人物大全》，新加坡崇文出版社1995年版）

“领带大王”曾宪梓

“我出身贫苦，是依靠助学金完成了学业，是祖国人民和家乡亲人栽培我成长的。现在我的生活富裕了，理应把多余的钱用来报效祖国和乡亲，兴建公益事业，以促进家乡经济文化建设。”这是香港中华总商会会长、客家商会会长、香港金利来（远东）有限公司董事长、广东省政协常委、全国人大常委、广东省教育促进会名誉会长、广东省外商投资协会会长、嘉应大学创办人之一、中国银利来有限公司副董事长兼总经理曾宪梓先生，于 1989 年 12 月 14 日下午，刚参加完“梅州世界客家联谊会”后，又领着一批客家乡贤急匆匆地赶到梅州市山区县平远中学，参加由他们捐建的五座教学楼的落成剪彩仪式，在庆典会上的一番肺腑之言，此番言论引起了会场的阵阵掌声。

近几年来，曾宪梓先生为了振兴祖国的足球事业和文化教育事业，费尽了心血。他奔走海内外，把做生意赚来的钱，不断投放到家乡的文教体育事业上。除了给梅州中学、东山中学、华侨中学、宪梓小学、百侯中学、平远中学及嘉应大学、中山大学、广州医学院等学校捐建教学大楼、图书馆、校舍共 20 座及捐建梅州各地的足球场之外，还在嘉应大学、暨南大学和广东省设立教育基金会。他表示，今后在国内投资所获得的利润，将全部奉献给家乡和祖国的文教体育等公益事业，还决定捐资 1 000 万元人民币在梅城兴建一间功能、设备齐全的宪梓高级中学。

曾宪梓先生小时候家境贫苦，因此父亲远渡重洋赴泰国谋生。他在梅县出生，从小在家乡长大，在梅县念完中学后，到广州中山大学深造，上学期间享受了国家的助学金。20 世纪 60 年代初，应父之召，他赴泰国与家人团聚，父亲虽然经商，却是小本生意，生活并不富裕。他立志要自立门户，开拓一番事业，闯出一个新天地。当时，泰国都市生活逐渐向现代化过渡，旅游业发达，世界各地西装革履的游客，川流不息涌向泰国。他聪敏地意识到，领带行业有很大的发展空间。于是，他决定从经营领带开始，继而慢慢走上创业之路。从此，他与领带结下了不解之缘，奋力拼搏，攀登领带王国的高峰。

60 年代初，泰国城市现代化程度不算很高，穿西装佩领带的人还不多，在泰国做领带生意不如在香港有发展前途。他瞄准香港这个世界著名的自由贸易市场，其时香港已跟世界各国的大城市贸易来往密切，去那里经营领带生意前景可观。于是，60 年代中期，他到了香港，带着一把尺子、一把剪刀和一架缝纫机，凭着客家人吃苦耐劳、顽强拼搏的精神，开始了他的领带生涯。他每天从早到晚，日夜苦干，自己裁剪，自己制作，还常常自己扛着成品去挤公共汽车，走街串巷推销领带，每天给自己规定销售额，完成了才收工回家。他就是这样一步一个脚印，从小到大，从手工操作到现代化生产，勇攀领带高峰的。

他四处考察，并同德、意、瑞等国的著名厂家建立了业务联系。1977 年，曾宪梓在香港创办金利来（远东）有限公司，以制作领带为主，广泛开拓市场，在日本和东南亚尤受欢迎。被选为 1984—1985 年度亚洲领带协会主席。80 年代初，他在新加坡设立了金利来分公司，同时实行多元化经营，开设了威富来皮具制品有限公司，制作和销售高质量的皮具、银包、袖口纽、钥匙扣等名贵精品。后又创办了华荣汇贸易有限公司，在中国地区销售美国 HP（惠普）公司的高级科技产品。他还在梅县创办了全国第一家合资的领带厂——中国梅花领带有限公司。

在他的带领下，公司规模不断扩大。他非常注重市场调查，以了解用户的衣着文化心理和穿着习惯，他决心要走向世界，在国际市场争一席位，让中国人制造的领带与西方人的领带媲美。他周游列国，四处考察，学习世界各地先进的领带生产经验，还注意引进先进的生产设备，勇于创新，不断进取，从而制作出具有民族风格的领带，打进国际市场。他深入了解法国、意大利、联邦德国、瑞士、奥地利和日本的领带生产以及销售情况，学习和积累现代化领带的先进生产技术和经营管理知识，并认清领带发展的潮流与趋向。他还跟西方一些著名厂家建立了业务联系，这为他未来的事业打下了良好的基础。他进一步扩充现代化设备，招收工人，扩大生产规模，业务蒸蒸日上。1970 年，他在香港正式创立了金利来（远东）有限公司，设厂织染专用布料，制作领带，远销日本和东南亚各地，深受欢迎。随着金利来领带声誉日隆，曾宪梓先生摘取了“亚洲领带大王”的桂冠，被选为 1984—1985 年度亚洲领带协会主席。1987 年 8 月初，他在韩国主持召开了亚洲领带会议。

曾宪梓先生对金利来领带事业本着服务第一、质量第一、信誉第一的宗旨，特别注重科学的经营管理和专业人才的培训，不断革新设备，以保证金利来领带在国际市场的领先地位。金利来领带款式新颖，品种繁多，制作精细，美观大方，深受各界人士欢迎。香港有 20 多家大百货公司经销，代销点遍布港九各地。他在新加坡成立了金利来分公司，领带远销东南亚地区及世界各国。

曾宪梓先生的金利来领带在国际上享有一定的声誉，他的企业又向多元化发展。他首先取得联邦德国名厂的领带机械和坯料的远东代表权；开设了威富来皮具制品有限公司，制作和销售高质量的皮具、银包、袖口纽、钥匙扣等名贵精品，在国际市场享有一定声誉；创办了华荣汇贸易有限公司，在中国地区销售美国惠普公司高级科技产品，免费提供培训课程，为中国在引进先进科技方面作出贡献。

近年来，公司还生产高级西服和衬衫，远销海内外。随着中国开放改革，人民生活日益提高，跟世界各国人民交往更频繁，外国厂商和游客日增，中国穿西装的人也越来越多。10 亿人口的大国是一个销售西装领带的大市场，全国有 17 个省、市有关部门与曾宪梓先生接洽，要求跟他合办领带厂。他看准中国这个大市场，决心要让祖国人民打扮得漂漂亮亮走向世界，走向未来，所以决定在中国投资设厂，生产领带。他首先从家乡开始，在穷乡僻壤的梅县创办了全国第一家合资的领带厂——中国梅花领带有限公司。1983 年回乡洽谈办厂后，先后从联邦德国引进全套专用设备，又从香港金利来公司派出技术员指导生产。1986 年投资 100 万美元，办起了工厂，当年即生产“银利来”领带 300 万条。他对在国内投资充满信心，说：“日本一亿人口，每年生产四亿条领带，中国拥有十亿人口，随着人们生活水平的提高，必然需要更多的领带，而中国的真丝产量占世界首位，我们完全可以设计出具有民族特色的现代款式领带，开拓世界市场！”几年来，事实验证了他的话，“银利来”领带产量一年比一年大，销路越来越广。1989 年销售总额达 2 200 万元人民币，获得利润 330 万元，还出口创汇 46 万美元，并已在全国各地 20 多个省市的百货商场设有 200 多个销售网点。在首届中国纺织品咨询评比中，“银利来”领带获得“金梭奖”。同时，在广东省“三资”企业“金匙奖”评选中获得“荣誉奖”。

曾宪梓先生一贯关心家乡文教体育事业，仅在 1989 年就为家乡梅州市及国内其他地方捐款 605 万元人民币和 310 万港元，资助中山大学、嘉应大学、平远中学、大埔百侯中学等十几个项目。在他的带动影响下，不少客家乡贤争先恐后为家乡文教体育等公益事业捐款捐物，作出很大贡献。

梅州是全国著名的文化之乡、足球之乡、华侨之乡。曾宪梓先生不仅热心家乡教育事业，也带头为梅州市的山区穷县大埔、平远等县协办学校。他为了振兴梅州足球事业，不仅在家乡梅县捐资兴建足球场和设立“强民体育会”基金，还在“亚洲球王”李惠堂家乡五华县捐建足球场，并举办“宪梓杯”比赛，邀请全国甲级足球队到梅州切磋球艺。他不仅为梅州家乡培养足球人才，还在全省、全国采用各种形式，捐建学校培养足球人才，为振兴中国足球事业作出很大努力。

曾宪梓先生用自己的实际行动实现他的诺言，他不仅把在家乡创办的银利来有限公司赚来的钱全部奉献给家乡和祖国文教体育等公益事业，还将香港金利来（远东）有限公司赚来的钱也源源不绝地捐献给家乡。1989 年银利来公司获得利润330万元人民币，可是，他那一年捐助文教体育的总金额就达605万元人民币。

曾宪梓先生的名字在梅州客家人中广为传颂，梅州人民只要谈起教育和足球事业，自然就会联想到曾宪梓先生的名字，他无私奉献的精神，把一切奉献给桑梓事业的赤子之心，就是他国怀爱乡的真实写照。

1997年7月香港回归，他荣获“香港大紫荆勋章”。到目前为止，他给暨南大学、国家教委、航天局、北京奥组委等捐款超过6.3亿人民币，其中捐建暨南大学科学馆一座。他的业绩与日月同辉，为客家人争了光。

（谢佐芝主编：《世界客属人物大全》，新加坡崇文出版社1995年版）

“洋客家人”的中国心

——美籍华人熊德龙

1989年12月12日，中国广东梅州召开了“世界客家联谊会成立庆典暨世界客属联谊大会”。一位满脸胡子的“洋客家人”站在主席台上，用流利的客家话高兴又激动地说：“今天，我能在这个大会与来自世界各地的客家乡亲相聚，感到十分荣幸。大家别看我满脸胡子不像华人，其实，我是一个没有中国血统的客家人，但因为我是受中国传统、客家精神培养长大的，所以，我是一个不折不扣的中国人，有一颗百分之百的客家心。”此刻，会场内外顿时响起一阵阵热烈而又亲切的掌声，经久不息。这一席话，就是“洋客家人”美国熊氏集团总经理熊德龙先生的肺腑之言。

第二天，嘉应大学四项工程落成剪彩，其中一项工程——嘉应大学德龙会堂，就是熊德龙先生捐资210万元人民币兴建的现代化、多功能、国内一流的大礼堂。这份厚礼表达了熊德龙先生奉献给家乡梅州亲人的一片“客家心”。十多年来，熊德龙为了报答抚育他成长的客家养父母，在梅州家乡捐资修桥筑路、兴建学校、创办医院等。目前为止，总捐资1 500多万元人民币；在梅州投资办实业总金额达2 100万美元。梅州各地和海内外的客家人都在赞颂他的“客家心”。

熊德龙先生不仅支援梅州家乡经济和文化建设，还在中国内地山区投资办实业和公益事业。1988年，他被中国东北辽宁四平市人民政府聘为经济技术引进顾问后，对四平市经济建设、幼儿教育和侨务工作都非常热心。几年来，捐赠给四平幼儿教育事业40万元人民币（其中曾宪梓先生捐赠10万元）。他还给四平市侨办等单位捐赠照相机用于宣传侨务工作。1990年4月2日四平市人民政府授予他“荣誉市民”称号。在颁奖仪式上，他为答谢四平人民的深情厚谊，将一个刻有“马到成功”字样的纯金纪念品献给四平人民，表达了他“虽然不是中国血统，但有百分之百的中国心”。

熊德龙先生在“世界客属联谊会”上发言时动情地说：“讲到客家心，我的眼泪就会流出来。”的确，他那颗“客家心”有着传奇色彩。

1947年，他出生在印度尼西亚，不知道自己的亲生父母是谁。快两岁的时候，一对祖籍广东梅县的客家人熊氏夫妇从孤儿院里收养了他，熊氏夫妇把他当作亲骨肉，精心抚养，含辛茹苦将他培育成才。每当他受到小伙伴的辱骂、欺负，熊氏夫妇便挺身相护。熊氏夫妇经营小本生意，生活清苦。但为了他能从小有机会接受中华传统文化教育，7 岁便送他到华文学校念书。他念到高小六年级时，华文学校被迫停办。为了帮忙父母操持家务，他 16 岁便出来做工，19 岁开始经营海绵生意，从小厂生产逐渐发展，一步一个脚印，既是小老板又是推销员。在他养父养母勤劳俭朴、刻苦耐劳、言传身教的影响下，熊德龙养成勇于拼搏、敢于开拓的客家精神。经过 16 个春秋的拼搏，他从一间海绵厂的小老板变成拥有 12 间工厂的大老板。

在实业稳固的基础上，他不断进步拓展，企业开始向多元化发展。他先是在雅加达开办银行，后到美国经营房地产。目前，他在美国、英国、加拿大、新加坡、香港等地均设立了有限公司，成了著名的客家华人青年实业家。

他事业有所成就后不忘父母恩情。1979 年他才 32 岁，实业已横跨太平洋，从东南亚向南北美洲发展。当时，中国开始实行改革开放政策，他怀着对养父母的深情，以及回梅州家乡尽孝心的愿望，偕同夫人首次踏上中国这块陌生而又亲切的土地，他一踏上国土就情不自禁地流下了热泪。这次，他回到了梅州养父母的家乡，看望了家乡亲人，拜访了侨乡父母官，受到地方政府和乡亲的热情接待，从此结下了难以忘怀的客家乡情。他看到山区优美的风光、勤劳朴实的乡亲、人杰地灵的文化之乡，可是山区经济落后，人民生活艰苦，跟西方发达国家相比差距很大，他内心很不平静，深感责任重大，决心要为发展梅州家乡的经济、文化奉献绵薄之力！

要振兴中华，首先从家乡做起。他在梅州办起了海绵厂，努力发展地方经济，他一边投资办实业，一边热心公益事业。他得知梅州要创办嘉应大学，积极支持，出钱出力，奔走海外，不仅自己带头捐资，还在太平洋地区、南北美洲发动客家乡亲为嘉应大学筹集了 280 多万元建校经费，促使嘉应大学的基建工程顺利进行。为了给嘉应大学筹集资金，他不知疲劳，为串联海外乡亲到处奔波，路费、活动费、接待费等全部由他自己支付。他希望家乡早日腾飞，培养出更多的人才，为支援山区的经济建设，让梅州乡亲跟上时代的步伐，好早日加入国际大循环的行列，他每年都要回来一两次，对梅州家乡的各种建设事业尽一份心意。

熊德龙先生不仅热心家乡的各项建设事业，还踏遍祖国大江南北和边陲山区，对全国各地经过考察后，把投资的重点放在贫穷落后的大西南地区。他在广东沿海地区湛江创办了劳贝克有限公司，生产照相机返销世界各国；又在偏僻的中国内地贵州省投资兴建烟草机械厂；同时，为了帮助贵州少数民族落后地区发展经济，将本地产品推向国际市场，他跟贵州省合作成立了美国—太平洋有限公司，让贵州产品出口远销美洲各地。他在旧金山买下太平洋宾馆，跟贵州省外经贸部门合营，在楼下大厅展销贵州省产品。他还是贵州茅台酒在北美的代理商……几年来，他为开发大西南，发展中国内地少数民族落后地区经济作出了一定的贡献。有人问他："熊先生，大西南这么穷，条件这么差，交通又不便，你为什么要跑到那里去投资呢?"他坚定地回答："正因为大西南的条件比较差，许多少数民族兄弟还很穷，所以更要帮助他们富裕起来。越是贫困的地区越需要开发，我要带头到那里投资，因为我是中国人，中国人都不来谁来呢!"

熊德龙先生对在中国投资充满信心，毫不动摇。1989 年6 月4 日，中国发生了一场政治风波，不少外商已撤走部分资金和项目。他却顶着压力，6 月 9 日从美国赶到贵阳，安抚厂里的外籍员工，稳定了他们的情绪，因而无一搬走。并且，他还在继续扩大投资项目和资金。

几年来，熊德龙先生的实业已在云贵高原扎下了根，现在，又准备向东北边陲进军。

（谢佐芝主编：《世界客属人物大全》，新加坡崇文出版社 1995 年版）

姚美良：新一代华侨的骄傲

在中国南疆粤东山区有一座美丽如画的古城——梅州，这里是客家人聚居的中心。海内外客家儿女回到这块故土，无不怀着崇敬的心情来到“梅州大会堂”，顶礼膜拜，瞻仰先贤。

“梅州大会堂”矗立在梅江南峰新城区，是梅州与广州、汕头、福建、江西等地的交汇处。这座楼高4层，总面积6 037平方米，具有客家特色，且中西合璧，富丽堂皇。会堂一楼大厅伫立着黄遵宪、宋湘、丘逢甲、丁日昌、张弼士、姚德胜、罗香林、李惠堂八位先贤的铜像；二楼是会议厅；三楼陈列着美术大师、现代绘画先驱林风眠先生的画作；四楼是会议厅。会堂门前花坛、喷池、假山点缀，草木葱茏，繁花似锦。水池左侧巨型油麻上浮刻着叶剑英委员长的半身雕像，以及他在1982年12月29日的题词：“海内外同胞齐心协力，振兴中华。”门口处广东省省长叶选平题写的“梅州大会堂”5个大字金光耀目。“梅州大会堂”的建成是海内外客家人团结拼搏，重建梅州文明的结果，也是客家精神的象征。“梅州大会堂”耗资650万元人民币，是马来西亚爱国侨领姚永芳局绅之五公子、香港青年实业家、全国侨联委员、广东省政协委员、新加坡南洋客属总会和茶阳会馆荣誉会长、姚氏公会荣誉会长、梅州嘉应大楼名誉董事长、香港南源永芳集团公司董事长姚美良先生，代表昆仲为迎接1989年12月11日在梅州召开的“广东梅州客家联谊会成立庆典暨世界客属联谊大会”捐赠给家乡人民的一份厚礼。在大会发言时，他含着热泪动情地说：“我现在的家业都是由父兄一辈努力得来的，我不会忘记家乡。同样，我也希望各位乡亲致富后都不要忘记家乡，继续尽自己的能力，支持祖国和家乡的各项建设事业！”

姚美良先生是这样说的，也是这样做的。他身体力行，出钱出力，奔走海外动员侨胞和乡亲回国投资兴办实业，支持家乡和祖国的各项建设事业。从1986年开始，他回内地兴办实业，到目前为止，已投资2亿多元人民币。同时，在全国设立“永芳教育基金会”，已捐资2 000多万元人民币。他那爱国怀乡的精神，受到国家领导人和各级政府的重视，尤其受到海内外客家乡亲的尊敬。

姚美良先生于1955年出生在马来西亚一个华商家庭。父亲姚永芳先生祖籍广东省大埔县银江乡，24岁那年，胸怀壮志，远渡重洋，抵达新加坡，后转到居銮埠经营布业。第二次世界大战爆发后，日军南侵，姚永芳携眷避难山区，荷锄执犁，躬耕自给度日。1945 年“二战”结束后，姚永芳一家跟新、马人民一起，从日本铁蹄下被解放出来，得以重见光明。他把握住时机，从山区回到居銮创办了“南源布庄（私人）有限公司”，以布匹经营为主，兼售化妆品。经过几年的艰苦奋斗，加之经营有方，业务日渐扩展，姚永芳成了马来西亚南部柔佛州著名的布匹业巨贾。50 年代，姚永芳先生在商业基础巩固后，热心于社会福利、文教事业，在华人社会中德高望重，被选为南洋客属总会名誉会长、茶阳励志社名誉社长、姚氏公会名誉会长，并历任马华公会顾问、中华中学校董事、中华商会董事等职务。60 年代，他倡办大埔同乡会，历任会长，热心为当地人民和华人社会服务，捐建医院、学校等。姚氏由于对当地社会发展作出了重大贡献，于 1966 年荣获最高元首颁赐的 PPM 勋章，1976 年又获柔佛州苏丹殿下晋封太平局绅（J. P.）勋衔。

姚永芳先生不仅经商有道，热心社会公益，乐善好施，而且教育子女有方。在他的培育影响下，七子七女均成为了有益于社会的人才。长子森良、四子盛良、六子永良主持马来西亚居銮总行及分行业务；二子春良为吉隆坡“南源布庄进出口有限公司”经理；三子茂良为香港南源永芳集团公司经理；七子瑞良毕业于日本明治大学国际贸易科。五女群英毕业于日本庆应大学国际经济科，长女菊英、次女金英在美国纽约经商，三女桃英在关岛经商，四女祝英在马来西亚经商。长子姚森良历任新加坡姚氏公会名誉会长、柔佛居銮客属公会署理会长、中华商会署理会长、南洋客属总会名誉会长等职务。

姚美良从小生活在马来西亚。1966 年才 11 岁即遵父命回到中国接受中华传统文化的教育，曾在广州华侨补校和汕头华侨中学就读，经历了文化大革命的种种磨难。他目睹中华民族的优秀文化被践踏，民族精神受到摧残，他的幼小心灵留下了难言的创伤。灾难的中国，贫穷的家乡，让他心怀顾眷。1974 年他回到海外随父习商。1984 年他跟三哥茂良在香港创办南源贸易公司和化妆品公司，向东南亚各地销售“永芳”高级美容霜。自中国实行改革开放以来，欧美各国的化妆品畅销中国市场。姚美良曾多次回国考察，看到中国市场的潜力，他认定拥有 10 亿人口的中国，随着人民生活水平的日益提高，化妆品在国内大有销路，应该让中国人打扮得漂漂亮亮走向世界。他决定将他父亲创办的“永芳”高级美容霜进销中国，跟西方化妆品竞争，要让中国人创造的“永芳”高级美容霜在中国打开销路。短短几年，业务飞速发展，企业经济效益显著提高。1988 年“永芳”高级美容霜在武汉首届美容节中，荣获全国“最佳化妆品”的桂冠。他成功了，随着“永芳”高级美容霜的畅销，“永芳”系列化妆品陆续向全国各大城市推出，深受用户欢迎。

扶植民族工业　支援中国建设

“永芳”高级美容霜享誉国内市场之后，他又扩展了在国内的投资项目。首先从家乡贫穷山区梅州、大埔开始。1986 年在梅州投资兴建塑料加工厂和纸箱厂。同年，为了发展梅州经济，沟通梅州与海外的联系，让海外客家乡亲能够回乡探亲，也为了给他们捐办公益和投资办实业提供方便，使客家文化有一个据点，便于梅州各县工农业产品外销和传播，他决定投资 7 000 万元人民币与梅州市旅游局合资在广州市兴建具有客家特色的嘉应宾馆。

姚美良先生在国内投资既考虑经济效益，更重要的是还以扶植民族工业，发展地方经济，从根本上改变山乡贫穷落后的面貌为出发点。梅州、大埔都是山区，交通不便，工业基础差，回乡投资的侨胞并不多。但是，梅州是全国著名的华侨之乡、文化之乡、足球之乡，尤其是他的家乡大埔县素有“山中山”之称，是汉剧的发源地，山明水秀，宝藏丰富，人杰地灵，文武得才，华侨众多。高坡陶瓷传统工艺历史悠久，驰名中外。由于资金奇缺，无法引进新技术，只能手工操作，落后的生产影响了陶瓷业的发展。大埔县的地下矿泉水有“神水”之称，水质可与世界五大名泉媲美。虽然水质好，可是岩层 100 多米深，由于地方资金缺乏无法开采。面对家乡既文明又落后，既富饶又贫穷的现状，他日夜思索，如何使家乡人民富裕起来呢？把“乡土”和“神水”变成“金子”！让家乡传统工艺焕发青春，大放异彩，走向世界，让海外乡亲喝上家乡的“神水”。他要带头冒点“险”在家乡的“泥”和“水”上大做文章，以便带动更多的海外乡亲支援家乡建设。1988 年他在家乡大埔投资 6 000 万元人民币跟有关部门合作，兴办南源矿泉水公司、永芳工业城、南源陶瓷厂、印刷厂、包装装潢公司等。同时，还为海外乡亲回乡投资办实业提供良好的环境。1989 年矿泉水和陶瓷两个项目均已投产，8 月开始远销美国和东南亚各地。南源矿泉水被评为 1989 年“全国最佳运动饮料和补充剂”，并被指定为 1990 年 5 月在武汉举行的国际篮球赛和 9 月在北京举行的第十一届亚运会专用饮料。1989 年也在泰国展销会上获得了好评。

1988 年他又在汕头特区投资兴建彩瓷厂，把家乡大埔县的古老民族传统工艺高坡优质白体瓷加工出口，远销东南亚各国。同年又在汕头投资兴建一间日用化工厂。1989 年他又在梅州市地方工业较发达的兴宁县投资改造老企业，兴建永芳香皂厂。同年 12 月，他冒着零下 30 度的严寒天气，披风载雪到了中国东北边陲山城吉林通化市，晋谒抗日民族英雄杨靖宇将军的纪念碑后，在通化市投巨款扶植地方工业，兴建白山日用化工厂，利用长白山的自然资源，生产“人参面膜”等优质系列产品，并把产品推向国际市场。他是怀着强烈的民族精神去振兴中国民族工业的。

振兴中国教育　提高国民素质

姚美良先生遵循父亲“取之于社会，用之于社会”，“若有发迹，不忘中国教育”的遗训，他认为，现代化的成败与教育事业密切联系，一个国家要发展，重要的是提高国民素质。他回内地兴办实业、支持家乡和中国建设的同时，也注重发展社会公益，尤其对家乡和中国的文化教育事业作出了重大的贡献。1986—1989 年，据不完全统计，他为家乡大埔、梅州和祖国其他地区发展文化教育事业已捐资 2 000 多万元人民币。捐建了大埔县银江中学、银江小学、华侨中学、永芳学校；梅州嘉应大学、东山中学、梅州中学、高级中学、盲童学校、梅州电视台等。除此之外，还在北京、上海、武汉、重庆、哈尔滨、苏州、乌鲁木齐等 16 个省市分别设立“永芳教育基金”，以激发青少年努力学习，奋发向上。

近年来，他向中国残疾人基金会捐赠 100 万元人民币，还资助了全国残疾人艺术团 30 万元和亚运会 20 万元，评选《红楼梦》电视剧十佳演员 60 万元，捐给上海韬奋基金会 30 万元和上海人民英雄纪念碑 10 万元，此外还向天津铁路枢纽改造工程及东北大兴安岭火灾等捐献巨款。

1989 年 10 月 1 日，国务院邀请他参加国庆 40 周年庆典活动，在人民大会堂宴会上受到江泽民总书记、李鹏总理、王震副主席等国家领导人的亲切接见，并对他回国投资和为中国文教事业作出的贡献给予表彰。

弘扬中华文化　振奋民族精神

1989 年 12 月姚美良先生和他的顾问梁通先生应澳门有关方面的邀请，出席纪念林则徐巡阅澳门 150 周年的活动，瞻仰了港澳第一座林则徐雕像。为了进一步推动在全国开展近代史教育的热潮，姚美良先生提出 1990 年开展纪念中国近代史开端 150 周年系列活动的两大赞助计划：

第一，他委托广东省文史学界，于 1990 年 1 月 18 日，在广州花园酒店组织首次《纪念中国近代史开端 150 周年的座谈会》。他在座谈会上发表了题为《万众一心，振奋民族精神》的讲话。他热情洋溢地说：“我常常想，小至一个人，办一件事，大至一个国家，一个民族的兴盛，没有精神支柱是不行的。纪念历史伟人，弘扬中华文化，就可以成为我们的精神支柱。”参加座谈会的 60 多位专家、学者深受感动，给予他极高的评价，并纷纷表示以实际行动支持和协助办好这次振奋民族精神、意义特殊的纪念活动。会上，他决定了一个包括 5 项内容的赞助计划：①筹办1990年12月在广州举行的纪念中国近代史开端150周年国际学术研讨会，出版图片集、论文集和纪念专刊；②筹办林则徐与鸦片战争史迹展览会；③主办纪念黄遵宪先生诞辰142周年国际书画篆刻展览；④赞助出版《孙中山年谱考编》和《孙中山与亚洲国际学术研讨会论文集》；⑤协同海内外各方，设立林则徐基金。座谈会上，广东省历史学会、地方志学会和华侨历史学会均聘请他为荣誉理事，以表彰他对史学研究所作出的贡献。

第二，他与新华社《瞭望》周刊编辑部，于1990年4月21日在北京人民大会堂联合举行盛大的《纪念中国近代史开端150周年，弘扬中华文化座谈会》，受邀请参加的有政府部门负责人及史学、文艺、新闻等各界人士300多人。在座谈会上，他激动地说："鸦片战争以来，灾难深重的中国，能够进行安定建设的时间实在太少了。通过近十年来的开放改革，中国确实进步很大，但还存在不少弊病，我想，要克服这些弊病，从根本上讲，就要提高国人的素质。中国的振兴要从振奋民族精神开始。"他的一席话鼓舞了与会者，大家共同回忆了鸦片战争以来一个半世纪的历史，缅怀千千万万革命先烈和仁人志士可歌可泣的英雄事迹，这对于全国人民特别是青少年一代进行爱国主义教育而言是一件具有深远历史意义的大事情。在座谈会上，他决定赞助三个项目：①跟《瞭望》周刊编辑部联合举办"维系中华"的征文活动；②捐资创办"中山大学近代中国研究中心"；③在浙江美术学院设立"永芳艺术基金会"。

在座谈会期间，他受到国家教委主任李铁映、港澳办公室主任姬鹏飞、北京市市长陈希同、新华社社长穆青、中国电影协会主席夏衍和著名诗人艾青等领导人的亲切接见，他们对他为振奋民族精神，弘扬中华文化所作的贡献给予极高的评价。为表彰姚美良先生热爱中华文化，热心支持中国文化教育事业的崇高精神，中山大学特决定敬聘他为中山大学近代中国研究中心荣誉主任和近代中国研究中心基金会主席，还敬聘其顾问梁通先生为中山大学近代中国研究中心特约研究员。

"海内外同胞齐心协力，振兴中华"，著名爱国华侨青年实业家姚美良先生响应叶剑英委员长的遗训，发扬先辈华侨华人爱国爱乡的精神，他对文教事业的捐款超过千万元新币，他出钱出力发扬中华文化，分别入围美国的《美国名人录》，英国的《世界有成就领先人物名人录》、《国际名人录》、《国际有成就的男士》等。姚美良先生现任新加坡南洋客属总会永远荣誉会长、新加坡茶阳会馆永远名誉会长、香港嘉应商会名誉会长、梅州嘉应大学名誉董事长、香港南源永芳集团公司董事长等。1992年5月9日荣获马来西亚雪兰莪苏丹殿下赐封太平局绅（J. P.），可谓功在社会，实至名归。1994年荣任中国政协委员，国家倚重，世人瞩目，蜚声海外，誉满神州，令人景仰！真不愧为炎黄子孙客家人的好后代。

（《华夏》1990年第6期）

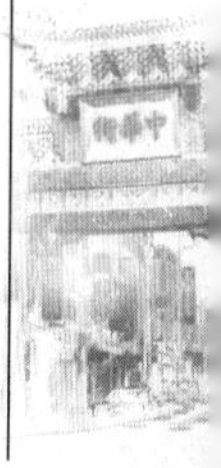

新时期客家文化的新发展

梅州素以华侨之乡、文化之乡、足球之乡著称，也是客家人聚居的中心，还是客家文化的发源地。客家地区毗邻港澳，华侨众多，深圳、惠州、粤东地处中国改革开放的前沿阵地，客家人跟海外有着密切的联系。客家文化在南粤侨乡根深叶茂，源远流长，远播海外。它饱含着中原文化的乳汁，在古老文化的百花园中，开放出奇葩，给中华文化增添了异彩。客家文化孕育过一代代功勋卓著的先贤和名垂千古的民族精英，还哺育着一批批新人成长，为人类社会的发展作出贡献。在新时期，客家文化将肩负着新的历史使命，为振兴中华、实现“四化”、统一祖国大业起着更重要的作用。

一

客家文化历史悠久、丰富多彩、枝叶繁茂，是中华文化的瑰宝，它已走向世界，扎根海外，为中华文明古国增添了光彩。客家人是汉民族后裔，先辈带着中原文化的传统意识，“尊师重教”、“崇尚礼仪”，在战乱年代，从北方经过多次大迁徙，辗转南移到闽、粤、赣、湘、桂等地区繁衍生息，开拓发展，在改造自然的同时，形成了独具特色的客家文化。在特定环境中发展起来的客家文化，既保留着中原文化的精髓，又吸收外来文化的影响，传统观念与外来意识相结合，产生了自己特有的语言、习俗、思想性格等。由于在特定的艰苦环境中生活，所以客家人锻炼出了吃苦耐劳、团结拼搏、敢于冒险、奋发进取的客家精神。先辈为了生存和发展，不畏强暴、不避艰险，从中原迁到南方山区，有的还漂洋过海到东南亚各地，到世界各国谋生。凡有海水的地方就有中国人，凡有中国人的地方就有客家人。客家华侨华人在天涯海角生活，仍然保存着自己特有的传统观念和生活方式，他们把客家文化传播到海外各地，并在那里生根、开花、结果。

重视教育是客家人的传统观念，梅州是闻名全国的文化之乡，教育事业特别发达。这里已形成了“家庭生活再穷苦，卖屋卖地也要供子弟读书”的社会风尚。正是在这种重视教育的传统意识影响下，梅州发展成为人才辈出的人文秀区。在客家文化的熏陶下，这块沃土孕育出黄遵宪、丘逢甲、丁日昌、张振勋、姚德胜、罗香林、李惠堂、叶剑英等历代先贤和杰出人物。

在海外的客家人受传统思想的影响，他们每到一地，只要事业有所成，首先想到的是兴办教育，培育后代，同时也非常关心家乡教育事业的发展。他们把兴办教育当成义不容辞的天职和报效桑梓的头等大事。梅州市重点侨乡梅县80%以上的中、小学校均是海外侨胞捐资创办的。五华县三间重点中学华中、水中、安中均是马来西亚华侨李桂和先生创办的。大埔、丰顺、兴宁、平远、蕉岭不少学校都是华侨捐资创办的。这些学校培养的大量人才，散居在世界各地。

梅州侨乡不仅教育事业发达，足球运动也历史悠久，是全国著名的足球之乡。足球运动在梅州很普及，足球场遍布城乡，逢年过节，足球运动就成了青少年不可缺少的喜乐活动。过去“强民足球会”推动着侨乡足球运动的发展。“亚洲球王”李惠堂就是来自足球之乡的世界五大球星之一。他为中华民族争光，在世界足球运动史上立下了丰碑。新中国成立后，足球之乡为全国各地输送了一批又一批足球人才。如名将曾雪麟和张均浪、谢育新、曾育泉、郭忆军、吴伟英等，仅五华县就为国家、省、市输送了42名优秀足球运动员。

客家文化蜚声海内外。传统汉剧是广东著名的三大剧种之一，不仅在客家地区流行，在东南亚各国也颇有影响。客家山歌在梅州已是家喻户晓，人人会唱，是客家人生活中宝贵的精神财富。劳动时，上山下田唱着山歌能解除疲劳。客家山歌是我国民族文化的珍宝，继承了唐、宋诗歌的风骨和韵味，它孕育的著名诗人黄遵宪走向了世界。汉剧、客家山歌成了海外客家侨胞魂牵故土、情系中华的心音。

客家文化在客家地区有着特殊的地位和作用，它孕育了一代代先贤志士、民族精英、领袖人物、诗人作家、教授、专家、学者、实业家和社会活动家等等。这是客家侨乡特有的优势，我们要珍惜它、重视它和发展它。

二

新时期，时代赋予客家文化新的历史使命，它将成为沟通海内外客家乡亲的纽带和桥梁，为振兴中华，统一祖国，实现“四化”强国发挥更大的作用。

十年“文革”期间，客家文化遭受践踏和摧残，创伤极大。随着中国改革开放，客家侨乡发生了巨变，客家文化迎来了兴盛繁荣的春天。在改革开放政策的鼓舞下，经过十年的拼搏，客家地区的经济发生了不小的变化。随着经济的振兴，客家文化也在同步发展。“文革”期间，海外侨胞报国无门，爱国怀乡的热情受到压抑。十年来，各项侨务政策得到落实，在改革开放政策的感召下，华侨、华人、港澳同胞报效桑梓的心愿得以付诸实现。侨胞们推动家乡文教事业发展的热情受到保护和赞扬，侨心顺了，于是出现前所未有的捐资办学高潮。办学形式多样，有个人、家族、宗亲、集体捐资办学，从小学、中学到大学，有的设立奖学奖教金，有的设立教育基金，都争先恐后为家乡培养建设人才贡献力量。丰顺县海外乡亲捐建的学校，一间比一间高级。侨胞们互相竞赛，争作贡献。十年来，梅州客家地区华侨、华人和港澳同胞集资办起了嘉应大学，大大促进了梅州地区的教育发展。

梅州客家地区一代乡贤以发扬教育为先的传统，对家乡教育倾心倾力，使梅州教育出现了新局面。嘉应大学的复办标志着客家文化进入新的发展阶段。嘉应大学的主要倡办人曾宪梓先生，为了振兴客家文化教育事业，不仅自己热心捐办教育和足球事业，还带动客家乡贤捐资各种文化教育事业，特别是倡办嘉应大学。几年来，他在梅州各地兴办教育和发展足球事业，捐资总金额已超过了3亿人民币。除了在东山中学、梅州中学、百侯中学、平远中学等学校捐建校舍外，还为嘉应大学捐建教学大楼和图书馆，后又捐资1 000万元人民币兴建一座设备齐全的宪梓高级中学。他决定将中国银利来公司所获得的利润全部奉献给家乡文教事业。同时，为了解决嘉应大学长年办学的经费，还发动30多位客家乡贤筹资1 500多万港元，成立了嘉应大学基金。这一义举，既为梅州建设增姿添彩，又为嘉应大学的发展打下了坚实可靠的基础，取得双重效益，是华侨办学史上的又一创举，为侨乡发展教育事业提供了宝贵的经验。美籍华人美国熊氏集团公司总经理熊德龙先生，他虽然是个“洋客家人”，但是却怀着一颗百分之百的客家心，为弘扬客家文化，发展侨乡教育事业，捐资总金额已达1 500万元人民币。为了创办嘉应大学，他奔走海外，出钱出力，联络南、北美洲的客家乡亲，募捐筹集了280万美元，使嘉应大学基建工程进展顺利。他个人捐资210万元人民币兴建了达国内一流水平的德龙大礼堂，把一颗金子般的客家心奉献给家乡亲人。香港“皮革大王”田家炳先生，为了发展大埔家乡的教育事业，几年来捐资办学总金额已超过3 000万元人民币，除了在大埔兴建家炳一中、二中、师范学校、工业学校和电视教育学校等等以外，还在嘉应大学捐建“家炳科学园”和嘉应教育学院“家炳实验大楼”。大埔县旅外侨胞肖畹香先生，在家乡山区捐建了规模宏大、设备齐全的进光中学，使其像一颗明珠在山乡闪光。为让学生方便上学，还专修一条公路直通县城。1990年，他又在县城捐建了第二华侨中学，解决山区侨眷子女入学难的问题。他还在嘉应大学、嘉应教育学院捐建校舍和图书馆。中泰友好协会副会长丁家骏先生，热心家乡教育事业，为家乡丰顺县华侨中学和汤坑中学的发展作出了很大的贡献。

客家乡贤重视教育的思想观念代代相传，年青一代更是竭尽全力发扬光大。全国侨联委员、香港青年实业家、南源永芳集团公司董事长姚美良先生，遵循其父“若有发迹，不忘家乡教育”的遗训，几年来，在回乡办实业的同时，以他父亲的名义在大埔、梅州和全国其他18个省、市设立“永芳教育基金会”，总捐资已达3 000万元人民币，其中70%的捐款用于发展客家地区的文化教育事业。除了大埔县银江中学、银江小学、华侨中学、永芳学校外，还有梅州嘉应大学、东山中学、高级中学、盲童学校和梅州电视台等，他还给大埔全县中小学校送去了彩电。1990年元宵节，姚美良先生邀请全市中小学校校长到梅州座谈，他代表南源永芳集团公司全体职工向校长及全体教师进行亲切的慰问，聊表他和职工们尊师重教的一片赤诚。1989年，为了迎接“世界客家联谊会”在梅州召开，他代表昆仲捐资680万元人民币兴建梅州大会堂，大会堂里伫立着8位先贤的铜像和陈列着美术大师、现代绘画先驱林风眠先生的画作。门口立有叶剑英委员长的巨型麻石浮雕以及他在1982年2月28日的题词：“海内外同胞齐心协力，振兴中华。”由广东省省长叶选平题写的“梅州大会堂”5个大字金光耀目。梅州大会堂的兴建，意义深远，是姚美良先生为弘扬客家文化、振奋客家精神、振兴侨乡经济作出的重大贡献。梅州大会堂的建成是海内外客家人团结拼搏、勇于进取、重建梅州文明的象征，也是客家儿女纪念先贤、昭启来者、奋发向上、振奋客家精神的展示。1990年教师节，姚美良先生又向梅州市教育部门捐赠11.2万元人民币，用于购买钢琴、录音机送给各县、区、乡村小学，并奖励26间办得较出色的学校和当年高考中25名成绩优异的学生。客家乡贤热心教育事业的动人事迹不胜枚举，本文仅介绍了几位老、中、青乡贤中有代表性的人物，此外还有刘宇新、罗焕昌、刘锦庆、余国春、陈泰元等许多侨胞乡贤，为弘扬客家文化、发展家乡教育事业立下了不朽的功绩。

近年来，梅州足球在侨胞乡亲的关心和支持下，获得了长足的发展。在曾宪梓先生的影响下，华侨华人、港澳同胞纷纷在足球运动开展得比较普及的重点县梅县、兴宁、五华等地捐资兴建大型标准足球场，开展各种比赛，多次举办“宪梓杯”、“萌芽杯”、“希望杯”、“球王杯”等。还成立了“强民足球基金会”，设法推动足球事业的腾飞，培养了一批又一批足球新秀，输送到国家和各省、市。还成立了女子足球队，开展女子足球运动，为国家培养女子足球新生力量，参加国际女子足球赛。

十年“文革”，客家文化遭到严重的破坏，剧团解散，演员挨斗，山歌停唱，歌手改行，汉剧、山歌被视为封、资、修黑货备受批驳。十年改革开放，落实了文艺政策，拨乱反正，演员归队，汉剧重演，山歌重唱，歌手出洋。海外侨胞邀请汉剧团到东南亚各国巡回演出，山歌手组团赴美与海外客家乡亲联唱，乡音乡情牵动着海外赤子心，搭起了游子思归的天桥。1988年10月21日，侨乡父母官徐丹华先生亲自率领“梅州山歌祝贺团”赴旧金山参加“世界客属第九次恳亲大会”，跟阔别多年的海外乡亲同台联唱，共叙亲情。“漂洋过海来探亲，客家乡亲心连心”。1989 年 12 月 11 日，世界各地客属代表从五湖四海赶赴梅州参加“世界客家联谊会”，在祖居地同话桑麻，共叙乡情。“隔山隔水难隔心，天下客人一家亲”，这是海外乡亲思念故乡亲人的心音，阔别 40 多年的亲人相聚在故乡，以歌当话，倾诉衷肠，潸然泪下。梅州大会堂的客家之夜更是动人心弦。“五湖四海来相会，曲曲山歌表深情。”随后，台湾客家乡亲组织了 150 人的山歌演唱团回到客家地区如深圳、惠州、梅州等地进行演唱联欢，共叙乡情。

海外侨胞关心客家地区侨乡旅游事业的发展，热心于文化古迹和风景名胜的构建与保护。梅州著名文化古迹阴那山灵光寺，历史悠久，风景秀丽，是海外侨胞回乡探亲旅游必到之地。为了更好地保存客家文化古迹，振兴侨乡的旅游经济，曾宪梓、刘伦思、陈泰元、姚美良等人共同捐资修葺灵光古寺。大埔县新开辟的英雅旅游区，位于海拔 1 297 米高的粤东名胜阴那山之东，有一座久负盛名的千年古刹万福寺，它与梅县灵光寺同山相背，寺庙周围古木参天，环境优雅。第一期工程由田家炳先生捐资 6 万元人民币，修建万福寺山门、仁山智水亭和揽翠风景亭。一山两寺，把粤东名胜阴那山装扮得更加壮丽秀美，经修葺的文化古迹重放异彩，梅州古城显得格外娇艳多姿。

客家文教事业的发展跟海外客家乡亲的支持分不开，如各县教育事业的发展，嘉应大学等学校的创办，梅州大会堂的兴建，足球运动的普及，文化古迹的修复，以及汉剧、山歌等客家文化的繁荣与发展，无不倾注着客家华侨、华人、港澳同胞的心血，没有他们的关心和支持，就不可能有今天这样的新局面。

三

展望未来，新时期的客家文化已进入新的发展阶段，它肩负着新的历史使命。梅州是客家人聚居的中心，嘉应大学是梅州的最高学府，其客家文化研究室的成立，意味着客家文化走向新发展，它担负着推动客家文化发展的重任。嘉应大学客家文化研究室应成为世界客家研究的中心，应该如何开展研究工作，怎样加速步伐，多出成果，在客家研究领域有所建树，作出新贡献，这是很值得我们探讨的。

首先，明确指导思想。根据客家文化的特点，确定研究主攻方向，既要研究客家渊源，弄清客家流民史以及客家文化的特质，更重要的是研究客家文化自身发展的规律，在各个历史时期所起的作用，发展趋向以及所产生的海外影响。把历史和现状结合起来，避免陷入孤立、静止、脱离实际的研究，要为当前社会发展的现实服务，既要重视前人的研究成果，做好整理工作，又要结合现实研究，有所突破、创新和发展。近年来，客家文化发展飞速，同时推动着客家地区经济的腾飞，客家人要跟上时代步伐，加入国际经济行列，创造美好的未来，为祖国统一大业、建设现代化及社会的发展作出特殊的贡献。要把弘扬客家文化、振奋客家精神、振兴侨乡经济与弘扬中华文化、振奋民族精神、振兴中华融为一体。

其次，组织专业队伍，成立研究机构，固定专职研究人员。建立图书资料库，广泛收集资料，跟海内外客家研究机构、学术团体、社团会馆、专家建立联系，互通信息，互相交流，把客家文化研究室办成世界客家研究中心。

再次，筹办客家文化研究基金。成立客家文化研究会，对教育、足球、汉剧、山歌、民居民俗、文化遗产等进行系统研究。宏观与微观研究相结合，出版刊物或书籍，及时推广研究成果，以扩大影响，并制订规划，把专题研究与编撰专著相结合，专职研究人员与业余研究队伍相结合，海内外相结合，建立客家文化研究纲要，组织老、中、青不同年龄的梯队，注重培养从事客家研究的专门人才。

最后，举办客家文化学习班或夏令营，让海外客家华侨华人子女回乡探祖寻根，学习客家语言、汉剧、山歌、汉乐、美食、书画、武术等传统文化，让客家文化在海外后继有人。

客家文化孕育了一代代先贤，在海内外有着深远的影响，为人类社会发展起过重大的作用，在中国文化发展史上写下了不可磨灭的一页，它的未来将会更加灿烂辉煌。

（韩庆祥、谢佐芝主编：《客家文化研究特集》，马来西亚新山客家公会 1993 年版）

客家人对中国革命和建设的贡献

客家人是炎黄子孙的后裔，是中华民族的组成部分。客家人根在河洛，源远流长。先辈经历了5次大迁徙，从黄河流域辗转迁至南方诸省及海外各地。客家先民在艰苦坎坷的南迁中，磨炼出刻苦耐劳、奋发进取、追求理想、团结拼搏、敢于开拓、坚忍不拔、爱国爱乡的客家精神。在中国近代革命史上，如太平天国运动、中法战争、辛亥革命、抗日战争等革命大潮中，客家人为中华民族谱写了一曲曲惊天动地的正气歌。在历次风云变幻的危急关头，客家人总是冲锋陷阵，勇当排头兵，在反封建反侵略的斗争中立下了殊勋，不愧为华夏子孙的骄傲。国际学者评论：客家一族是中华民族中最优秀的民族（系）之一。[1]

在新时期，在建设现代化的进程中，客家人在前沿阵地，奋力拼搏，联络侨亲，引进外资，充分发挥桥头堡的作用。本文着重以事实为依据，论述客家人民在中国近代革命和新时期改革开放中所作出的贡献。

客家与太平天国革命

自1840年鸦片战争爆发之后，西方殖民主义用坚船利炮打开了古老中国的大门，由于清王朝的腐败统治，泱泱大国沦为半殖民地半封建国家。清王朝对内残酷压迫人民，对外卖国求荣，中国人民面临着沉重的内忧外患。官逼民反，由于农民起义不断发生，全国开始酝酿着一场波澜壮阔、规模宏大的农民运动。1851年广西客家聚居地金田村，爆发了一场伟大的农民起义——太平天国革命运动，革命席卷大江南北，撼动全国。领导这场声势浩大的农民起义的革命领袖洪秀全、杨秀清、冯云山等都是客家人。这场革命虽然以失败告终，但是，它所产生的影响却是非常深远的，不仅给清王朝和西方殖民主义者敲响了警钟，动摇了清王朝的统治地位，狠狠打击了外国侵略势力，显示了中华民族不可征服的伟力，同时也展示了中华民族将与腐败的清王朝以及一切外国侵略者血战到底的决心。

太平天国运动的组织发动者和中坚力量是客家人，首领洪秀全以及六位最高决策的核心人物均是客家人。天王洪秀全是广东花县官禄埠村人，祖籍福建宁化石壁，后迁至广东潮州汤田，明朝永乐年间由潮州迁至嘉应州梅县石坑堡，后迁花县官禄埠村，洪秀全排行十五世；东王杨秀清是广西桂平县人，祖籍嘉应州，后迁至广西；南王冯云山是广东花县禾落地人，祖籍东江龙川，后迁至花县；西王萧朝贵是广西桂平县平隘山下古棚人，祖籍武宣县东乡上武兰村；北王韦昌辉是广西金田村人，祖籍广东；翼王石达开是广西贵县北山里人，祖籍广东和平县；天官丞相秦日纲是广西贵县人。

除以上金田起义的七位核心人物是客家人之外，太平天国主要高级将领也都是客家人：冬官正丞相罗大纲是广东揭西人，国宗韦志俊是金田村人，国宗韦以德是金田村人，遵王赖文光是广东嘉应人，匡王赖文鸿是金田村人，夏官副丞相赖汉英是广东嘉应州人，堵王黄文金是广西博白人，天官副丞相林凤祥是广西桂平白沙人，顾王吴如孝是广东嘉应州人，循王魏超成是广西陆川客家人，烈王曾天养是广东惠州人，恩赏丞相曾天浩是广东惠州人，天官又正丞相周胜坤是广东花县人，夏官又副丞相曾锦谦是广西博白人，觐王王盛均是广西贵县人，就王王盛爵是广西贵县人，春官正丞相黄启芳是广西博白人，地官又正丞相罗苾芳是广东嘉应州人，地官又副丞相刘胜芳是广东嘉应州人，尧王侯观胜是广东嘉应州人，森王侯玉山是广东嘉应州人，振王侯玉田是广东嘉应州人，国宗石祥祯是广西贵县人，国宗石凤魁是广西贵县人，恩赏丞相罗琼树是广西贵县人，辅王杨辅清是广西桂平县人，旺王黄文英是广西博白人。以上仅是有据可查、已封王的和担任丞相职务的高级军政将领，只是太平天国高级将领中的一小部分。

太平天国将领基本上是客家人，同时，金田起义的群众也大多数是客家人，参加金田起义的有 2 万多人，大多数是客家人。金田起义之初建立的 9 大据点：贵县赐谷、北山里、龙山，桂平紫荆山、金田，平南鹏化山区，陆川陆苗，博白平山，广东信宜圹坳。这些据点都是以客家居民为主。

由客家人领导的太平天国革命，揭开了中国近代史上反帝反封建斗争的序幕。这场伟大的革命运动虽然没有成功，但是中国人民已吹响了推翻腐败清王朝的进军号，它鼓舞了中华民族奋起反抗，抵御外侮，誓与中外反动势力进行绝不妥协的斗争的决心。这场革命表明了客家人有着强烈民族责任感和自豪感，反映了他们在反抗封建统治斗争中团结拼搏、不怕牺牲、永不妥协的革命精神。

客家与中法战争

中法战争在中国近代史上是一个大事件，在这场抗击外侮的民族保卫战中，我国人民打了一个大胜仗，威震中外。在这场艰苦卓绝的抗法斗争中，客籍将士起着重要的作用，其主要将领刘永福是广西钦州客家人，老将冯子才以及其部属将士多数是客家人。他们英勇善战，团结一致，顽强抗敌，挫败法军，大大鼓舞了中国人民反侵略斗争的士气，激发了中国人民的爱国热情和民族自豪感，进一步推动了中国人民反帝爱国运动的高涨。

抗法斗争中，主将黑旗军首领刘永福是广西钦州客家人，祖籍福建宁化石壁村，后迁至广西。黑旗军将士绝大多数是客家人，部下的将领如管带、帮带、哨官、哨长中[②]，属客家人的就有100多个。刘永福部将杨著恩是广西钦州客家人，黄守忠是北江客家人，青年将领黄延光、方兴帮、刘少梅，哨官刘凤岗、刘永隆等也是客家人，还有刘永福的参谋黄其章、养子刘成良亦有客家血统。

著名的抗法老将冯子才与刘永福合称"抗法双璧"，他俩在抗法战争中立下了殊勋。冯子才部属从统帅到督带、管带、帮统的23人中，有12人是客家人，其他督战委员、参战戎务等文武官员也大多数是客家人。在抗法保台的战斗中，客家将士英勇抗敌，写下了光辉的历史。台湾保卫战的统帅刘铭传，主战派唐景崧、岑毓英、曾纪泽等均是客家人。名将聂士成、林朝栋、刘清江，提督章高元，总兵刘朝祜、张李成、林汝梅、王廷理、周之谦、陈霞林、林维源，以及爱国志士、抗日义勇大将领丘逢甲等也都是客家人。

在抗日保台战争中，以客家将领为首，台湾各族人民团结抗敌，保卫祖国领土不受侵犯，在斗争中涌现出不少英雄人物，他们名留青史，光照后人。这些杰出的爱国将领继承和发扬客家先辈强烈的民族意识和爱国主义精神，当祖国领土遭受侵略，即挺身而出，不顾一切，誓死保卫祖国领土的完整，将英勇战斗的精神一代一代传下去。客家先辈用鲜血和生命捍卫着祖国的神圣领土台湾，许多客家英雄的后代仍然在宝岛繁衍生息，他们用勤劳的双手、坚定的信念建设和保卫这块被无数先辈的鲜血染红的圣土，继续发扬前辈爱国爱乡的光荣传统，为振兴中华、实现祖国统一大业作出贡献。

客家与辛亥革命

客家人在历次伟大的变革里，总是站在时代的前列，一马当先，勇敢拼搏，显示出不达目的绝不罢休的顽强毅力。倘若说洪秀全领导的太平天国运动揭开了中国近代史上反帝反封建的序幕，动摇了清王朝的统治，客家人起了马前卒的作用，那么，孙中山所领导的辛亥革命，客家人便起了推翻封建王朝、充当掘墓人的作用。

辛亥革命的领导者孙中山，祖籍广东紫金县中坝孙屋围（原属长乐，即现五华县辖），后迁中山县翠亨村。孙中山在海外发动革命并在国内组织武装起义，在讨袁护法、东征、北伐中，追随孙中山的主要骨干力量都是客家人。

孙中山在日本成立革命同盟会，受到客籍留日学生的积极支持。1905年在日本参加同盟会的客籍人士有：谢良牧（嘉应州）、古应芬（番禺）、黄超如（嘉应州）、何天炯（兴宁）、胡毅生（番禺）、谢逸桥（嘉应州）、何天瀚（兴宁）、梁慕光（惠州）、李勒（嘉应州）、梁揆通（嘉应州）、谢延惠（嘉应州）、谢延祉（嘉应州）、温晋侯（嘉应州）、饶一梅（嘉应州）、何卓麟（大埔）、刘维濂（兴宁）、刘群立（兴宁）、李定区（兴宁）、李荫区（兴宁）、李敬熙（兴宁）、胡汉民（番禺）、廖仲恺（惠州）、梁生圃（嘉应州）、李天麟（嘉应州）、陈志凯（嘉应州）、张仁任（嘉应州）、李华伟（嘉应州）、饶景华（兴宁）、何成（兴宁）。当时同盟会的核心成员中客籍留日学生占46%，他们在筹集革命活动经费和串联发动华侨中起了很大的作用。同盟会成立后，谢良牧被选为会计长，孙中山赴南洋宣传革命缺少经费之时，是谢良牧、谢逸桥兄弟率先捐款资助的。

孙中山在海外的活动得到了客籍华侨的支持，他发动的七次武装起义中都有许多客家人参加。在广州起义壮烈牺牲的72烈士中，有林修旺、陈文褒、饶辅延、周增、张学龄等24名客籍人士。英勇刺杀清官并壮烈牺牲的革命志士温生才、陈敬岳也是客籍人士。

在孙中山身边的决策人员中，客籍人士谢良牧、胡汉民、廖仲恺、邓铿、姚雨平、李柏存、朱执信等均是革命的骨干力量。在东征、北伐中，客籍将领起着极大的作用。北伐军总司令姚雨平、铁军团长叶挺、薛岳、邓仲元、邓演达、叶剑英等客籍将领均是孙中山的得力助手。孙中山领导的辛亥革命，推翻了封建帝制，建立了民主共和国，在革命斗争中，客家人表现出坚忍不拔、前仆后继，不达目的决不罢休的不屈不挠的精神。

客家与抗日战争

抗日战争爆发后，海内外客家人跟全国人民一道投入反法西斯的民族自卫战中，在保卫祖国、保卫家乡的抗日救亡运动中，他们有钱出钱，有力出力，捐款抗日，参军参战，无论在主战场还是敌后游击区，都涌现出不少顶天立地的抗日民族将领。

1934年10月，驻扎在闽、粤、赣地区客家聚居地的工农红军主力部队北上抗日，经历了艰难困苦的二万五千里长征，1935年10月到达了陕北，随后奔赴抗日前线。这支抗日队伍中许多将领和战士都是客家人。

1937年8月31日日军进攻上海，淞沪战役爆发，驻守在上海的十九路军与上海军民一道奋起反击，狠狠地打击了日寇的气焰。十九路军将士大多数是广东人，其中有不少客家将士。抗日将领谢晋元团长，是广东蕉岭客家人，当时他率军800人，固守在上海闸北四行仓库，掩护部队撤退，敌人集中海陆空三军火力猛扑，800壮士英勇不屈，阵地稳如钢铁堡垒，日寇无法攻破。谢晋元团长号召壮士誓死抗敌，决与敌寇血战到底。后在撤退途中，中了汉奸、投降派的暗计，陷入英租界，被敌人杀害，享年37岁。他英勇牺牲后，上海举行了十万人的国葬追悼会，国民政府追赠他为陆军少将。上海人民为怀念他，设立晋元路、晋元公园、晋元中学等，他家乡蕉岭县也有晋元中学和晋元小学。1985年8月30日上海市在晋元中学重立谢晋元将军的塑像。

全面抗战爆发后，国共合作抗日，各地主战场的客籍将领英勇善战，以身许国，抗击日寇。如张发奎、罗卓英、吴奇伟、陈大庆、范汉杰、陈济棠、邹洪、罗维维、黄镇球等。敌后战场的客籍将领如八路军总司令朱德、参谋长叶剑英、政治委员邓小平、新四军军长叶挺等，跟主战场互相配合，发动敌后人民开展游击战，共同挫败日军，消灭敌人的有生力量。客籍青年学生纷纷参军参战，在保家卫国的战场上，奋不顾身，英勇杀敌。

旅居国外的客家侨胞共赴国难，募捐救国，疏财助战，也有不少回国参军参战。南洋客籍侨领胡文虎是海外华侨为支援抗日捐款最多的一位，他不仅是募捐救国的佼佼者，同时他所办的星系报纸在海外各地发动华侨宣传抗日。他还在全国各地捐建1 000所小学，想普及教育，后由于种种原因，他的愿望无法实现，只好将办学资金交给国民政府用作抗日。客籍爱国侨领胡文虎在抗日战争中的功绩是不可磨灭的。

1938年日军从大亚湾登陆后，海外客家侨胞获悉祖国家乡遭日寇铁蹄蹂躏，心急如焚。东江两岸的惠阳、东莞、宝安等县客家乡亲，跟随曾生领导的东江抗日人民游击队和港九抗日游击队奋起抗敌，打了几场大胜仗，狠狠地打击日本侵略军。消息传到海外，南洋侨胞深受鼓舞，奔走相告。尤其是客籍侨领和华侨青年热血沸腾，纷纷表示要以实际行动支援家乡抗日。在国家民族生死存亡的危急关头，南洋客籍爱国侨领黄伯才、黄适安、戴子良、官文森、钟醇生等，号召华侨青年回国参战，相继成立了英荷惠属同侨救乡总会③，组织东江华侨回乡服务团④，以人力物力援助东江人民抗日游击队。

1939年在南洋华侨救国总会的直接领导下，一批又一批惠属华侨青年告别南洋亲人，漂洋过海回到灾难深重的祖国，战斗在硝烟弥漫的罗浮山下东江两岸。各埠的客属侨领和华侨把募捐的财物，由各队回乡服务团带回祖国家乡。他们回到香港跟当地的惠州青年团结在一起，奔赴各个战场。有的奔赴延安，有的参加当地的抗日人民武装部队，有的在敌后组织民众宣传抗日，有的随军救护伤病员……华侨青年黄义芳率领吉隆坡队73人，王春红率领的由爱国侨领官文森捐资组织的官文森队7人，黄志强率领的由爱国侨领黄伯才和黄郁才兄弟俩捐资组织的两才队12人，还有双莪月队、加影队、越南队和暹罗队等都回到祖国的怀抱共同抗日。当他们回到香港时，受到驻港八路军办事处廖承志、连贯、曾生、宋庆龄、何香凝等人的热情接待，并被安排与惠属港澳青年，如惠阳青年会、余闲乐社、海陆丰同乡会、赈济会、青年歌剧团等各社团青年一起座谈，会上均表明了华侨港澳青年抗日救亡的决心。随后华侨港澳青年组成400多人的队伍，深入到东江两岸的惠阳、东莞、宝安、河源、龙川、增城、博罗、和平、紫金、海丰十个县宣传抗日，动员民众团结抗敌。他们冲破重重阻力，克服各种困难，跟客家乡亲团结战斗在一起，唤起民众，抗击日寇，保卫家乡。在华南抗日战争史上谱写了光辉的一页。他们发扬客家先辈爱国爱乡的传统，虽然身居海外，然而一旦祖国家乡遇到外国殖民者的侵略，即与祖国共患难同呼吸，奔赴疆场，为民族独立和解放而英勇献身，表现出客家侨胞强烈的民族意识和爱国怀乡的精神。

客家与改革开放

中国实行改革开放，广东是中国的南大门，毗邻港澳，华侨众多。客家人分布在东江、韩江、西江、北江两岸，地处经济改革的前沿地带。全国第一个经济特区深圳是改革开放的窗口、引进外资的通衢和发展外向型经济的样板，也是中国人走向世界的桥头堡。深圳、宝安是客家人的聚居地，他们是深圳经济特区的开荒者。在全国人民的支援和华侨港澳同胞的关心下，经过十年的顽强拼搏，艰苦创业，把贫穷落后的边陲小镇建成了初具规模的现代化城市。在新时期，客家儿女用自己的汗水和智慧去创造美好的未来，在改革大潮中大显身手，起着排头兵的作用。

深圳特区经济改革的成功，为我国实行全面改革提供了丰富宝贵的经验。深圳特区的开发是中国改革开放"总设计师"邓小平参与创建的，他是四川客家人，祖籍广东嘉应州，祖辈早年迁至四川。他对深圳特区的建设付出了极大的心血。创建之初，他亲临部署，并多次考察，鼓励深圳特区人民加快改革步伐，向更高的水平迈进。

改革是为进一步发展生产力，在这次伟大的改革中，处于前沿地带的客家人跟海外、港澳地区的客家乡亲一道，团结拼搏，改变家乡贫穷落后的面貌。这十年来，广东客家主要聚居地惠州、梅州、粤北、粤西等，发生了不同程度的变化，以农业为主的山乡经济逐渐向工业化发展，由封闭式的小农经济朝外向型经济过渡。正在崛起的惠州，是东江客家人聚居地，近年来发生了天翻地覆的巨变，成了外商投资的"热点"，经济飞速增长，国民经济平均3年翻一番，增长率高达54%，增长幅度45.9%，超过珠江三角洲的各个城市。1988年工农业总产值达24.4亿元，其中工业产值17.8亿元，农业产值6.6亿元。1991年惠州工农业总产值已高达95亿元，其中工业产值73亿元，农业产值22亿元，已聚集外资40亿美元，比深圳、珠海、海南引进的外资总和还多[5]。

在中国现代化建设进程中，华侨华人、港澳台同胞作出了重大的贡献。广东经济改革的成功，客家地区经济的腾飞离不开华侨华人和港澳台同胞的支援。海外客家华侨华人和港澳台乡亲都有着强烈的爱国怀乡传统精神，他们关心桑梓，热爱中华，自中国实行改革开放以来，有钱出钱，有力出力，纷纷回国投资办实业，以支援家乡建设。在投资办实业的同时，还兴学育才、捐办公益事业等。海外和港澳地区许多客籍教授、专家、学者回国讲学，促进文化学术交流，或帮助引进人才和资金，为桑梓建设作出了极大的贡献。

梅州是客家人聚居的中心，教育发达，人才辈出，是我国著名的文化之乡、华侨之乡、足球之乡。十多年来，海外客家乡亲和港澳台同胞为了加快家乡经济改革的步伐，加速培养“四化”建设人才，许多乡亲不仅回到梅州投资办实业，同时，也大力支援家乡教育事业，引起了捐资办学的新高潮。不仅捐办中小学，还集资创办嘉应大学，为家乡和祖国培养现代化建设人才。如香港知名人士、金利来（远东）有限公司董事长曾宪梓，在梅州创办银利来有限公司和金利来（集团）公司。他带头把在梅州兴办实业所获的利润捐献给家乡文化、教育、足球等公益事业；香港南源永芳集团公司董事长姚美良，在梅州、大埔等地兴办实业，将其所获利润捐献给家乡文教、体育、医疗、卫生等福利事业，为弘扬中华文化作出了新贡献；美籍客家华人熊氏集团董事长熊德龙，在梅州办实业的同时，还热心捐办嘉应大学；香港实业家田家炳在大埔、梅州各地捐资兴办学校十多间；还有刘锦庆、孙城曾、刘宇新、罗焕昌、李济平、丁家骏、丘细见、徐思华、肖畹香、何郑珍妮、陈泰元、李乃英、曾振基、吴晋祥、赖子才等客家乡亲，为发展梅州教育事业倾注了大量心血。美国著名客籍教授潘毓刚、沈己尧、徐育珠、谢蔚等，经常回嘉应大学和其他大学讲学，传授先进科学文化知识，为家乡和祖国培养人才作出努力。港澳地区的高等院校和科研机构的客籍教授、专家、学者也经常回乡讲学，跟客家地区进行学术交流，促进家乡文教事业的发展。

客家先辈对中国近代革命和人类社会发展作出了重大的贡献。我们要继承和发扬先辈的革命精神，提高民族自信心，加强团结，克服自身存在的缺点，跟上时代的步伐，在第三次世界工业革命、科技兴国的新时期，不断进取，勇于开拓，把经济搞上去，以改变本地区贫穷落后的面貌。侨居海外的客家乡亲要加强与当地人民的联系，为发展经济，共建文明，促进世界和平作出新贡献。同时也要关心桑梓建设，为振兴中华，完成祖国统一大业，实现四个现代化而努力。海内外客家人要加强联谊，互通乡情，交流信息，弘扬中华文化，增强民族凝聚力，为人类社会的发展作出更大的贡献。

注释：

① 根据《新加坡南洋客属总会六十周年纪念特刊》中段拍林“中华民族的客家地位和文化特质”引文；《美国国际百科全书》介绍“客家是中华民族最优秀的民族（系）之一”。日本山口县造评价：“客家人乃是中国最优秀的民族。”美国布库斯顿在其《亚洲人》一书中评论：“客家人乃是中华民族的精神，若用牛乳来说，乃是干酪。”

② 黑旗军的部属建制：管带是营长，帮带是副营长，哨官是连长，哨长是排长。黑旗军是爱国将领刘永福领导的农民起义军，在中法战争中驻守在中越边境，英勇抗击了法国侵略军，打了大胜仗。

③ 抗日战争时期，自1938年10月14日，日军在大亚湾登陆的消息传到南洋，惠属华侨义愤填膺，在吉隆坡召开了英荷两属惠州会馆代表大会。有新加坡、槟榔屿、马六甲、吉隆坡、怡保、棉兰等9个会馆40多位代表参加，推选黄伯才、戴子良、钟醇生等三人为主席团，决定成立惠州同侨救乡委员会，发动惠属华侨募捐救乡运动，并派黄适安等三人回乡调查和赈济灾民。

④ “东团”是南洋惠属华侨救乡会成立后，组织的华侨青年回乡抗日服务团。该团宗旨是动员东江群众协助军队及人民武装抗战，并拯救伤兵难民及辅导民众组织各种救亡团体。

⑤ 由广东省经济委员会、广州市经济委员会和香港粤海企业（集团）有限公司等9个单位联合组办的《粤港信息日报》，1992年2月10日第3版，星城、王顺久、何昌宇著“惠州，崛起的新大陆”（大型纪实文学连载），中国经济超级热点大曝光之一。

（谢剑、郑赤琰主编：《国际客家学研讨会论文集》，香港中文大学亚太研究所海外华人研究社1994年版）

参考文献

①罗香林：《客家源流考》，中国华侨出版公司1989年版。
②陈运栋：《客家人》，台湾联亚出版社1981年版。
③张卫东、王洪友：《客家研究》，同济大学出版社1989年版。
④张永和：《胡文虎传》，新加坡崇文出版社1990年版。
⑤吴　泽：《客家学研究》，上海人民出版社1990年版。

⑥林善珂：《客家渊源》，新加坡崇文出版社 1991 年版。

⑦饶任坤：《太平天国史散论》，广西人民出版社 1991 年版。

⑧黄清根：《客家学研究》（第二辑），上海人民出版社 1990 年版。

⑨房学嘉：《谢逸桥、谢良牧与孙中山领导的民主革命》，暨南大学出版社 1991 年版。

⑩房学嘉：《客家文化研究》（第一辑），嘉应大学客家文化研究室 1990 年版。

⑪谢佐芝：《世界客属人物大全》，新加坡崇文出版社 1990 年版。

⑫朱杰勤：《华侨史论文集》（第二辑），暨南大学华侨研究所 1981 年版。

客家侨胞与梅州教育

素有“文化之乡”、“华侨之乡”等誉称的梅州侨乡，历来教育发达，人才辈出。清代著名书法家、诗人宋湘，政治家、外交家、诗人黄遵宪，中国四大藏书家之一的丁日昌，东南亚华侨巨富、回国投资先驱张振勋，诗人、教育家丘逢甲，无产阶级革命家叶剑英等，都是梅州山区侨乡孕育出来的历代先贤和杰出人物。明清两代，仅梅县就有秀才3 678人。据不完全统计，梅州市现分布在全国各大专院校和科研机构任职的正教授以及相当于正教授水平的高级知识分子就有500名，梅州市每年都有3 000多名学生考入全国各地的高等院校。[①]据1987年统计，梅州市七县一区有大专院校3所，在校学生2 861人；中等师范和进修学校10所，学生2 710人；工、农、商、医等中等专科学校10所，学生1 880人；职业中学和农业技术学校71所，学生14 256人；普通中学242所，学生185 540人；小学2 318所，学生533 771人；幼儿园988所，入园幼儿108 087人。此外，还有电视大学分校8所，学生1 500人；业余中学1所，学生222人。[②]

梅州教育发达的原因是多方面的：首先，客家人“崇尚文教”的传统意识影响；其次，客家人生活在山区，人多田少，读书受教育是谋生寻出路的主要途径；再次，梅州是侨乡，海外侨胞乡亲对家乡桑梓教育的关心和扶持，是促进梅州教育事业发展的重要因素。本文着重论述海外客家侨胞在各个历史阶段对梅州教育事业的贡献。因资料收集有限，挂一漏万，望读者和客家乡亲谅解并随时作补充。

一

梅州客家侨胞素有关心桑梓、捐资办学的传统。重视教育是客家人的传统思想，无论是在海外还是家乡，均把教育后代、造就人才当作首要义务。

梅州位于广东省东北部，毗邻闽赣，现辖梅县、兴宁、大埔、丰顺、五华、平远、蕉岭七个县和梅江区。人口410多万，它是客家人居住最集中的地方，也是客家人文文化中心。梅州是广东省重点侨乡，全市旅外华侨华人，据1988年统计有169万人，他们分布在全世界60多个国家和地区，其中以东南亚的泰国、印度尼西亚、马来西亚、新加坡最多，其次是美国、缅甸、毛里求斯等国。港澳同胞有 34 万多人，台湾有 53 万人。[3]

客家先辈在东晋时代开始从中原南迁，经过 5 次大迁徙，到了梅州山区。“客家是中国民族里的一支，他们的先民，就是因为受边疆部族侵扰，才自中原辗转逐渐迁到南方来的。”[4]南迁的客家先辈，相当部分是仕宦家族，书香门第，他们带来了中原文化中“尊师重教”、“崇尚礼义”的传统意识。客家先辈在粤东山区定居后，在开发山区经济的同时，注重发展教育事业，培养人才。从宋朝至清雍正、乾隆、嘉庆年间，教育逐渐兴盛，嘉庆二十年在嘉应州内应考秀才的不下万余人，读书人已占当地总人口的三分之一。[5]客家人大多数居住在山区，人多地少，必须谋求它路寻发展。因此，客家人普遍养成了卖田也要供子女上学的习惯。“客家人的一般观念，认为读书是谋生的必要途径，因此读书风气盛，造就人才自然较多。”[6]

客家先辈因生活所迫，有的漂洋过海闯南洋，他们大多数都家境穷苦，文化水平不高，在海外谋生吃尽了没文化的苦头，所以特别关心家乡的教育事业。他们在侨居国与当地人民同甘共苦，友好相处，开发农业、工矿业，发展地方经济，关心公益，为发展教育作出了贡献。“客家人在南洋各地经商的很多，而他们乡土观念又重，赚了钱一定要汇回自己的家乡，家里有了钱，除了购置田产、建造房居以外，没有其他事业可经营，于是捐资兴学便成为名实兼至的事情。”[7]此外，中国贫穷落后，华侨在海外也受人歧视，只有祖国强盛，华侨才有可倚靠的后盾。因此，他们怀着强烈的爱国愿望，要在家乡捐资办学，培养有用人才为国效力，建设强大的中国。

早在 19 世纪末，梅县雁洋印尼华侨丘燮亭，因家境贫苦出洋，到巴达维亚后，经过艰苦努力，富裕起来。1893 年回乡时，看见家乡许多青少年失学，联想起自己没有文化之苦，于是就在家乡捐资办了一间私塾“时习轩”。1905 年，又与江柏坚、温佑才等人商议创办新学，他捐资大洋 2 000 元为三堡学堂购买地皮，1907 年又捐大洋 13 000 元兴建三堡学堂（即现在的丙村中学），叶剑英元帅就是该校第一届毕业生。清末民初，他又捐大洋 7 000 元在家乡兴建永捷高等小学。1913 年再捐大洋近万元，与侨贤叶子彬、叶维轩、陈镜秋、陈南康、谢逸桥等人，共同创办东山中学。1928 年，他又捐资近万元在丙村中学兴建侨光楼和小礼堂。1930 年，丘燮亭逝世后，其后代丘公治、丘福展等人均继承父亲遗志，为丙村中学、东山中学和华侨中学的发展，不断捐资。丘氏热心桑梓教育事业的义举，在梅州各地有着深远的影响。东山中学从 1913 至 1949 年的建校费用和长年经费，基本上是当地华侨慷慨捐赠的。第二次世界大战结束后，梅县印尼华侨刘宜应（梅县城北札上乡人），曾与人捐资合建东山中学第二宿舍，后来又跟刘家祺合建松山堂和科学馆。丘元荣也先后捐资兴建东山中学和丙村中学等校舍。1902年创办的南口安仁小学，逐渐形成由幼儿园到初中的教育体系，除总校外，还另设分校三所，其全部建筑费用、教学设备及长年经费，均由当地潘氏华侨合力筹措，从未接受政府分文补助[8]。

宣统年间，大埔县茶阳安乐村戴欣然个人捐资大洋3万兴建崇和小学。1904年大埔华侨募款创建乐群中学。1910年丰顺县旅泰华侨徐明楷在家乡黎山村创办私塾“振东学堂”。1913—1915年平远县旅马来西亚侨贤姚德胜，捐大洋10万元在大拓乡兴建平远中学，又在高墩下创办芝兰小学，他对梅县东山中学及蕉岭中学，均有所捐助。20年代初期，蕉岭县华侨吴德兴捐资创办三圳公学，40年代初扩建为晋元中学。五华县旅马来西亚华侨李桂和（华城镇黄埔村人），因家境贫苦，没有文化，20岁那年被卖“猪仔”到南洋。当他发达起来后，不仅热心当地公益事业，同时也关心家乡教育事业，1953年给五华中学捐建两座校舍“桂和楼”和二中一座宿舍“桂和楼”。

梅州市各项教育事业，无不凝聚着海外侨胞的心血。民国时期，梅县80%的学校都是华侨捐建的。驰誉海内外的梅县东山中学，从1913年创办至1949年，华侨兴建的校舍有华侨楼、西新楼、礼堂、南康园图书馆和科学馆等建筑12座。还有梅州中学、兴宁兴民中学、大埔虎山中学等学校自创办以来都得到广大华侨和港澳同胞的捐助。全市上千所中学、小学，以及设备比较完善的学校，大多数都是华侨及港澳同胞捐资兴建的。

新中国成立之后，海外华侨和港澳同胞无限激动，欢欣鼓舞，盼望祖国尽快强盛起来，他们继承华侨先辈关心桑梓、发展教育的传统，积极为家乡捐资办学。1950年梅县侨胞潘君勉、潘根元和丘公治等人，首先捐资兴建南口中学教学大楼一座，接着梅县华侨李又三等人捐资人民币5万元[9]兴建梅西中学教学大楼、礼堂、厨房等。兴宁县港澳同胞陈道行回乡筹建怀元学校。蕉岭县高思华侨集资新建侨兴中学，1955年归侨刘宜应（当时任梅县副县长）、刘家祺、孙城曾、林勉、黎炽昌等首倡并捐资筹建梅县华侨中学。随后，20多年来，华侨、港澳同胞一直关心该校的建设，共捐资人民币200多万元[10]，使该校成为设备较完善的大型完全中学。1957年，兴宁县华侨、港澳同胞罗应强、谭东海、幸裕坚、古壬招等49人捐资创办兴宁华侨中学。1958年蕉岭县华侨捐资创办蕉岭华侨中学。大埔县华侨捐资在茶阳创办大埔华侨中学。丰顺县旅泰华侨也先后捐资新建或扩建了千顷中学、龙山中学、颖川中学、江南学校、虎山学校、忠实学校、占头工业学校等。

总之，梅州华侨、港澳同胞为梅州各县中小学教育事业作出了巨大的贡献。据不完全统计，从1948至1978年间，梅州市华侨、港澳同胞为家乡捐资办学金额达人民币151.07万元之多，对梅州各县教育事业的发展起了巨大的推动作用。

二

十年文化大革命，党和国家各项侨务政策遭到极为严重的干扰和破坏，海外华侨华人、港澳同胞爱国怀乡的情感受到极大的挫伤。十一届三中全会后，经过拨乱反正，认真落实各项侨务政策，侨心顺了，大大激发了华侨华人和港澳同胞捐资办学的热情，捐资人数之多，捐款数量之大，建校质量之高，远远超过以往各个时期，呈现出华侨华人、港澳同胞捐资办学的新局面。

从 1978 至 1987 年间，据不完全统计，梅州市共筹集基本建校资金 1.48 亿元，其中华侨、港澳同胞捐资 4 844.9 万元。从 1979 至 1987 年间，全市华侨华人、港澳同胞捐资办学总金额达 8 274.35 万元人民币。1988 年全市普通教育经费支出 9 229.53 万元，其中华侨华人、港澳同胞捐资 1 682.88 万元，占教育投资的 18.2%。[11]近几年来，政府每年投资 260 万元左右，用于学校的基本建设。1988 年，全市华侨华人和港澳同胞捐资建校的经费比 1987 年政府的基建投资多 6.5 倍。此外，他们还在各县、各校设立教育基金共 35.75 万元，奖教奖学基金达 156.58 万元，教学设备及其他捐款共 282.73 万元。丰顺县华侨华人、港澳同胞捐资建校达 2 950 万元人民币，新建中小学 80 多间。大埔县华侨华人、港澳同胞从 1979 至 1986 年间捐资办学金额 555 万元。梅县华侨华人、港澳同胞捐资办学金额共达 1 426 万元人民币。兴宁县华侨华人和港澳同胞捐资办学金额共达人民币 1 000 万元之多。还有其他各县华侨华人、港澳同胞为发展家乡教育事业均作出不小的贡献。

在新时期，梅州市华侨华人、港澳同胞捐资办学的新特点是形式多样，有集资、独资、家族、宗亲、父子、兄弟、夫妇等捐资办学，有的还设立各种奖教奖学金和教育基金等。

（1）集资办学。梅县是梅州市的重点侨乡，教育发达，华侨办学历史悠久，80% 的学校均是老一辈华侨捐资创办的。近 10 年来，海外侨胞集资扩建校舍和宿舍，充实教学设备，增添配套设施。从 1978 至 1985 年间，捐资人数达 3 000 多人，捐资额达 1 426 万元，百分之八九十的中小学校都受到不同程度的捐赠。东山中学有华侨、港澳同胞刘锦庆、曾宪梓、李信章等人捐资兴建的建校 70 周年纪念大楼、宪梓图书馆、科学馆、教工宿舍、学生宿舍等建筑 24 座。梅州中学有华侨、港澳同胞捐款新建的科学馆、教学大楼和办公大楼各一座。梅县华侨中学有华侨、港澳同胞捐资兴建的科学馆、教学大楼、游泳池、花园等。近几年来，香港知名人士、金利来（远东）有限公司董事长曾宪梓，为发展家乡教育事业，捐资已超过了 4 000 万元人民币。在他的带动影响下，梅州市华侨、港澳同胞争先恐后为家乡教育事业出钱出力。

（2）独资办学。大埔县是梅州市重点侨乡之一，旅外侨胞较多。老华侨肖先生在家乡山区独资兴建了进光中学、小学和幼儿园，并提供全部教学设备，以及教师住房、学生学习费用，同时负担每年6万多元的办学经费。为了让进光中学能长期办下去，他从私人财产中拨出100万元存入银行，作为该校的办学基金。他还为全县15所中小学校捐资30万元，解决办学经费不足的问题。1990年他又在大埔县城新建第二华侨中学，解决归侨、侨眷子女入学困难的问题。大埔县旅外侨胞田家炳，在家乡独资创办家炳一中、玉湖中学、蒹葭小学、师范学校、工业学校和电视学校等，为家乡大埔、梅州各地捐款已达4 000万元人民币。[12]大埔县新一代华侨姚美良，从1986至1989年间，为大埔、梅州和全国其他地区发展文化教育事业捐资已超过4 000万元人民币。他在大埔捐资300万元兴建永芳学校，80万元兴建大埔华侨中学大礼堂，500万元兴建银江中学教学大楼等。[13]兴宁县旅港同胞李济平在家乡泥陂兴建济平中学。梅县旅外侨胞丘先生在家乡兴建三葵小学。还有旅外乡亲罗淡芳先后捐资30万美元给其母校西阳中学和白宫中学修建崇恩、敬恩和怀恩教学大楼以及办公室等，表示他对周恩来总理的崇敬和怀念之情。华侨刘先生出资105万港元给梅州中学兴建彩荪教学大楼。华侨谢淑捐资20多万元为梅县高级中学兴建文昌图书馆。华侨李先生捐资11万元给石扇中学及其家乡小学修建校舍。华侨钟先生捐资12万元给其母校松口中学兴建图书馆。华人郭先生捐资10万元为西阳上罗乐村兴建繁荣小学。华侨刘先生捐资10万元给其家乡兴建荣方小学。美籍华人熊德龙出资5万元为其家乡小学修建校舍。[14]

（3）家族、兄弟、夫妇办学。梅县享有“兴学世家”之称的雁洋区华侨丘燮亭、丘公治、丘福展三代人热心办学。他们先后捐建的丙村中学、东山中学、南口中学，培育出许多栋梁之材，为国家作出了重大的贡献。梅县华侨李世森兄弟慷慨捐出19万元给其母校丙村中学。丰顺县旅外侨胞徐思华、徐思钦兄弟于1984年捐资147万元人民币兴建侨思学校。五华县旅外乡亲李乃英、李乃俊、李清源、李金源兄弟叔侄，1977—1985年间捐资近百万港元支援家乡黎塘中学和小学的校舍建设。旅港同胞曾振基、曾同章、曾春仁、曾汉森捐资50万港元支援横陂东山小学。旅港同胞吴晋祥、吴沐先、吴伟恒捐资200多万港元支援家乡5间小学。梅县曾宪梓伉俪捐资15万元兴建东山中学“宪梓图书馆”，后又捐15万元兴建乐育中学“丽群楼”。旅外乡亲陈永康伉俪出资为梅县华侨中学兴建科学馆、游泳池和花园。兴宁县旅港同胞罗焕昌伉俪从1979至1985年间捐资近200万港元兴建宁中中学教学大楼等。旅港同胞刘宇新伉俪从1979至1985年间共捐资400万元人民币，兴建泥陂中学科学大楼、图书馆、教学大楼和教工宿舍。[15]

（4）宗亲办学。丰顺县是梅州市重点侨乡之一，该县侨胞大多数旅居泰国，改革开放10年来，以宗族办学形式居多。从1979至1989年间，10年来，华侨华人、港澳同胞捐资建校达2 950万元，新建80多所中小学。[16]1979年丘细见等宗亲捐资兴建忠实学校教学大楼。1981年罗铭典宗亲捐资兴建汤西湖陂小学。同年，陈修旺、陈修试等宗亲捐资兴建颖川中学；丰顺县旅泰华裔捐资兴建颖川小学。1982年徐思恒、徐影三等宗亲共同捐资兴建东海中学。1984年黄承金、黄初晏、黄光荣等宗亲捐资兴建千顷中小学。1985年蔡家练、蔡礼亮等宗亲捐资兴建大同学校。1986年丘细见、丁家骏、徐思华等乡亲捐资重建丰顺县华侨中学校。还有郑氏宗亲、刘氏宗亲、张氏宗亲、冯氏宗亲等等，争相为桑梓教育事业出力。[17]

（5）广大华侨华人、港澳同胞不仅给家乡捐建中、小学教学大楼、宿舍、科学馆、礼堂、图书馆等，同时，还考虑到如何提高教学质量，培养人才，采用各种办法解决长年的教育经费，设立奖教奖学金和教育基金，使学校能长期办下去。

设立奖教奖学金。为让教师安心教学工作，鼓动他们的积极性，奖励刻苦努力的优秀学生，各侨校纷纷设立奖教奖学金。香港原中华总商会副会长孙城曾和原嘉应商会会长刘锦庆，除了通过各种关系组织和鼓励旅外乡亲集资为家乡捐资办学外，自己也身体力行，捐资办学，并带头倡议设立各种奖教奖学金。孙城曾筹集40万元用作梅州中学奖教奖学基金。刘锦庆从1981年起，每年捐赠人民币4 500元给母校东山中学作奖教奖学基金。曾宪梓每年从其与梅县合作创办的银利来领带厂，提取20%的利润给嘉应大学作奖教奖学金。[18]梅县松口华侨潘先生自1979年以来，每年捐出15 000元用作本村学生全部学杂、书籍、文具、服装等费用。大埔县外籍华人尚先生，除在本村兴建学校外，还为350名学生提供免费入学的机会。

设立教育基金。大埔县旅外乡亲肖畹香先生，为帮助他捐资创办的进光中学、小学、幼儿园和第二华侨中学解决长年的办学经费，拿出100万元设立教育基金。姚美良除在大埔县捐资创办永芳学校、华侨中学大礼堂、银江中学教学大楼和银江小学外，另又捐资10万元兴建10间店铺用作银江中学“永芳教育基金”。他还在全国各地设立“永芳教育基金”。

（6）随着现代化教育的发展，华侨华人、港澳同胞热心捐赠大批图书资料和先进教学仪器，以充实教学设备，改善办学条件，提高教学质量。

10年来，在华侨华人、港澳同胞的关心和支持下，梅州教育事业有了进一步的发展，办学条件得到了很大的改善。

三

我国自实行改革开放以来，梅州侨乡经济发生了极大的变化，海外侨胞和港澳乡亲纷纷回乡办实业，迫切需要高层次的建设人才，在捐资发展中小学教育的同时，考虑到急需加速发展高等教育事业。1984 年梅州市政府提出筹办嘉应大学，很快得到海内外客家乡亲的支持，尤其是海外乡亲和港澳同胞闻知梅州要创办嘉应大学的消息后，个个欢欣鼓舞，奔走相告，纷纷表示要为创办梅州最高学府尽绵薄之力。

回顾梅州高等教育发展的历史，1924 年梅县基督教会牧师汲平如（美国人）与黄慕罗、黄墨村、廖道传等十余人曾尝试创办梅州第一间高等学府嘉应大学，后因各种原因，第二年即停办。抗日战争时期，1936 年 8 月，香港私立南华学院曾在梅县城北教溪口设校，开设理、工、法、商和文史等科，兼设会计班。1944 年国立中山大学、中华文化学院和南方商业专科学校等均曾先后迁至梅州或在当地招生。但抗日战争胜利后，上述大专院校陆续迁回广州，其中南华学院迁回汕头。新中国成立后，梅州高等教育事业发展缓慢，到 1977 年才办起了大专班，1982 年正式成立嘉应师范专科学校，1980 年创办教师进修学院，1983 年改名为梅州教育学院，1986 年改名为嘉应教育学院。

嘉应大学创办于 1985 年，校址设在梅城东郊梅子岗，占地 200 万平方米，是一座多科性、综合性的高等职业大学。其办学宗旨是从梅州市经济发展和社会主义现代化建设需要出发，实行教育、科研、生产、服务相结合，培养应用型的专业人才。设有经济管理、会计、电子计算机、英语、农村金融等 5 个专业，除农村金融专业面向广东、山东、浙江、湖南、湖北、贵州、云南 7 省招生外，其余专业均面向本市招生，列入国家统一招生计划。

1985 年 10 月 9 日举行首届开学典礼，来自五大洲的海外乡亲 300 多人，不远万里专程回梅州参加庆典活动。几年来，在海外客家侨胞的帮助和支持下，嘉应大学的基本建设和教学科研进展很快，已初具规模。嘉应大学创办人之一、香港金利来（远东）有限公司董事长曾宪梓捐资人民币 400 多万元，兴建“宪梓教学大楼”、“丽群阁”、“金利来阶梯教室”、“丽群图书馆”共 14 415 平方米。另捐 10 万元扩建足球场、4 万元设立“宪梓奖教奖学金”。从 1988 年起，银利来领带厂每年捐 10 万元给嘉应大学教育基金；嘉应大学创办人之一旅美乡亲熊氏集团董事长熊德龙捐资 210 万元兴建 3 500 平方米的“德龙会堂”，并捐教育基金 1 万元；旅加拿大乡亲田家炳捐资 120 万元建 4 824 平方米的“田家炳科学馆”和4 500平方米的“家炳园”；旅港同胞刘宇新捐 50 万元兴建“宇新楼”和

"庭芳楼"共3 378平方米，另捐20万元购买图书馆设备；旅外乡亲肖畹香先生捐资60万元兴建2 775平方米的"畹香学宫"；旅美乡亲何郑珍妮女士捐建"亮湖楼"2 185平方米，另捐教育基金2 000元；香港南源永芳集团公司董事长姚美良捐教育基金40万元，又赠中文打字机1台；旅外潘氏宗亲会捐港币30万元建1 530平方米的"友声楼"；旅泰华人黄先生捐港币22万元建1 110平方米的"沐兴楼"；旅港同胞陈泰元捐12万元铸叶剑英元帅铜像，又捐奖教奖学金5万港元；旅泰乡亲丁家骏捐教育基金10万元；泰清迈会馆捐教育基金港币1万元；旅泰客属会馆捐教育基金港币1万元；旅外乡亲丘思东捐1万美元购微型电脑10部；旅港同胞李信章先生捐7.5万港元购买中、外图书资料一批。此外，旅泰吕帝庙仝人，旅美旧金山客属联谊会，旅合艾客属会馆，毛里求斯华人社团、观光团均有捐赠。从1985至1989年间，先后有近百人捐资人民币1 000多万元兴建校舍和购置学校各项设备，以及港币1 000多万元设立教育基金[19]。

1987年经广东省人民政府批准，嘉应大学与嘉应师专合并，任命我国著名农业经济专家刘筠谦教授为嘉应大学校长，陈百川、叶联华、赖绍祥、梁普卿为副校长。至1989年12月为止，经过五年的努力，目前校园占地500多亩，校舍85 000平方米。设有经济、金融、电子技术、外语、数学、中文、物理、化学、政史、生物、地理共11个系17个专业，同时承担为中国农业银行代培各省（区）金融人才的任务。在校学生来自全国14个省（区）共3 300多人，另有函授和夜大学生1 100多人。全校教职工547人，其中有正、副教授38人，讲师136人，外籍教师3人。此外，还成立了"客家研究所"，对客家文化、教育、经济、历史、民俗、人物等进行系统的研究。

为了办好嘉应大学，旅外乡亲有钱出钱，有力出力。近年来，先后有美国著名教授潘毓刚及沈己尧、徐育珠、谢文蔚等国外享有盛誉的人士20多人到嘉应大学讲课。谢文蔚教授是美国客家籍著名经济学家，应聘到嘉应大学讲课一个半月，不要报酬，住宿自理，临走时还拿出自己的著作费5 000元给学校做奖学金[20]。祖籍梅城的国际著名桥梁学专家、上海市原政协主席李国豪教授，表示愿意每年抽出一定时间为嘉应大学学生讲课。为了尽快提高师资水平，旅外乡亲想方设法在国外或香港的大专院校给嘉应大学教师提供进修的机会，同时，还请美籍教师来校讲授英语，以提高师生的外语水平。

嘉应大学是梅州的最高学府，为适应梅州经济发展的需要，今后将发展成为拥有师范学院、经济学院、工学院、农林学院的综合性大学，预计全校学生可达5 000人，正在争取早日跻身全国同类综合性大学的行列。

旅外客家乡亲为了进一步办好嘉应大学，早出人才，出好人才，他们千方百计解决嘉应大学长年的办学经费问题，成立了董事会，筹备教育基金1 000多万港元。1988年以来，香港嘉应商会发起筹募嘉应大学办学暨嘉应大桥基金。

梅州华侨华人、港澳同胞捐资办学的历史给了我们极大的启示。梅州之所以能成为海内外闻名的“文化之乡”，这跟当地的华侨密不可分，倘若没有海外客家侨胞的支持，就不可能有今天的辉煌。海外客家侨胞为振兴梅州教育倾注了满腔心血，为弘扬中华文化，振奋民族精神，付出了极大的心血，他们的业绩将永垂史册。我们不要辜负侨胞的期望，必须团结一心，努力办好各级各类侨校，培养更多的新人，为“四化”建设，实现祖国统一大业作贡献，努力跟上时代的步伐，把客家聚居的中心建成物质文明和精神文明高度发达的新梅州，为人类社会的发展作出应有的贡献。

（韩庆祥、谢佐芝主编：《客家文化研究特集》，马来西亚新山客家公会1993年版）

注释：

①潘连华：《梅县教育史话》、《客家研究》（第一辑），复旦大学出版社1989年版，第244页。

②梅州市教育局教育志编写办公室：《梅州教育志》，1989年，第6页。

③廖荣春：《梅州市旅外华侨华人人口分布一览表》，《嘉应侨史》创刊号，1988年，第41页。

④罗香林：《客家源流考》，中国华侨出版公司1989年版，第11页。

⑤玉剑、广焕：《华侨华人与梅州文化教育》，《嘉应侨史》创刊号，1988年，第16页。

⑥⑦陈运栋：《客家人》，台湾联合出版社1981年版，第338页。

⑧⑨⑩温广益：《梅州华侨与桑梓建设》，《嘉应侨史》1989年第2期，第3页。

⑪同②，第299页。

⑫⑬大埔县调查资料，1989年12月。

⑭同⑧，第9页。

⑮同②。

⑯同②，第299页。

⑰同⑮。

⑱同①，第250页。

⑲洛胤庠：《梅州最高学府——嘉应大学》，《客家人》1990年第2期，第31页。

⑳曾胜泉、房学嘉：《嘉应大学五周岁》，《羊城晚报》港澳海外版，1990年12月1日，第2版。

客家文化在海外的传播及其影响

文化是维系一个民族的精神支柱，任何一个民族都有其独特的文化。客家文化是中华文化的分支，弘扬客家文化，也就是发扬中华民族的传统文化。

一

客家先民在漫长的多次大迁徙后，从中原黄河流域迁至南方闽粤赣山区定居下来，除开拓山区外，还发展自身的河洛文化，创造出独具一格、绚丽多彩的客家文化。客家人离开祖国走向世界的同时，也把自己在特定环境中形成的客家文化向海外广泛传播，在各地产生了极其深远的影响。

客家人迁移东南亚各地较早，早在1772年秋，梅县石扇堡人罗芳伯因不满清朝统治，带领一班同乡漂洋过海到印度尼西亚的北婆罗洲开发金矿。1777年成立了兰芳公司，经过多年的开垦种植，荒山僻壤的坤甸逐渐繁荣起来，他被称为“大唐客长”。罗芳伯领导的“兰芳公司”还曾协助当地苏丹平息边境的异族扰乱，以及抗击荷兰军队的入侵，功勋卓著，受到苏丹的赏赐。兰芳公司在鼎盛时期，属下有14个子公司，华侨3万多人，本地土人20余万，直接管辖的土地有20万平方公里，除金矿区外，大部分被开发为可耕种的土地，把中国先进的耕种技术和优良的品种带过去，改变了那里刀耕火种的原始生活。“当时坤甸这块地方还未开辟，长林古木，荆棘丛生，土人构木为巢，猎兽而食，生活完全处于未开化状态。芳伯于是率同乡从事垦殖，以为根据地。”[①]同时还创办了各种华文学校，传播中华文化。兰芳公司存在发展了111年。罗芳伯逝世后，当地华侨和土人为纪念这位“大唐客长”，建立了一座富丽堂皇的中国庙宇，供当地华侨和土人逢年过节时供奉祭祀。“罗芳伯管理下的‘兰芳公司’闻名东南亚，把偏僻的荒野开发成富饶的宝地，数万华侨过着丰衣足食的安定生活。他开发西加里曼丹坤甸地区功勋卓著，受到当地人民和华侨的尊敬。”[②]

“大唐客长”罗芳伯领导创建兰芳公司充分体现了客家人在海外艰苦奋斗、团结拼搏、吃苦耐劳、勇于开拓的客家精神。罗芳伯创建兰芳公司的业绩在华侨史上已留下光辉的一页。目前印度尼西亚有700多万华侨华人，其中客家人有150多万，是海外华侨华人最多的国家，也是海外客家华侨华人最集中的国家。

今天印度尼西亚的繁荣，不可否认有着我们客家华侨华人的功绩，客家精神在东南亚各国影响极大，并在客家人的子孙中代代相传。

马来西亚也是华侨华人较多的国家之一，华侨华人有530多万，其中客籍华侨华人有100多万，他们为马来西亚的繁荣发展立下了不朽的功绩。著名的客籍侨领叶亚来甲必丹是惠州沙坑乡人，18岁那年离开家乡，到达马来西亚。起初在马六甲打工，后来到了吉隆坡矿区，表现极为出色，能团结矿工，革新技术，不断提高效益，因而成为矿区的首领。雪兰莪苏丹与当地土酋因税收问题引起一场争战，土酋经常派兵来骚扰，掠夺矿区，而矿工多是华人。为了保卫华人的利益，叶亚来被选为总指挥，率众击败了土酋的多次侵犯。叶亚来指挥华人英勇作战，捍卫了矿区的财产和矿工的安全，土酋被迫投降。叶亚来平息了土酋之乱，吉隆坡才恢复安定。由于他率众保卫吉隆坡有功，深得苏丹的敬重和信任，拟将吉隆坡赐给他，并封他为王，但他不愿接受，只要求矿区一段归他管理。于是，苏丹为了表彰他的功绩，将吉隆坡最繁荣的中心街命名为“叶亚来街”。矿区在叶亚来的领导管理下，经过统一规划，大力开发，上下团结一心，起早贪黑奋战，矿区越办越好。雪兰莪苏丹再次任命他为吉隆坡华人甲必丹兼吉隆坡行政长官，还特别赠予他“巴生、吉隆坡光荣、英勇、胜利而忠诚的华人甲必丹”称号。[③]

泰国客属侨领谢枢泗对泰国南部的开发立下了功勋。泰国南部合艾原是荆棘丛生、瘴气弥漫、低洼积水的沼泽地，人烟稀少。谢枢泗担任兴建泰南铁路的总监，这条铁路的施工非常困难，数千名民工大多数是华侨，施工难度大，遇到雨季，修好的路面常常被洪水冲毁，又要重新施工。建造这条铁路时，要修许多隧道，工程艰巨，客家华侨吃苦耐劳，不怕艰险，终于把从曼谷至宋卡数百里长的铁路修好，为泰南的经济开发作出了重大的贡献。铁路完工之后，又投巨资建造商铺、修筑公路，兴办工厂、学校、医院以及体育娱乐中心等，终于把泰南重镇合艾建设成繁荣的城市，吸引了众多的游客。因而人们称谢枢泗是合艾市的开埠祖。政府为表彰他的功绩，特批准铸造一尊谢枢泗铜像，矗立在市政府运动场的门口，以表纪念。泰王还多次赐他勋章。[④]

以上事实充分说明客家先辈移居海外，把客家人刻苦耐劳、奋发进取、追求理想、团结拼搏、坚忍不拔、敢于开拓的客家精神带到海外，并影响当地人民共同开发建设侨居地的物质文明和精神文明，让客家文化在海外开花结果，推动人类社会走向美好的未来！

二

客家文化源远流长，随着客家先辈迁移海外，同时也把我们独特的文化活动带到海外，如汉剧汉乐和客家山歌等都是客家人喜闻乐见的娱乐形式，世代相传。它像一条金色的彩绸，把客家乡亲的心紧紧地联结起来。无论走到哪里，只要听见客家山歌和国乐汉调，就感到特别亲切感人。在东南亚各地，客家人较集中的地方都有汉剧团和国乐社，他们称汉乐为国乐，凡是婚丧喜庆、节日盛会甚至茶余饭后，均有国乐演奏或山歌对唱等活动。

客家文化在海外的传播，促进了客家乡亲的团结，历次客家盛会都把汉剧演出和客家山歌联唱列为主要活动内容。客家山歌的联唱表达了海外游子眷念乡土之情，同时也唱出了海内外炎黄子孙实现“祖国统一，振兴中华”的强烈愿望。

1988 年 10 月 21 日，世界客属第九次恳亲大会在美国三藩市召开，梅州市派出“梅州市山歌祝贺团”参加。会上，梅州山歌手与海外客籍同胞、台湾乡亲同台联唱乡音，一曲曲客家山歌把海内外客家乡亲紧紧联结在一起，唱出了客家人团结进取的乡音，真是说不完心里话，唱不尽故乡情，海峡两岸的乡亲手挽手、肩并肩，热泪盈眶同唱“漂洋过海来探亲，客家乡亲心连心”。就在这次会议上，大家商定分别于 1989 年在梅州召开世界客家联谊会，1994 年在梅州召开世界客属第十二次恳亲大会。1989 年 12 月 12 日，梅州召开了世界客家联谊会，来自世界各国的客籍代表相聚故乡，共叙桑麻。台湾歌手唱出“隔山隔水难隔心，天下客家一家亲”；海外代表唱“五湖四海来相会，曲曲山歌表深情”。客家山歌像一条无形的彩绸带，将海内外的客家乡亲紧紧地维系在一起。

梅州是客家人主要聚居地，又是文化之乡。近年来，客家地区特别是梅州市为加强跟海外客家乡亲的联系，除了派出汉剧团和山歌团到海外巡回演出、演唱外，还先后出版了各种关于客家侨乡的报纸和杂志，如《客家民俗》、《嘉应侨史》、《侨乡月报》、《客家大观园》、《梅县侨声》、《大埔侨史》、《客家人》等，向海外传播乡音乡情。这些侨刊乡讯对加强国内外客家乡亲的联系，促进中华民族的大团结，在海外弘扬客家文化起着极大的推动作用。

（黄钰钊主编：《客从何来》，广东经济出版社 1997 年版）

注释：

①谢佐芝：《世界客属人物大全》，新加坡崇文出版社 1990 年版，第 387 页。

②张兴汉、刘汉标：《世界华侨华人概况》，暨南大学出版社 1997 年版，第 171 页。

③张兴汉、黄卓才、陈新东、徐位发主编：《华侨华人大观》，暨南大学出版社1990年版，第389页。

④罗英祥：《漂洋过海客家人》，河南大学出版社1994年版。

⑤韩庆祥、谢佐芝主编：《客家文化研究特集》，马来西亚客家公会1994年版，第99—100页。

⑥朱杰勤主编：《华侨史论文集》，暨南大学华侨研究所1981年版。

客家人与中国和平统一大业

客家人在历次反对外国侵略，捍卫中国领土完整，维护主权独立与中华民族大团结的斗争中立下了汗马功劳。

1851 年洪秀全（广东花县客家人）领导的太平天国运动，主要骨干力量杨秀清、石达开、萧朝贵等是客家人，属下部将和士兵大多数是客家人。他们革命目的是推翻卖国求荣、出卖主权、引狼入室、分裂中国的清廷的腐败统治。客家人领导的这场轰轰烈烈的革命运动是为了抵御外国势力入侵，维护中华民族的大团结，建立自由、平等、独立、富强统一的国家。客家人英勇奋战，团结拼搏，不惜牺牲，为中华民族反帝反封建斗争揭开了序幕。从此，中国人民扬起了反帝反封建的大旗。

1894 年 8 月中日甲午战争爆发，清廷由于腐败无能，无力抵抗，屈膝投降。9 月，台湾客家诗人、爱国志士、民族英雄丘逢甲（台湾苗栗县，祖籍广东蕉岭县），自告奋勇，高举龙虎旗，组织义军请缨抗战，呈请台湾布政使唐景崧批准他抗日保台，得准后丘逢甲受任全台抗日义军统帅，率领 160 余名义军，驻军台中及新竹等地，誓与敌寇决一死战。

1895 年 3 月中国战败，4 月 17 日清政府与日本签订了《马关条约》，割让台湾、澎湖列岛给日本。清廷丧权辱国、卖国求荣的罪行更加激怒丘逢甲和台湾人民。丘逢甲得知消息后，迅速率领义军北上，驻扎元帅庙，防守台北后路南坎至后垅一带。他联合各地士绅，四次上书清廷，并五次滴血写书呈清廷请示皇上恩准他率军浴血抗战，表示台湾“万众誓不服倭”的决心。丘逢甲在“呼天不得直”的困境中，他与台湾士绅商议成立了台湾人民抗日救国组织——“台湾民主国”，推举唐景崧为总统，并致电清廷“台湾士民，义不臣倭，愿为岛国，永戴圣清”。诗人的电呈明确地表示台湾永远属于中国，台湾人民永远拥戴清皇，反对将台湾割让给日本，誓与宝岛共存亡的决心。“台湾民主国”这个台湾人民抗日救国组织，是爱国保台的群众团体，旨在保卫中国领土完整，誓与倭寇血战到底，显示了中华民族炎黄子孙的赤子之心和维护中国统一的民族气概，毫无独立之意。决不允许少数“台独分子”歪曲和诬蔑丘逢甲和台湾人民抗日保台的爱国真情。

同年 6 月初，日军侵台，从澳底登陆，清军抵抗不力，加之在台北的部分清军叛乱，导致台北失守。清军内渡大陆。6月中旬，丘逢甲率领义军，誓师北上抗敌，在新竹附近与日军血战20多个日夜。义军英勇顽强，在战斗中牺牲无数，因弹尽粮绝，义军被迫退守台中武峦山。又因叛徒出卖，义军被打散，遭日寇追捕，不得不各奔去处。7月底，丘逢甲眼看大势已去，含愤奉父命离台归国。他写下“十年如未死，卷土定重来”、“山河终统一，留影大瀛东”的英雄诗篇。从此台湾便沦为日本的殖民地，直至第二次世界大战结束，中国人民八年抗日战争胜利，台湾才回到祖国的怀抱。

丘逢甲回到祖籍广东镇平县（现蕉岭县）后，念念不忘台湾，怀念宝岛。他把儿子的名字丘琮改名为丘念台。他饱览祖国河山，写下许多怀念宝岛的诗篇，仅在惠州罗浮山就写有三十余首诗，抒发爱国思乡的情怀。他在家乡兴办教育事业，宣传他抗日保台的爱国思想。丘逢甲抗日保台、维护祖国统一的爱国精神，永远鼓舞着台湾人民。丘逢甲逝世后，他抗日保台，维护祖国统一的丰功伟绩，光照日月，永留台湾人民心中，后人在台兴办一所逢甲大学以志纪念，在他祖籍蕉岭县建有逢甲纪念馆、逢甲学校和逢甲大桥等，让人们世代不忘丘逢甲维护中国领土完整、早日实现祖国统一的遗志。

1911年民主革命先驱孙中山先生（祖籍紫金县中坝孙屋围，原属长乐即五华县，后迁中山县翠亨村）领导的辛亥革命推翻清王朝腐败统治，建立了民主、自由、统一的新国家。孙中山是客家人，在他身边的主要骨干分子大多数亦是客家人，如廖仲恺、谢良牧、邓铿、姚雨平、朱执信、叶挺、邓仲元、邓演达、叶剑英等。他们追随孙中山，东征北伐，推翻清王朝，建立共和政体，实现中国统一，振兴中华。国共两党进行合作，革命发展形势大好。

1937年抗日战争爆发后，国共两党合作，团结抗敌。1945年日本投降后，国共合作破裂，内战造成两岸分裂的局面。1949年中华人民共和国成立，国民党退居台湾，中央人民政府积极提出实行国共第三次合作的方针政策。特别是中国实行改革开放后，1979年元旦，叶剑英（广东梅县人）委员长代表全国人民代表大会常务委员会发表《告台湾同胞书》，宣布了争取和平统一祖国的大政方针，得到全国各民族人民包括台湾同胞、港澳同胞以及海外侨胞的热烈拥护和积极响应，海峡两岸形势趋向缓和。

1981年9月30日，是中华人民共和国32周年国庆前夕，又逢辛亥革命70周年纪念，叶剑英委员长以全国人民代表大会常务委员会委员长的名义向新华社记者发表谈话，提出台湾回归祖国，实现和平统一的九项方针政策。他说：“台湾回归祖国，完成统一大业是我们这一代人光荣、伟大的历史使命。中国的统一和富强，不仅是祖国大陆各民族同胞根本利益所在，同样是台湾各民族根本利益所在，而且有利于远东和平与世界和平。我们希望广大台湾同胞发扬爱国主义精神，积极促进全民族大团结早日实现，共享民族荣誉。”他希望台湾当局坚持一个中国、反对“台独”，以民族大义为重，共同完成祖国统一大业，实现振兴中华的宏愿，为列祖列宗争光，为子孙后代造福，在中华民族历史上谱写新的篇章。

1978 年邓小平先生（四川广安县，原籍江西吉安庐陵）提出中国实行改革开放的国策，对解决台湾问题提出“和平统一，一国两制”的方针，得到海峡两岸和海内外华侨华人的热烈拥护，并实行“三通”，台湾同胞纷纷回到大陆投资兴办实业，回来经商贸易以及探亲旅游的人也越来越多。

客属社团和知名人士关心中国和平统一大业。香港崇正总会会长黄石华（东江客家人）先生，十几年来，奔走于海峡两岸客家乡亲之间，向两岸当局建言献策。他代表香港客家人崇正总会、香港创建学会、崇正之友会、国际客家学会、香港海峡两岸关系研究中心、全球客家崇正会联合总会等六个团体对两岸和平统一提出十点国是，积极探索促进海峡两岸统一的途径。香港《中国评论》杂志社社长郭伟峰（梅州客家人）先生，是大陆新闻界第一位访台的记者，他创办的《中国评论》独具特色，水平高，影响大，在海峡两岸架起一座文化桥梁，沟通两岸同胞的思想，使两岸人民增加接触，互相了解，对中国和平统一大业起着推动作用，为实现中华民族的伟大复兴作出了贡献。

台湾有 2 300 多万同胞，客家人有 500 万，他们跟当地各族人民同甘共苦，团结合作，为开发、保卫和建设宝岛作出过重大的贡献。客家人从大陆移居台湾历史久远，在台湾有着举足轻重的地位。在台湾当局党政军要员中，高层领导和地方官员以及社团领袖中客家人为数不少，何去何从？这是很值得客家乡亲深思的问题。台湾客家乡亲，要踏着先辈抗敌保台的英雄足迹，高举和平统一的旗帜，坚决反对“台独”。在与“台独”势力斗争中，海内外的客家人都要争当中国和平统一的促进派，贡献自己的力量。

客家人具有爱国家、爱民族的精神，热爱和平，反对战争。如果有人执意分裂，制造“台独”，引发战争，将会给台湾人民带来灾难，那么，他们必定成为民族罪人，客家乡亲、台湾同胞、全国人民以及全球华人必然行动起来共讨伐之，他们必定会用鲜血和生命来捍卫祖国领土完整。

“凡有海水的地方就有中国人，凡有中国人的地方就有客家人。”自晋朝五胡乱华之始，客家先民从黄河流域中原地区经历了 5 次大迁徙，长途跋涉，逐渐辗转移居到中国南方，而后又向西南以及海外迁移，可谓足迹遍布世界各地。据不完全统计，海内外约有一亿客家人。他们是汉民族一个庞大的群体，在中国近现代史上享有一定的地位。无论在政治、经济、教育、科技、文化和军事上，还是在历次革命运动中都起过重大的作用，为中国和世界人类社会发展进步作出过特殊贡献。古今中外在各个领域都涌现出许多杰出的人物，如张九龄、郭子仪、文天祥、袁崇焕、詹天佑、洪秀全、刘永福、丘逢甲、罗芳伯、张弼士、黄遵宪、李惠堂、胡文虎、谢枢泗、徐华清、孙中山、廖仲恺、罗卓英、朱德、叶剑英、邓小平、李光耀、曾宪梓等等。他们的丰功伟绩已载入史册。美国《国际百科全书》介绍："客家是中华民族中最优秀的民族（系）之一。"日本学者山口县造说："客家人乃是中国最优秀的民族。"美国布库斯顿在其《亚洲人》一书中指出："客家人乃是中华民族的精神，若用牛乳来比喻中国，客家一族乃是干酪。客家人的精神就是广东人的精神，客家人的精神就是亚洲人的精神象征！"

爱国志士丘逢甲先生"大九州当大一统"的宏愿一定会实现。希望台湾客家乡亲和全球客家人团结一心，反对"台独"，维护中国统一，不可叛典忘祖，要争做民族英雄，为中华民族繁荣昌盛贡献力量，在中国近现代史添加光辉一页，在客家历史上增添光彩。

2010年7月中旬，第六届两岸经贸文化论坛隆重召开。当时的台湾国民党荣誉主席吴伯雄先生应邀出席，他在致辞中代表中国国民党主席马英九先生向与会代表致意，并预祝本届论坛获得圆满成功，取得丰硕成果。他说："广东是孙中山先生领导国民党革命的发源地，孙中山先生的种种努力无一不是为了谋求振兴中华，现在我们在广州举办第六届两岸经贸文化论坛，同样也是为了谋求两岸人民的福祉和共同发展，深具历史意义。"他还说："两岸同属中华民族，炎黄子孙，同文同种，具有共同的血缘和文化，这些都构成了两岸加强合作交流的最大动力。两岸关系和平发展得到台湾多数人民的支持，是台湾的民意主流。两岸经济合作框架协议的签署使两岸互惠互利，具有重大意义，希望通过本届论坛，大家共同推动两岸关系和平发展、向前迈进。"

同年，广东省省长、客家人士黄华华先生带着客家乡亲和全省人民的深情厚谊，应邀出访台湾。在访台期间，专程赴台南深入客家乡亲居住的乡镇地区，进行亲切的交流，并把大陆对台湾经贸文化合作的优惠政策带给客家乡亲，鼓励他们为两岸的合作与促进和平统一作出贡献。

2012年3月22日，中共中央总书记胡锦涛在北京人民大会堂会见中国国民党荣誉主席吴伯雄时，积极评价吴伯雄为促进两岸关系发展作出的贡献。吴伯雄说："本着对历史负责的态度，真正做到中华民族不再内战，海峡两岸不再内耗，让两岸同胞，所有中华儿女拥有充满光明的愿景，这是两党应该共同奋斗的目标。"他又说："台湾和大陆血脉相连，我是从大陆迁移到台湾的第四代客家人，是土生土长的台湾人，但首先是炎黄子孙、中华民族的一分子，是中国人。我们希望台湾的客家乡亲，发扬先辈爱国怀乡、团结拼搏的革命精神，为中华民族的伟大复兴建功立业，争当促进派！"

客家传统文化与现代意识

文化这个词的含义很广，解释繁多，若从广义来说，是指在社会历史发展中，人们创造的物质与精神财富的总称。狭义上讲，是指上层建筑与意识形态领域的精神财富。所谓传统文化，泛指一个民族或民系，在其活动的特定环境下，长期共同繁衍、生息过程中，在创造物质财富的同时，形成较固定的生活方式、思想意识、观念形态等精神文明。文化是维系一个民族的精神支柱，任何一个民族都具有独特的文化。世界文化分为东方文化和西方文化，东方文化以中华文化为典型代表，我们客家人是中华民族的组成部分，客家文化是中华文化的分支，弘扬客家文化也就是弘扬中华文化。客家人是中华文化的直接继承者，同时也是广泛的播扬者。在中国汉族中，把中国文化保留得最好的是客家人，因此，世界各地的历史学者要考察中国文化，都会到中国寻访客家人。

传统文化是各民族在封建时代形成的旧文化，它的产生和发展均受客观条件和历史时代的限制，精华和糟粕并存，随着时代步伐的前进，我们必须继承和发扬符合时代精神的精华，使其适应现代化建设的需要。同时，也要勇于改革、创新，改造旧的与伟大变革时代不相适应的糟粕。

客家传统文化独具特色，它是在客家先民5次大迁徙的历史长河中，吸收发展，从黄河流域、中原平川到南方山区，逐渐形成典型的独具特色的客家传统文化。后随着部分客家人漂洋过海到东南亚及世界各地，吸收海洋文化及当地民族文化丰富自身，与世界文化接轨，逐渐走向中西合璧，显得更加灿烂辉煌。

客家文化根深叶茂

客家传统文化历史悠久，根基深厚。

（1）弘扬客家文化振奋客家精神。

客家人素有爱国怀乡、关心国家前途命运、反抗压迫、抵御侵略的正义精神，国家观念、民族意识强烈，追求平等，热爱和平生活。客家先民祖居中原，因战乱、灾荒，他们不服异族统治和外国侵略者的压迫，经历了多次的反压迫、反侵略斗争，表现出中华民族炎黄子孙不屈不挠的精神。宋朝文天祥反抗蒙古贵族的统治；刘永福和冯子材率领黑旗军进行抗法斗争；抗日保台将领丘逢甲在台湾发动抗倭斗争；孙中山领导辛亥革命推翻清王朝的统治；抗日战争大批客籍将领英勇奋战，还有海外客籍侨胞疏财助战，支援中国抗战直至胜利；“文革”期间，叶剑英元帅指挥我军粉碎“四人帮”篡党夺权的阴谋；新时期邓小平同志提出改革开放，建设中国特色的社会主义新理论。在历次重大的运动和革命关头，客家人都表现出与国家民族共存亡的牺牲精神。

艰苦创业、刻苦耐劳，团结拼搏是客家精神的体现。客家先民从黄河流域逐渐迁徙到南方山区，开发闽、粤、赣三省交界地以及台湾中部、海南西部。随后，又奔向东南亚各地勇敢开拓，跟侨居国人民共同开发，发展经济，共同建设文明国家，受到当地人民的拥戴。如印尼的罗芳伯、马来西亚的叶亚来、泰国的谢枢泗、缅甸的胡文虎、新加坡的李光耀、圭亚那的何才、留尼旺的曾宪建、澳洲悉尼的曾筱龙等。

海外客属乡亲关心桑梓、不忘祖根的爱国怀乡精神大大发扬。侨居海外和港澳台地区的客家人，时刻都关心中国的统一大业和现代化建设，他们希望客家地区经济发展起来，摆脱穷困，让中国尽快跻身世界强国之林。客家地区的乡亲也加强团结，以“科教兴国”的观念，发展生产力，改变封闭式的山乡小农经济，发展外向型经济和高科技项目以及“三高”农业，参加国际市场的竞争，跟上时代步伐，发扬客家人团结拼搏的革命精神，加快现代化建设，为中国和人类社会的发展作出新贡献。

（2）重视教育是客家人的传统观念。

“耕读传家”是客家人的祖传意识。梅州是我国著名的侨乡，又是文化之乡，人才辈出，这跟教育发达不无关系。

1989年我赴梅州参加“世界客家联谊会”与客家文化学术交流会后，曾到梅州市的几个县作了有关“海外侨胞与梅州教育”的专题调查，根据当时调查，可得：①明清两代，仅广东梅县就有秀才3 678人；②梅州市分布全中国大专院校、科研机构任职的教授和相当于正教授水平的高级知识分子有500人以上；③梅州市每年有3 000多人考上全国各地的高等院校。全市有大专院校3所，电大8所，中小学处处皆是，包括各类职业学校，共2 651所。教育发达造就了不少人才，如宋湘、黄遵宪、丁日昌、张振勋、丘逢甲、李惠堂、叶剑英、古大存等。

（3）客家人重视教育，有其历史渊源。

客家先民是从北方中原南迁而来的。他们的先祖生活在中华文化的策源地——黄河流域河洛地区。西晋末年因受五胡乱华的影响，先民随晋室南迁，其中相当部分是仕宦之家，文化水平比较高，他们希望后代也要有文化，而庶民亦想走官宦之路。此外，南迁后，他们大多数居住在贫穷的山区，读书是谋求发展的唯一途径。因此，哪怕是卖田卖地、挑担打脚、省吃俭用都要供子女读书。客家地区流行着许多儿歌民谣：

蟾蜍啰，咯咯咯，唔读书，冇老婆。
山鹧鸪，咕咕咕，唔读书，大番薯。
养子不读书，不如养大猪。

当家长的常常教育子女说："读的书多百不忧，不愁耕种自然有，日里不怕人借去，夜里不怕贼来偷。"前辈强调后代读书要读到自己肚子里，别人是拿不走的，有了文化，知书识礼的人才有前途，才能升官发财或干其他事业。这是客家人的固有观念。客家人不仅在中国近现代革命史上占有重要地位，在国际上也享有崇高的声誉。这些成就都跟客家人重视教育是分不开的。

随着时代的发展，客家地区的教育事业面向未来，迎接新的挑战。"科教兴国"是我们的国策，如何适应现代化建设，培养跨世纪的人才，是值得我们客家地区教育部门认真探索的新课题。如何搞好教育改革是直接关系到客家地区发展经济和现代化建设的大事。教育不仅为本地区培养人才，同时也要为国家和人类社会的发展培养科技人才，推动历史前进。客家地区教育事业的发展，跟海外侨胞、港澳台同胞的关心支持也是分不开的，一定要把侨校办好，以适应现代化的需要。应积极推广普通话教学，提高外语水平，在抓好理论基础教学的同时，注意培养实用人才，为客家地区经济繁荣、科技发展作出新贡献。

（4）推广普通话，提高外语水平，促进海内外的经济文化交流。

客家话是中国现代汉语八大方言之一，也是客家人与其他民系相区分的主要标志。客家话的根基是古代中原汉语，客家先民在南迁中吸收外来语的成分，创造一些词汇形成自己的语系，它保存着中原汉语古音。客家话也可以说是由中原汉语演变而来的，曾被称为官话，跟普通话一样。客家人学习普通话比较容易，因为客家话和普通话的不少语音很接近，有些文字、语音区别不大。例如：捱—俺，我—吾，汝—你，佢—他等。如果我们深入研究起来，客家话跟古汉语的音、词、语法结构很多相似之处。

语言是文化，在海外的客家乡亲经常教育后代要保留自己的家乡话，也就是保留自己的根——客家文化。在改革开放新时期，客家地区为适应现代化建设的需要，必须大力推广普通话，提高外语水平，发展"三高"农业和高科技产业，扩大对外经济文化交流，促进对外贸易，引进资金和技术，加速改变贫穷落后的面貌。海外的客家乡亲要让客家话一代代传下去，在当地华文学校中开设客家话学习班，或者组织青少年回家乡举办夏令营，学习"阿姆话"，了解客家乡情和风俗。

客家风情千姿百态，客家人信仰无奇不有，习俗很多。由于客家先民从中原迁至南方各地，甚至海外，但他们不忘祖先、慎终追远，形成了特殊的习俗。他们聚族群居，宗族观念重，崇拜祖先，重视族谱流传。客家人有100多个姓氏，各姓氏都有自己的族谱。每到一地都要立祖祠，建围屋，讲究风水，前辈逝世后，实行“二次葬”。

客家人是典型的多神论者，迷信“神明”。有人信奉佛教、道教，也有人信奉天主教、基督教等。因为我们的客家先民从中原向南方迁徙，长途跋涉，历尽千辛万苦，在南方山区落户，跟大自然作斗争，开辟了新的天地。他们迷信“神明”会给人带来一切，对鬼神特别崇拜，相信鬼神可以逢凶化吉，保佑自己平安。客家地区各种布道人员很多，如和尚、尼姑、神婆、觋棍、风水先生、相命卜卦先生等等。客家地区的神庙神位特别多，如山、石树木都有神，一棵树、一个大石岩、一座山、一条河都有神牌香炉。出门办喜事要择吉日良辰。客家地区由于迷信风水，引起纠纷的事特别多，由争夺所谓“龙脉”、“风水宝地”而引起的械斗很多。这种由封建意识引起的斗争与现代化建设不相符，对“四化”建设不利，搞现代化建需要筑铁路、修公路，有时碰到所谓“龙脉”、“风水”或金埕、坟墓等，往往引起激烈的房姓斗争。客家地区建住宅和修祖坟非常讲究风水地理，一定要风水先生看好日子时辰，用罗盘对好方位才能动工。种种缺乏科学依据的旧习要革除，才能加快实现“四化”的远大目标。

搞现代化建设，要遵循“科教兴国”，国家要强盛，客家地区要繁荣，必须发展教育，提倡科学，改变旧意识，以跟上时代的步伐。以新的思想、新的观念、新的姿态去迎接21世纪，使落后贫穷的山区经济迅速发展起来。

客家文化世代相传

客家人喜闻乐见的山歌与汉剧，是中华文化百花园中的瑰宝，源远流长。

客家山歌是客家人特有的文化活动形式，家喻户晓。每逢节日盛会大家都要唱山歌，它是客家人的精神文明财富。客家人大多数聚居在南方山区。人们到了客家地区，处处可以听到清脆嘹亮的歌声，无论在山上、田野、水边、建筑工地都能听到，山里割草的妇女，砍柴的樵夫，江上的船夫，挑担的脚夫，石场、工地的民工都会唱山歌。山歌从多方面反映客家人的劳动、爱情、现实生活，客家山歌是艺术珍品，是中华文化百花园中的奇葩。

客家山歌起源于远古，是客家先民在长期的劳动实践中创造出来的文学珍品，是带着中原文化的乳汁，具有岭南文化特色的歌谣。它是延续诗经、汉乐府、唐诗、宋词、元曲发展起来的民间文学形式。内容丰富，形式多样。

挑担歌　　梅县妇女

三乡挑担出丙村，人家话远捱话近，
汗滴当作洗身水，目汁流来当茶吞。

打石歌　　五华妇女

阿哥打石走河婆，目汁捞饭吃得多，
既怕家中有困难，又怕自己病痛多。

穷人叹　　兴宁五句板

嘛人冇捱咁凄凉，一日三餐吃粥汤，
田头地尾作苦事，饿到肚皮粘背囊，
你话痛肠唔痛肠。

童养媳叹　　兴宁妇女

对岁离娘卖奔人，六岁打柴受苦辛，
七岁落田学耕种，九岁挑担冇时停，
目汁洗面汗洗身。

过番歌　　梅县妇女

阿哥今日去过番，丢下妹子在唐山，
走时少年转就老，赚到万金也何闲。

爱情歌　　大埔妇女

入山见到藤缠树，出山见到树缠藤，
藤生树死缠到死，树生藤死死也缠。

客家山歌保留古体格律诗的传统艺术特点，多是七言四句，也有七言五句，也有五言四句。一般是一、二、四句押韵，跟唐诗绝句相近。山歌有独唱、对唱、重唱、联唱以及和唱等形式。

客家山歌的艺术特点是有赋、比、兴。“赋而兼比”，“兴而兼比”，“赋而兼兴”。这是诗经、汉乐府、唐诗的传统艺术特点。

“赋”兼“比”，直叙开头，末句借物拟人，如：

男：八月十五月团圆，哥妹尝月笑开颜。
　　阿哥有心想问妹，壁上胡弦难自言。

“兴”兼“比”，感物起兴，触景生情，如：

男：柑子跌落井中心，一半浮来一半沉，
　　你爱沉来沉到底，莫来浮起橘（激）人心。

“赋”兼“兴”，以事实直叙，表达衷情，如：

男：龙眼结子枝打枝，害倨紧看心紧迷，
　　端起饭碗来吃饭，想起阿妹就饱哩。

形象化的“比喻”和含蓄的“双关语”是客家山歌一大特色，听后令人感到有弦外之音、言外之意，回味无穷，如：

河里洗衫刘三妹，借关阿妹那里来？
自古山歌松口出，那有山歌船载来？

榄树打子车打车，郎在榄上妹榄下，
打开衫帕等郎榄，等郎一榄就回家。

新打茶壶锡过多，十人看到九人摸，
人人都话系好锡，究竟唔知有铅矛？

客家歌手的想象力非常丰富，形象的比喻给人美的感受。朴素的形象比喻，传神、意会、谐音，令人回味无穷，一般比喻词作正面解释，不需谐音别讲，有的则比喻和双关混合并用。

客家山歌是由与格律诗相似的民歌、旧体诗发展而来的。如何使它变得更加活跃呢？随着我国改革开放的实行，打开大门走向世界，海外的客家乡亲回国旅游，寻根问祖，捐办公益事业，逢年过节，乡亲盛会，以歌当话，表达衷情。近二十年来，每隔两年召开一次世界客属恳亲大会或各种联谊会，每次盛会总离不开山歌，海内外乡亲在大会上开怀倾吐衷情，不分男女老幼，以歌当话。1988年10月21日梅州市祝贺团赴美国三藩市参加第九次世界客家恳亲大会，梅州歌手演唱“漂洋过海来探亲，客家乡亲心连心”。1989年12月11日，梅州召开世界客家联谊会，台湾乡亲演唱“隔山隔水难隔心，天下客家一家亲”；海外乡亲演唱“五湖四海来相会，曲曲山歌表深情”。

过去客家山歌多歌唱爱情，以劳动为主题，如今以歌唱乡情、亲情居多，表达眷恋亲人之情。如何使客家山歌适应现代化，把客家人喜闻乐见的山歌、汉乐、舞蹈糅合在一起，创造出新的歌舞剧形式，使其成为反映现实生活的综合艺术，很值得我们客家文艺工作者去认真探讨。

古装传统汉剧，在广东是三大剧种之一，又叫外江戏，流行于广东客家地区和闽西客家人较集中的地方，是中国古老的地方戏曲剧种之一，原称“楚调”或“二簧”，辛亥革命前后改称“汉剧”，约300余年历史（京剧才140余年的历史）。汉剧与广西桂剧、湖南祁剧接近。

广东汉剧传统剧目中，有《齐王求将》、《百里奚认妻》、《七尸八命》（广东案）等。闽西的剧目有《昭君出塞》、《贵妃醉酒》、《拾玉镯》等。汉剧音乐吸收了地方丰富的民间语言、音乐和传统表演艺术，形成了自己的特色，唱腔优美，曲调丰富，主要声腔刚劲有力，如高亢奔放的“西皮”和缠绵细腻、柔和婉转的“二簧”。汉剧几经兴衰，1950年后开始受到重视，参加北京全国汇演得到好评，主要演员受到周恩来总理的亲切接见。然而“文革”期间受到批判。改革开放后才获得新生，汉剧团常受海外侨胞邀请赴南洋演出，深受广大客籍华侨华人的欢迎。

近十几年来，在海外侨胞的关心和支持下，汉剧也有新的发展，剧团常出国演出，提高了声誉。传统节目的剧情内容和音乐唱腔也不断进行改革，旧瓶装新酒，创作并演出了反映现实题材的剧目，歌颂海内外客家乡亲久别重逢、亲人团聚的美好情景，动人心弦。

要把汉剧、汉乐改革成富有生命力，反映现实生活，为“四化”建设服务，具有现代化气息的戏剧，从唱腔到内容都应给予大胆的革新。

客家民居建筑现代化。客家人的建筑富有特色，先民从中原迁徙到南方，既保留了中原四合院的四居格式，又吸收了江南各地建筑的艺术特点，形成自己独特的建筑结构。因从北方迁移到南方，为了生存的需要，他们选择群体居住，以抵御外来的侵扰。民居结构从封建礼教意识出发，族居一体；安全防卫，抵御攻击；方便生产、生活、劳动；在选址建造上也受迷信、风水等思想的影响。一般的有堂式结构，二堂、三堂、四堂，二堂一横、三堂一横、三堂二横等。还有更富特色的方、圆土楼，围龙屋，四角楼和五凤楼等。随着时代的发展，客家人的民居建筑亦从封闭式的群居建筑转向开放式的洋楼结构。从群居到散居，出现了适应现代化生活的单家独户庭院建筑，讲究卫生、采光以及园林绿化、美观等科学设计。

客家文化璀璨辉煌，丰富多彩，在改革开放新时期，它在中华文化的百花园中开放得更加灿烂妖艳。要发展客家旅游文化，把客家地区的经济与旅游有机结合起来，促进客家文化的繁荣，并推向国际市场，向海内外传播。客家地区要根据当地的特点，充分开发旅游资源，把本地的人文景观、生态资源和地方特产结合起来，通过“客家之旅”带动经济建设，这是一条新的路子。

客家地区风景名胜颇多，如梅县的阴那山灵光寺、梅城千佛塔、雁南飞茶园旅游区，韶关的丹霞山，龙川县佗城赵佗庙，河源的新丰江水库旅游区，亚洲最大的音乐喷泉，惠州西湖、汤泉，博罗罗浮山，深圳、宝安、东莞、增城等地的人造景观及新建的高新科技工业城、“三高”农业基地（大埔、兴宁等地茶园，梅州、金柚、博罗杨村柑橘场等）。如何把客家地区的旅游经济、历史文化结合起来，应根据当地实际，将当地的客家风情、人文景观、民间艺术展示出来，以供游人观赏，达到繁荣客家文化，弘扬客家精神的目的。在21世纪，如何促进客家旅游文化的新发展，很值得我们认真去探讨。

参考文献：

①谢佐芝：《世界客属人物大全》，新加坡崇文出版社1990年版。

②古剑锋：《世界性中原客属南迁史、古今中外客属杰出人物标准评定研讨会专辑》，香港客家联谊会、渡琼客家联谊会联合出版，1991年。

③林嘉书、林浩：《客家土楼与客家文化》，台湾博远出版有限公司、华厦书坊1992年版。

④韩庆祥、谢佐芝：《客家文化研究特集》，马来西亚客家公会联合会、新山客家公会1993年版。

⑤谢剑、郑赤琰：《国际客家学研究论文集》，香港中文大学亚太研究所海外华人研究社1994年版。

⑥胡希张、张维耿等：《客家风华》，广东人民出版社1997年版。

⑦黄钰钊：《客从何来》，广东经济出版社1998年版。

文学传记

从徒工到侨领

——司徒美堂传

从龙说起

——《龙的传人》丛书前言

洪丝丝

龙在中国的传说中是一种吉祥的动物。它可能如一些学者所推测，是中华民族部分氏族在原始社会的图腾（totem），它的原物或许就是古老生物学上的一种巨大的爬虫，如恐龙、飞龙之类。尽管如此，它确实可以作为中华民族的象征。它会腾云驾雾，能力非凡，又会兴云作雨，为人类造福，虽然气概威武，但爱好和平，不伤人畜。中华民族不正是具备这些优点吗？散布在五大洲的中华儿女也继承了这些美德。

旧中国，往往有人把中华民族比喻为“睡狮”。我想，把它比喻为“病龙”更恰当。狮子一睡醒，伸一伸懒腰，大吼一声，百兽震慑，可怜逃避不及的小鹿、小兔就成为它的点心。龙却没有这种残暴行为。当它病得奄奄一息，不但豺狼想吃它的肉，连蝎子也要欺负它。但一旦病愈，它只顾腾飞，谁曾看见它欺负弱小的动物呢？

现在，中华民族这条巨龙确实在腾飞了！它当前的目标是宏伟的，要使全国工农业的年总产值由1980年的7 100亿元翻两番，到2000年达到28 000亿元左右，还要完成祖国统一大业和保卫世界和平。由于方向正确，气力充沛，它腾飞得那么矫健，那么欢快，那么精神，那么顺当，使世人为之瞠目结舌，许多人禁不住发出赞叹。作为中华民族的儿女，无论是国内的还是国外的，都义不容辞地要为它贡献力量。

正当这个时候，湖南文艺出版社计划出版一套《龙的传人》丛书，介绍爱国的华侨、归侨和港澳同胞在各个时期支持祖国革命和建设的动人事迹，向广大读者进行爱国主义教育。我衷心祝贺这套丛书的出版，这对于鼓舞中华儿女为中华民族这条巨龙的腾飞出力将起到积极的作用。

1985年1月于北京

楔　子

公元1886年（清光绪十二年）秋天。

美国西海岸繁华的旧金山唐人街，热闹喧腾。白人、黑人、黄种人、印第安人，披红戴绿，熙来攘往，男女老少，络绎不绝；汽车、马车、脚踏车等等，各式各样的车辆，光怪陆离，川流不息。别具一格的唐人街吸引着来自世界各地的游人和客商。

那引人注目的街道建筑、门市格局，别致幽雅，新颖多姿。在西方城市鳞次栉比的大楼掩映下，出现东方民族风格的街市，绿瓦红墙，雕龙琢凤，玲珑剔透，熠熠生辉。独具南方城市格调的店铺，生意兴隆，顾客盈门。

当人们走进唐人街时，仿佛到了中国的县城，各式各样的骑楼，双龙卷柱，二龙戏珠，双凤朝阳等引人入胜的门柱和铱金漆墨的招牌，绚丽夺目。各行各业的铺面，整洁雅观。挂满五颜六色的锦衣堂，摆满雪茄烟的同德堂，立着各式各样橱柜木制品的公和堂，陈列着五花八门式样皮鞋的履胜堂，还有那洗衣馆、中药铺、酒楼茶馆、水果菜摊、海鲜肉铺等等。在这里，人们可以观赏到东方人民的民情风俗并感受到中华民族的传统生活方式。

加兰街808号“会仙楼”三个大字，金光耀目，吸引贵客。这间茶楼是中国广东四邑华侨开设的杂碎馆。“会仙楼”分上、下两层，楼上经营包餐，楼下经营茶点便饭小酌，虽然席位不多，但生意兴隆。每天从清晨至午夜，门庭若市，顾客不断。在唐人街的酒楼茶馆中，它也算颇有点名气，且侍候周到，菜式多样，味道鲜美。“会仙楼”的传统名菜，诸如虾仁炒笋、冬菇蒸鸡、三仙会丝、清蒸鲤鱼、白切鸡、烧鹅、烤鸭等特有风味，驰名全市。因此，到“会仙楼”就席的不单是拖着长辫子的中国人，还有高鼻子、蓝眼睛、黄头发的白人，以及来自欧美各国的游人和客商，甚至当地政府官员还要预约登门光顾。在异邦谋生的华工，远离家乡，思念亲人，每逢节假日纷纷从各地赶来旧金山唐人街会见乡亲，在餐馆吃喝聊天，探听乡音，讲古道今，苦中取乐，消磨时光，解除思乡之苦。出门在外，同乡似亲人，他们常在“会仙楼”会聚一堂，好不快活。倘若是四邑乡亲，纵然身无分文，也不愁品尝不到一顿家乡风味的菜肴。

一天，午餐时分。“会仙楼”菜馆食客满座，热闹非常。这一天的顾客大多是中国人，尤其是四邑乡亲。他们在这里饮酒聊天，有的在猜拳，有的在讲“水浒”、“三国”，简直像个极乐世界。端菜送饭的侍者格外殷勤，忙得团团转。优美动听的粤曲乡音牵动着情思，伴人痛饮，有的喝得醉醺醺，满脸通红，口里也“咿咿呀呀”跟着哼起来。

突然，有三个流里流气的白人，大摇大摆地闯进来，东张西望寻找座位。他们转了一个圈，没有发现空位子，叽里咕噜说了一通，然后，那个流氓头走到掌柜面前喝道：

“Hello！快给我们摆一张桌子。”

掌柜对这伙流氓很熟悉，不敢怠慢他们。这帮家伙是唐人街臭名昭著的流氓团伙，依仗着警察的势力，横行霸道，为非作歹，专门欺侮华侨。他们是“会仙楼”吃“霸王饭”的常客，有时碰见他们高兴，吃完饭也会给一点钱，但大多时候他们都是吃饱喝足，屁股一拍，嘴巴一抹，手一挥：“Bye—bye！”扬长而去。

掌柜和厨工已司空见惯，只要他们不闹事，吃一点亏，少收几个钱也都无所谓了。寄人篱下的厨工们都深深懂得在人家眼皮底下谋生，对他们是惹不起也说不得，只好忍气吞声，让他们折腾一气。每一回都是敢怒不敢言，眼巴巴望着他们趾高气扬地离去。因为他们是地头蛇，跟警察局有来往，谁都不敢得罪他们，弄不好就会被移民局赶回中国。这一回掌柜依然恭顺客气地吩咐侍者给这帮家伙摆桌送菜。这伙流氓坐下狼吞虎咽，大吃大喝，把一席酒菜吃得精光，还不解馋，要继续上菜。流氓头大声叫喊：

“Hello！给我们来一个虾仁炒笋！”

侍者走过去对他说：“先生，对不起，虾仁炒笋已经卖完了。”

那个流氓头瞪起大眼睛，指着旁边餐桌上的虾仁炒笋说：

“喏，那不是嘛，怎么说没有呢？为什么不给我们！”他从口袋里掏出一叠美钞往桌上一啪：“怕我们没有钱吗？”很快又放回口袋。

侍者赔着笑脸向他解释说：“先生，确实是刚刚卖完，你们来迟了，改日再来尝鲜。”

流氓头恶狠狠地随手拿起一个碟子，“咣当”一声往地上摔去，碎片四处飞溅，惊动了周围的顾客。

“你、你、你给我赔钱！”面对嚣张的流氓，侍者很气愤，但明显底气不足。

那个流氓头从座位上站起来，狠狠地掴了他一记耳光，侍者憋着一肚闷气，又不敢还手，只是愤怒地投射出仇恨的目光以示抗议。他左手摸着被打得火辣辣的脸，跟流氓头争辩：

“你讲不讲理，摔了我的碟，还打人呀！”

流氓头呶着嘴巴，露出凶光直逼侍者：

“哼！打了你又怎么样？”说完欲走，侍者拦着不让他走，流氓头有点不耐烦，气急败坏地朝着他脸颊“啪啪”连拍两下，还骂他：“嘿嘿，你这个‘黄猪’，我要宰掉你，剥你的皮！”

此时，一位肩宽腰粗、剑眉虎眼的“愣头青”厨师，听见“黄猪”二字，这是对中国人的污辱，升起一股无名怒火，实在压抑不住了。他手持菜刀，杀气腾腾地从厨房冲出来，走到流氓头跟前，把菜刀“啪”的一声搁在桌上，点数一下杯盘狼藉的席面，然后对流氓头说：

“喂，别走，你们吃了六个菜，两瓶酒，还打烂了一个碟，总共五美元，快拿出来！”

流氓头嘴里叼着雪茄烟，挤眉弄眼，上下打量着这个“初生牛犊不怕虎”的“愣头青”厨师，那双布满红丝的蓝眼睛里，射出两道逼人的凶光，轻蔑地说：

“咳！你是什么人？”

青年厨师横眉冷对，沉默片刻之后，骄傲地说：“哦？不认识吗？当然是中国人。”

流氓头脸一绷，嘴一歪，举起攥得硬鼓鼓的拳头猛地向青年厨师脑门狠狠一击，说时迟，那时快，青年厨师动作机灵而又熟练，一把抓住他的右肘致命穴，流氓头身子往下蹲，口里喃喃地央告说：

“唉哟，唉……哟，快，快放开！”

“你说给不给钱？”青年厨师责令他。

“唉……哟，给……给，快放手！”

青年厨师听他应诺了，于是松手放了他。

“上！打死他！”流氓头刚从青年厨师手里挣脱，立即命令另一个同伙。

矮仔流氓朝青年厨师猛冲过去，厨师敏捷地抓住他的右肘拧向背面，使劲往下一按，于是矮仔流氓毫无反抗之力，跪地求饶：

“放……开，我……我，我给！”矮仔流氓浑身冒冷汗，尝到了挨打的滋味，心惊胆战，从地上爬上来，老老实实地从口袋里掏出五张美钞交给青年厨师。可是，站在旁边还在揉着疼痛难忍的手肘的那个流氓头，心里愤愤不平，极不服气，似乎在大庭广众之下丢了他的脸，有失尊严，气鼓鼓地，眼睛瞪得核桃一般大，咬牙切齿地大声喝道：

“咳，不要给他！”接着，又命令另一个流氓，“上！”

另一个流氓刚刚冲到青年厨师跟前，双腿颤抖着，还来不及动作，就被青年厨师放了一个“散手”。他打了一个趔趄，差点摔倒在地。这个流氓勒了一下裤带，振作了一下精神，再次向青年厨师冲过去，又被青年厨师一拳打倒在地，摔个仰面朝天，在场围观的侨众哄堂大笑。

“哈哈哈……没有本事又想学人家打飞砣！”

“嗨，哪是他的对手？哈……哈！”

这时候，整个菜馆已经乱哄哄的，还没有吃完饭的中国人都纷纷放下碗筷，离开自己的座位围拢过去助威。

“打得好，打得好，教训教训这个流氓仔，怕什么！”

“揍他，看他还敢撒野！吃饭不给钱，还要打人！”

咒骂、喝彩、喊打声混为一体，气氛十分紧张，流氓头气得直跺脚，再也沉不住气了，随手抓起一张凳子，“唰”的一声朝青年厨师扔过去，青年厨师敏捷地一闪，伸手拦住飞过去的凳子搁在地上。而后，拉起长辫子往脖子上一甩，一个箭步铁塔似地鼎立在中间，立即做了一个屈腿抱拳状，表示向流氓头下邀战令：

“要打就请到街上去打！”

“走呀！”流氓头得意洋洋地说。

站在他旁边的一位小厨工拉着他说：“大哥，要吃亏的！”

老厨师关洪大叔劝阻他说：“算了，算了，不要理他，好汉不吃眼前亏！”

“不行，骑在人家头上拉屎，岂有此理！不给他点颜色瞧瞧，总以为我们中国人好欺侮，我的拳头又不是泥捏的。”

双方走出“会仙楼”，围观的人群愈来愈多，簇拥出门走到街上，有白人、黑人和中国人，围着喊打喊杀，助威的呼声越来越高：

“加油，扫一扫他的威风！”

“别怕，还有我们当帮手呢！”

流氓头扫视一下四周黑压压的人群，投射出邪恶的目光，显出很傲慢的样子，然后，他的视线集中在青年厨师身上，轻蔑地说：

“哼，‘黄猪’，你还真有胆量，敢跟我打架！”

青年厨师听见“黄猪”二字，气得几乎五脏都要蹦出来了，这是对中国人的极大污辱，民族自尊心的驱使下，他恨不得一拳把站在面前的凶恶流氓打倒在地，痛痛快快出口气，但是，站在他面前的对手却非同一般，身高体重都远远超过自己，跟他硬拼，显然不行，只能以智取胜。能否打赢他？如何对付他？青年厨师沉着冷静地思谋着……

当青年厨师用炯炯的目光扫视周围的观众时，大伙也向他投来一束束希望和鼓励的目光，这就像高强度的弧光聚焦似的燃烧着他的心，他顿觉全身的血管膨胀，血液循环加快，肌肉在颤动，浑身增添了无穷的力量，于是暗下决心：一定要打赢他，为中国人争口气！

此时此刻，他的思维高度集中，准备迎战这气势汹汹、不可一世的流氓头，口里默念着："生为洪门之人，死为洪门之鬼。"

他默念未毕，流氓头已向他发起进攻，猛冲过来，嗥叫一声："杀——"青年厨师动作敏捷地一闪，流氓头扑了个空，沮丧地转身再次发起进攻，像一头野牛似的向他猛冲过去。双方对垒，拳击交锋，殴斗激烈，东方武术迎战西洋拳。青年厨师采用花拳消耗对手的体力，以柔克刚，伺机反击，紧张的搏斗，难分难解。在激烈的角逐中，青年厨师以梅花桩乱了敌手，发现破绽，出其不意横扫一脚，把流氓头踢倒在地，四脚朝天。

"哈哈哈，打得好！"围观群众爆发出热烈的欢呼。

一阵阵如雷的掌声、喝彩声响成一团，震撼着唐人街，围观的人群越来越多。当流氓头气喘吁吁地从地上爬起来的时候，脸红脖子粗，气急败坏到极点，脸绷得像苦瓜似的，咬牙切齿，从裤腰间拔出亮闪闪的匕首，举在空中晃了一下，发疯似的向青年厨师的脑门刺过去。青年厨师急忙转身躲开，调整了位置，全神贯注地望着那把闪闪发亮的尖刀，在场的中国人提心吊胆，万分担心。当流氓头举着尖刀继续向他扑过去时，青年厨师倾全力一把抓住对方持刀的右手，刀在空中晃动，双方交手较量暗功，相持片刻，流氓头的尖刀朝着小厨师的脑门越压越近，危在旦夕。围观的中国人，个个冒着冷汗，咬着牙根，攥紧拳头，有的欲冲上去帮忙。在万分危急的关头，青年厨师灵机一动，后退一步，使尽全身力气，狠狠地踢出一脚，正好踢在流氓头的腹部，尖刀"吧嗒"掉地，流氓头"唉哟"一声倒下，双手紧按住肚子，身子曲卷着，在地上翻来覆去地乱打滚，挣扎了一阵，发出微弱的呻吟，声音越来越小了，直至不再动弹，两条腿直挺挺像条死猪似的瘫在地上。围观的侨众掌声如雷，口哨四起，震耳欲聋。

过了一阵，躺在地上的流氓头再也起不来了。青年厨师走过去看看他那死灰般的脸色和那双圆睁睁而不会闪动的眼睛，便弯下腰伸出手背在高高的鼻尖下试一试。高鼻子已没有呼吸，他意识到这个作恶多端的流氓头大概已见"上帝"去了，于是，松了一口气，冷笑一声：

"哼，装什么死呀，赖着不敢起来打啦！"

青年厨师又看看周围，没有发现那两个流氓同伙，知道他们已经溜了。

在场的人个个都拍手称快，争相拥上去跟他握手，七嘴八舌夸赞他：

"小伙子，好功夫！"

"顶呱呱，为中国人争了口气！"

"你做了一件好事，为唐人街除了一条害人虫！"

一位白人老头也挤到青年厨师跟前，竖起大拇指，赞不绝口：

"中国人，真了不起！这个家伙到处欺侮人，谁都怕他，现在他该受到上帝的处罚!”他还抬头向上帝祈祷,“上帝保佑你平安无事!”

这个胆大包天的青年厨师居然在大庭广众之中,把仗势欺人、穷凶极恶的美国流氓头一脚打倒在地,一命呜呼!他确实了不起,可是他已闯下了大祸,他的命运又将如何呢?

“会仙楼”的厨工、侍者和围观的侨众,纷纷劝他赶快离开现场,暂时避一避风头,但是,他却毫不畏惧地说:

“我不走,怕什么?敢打他就不怕坐牢!”

“傻小子,你还不快走呀!还想等警察来抓你呀?”厨师关洪大叔拉着他,还从口袋要掏出一叠美钞给他。

“大叔,我不走,我走了你们怎么办?”

“你快点走,我们不用你管!快走吧,好汉不吃眼前亏。”大伙劝他说。

“不,一人做事一人当,我不能够连累乡亲。”

正在这个时候,那两个流氓同伙领着几个警察急匆匆赶到了现场。此时,在场的中国人把青年厨师保护在人群之中,团团围住,警察无法进去捉拿他。警察见此情景只好对天空“砰、砰”鸣放两枪,然后,大声喝令道:

“咳,你们快把凶手交出来!”

侨众反而围拢得更加紧密,不让警察冲进人群中。警官再三叫唤,大家都不理睬他。警察冲不进去,侨众手挽着手,围得水泄不通。此种气氛紧张的场面,足足相持了一个多小时,他们还是无法逮捕青年厨师。

最后,警官只好强下命令恐吓在场的侨众。

“嘿嘿,听着,你们再不把人放出来,我就要开枪了!”

接着,他指挥警察装子弹,枪口对准团团围住的人群,大伙仍然没有骚动,侨众与警察怒目而视。气氛显得更紧张。在那千钧一发之际,青年厨师不慌不忙地从人群中挤出来,泰然自若地站在警察面前,大义凛然地说:

“枪放下!他们没有罪,一人做事一人当,一切由我承担!”

警官神气十足地问:“你是什么人?叫什么名字?”

青年厨师睁大虎眼,凝视着警官,脸不改色,声调铿锵地回答:“中国人,司徒美堂。”

“哼,好一个中国人,司—徒—美—堂。”警官用疑惑而又轻蔑的眼光浑身上下打量着他,并命令警察给他戴上手铐,“带走!”

侨众们仍然团团围住,不让警察把司徒美堂带走。警官向空中“砰、砰”再鸣两枪,然后,押着司徒美堂强行通过。

警察押着司徒美堂威风凛凛地在唐人街走过,沿街成群结队的侨众跟在后面,人越来越多,队伍越来越大。警官回头看见这种浩荡的示威抗议游行队伍,着实有些惊慌，一面催促司徒美堂："快走！快走！"同时，对空鸣枪恐吓侨众撤退。

走着走着，穿过大街到了警察局门口，司徒美堂停住脚步，回头望望跟在警察后面挤得密密麻麻像长蛇似的队伍，踮起脚跟，伸长脖子，挺胸昂首高喊：

"乡亲们，朋友们，我司徒美堂没有罪，你们不要为我担心，请大家回去吧！"

说完，他便从容走进警察局。

站在警察局门口的侨众，迟迟不散，挥臂呼喊着："还我司徒！司徒无罪！"

愤怒的声浪，撼动着警察局……

第一章　苦难的童年

（一）

仲春的一天，中午时分。

百足山顶，浓云密布，电闪雷鸣。顷刻，骤雨倾盆，滂沱大雨瓢泼似的洒落在潭江两岸，滋润着肥美的沃土和碧野的新苗，村落农舍也沐浴在一场喜雨之中。春风春雨多少给庄户人带来了希望，正在秧田闹耕的庄户人，放下手中的农具和耕牛，回寮歇息。

潭江依然是呜呜咽咽地低吟着，从百足山脚流过，穿越侨乡古镇——广东开平县的赤坎。离镇四里地的滘堤洲中股乡牛路里村的一间狭窄而矮小的农舍里，在风呼、雨泼、雷鸣、电闪的交响乐中，传来一阵阵尖厉的"娃呀，娃呀"的婴儿哭叫声。村中左邻右舍纷纷赶来道喜：

"吴婶，天公送子，有福有福。日后不用发愁啰！"

"荣叔，'老五'择个吉日良辰出世，将来啊，出人头地哩！"

"'老五'啊，火龙传种，必当大官呐！"

……

婴儿的叫喊声，邻里亲朋的祝贺，激励着父母的心，驱散了爹妈的满脸愁容，心里乐滋滋的。

但是，在那兵荒马乱、饥饿连年的岁月里，多一张嘴，就要多挑一副重担，父亲司徒开荣想把"老五"送给别人，可母亲吴桂秀却舍不得心头肉，心想，既然是天公送子，就是讨吃要饭也得把老五拉扯大。是龙让他下海，是虎让他上山。她把希望寄托在老五身上，望子成龙啊！

苦命的老五，虽然是生于吉日良辰，可他投胎不走运，天公没有替他找了有“福气”的好爹妈，偏偏降生在穷苦人家。整个童年他是在苦水里泡大的，饥饿、凌辱折磨着他。天公赐给他的不是鲜花和美酒，却是荆棘和苦难。

这个火龙子孙“老五”，就是本书的主人公——司徒美堂。他原名羡意，字基赞。其时正是公元1868年（清同治七年）4月13日。

六岁那年，司徒美堂父亲经不起穷困的重压和疾病的折磨，离开了人世。可怜的母亲承受着沉重的家务，好不容易东借西凑供小司徒上学。他在私塾念书，因衣着褴褛，家里又是孤儿寡妇，常受纨绔少年的欺侮。为了“防身”，小司徒常常跑到武馆去观看拳师传授武艺。他很聪明，过目记心，回家苦练，从小学会两套南拳。每当遭到别人欺侮的时候，不管对手年纪多大，总要跟他拼搏一番，就是输了也还击两拳才服气。他常常替受人欺侮的穷孩子打抱不平，虽然打不过人家，经常被人打得脸上青一块、紫一块，但从小就锻炼出扶弱抗恶的侠义性格。

有一回，在放学回家路上，碰见了两个比他大几岁的富家子弟正在欺侮他的伙伴，小司徒二话没说，猛冲上去，三拳两脚跟倚强欺弱的富家子弟打起来，那两个阔少年被小司徒拳头打得招架不住，扭头直往家里跑，他紧追不舍，一直追到一个富家子弟的家门口。两个富家子弟躲进家里，然后放出恶狗来迎战小司徒。当小司徒望见恶狗“汪汪汪”疯狂地向他扑来的时候，赤手空拳难以应付，腿上被狗咬了一口，疼痛难忍，此时，他计上心来，把狗引到大门外的路旁，随手捡起一根短棍棒，转身向那只紧紧追来的恶狗狠狠一击，恰巧击中狗头，狗“汪”的一声倒在地上。

俗话说“打狗欺主”。这回，小司徒可闯下弥天大祸了。屋里走出一个穿着长衣短套、拖着长辫子、头戴镶有蓝色宝石瓜皮帽的家伙，他是狗的主人，恶狠狠地走过来，从司徒手中夺过棍棒，往他身上横扫过去，两下子把他撂倒在地上。狗的主人举起棍子再往小司徒脑袋劈过去的时候，棍棒被后面赶来的一个中年人拽住，劝说道：

“大哥呀，再打孩子就没命啦！”

“一条狗命换一条人命。没有什么了不起。”那个阔老爷吹着胡子瞪着眼说。

那位中年人抱起躺在地上的小司徒往家里送。当他母亲吴桂秀接过身受重伤的小司徒时，抱头痛哭，串珠似的泪水滴在奄奄一息的小司徒脸上，母亲凝神望着可怜的儿子浑身上下都是伤，心如刀绞，泣不成声：

“羡仔，你要有个三长两短，妈该咋办呢？”

躺在母亲怀抱里的小司徒，在昏迷中听见母亲的哭泣，他有气无力地说：

“妈，我要报仇！”

母亲听着小司徒的话，心里更加难受，担心日后招惹更大的横祸，劝说：

“傻孩子，你怎么斗得过人家呢！”

说话间，那位中年人赶回家拿来一瓶跌打药酒和药丸，急忙替小司徒擦拭伤口，又把跌打药丸放在一个小碗里，一口一口喂小司徒，临走时，吩咐道：

“吴嫂，不要让孩子再出去，要采点跌打草药煮水给他喝，改天我再给他按摩敷药。”说完便告辞了。

母亲含着热泪：“关大哥，真是谢谢你了，要不是遇见你这个贵人，老五这条命就没啦！”

“不必客气，先把羡仔的伤养好再打算了。”

原来这位关大哥是邻村的关洪，年轻时颇有点名气，是一位闻名远近的拳师。他还不满一周岁时，父亲便出洋闯金山。可是，父亲一去几十年从未有回音，至今下落不明。可怜的老母亲把他拉扯大，日盼夜盼父亲的洋钱来接济他成家立业，望眼欲穿。冬去春来，年复一年，杳无音信，可怜的父亲生死未卜，无人知晓，关洪家境愈来愈困难，家乡无法生活，只好跑到新会邻县一家作坊打工，靠低微的收入养活母亲。四十多岁了，依然是一个光棍。因母亲病逝，这次回家奔丧，路过此地，见小司徒遇难，于是出手相救。

十多天过去了，小司徒伤势好转，恢复了健康。母亲担心小司徒还要出事，眼下家境又越来越困难，决定找关洪商量，请求他把司徒带去帮工，一则可到外地混碗饭吃，二则可避免惹祸。再说，小司徒也不愿念书了，因为穿着破衣裳，常受富家子弟的白眼。

关洪答应了司徒母子的请求，同意料理完母亲的后事即带小司徒到新会县城做工。临行那一天，关洪领着不满十一周岁的小司徒离开了母亲。从此小司徒就挑起了生活的重担，踏进社会门槛，步入了人生的征途。

（二）

公元1877年（清光绪三年），小司徒跟着关洪大叔离乡背井来到新会县城一家作坊当学徒。因他年纪还小，不能干重活，便做搓线工。小司徒虽然年纪不大，但是，干起活来挺勤快，手脚麻利，肯卖力气，脑筋机灵。关洪大叔很喜欢他，白天跟他一起干活，晚上和他睡一间木屋里，一大一小朝夕相处，情同父子。夜间，两人躺在床上，关洪常常给小司徒讲故事，什么《三国演义》、《水浒传》、《西游记》、《杨门女将》、《说岳全传》等等，一个接着一个说个没完没了，一讲就是几个钟头，常常讲到夜深人静。有时关洪讲完故事后，便叫小司徒复述，他能完整地把故事重讲一遍。小司徒记性好，聪明灵活，关洪非常喜欢他。小司徒不仅爱听别人讲故事，同时，还喜欢读书，常常把关洪看过的《水浒传》、《三国演义》接过手就一股劲地看下去。他虽然似懂非懂，但也能明白一大半的意思，关洪看他勤奋好学，尽力满足他的要求，找书给他读。小司徒常常看书到深夜，有时通宵达旦。

小司徒喜欢耍两下拳术，关洪看在眼里更加喜欢。空闲时，便指点小司徒练拳，教他几手南拳，什么"四门阵"、"梅花桩"、"双头棍"等等。小司徒好学，关洪肯教，有时还两个人对垒，小司徒进步很快。这些日子，小司徒学到许多东西，懂得了不少人情世故。小司徒做工积下几个钱，托人捎回家孝敬老母，有时关洪大叔也帮补一点。小司徒出了漏子，关洪替他开脱，看见小司徒受人欺侮，关洪挺身帮助，一大一小亲密无间，形影不离。有一回，厂家老板找小司徒去拉料，寻了好大一会时间，找不到他。后来在原料库房发现他，看见他躲在原料堆后面正聚精会神看小说。老板不声不响地走过去，把他的书夺走，并狠狠地给了他一耳光，骂道："你这个死猴子，拿我的工钱不做工，快去干活！"

小司徒赶紧拔腿就走，跑到正在干活的关洪身边"求助"。厂家老板指着小司徒的鼻子在关洪跟前骂道："哼，我不是出钱给你读书！你不想做工，走！"

"王先生，下不为例。"关洪替小司徒解围说，"请你多多包涵，小孩不懂事你就原谅他一次！"

王老板："不做工就不发工钱，你想吃饭就老老实实去做工！"

关洪吩咐他："好了，快去拉料！"

小司徒央求道："书还给我，就去了。"

关洪答应着："听话！快点去。"

小司徒赶快找到小平车飞跑出去了。他走后，关洪向老板要回那本《水浒传》。王老板说："以后他再这样，我就扣发他的工钱。"

关洪："请王先生放心，以后他不敢再这样了。"

一晃三年过去了，小司徒已十四岁了，他成了关洪大叔的好帮手，零工粗活样样能干。有一回，关洪接到家乡来信，一位远房亲戚谭阿福在美国三藩市一家餐馆当厨，二十多年没回乡，如今打工积累了一点钱回家娶亲，探望乡里，结婚那天，请他回去喝喜酒，关洪把小司徒带回去凑热闹。

那一天，远亲近邻，云集一堂。"金山客"倾几十年的血汗倒也算阔气，关洪想从谭阿福口中打听父亲的下落，了解金山谋生难易。谭阿福知道关洪的处境，甚为同情，动员他出洋。提起"出洋"两字，关洪油然而生一种恐惧的心理，父亲至今下落不明，是葬身鱼腹，还是流落他邦？但随后念头一转，倘若能在旧金山找到父亲的遗骨，也算尽了孩儿的孝心。何况家中上无慈母，下无家室，独来独往，光棍一条，无牵无挂。关洪再三思索，拿定主意，倾家荡产凑足几十块大洋，再一次冒险，重踏着父亲的血路闯金山。

小司徒听说关洪大叔要闯金山，他也闹腾着要跟他去出洋。关洪答应带他一起闯金山，可是没有盘费怎么办？

小司徒回到家里，把闯金山的心事告诉妈妈，当母亲听说儿子要“出洋”，像触电似的，两眼直瞪住小司徒。

“妈，你怎么了！”小司徒说。

“哇——”的一声，母亲把小司徒搂在怀里，眼泪像断线的珠子湿润着小司徒的脸颊。此时，小司徒双膝一曲，扑地一声跪在母亲的面前，祈求道：

“妈，你别难过，我出洋赚……”

“不，我不让你走！”母亲边说边摇头。

“妈，你听我说，我到金山赚到很多很多的钱，寄回给您买地盖碉楼。”

小司徒站起来，替母亲擦去泪水，劝说：

“妈，你别哭了。”

母亲哭声越来越大，感情无法抑制似地喊叫起来：“羡仔，你没良心，把你养大了，你连娘也不要了！”

小司徒待母亲痛哭过后，才把关洪那位亲戚从美国旧金山回来的消息一五一十地告诉她。小司徒的一番话使母亲从极度悲伤中逐渐清醒过来，情绪慢慢平静下来。

“妈，你别发愁，等我到了金山，你就有福可享了。”小司徒继续安慰母亲说。

起初，她对儿子的话半信半疑，后来仔细想想，孩子长大了，有自己的路要走，何必把他绑在自己身边呢？

“羡仔，有那么一天敢情好。但天远水长，要多少盘费呢？”

“听关洪大叔说，有五六十块光洋就能到达金山。”

“哎呀，哪来这么多的钱给你做路费？”

“妈，听金山伯说，大人每月能赚三十个光洋，小孩每月能赚十二块。你先向别人借借，等我到了金山赚回来还给人家。”

“唉，这年头哪那么容易借这一大笔钱！”

“妈妈，想想办法吧！”

小司徒天天闹腾着要出洋，母亲被他说服了。为了孩子的前途着想，经过一番努力，东借西凑，把一块地和一间旧屋典押出去，好不容易筹够七十个光洋，让小司徒去闯金山。

过了春节，大年初四那一天，关洪大叔前来小司徒家拜年，相约出洋的日期，决定闹完元宵后，再择个吉日启程。几日来小司徒从日出盼到日落，等待早日出洋。可是，他母亲天天以泪洗面，失魂落魄，夜里睡不着觉，白天饭不吃，水不喝，小司徒知道母亲的心思，但再三劝说也无济于事。小司徒生怕母亲急出病来不好办，就想办法给母亲逗乐。有时讲故事，有时打两下南拳，当母亲脸上浮现出笑容时，就恭恭敬敬把饭端到她面前劝吃。

这些日子母亲替他缝缝补补，准备出洋的行装，还在他衣角上缝了个“护身符”。小司徒天天陪着母亲讲故事、说笑话，度过了在家乡难忘的第十四个新春。

（三）

赤坎位于广东珠江三角洲四邑侨乡，水陆交通方便，地肥人稠，风景优美。西边高高的百足山像一座巍巍的屏障耸入云天，秀丽的潭江绕过山脚，奔流直下，汇入珠江。赤坎世代出洋的老华工，从这里乘坐帆船直通五洲四海。早年华侨们为了谋生，漂洋过海闯金山，为美国西海岸的开发和繁荣立下了汗马功劳。他们在艰难困苦的环境下磨炼出顽强的意志。潭江的渔舟帆影，古镇的江桥，河畔的古榕、竹林，村寨的碉楼、红棉；西山的落日，层峦叠嶂的群山，构成一幅天然的美景，时刻萦绕在游子们的梦魂之中。

清光绪六年（1880）三月的一天，清晨，小司徒拿着一个装盐头的粗麻布袋，准备行李出远门了。左邻右舍，叔伯兄弟，阿婶姐妹都赶来送行，狭窄的小屋挤得满满的。隔壁老华侨阿三伯摸着小司徒的脑袋和拖在后面的长辫子，叮嘱道：

“羡仔，阿伯没什么东西送你，这包‘乡土’给你带着。你知道吗，世界这么大，凡有海水的地方就有我们中国人！树高千丈，落叶归根，你走到哪里都不要忘记家乡和亲人，不要忘记生你养你的母亲和这个根基……”

邻居叔婆拉着小司徒的手，塞给他几个染成红色的鸡蛋，叮嘱道：

“羡仔，出门在外，等赚了钱，寄回给你妈盖间新屋，在村里盖一个碉楼，让叔侄乡亲风光风光哩！”

这个叮咛，那个嘱托，句句叮嘱情真意切。小司徒把乡亲们的话都记在脑子里，心里盘算着要是到了金山发了财，一定不忘乡亲，要给家乡办点好事。

关洪提着行李赶来，带上小司徒搭船出洋。乡亲们送他到村头池塘边的木棉树下，一朵朵绽开的红棉花灿若红霞，似乎向他挥手微笑。每年春天红棉花开的季节，他和伙伴们就爬到树上去采摘一朵朵艳丽火红的木棉花来玩。如今他要远行了，送别的伙伴们爬上去摘了几朵送给他，放进他的口袋里。小司徒三步一回头，向故乡亲人、伙伴以及那棵高高挺立在村头的红棉树告别了。母亲吴桂秀一直送他们朝着赤坎码头走去，一路走着，她一边吩咐小司徒说："羡仔，到了海外千万不要跟番佬打架，记住了吗？要听关叔的话，不要闯祸。"

小司徒："妈，我记住了，你放心吧！"

吴桂秀又对关洪说："关叔，孩子交给你了，要打要骂由着你，羡仔调皮不听话时，要严加管教！"

关洪："吴嫂，羡仔是个聪明人，脑瓜灵活，会做人，还有一手好功夫，别人欺侮不了他，你放心吧！"

小司徒："妈，我不怕，别人要是欺侮我，关叔会保护我。"

吴桂秀："傻仔，出门在外不同在家，你要听关叔的话，不要惹是生非，老老实实做工，听见了吗？"

小司徒："好，好，好，我记住了，不要同人打架，老老实实做工。"

吴桂秀："这就对了，妈才放心！"

说着说着，已到了赤坎镇码头。江面停泊着几只大木船，其中一个扯起了桅帆，船上已站了好几个人。

码头上，围着许多送行的人群，当他们走向码头时，望见金山客谭阿福跟几个乡亲在道别，其中一个青年女子，就是他去年回乡时才娶的媳妇，含情脉脉，依依惜别。

关洪喊了一声："阿福哥，你们早来了？"

谭阿福抬头望见他们，急忙说："快点呀，就等你们了，快上船吧！"他跟年轻美貌的新婚妻子分手时，妻子眼眶湿润了，噙着泪水说："你到了金山，可别忘了给家里来信，路上要保重！"

"好，你回去吧！"谭阿福转身招呼他们一起上船，"快，快快，上船吧！"谭阿福走过栈板，关洪和小司徒，还有小司徒母亲也跟着上了船。

船工们准备开船了，小司徒的母亲仍在船上拉着儿子，想到儿子这一去，不知哪年哪月才能见面，到天涯海角去，那是多么可怕啊！要是船一开走，她的五脏六腑都会撕裂，心肝会被摘掉。顿时，魂飞魄散似的，她眼泪从脸颊簌簌落下。小司徒看见母亲极度伤心，只好劝她：

"妈，都要开船了，你回去吧！"

她只是摇头不说话，眼泪止不住地流着。

"妈，你怎么啦？快说话呀！"

她一阵发愣过后，突然猛醒，把小司徒紧紧搂在怀里，仿佛怕别人抢去似的。

"羡仔不要过金山了，跟妈回家！"

“妈，让我去吧，到了金山我赚多多的金子寄给你。”

“羡仔，金山银山我都不要，你跟我回家吧！我能养大你。”

“妈——”小司徒跪在母亲跟前，“妈，我都这么大了，不能总靠你养我，我到金山几年就回来！”

关洪见她母子俩难舍难分的样子，劝说：

“吴嫂，既然孩子决意要去，那就让他去闯一闯吧！我看羡仔会有出息的。你放心吧！有什么事我会多关照，你回去吧！”

母亲松手放开小司徒，深深地叹了一口气：“唉——，苦命啊，在家又怕他出事，放他过番，漂洋过海，关叔，我心里难受！怕……”

“吴嫂，你就放心好了，小司徒的事包在我身上了，只要我有口饭吃，就不会让羡仔饿肚子。”

谭阿福也劝说：“不用担心，到了金山，到处都是四邑乡亲，有什么难处，大家会相帮！”说完，跟小司徒一起扶着她下船，劝慰一番。小司徒再次在他妈妈面前跪下去叩头，含着眼泪说：

“妈妈，别哭了，回去吧！”母子俩泪如雨注，脉脉相视，小司徒双手一抹眼泪：“妈，我走了！”他一转身像皮球似的跳上船去了。

船工用长长的竹竿把船撑向江心，摇橹起桨，船慢悠悠地顺流而下。

小司徒回头望着江岸，看见他妈妈朝着河沿边走边喊：“羡——仔，羡——仔！”

小司徒边擦眼泪，边挥手呼喊：“妈——妈，回家吧！”

船在江心扬帆远去，飞速前进。母亲的心仿佛被白帆带走，她发疯似的沿着河岸追逐，不停地喊着：“羡——仔，回——来！”撕心裂肺的喊声在江面回荡着。

白帆远去，母亲站在岸边呆若木鸡，直到白帆远远消逝在江上，她才一跌一撞，拖着沉重的步子回村。她逢人便说：“我真傻，真不该让羡仔过金山！”

帆船载着新老两代“金山客”，顺着潭江疾驶。小司徒含着眼泪，告别了故乡和亲人，途经三埠，漂过零丁洋，到了香港。从此，他驾着人生的风帆，横渡太平洋，走向世界……

第二章　横渡太平洋

（一）

香港码头，人山人海，人们在互相道别。停泊在码头的“卡力号”远洋客轮“嘟——嘟”两响，徐徐离开码头，向大海驶去。

小司徒跟“金山伯”谭阿福和关洪大叔坐的是四等舱，大多是闯金山的四邑人。一、二等舱坐的是白人。随着客轮的“隆隆”机声，小司徒高兴得上蹿下跳，不时走到甲板上，瞭望大海。客轮破浪前进，他的心胸无限宽阔，茫茫的大海吸引着他。回头望着逐渐远去的祖国海岸线，在他的脑际又浮现出母亲慈祥的面容，心里呼唤着：“再见了！妈妈。”

“卡力号”客轮在碧蓝的海面疾驶。小司徒的心就像大海的波涛一样翻滚。他怀着发财的梦想奔向世界，去创造未来；他踏着先侨的足迹，横渡太平洋，冒险闯金山。

起初，客轮沿着海岸线航行，风力较小。小司徒还兴致勃勃，受好奇心的驱使，不时地走上甲板，瞭望浩瀚无边的大海，望见海鸥在翱翔，鱼群在追逐。后来，客轮进入公海，风浪愈来愈大时，他老老实实地回到了自己的坐舱，遇到浪如山涌的时候，他难以控制，几乎五脏六腑都要跳了出来。每当他晕船呕吐时，关洪大叔总是像照顾自己的亲生孩子一样无微不至，端饭送水，照顾周到。一个星期过去了，小司徒渐渐适应了海上的生活，又活跃起来，东跑西跳。

一天清晨，风平浪静，人们还在睡觉。小司徒起得特别早，想去看日出。当他走上二等舱的甲板时，望见海面还是黑糊糊的一片，天像一口大铁锅似的顶在头上。他独自一人站在甲板上瞭望。东方渐渐露出鱼肚白，随后出现了一抹红霞。这时候，甲板上挤满了人，争观日出。火球似的太阳从海面跃出时，海水被染红了，像一幅红色的彩绸铺向天际。小司徒正凝神望着大海远方滚动的火球，突然，一个白人拉着他的辫子往后拽，当小司徒转过脸时，几个白人，有男有女，正哈哈大笑。那个拉着他辫子的白人叽里咕噜地说：“Pig’s tail，Pig’s tail.”

此时，他恨透了这帮白人，转身一拳打在那个拉着他辫子的家伙身上，乘他松手之际，夺回长辫子，再把它盘在脖子上，愤怒地骂道：

“凭什么欺侮人，小心掉进大海喂鱼！”

小司徒气鼓鼓地边走边骂，离开甲板。

小司徒憋着一肚子气回到自己的铺位上，看见“金山伯”谭阿福刚刚起来，便问他：

“谭伯，‘屁屎泰’是讲什么？”

“‘屁屎泰’就是猪尾巴的意思。”

“啊，原来这些外国佬是在骂我的辫子是猪尾巴，岂有此理！”

关洪大叔从床上爬起来，问小司徒：

“羡仔，刚才你到哪里去了？”

小司徒便把刚才发生的事一一告诉他们，谭阿福和关洪听后也很气愤。但是，他们心里明白，现在乘坐的是外国人的轮船，可不比在家乡，凡事得忍着一点。关洪只是劝着小司徒。

谭阿福也劝道：“羡仔，在国外谋生，凡事都得忍着点，吃点亏算不了什么！”

“他们说我的辫子是猪尾巴，那不是把我看成猪，往后遇见他们再骂我，我可不让他！”

“羡仔，这样的事情，在国外多着呢，慢慢你就会明白。”谭阿福感慨地说。

小司徒心里很不服气，总想不通：“为什么外国佬要这样欺侮我们中国人呢？”

洗刷完毕，三人一起到餐厅吃早餐。当他们走到餐厅时，看见许多中国人围在门口位置，不能进去，而在里面用膳的尽是白人。小司徒看见里面有几个空位子，他硬拉着关洪要冲进去。刚踏进门，便被白人侍者推出来，小司徒不服气地说：“那里有空位子，为什么不让进呢？”

谭阿福把他拉出来，告诉他：“羡仔，他们这些外国人是不愿跟我们中国人同桌吃饭的，等一等，让他们先吃完，我们再吃也不迟。”

小司徒争辩说：“为什么一定要让他们先吃？我们又不是白吃。”他们只好在外面等这些白人一个个吃饱喝足走了，才进去用膳。此事对小司徒刺激太大了，他那幼小的心灵里已蒙上了一层阴影，难道中国人就不能跟外国人平等吗？外国人就比我们高贵?!

这一天清晨连续发生的两件事，给小司徒留下了不可磨灭的印象。在他刚刚驾起人生的风帆，冲向世界的征途中，将会遭到何等风浪呢？

大海，茫茫一片，无边无际，“卡力号”远洋客轮不知疲倦地在海上航行。海上的奇观异景变化多端，时而浪涌山巅，时而又平静无波；蓝天的云彩更是绚丽多姿，时而碧空万里，时而云蒸霞蔚。大海之夜更加迷人，引人入胜，当月亮被海涛烘托起来时，恰似银球在天屏上滚动，忽大忽小，时而扁平，时而朦胧。月夜，小司徒总是喜欢独自一人坐在甲板上赏月，望见月亮就思念故乡，想念母亲。小时候，多少个这样的夜晚，坐在妈妈的怀里听她讲“嫦娥奔月”、“哪吒闹海”的故事。如今离母亲越来越远，何时才能听到母亲讲那动人的传说呢？海上明月再好看也比不上潭江迷人的夜月。他常常独自一人赏月至深夜，直到关洪拉他回去睡觉。

有一天，小司徒坐在船舱，心情烦闷，跟谭阿福聊天，问他：“福伯，还要几天才能到金山呢？”

谭阿福比了个手势说：“早哩，还得一个星期。”

小司徒很不耐烦地说：“我们都走了一个多月了，还要一个星期才到呀！你当年到金山走了多久呢？”

谭阿福直摇头，不堪回首似的说：“现在比我那阵时好多了。当年我是乘桅船过海的，在海上漂了四五个月，从家里带着豆腐乳、咸虾酱，吃到生虫呢！我抱着桅杆从香港哭到旧金山，上岸时，头发胡子都长长了，眼深脸黑，几乎不像人样子。”

“那你为什么不坐火船呢？”小司徒天真地问。

“那时候，要是有火船，那就不用受这洋罪了。有几回，大风大浪时，我差点喂鱼去了，幸好我身上带有龙王爷的护身符！唉，好多中国人没到旧金山就丧命了。”

坐在身边的关洪听到这里，情不自禁想起生死未卜的父亲，脸色阴沉，非常伤心，自言自语地说：“据说我父亲就是乘桅船到旧金山的，他……”没等他说完，谭阿福安慰他：“关洪，到了旧金山再打听你爸的下落吧！”

小司徒也安慰他：“关叔，到了金山，我帮你去打听，一定能找到你父亲的！”

关洪心里非常难过，自知父亲已不在人世间，四十多年过去，要是还活着的话，必有书信来往，他长叹一声：“找不到了！”他明知父亲为了闯金山已丢了性命，但穷困的生活逼着他不顾一切，再一次冒险。

新老两代华工，共同的命运，不同的遭遇，走到一起回忆过去，谈论未来……

四十多天的航程过去了，日夜盼望的金山终于出现在眼前。小司徒站在甲板上活蹦乱跳，挤到船头凭栏远眺。

“卡力号”客轮驶进金山湾，“嘟——嘟”两响停泊在码头。当客轮靠岸抛锚后，一、二等舱的外国人先上岸，然后三、四等舱的中国人才下船。谭阿福领着关洪和小司徒拿起行李下船，向码头走去。

码头上，接客的人群中有外国人，也有中国人。小司徒肩上搭着粗布口袋，拖拉个趿拉板跟在谭阿福和关洪的后面，好奇地东张西望，对一切都感到新鲜陌生。当他们走出码头时，看不到金子和鲜花，迎接他们的却是一群红鼻子、蓝眼睛的流氓，四面八方向他们扔来臭鸡蛋、烂苹果、马屎和石头。小司徒万万没想到，踏上金山的第一步便遭受到莫大的污辱，后悔莫及，真不该来呀！开始，他用粗布袋挡驾，一个流氓把臭马屎扔到他的辫子上，还得意洋洋地哈哈大笑："Chinese，Ping's tail！哈哈哈……"

小司徒忍不住，停下脚步，睁大眼睛瞪着流氓，关洪赶紧拉着他，劝说："快走，不要理他！"

小司徒伸手摸摸辫子，尽是臭熏熏的马屎，正想冲过去跟流氓干一场，可是，左手已被关洪紧紧拉住不放，并急催着他：

"别理他，赶快走！"

此时，倘若不是关洪紧紧拉住他的手，小司徒定然像一只小老虎似的向流氓冲过去。小司徒无可奈何，只好硬着头皮，咬住牙根臭骂两句：

"去你的，烂仔头！"

谭阿福领着他们，跟着一批刚上岸的乡亲来到四邑会馆。他们一到会馆就受到热情接待，吃住不用花钱，住了十来天。后来，谭阿福跟原来自己做工的"会仙楼"老板介绍，征得同意，他们留下来了。于是，小司徒和关洪就在四邑人经营的"会仙楼"茶馆做工。关洪在厨房帮厨，每月薪水三十美元。小司徒每月领到十二美元，生活总算暂时安定了下来。小司徒开始做打杂的厨仔，洗碗、洗碟，随着年纪的一天天长大，他又聪明好学，后来当了厨师。

司徒美堂来到"会仙楼"茶馆后，工作繁忙，每天要干足十四个小时的活。他年纪虽小，但聪明好学，干活机灵，肯卖力气，伙计们都喜欢他。特别是老厨工谭阿福，他是洪门会员，早年来美，参加过修筑中央太平洋铁路，主体工程完工后，才转来唐人街。谭阿福年轻时在家学过两套南拳，看见小司徒也会打"功夫"，更是喜欢。小司徒来到茶馆后，常常碰见美国流氓三五成群跑来吃饭，吃完后不结账就走了，侍者要他们结账，他们伸出拳头晃晃，随手把桌凳推倒，碗碟打烂，纵然餐馆老板向警察局告状也无济于事。他见到这番场面，非常憋气。

有一次，几个流氓来到茶馆，找到一张还没有收拾干净的桌子坐下，用筷子敲打碗碟。小司徒看见这帮家伙敲敲打打，赶快去收拾碗筷。当小司徒急忙走过去时，一个流氓突然伸脚，把小司徒绊倒在地。然后，他们这一伙人哈哈大笑，拍手称快。小司徒从地上爬起来，气愤地骂他：

"喂，你们想做什么？"

那个流氓拉着小司徒的辫子托在手上，嬉皮笑脸地说："喏，Pig's tail！哈哈哈……"

小司徒拽回辫子，然后，还了他一拳，流氓不服气，欲揍小司徒，正在一旁擦桌子的谭阿福吆喝一声："滚！把他们赶出去！"伙计们一起行动，把他们赶出门口，不让他们吃饭。这伙流氓只好扫兴地走出去了。

谭阿福告诉他："司徒，以后他们再伸出腿来绊你时，给点厉害他们看看，他们才不敢欺侮你。"接着还做了示范动作，教他方法。小司徒点头称许，受到很大启发，也懂得了团结的重要作用，只有大家团结起来，才不会受人歧视。

一个星期天，谭阿福带小司徒乘火车到洛杉矶采购食品。火车穿山过洞，途中经过许多崇山峻岭、深山峡谷，一路上，谭阿福向他讲述当年参加修筑铁路的艰苦生活。当列车到达内华达州西斯科一个大隧道时，他深深地叹了一口气：

"羡仔，你知不知道修这个大洞时，死了多少中国人啊！"

"这条铁路是我们中国人修的吗？"

"是呀，不但铁路是我们修筑的，连那些农场、果园都是中国人开的。"

司徒好奇地问："谭伯，这么大的洞子是怎么打通的呢？"

"用炸药呗。"

"什么炸药这么厉害？"

"开始打洞时，用黑色炸药无法爆开，后来才用新发明的硝化甘油调制的新炸药，才爆开岩石。我们华工起初因不熟悉新炸药的性能，死了不少人啊！"

小司徒边听谭阿福讲述当年筑路的苦难经历，边不时探头望望车厢外黑糊糊的山洞，内心油然升起一种对华侨前辈无限崇敬的感情，小司徒拉着谭阿福问："谭伯，当时你干什么呢？"

"啊，幸好那时我是给大家做饭，要不然，我也变成这里的死鬼啦！"

一路上，谭阿福给他讲述了许多华工在筑路时的痛苦遭遇。小司徒听着华工悲惨的境遇，眼眶湿漉漉的。

这一次旅行，小司徒增长了许多知识，了解到了华工的斑斑血泪史。

三年过去了，小司徒也逐渐长大。谭阿福知道小司徒爱看书，于是经常找一些书给他看。十七岁那年，他看了《扬州十日》、《嘉定屠城》，并知道海外有秘密会党洪门组织。他经常在中午时跟谭阿福一起到花园角去玩，休息时不是练功，就是讲古谈心。

有一天中午，小司徒和谭阿福一起到花园角练功，练完功后，两人坐在石条凳上，谭阿福给他讲述了郑成功、史可法的故事。小司徒对郑成功很崇拜，提出一些问题，谭阿福一一作了回答。谭阿福问他：

"羡仔，《扬州十日》好看吗？"

"好看，就是看过后心里难受，清兵太坏了。谭伯，你见过洪门人氏吗？"

"啊，你问这个做什么？"

"他们讲义气，我想见见他们！"

谭阿福听他对洪门有了好感，便进一步问他：

“你也想加入洪门吗？”

“我想见一见洪门兄弟再说。”

“加入洪门会，会被清政府抓去杀头的，你怕不怕？”

“咳，怕什么？洪门会敢反，我也敢反。”

谭阿福见他态度坚决，于是，进一步启发他：

“羡仔，加入洪门可要保守秘密，要讲义气团结，忠诚救国。一人有急大家相帮，侠义除奸。入会时，还要斩鸡头，饮血酒，你能做到吗？”

“得！谭伯，你认识他们？”

“当然认识！”

“你也加入了洪门会吧？”

谭阿福笑眯眯地默认：“好吧！以后我教你学会三十六誓和入会的规矩，不过你得注意，绝对保守秘密，五祖纪念日时，我带你去加入洪门组织。”

“好呀。”司徒美堂高兴地回答。

谭阿福按照洪门暗语握住司徒的手，然后，两人手挽手离开花园角，回到“会仙楼”茶馆去干活了。

五祖纪念日的晚上，在洪门致公堂举行入堂仪式。堂内灯火通明，洪门人士戒备森严，气氛紧张，当谭阿福引着小司徒踏进致公堂时，进门望见忠义堂正中的匾额写着“反清复明”四个大字，供桌上摆着“始祖”、“五祖”、“武宗”、“文宗”、“军师”等人的神位。

厅堂上，“红灯”高悬，小司徒见此情景，内心似乎有点恐惧。谭阿福把他带到“主香人”跟前，顶礼膜拜后，填写入堂志愿表，他在志愿表上写上“司徒美堂”，然后交给“主香人”。随后，跪在五祖神位面前，歃血拜盟。“主香人”问他：

“拜会何事？”

“反清复明。”司徒美堂回答。

“有何为证？”

“有诗为证：反斗英雄在本阳，清军之道甚猖狂，复得洪门兴社稷，明兵发动灭蛮邦。”

“你有何武艺，敢来投军？”

“我有十八般武艺，件件皆能，文武全才。”

“三大信条是什么？”

“忠诚救国、义气团结、侠义除奸。”

……

主香人的提问，司徒美堂对答如流，记诵无误，三十六誓无一答错。盟长非常满意，认为合格，宣布吸收他入堂。

“从今以后，司徒美堂为我洪门弟兄，生为洪门之人，死为洪门之鬼。”

盟主端起鸡血酒给他。司徒美堂接过鸡血酒一饮而尽后转身向众兄弟鞠躬，大家伸出右手，表示欢迎。

小司徒加入洪门之后，把名字也改了，起名为司徒美堂。

（三）

1885年（清光绪十一年）中秋。

司徒美堂正在收拾顾客吃过的餐桌，擦洗桌面。突然，有两位衣衫褴褛的老华侨进来，看样子已有五十开外，他俩用恳求的口气说：“小伙子，求求你把那些剩饭剩菜给我们吃吧！”

司徒美堂对这两位不速之客感到有点惊奇，便问他们：“你们想吃东西，我另外给你们做。”

两位老华侨：“我们没钱！”

司徒美堂：“一餐便饭钱都没有吗？”

“真是没有，我们的财产全都给白人抢光了，幸好命大，留下一条命逃出来！”

“你们从哪里来的呢？”

“啊——，请坐！坐下吃了饭再说。”接着，司徒美堂端来饭菜给他们吃。

一位华工慢慢吞吞地说：“那天夜里，我们大家都睡了，一群白人突然冲进我们华工的宿舍区，把我们的钱财抢劫一空。然后，放火烧掉我们宿舍，有二十个人被杀害，几十人受伤，大家的财产总共损失十多万美元。惨啊！”

司徒美堂非常同情地说：“好吧，你们先吃饭，饭钱我付。”

那两位老华侨热泪盈眶地说：“多谢你了，小伙子！”

司徒美堂招呼他俩吃了饭，还送他们到四邑会馆，安排了住处，并由会馆介绍给他们找到一份临时工作。

自1882年美国政府颁布了排华法后，类似这样的事不断发生，有的借查房机会把华侨的钱财洗劫一空，排华浪潮严重威胁着各行各业华侨的生存。“会仙楼”经常遭到美国流氓的骚扰，他们吃饭不给钱是常事，还摔碗打碟。此事实在令人难以忍受，他们只好团结起来，采取措施痛打流氓。司徒美堂跟茶楼的老板商议，把学过功夫的人组织起来，兵分两路，谭阿福和司徒美堂到楼上，关洪和其余的拳师把守楼下。

一次，那伙流氓来了，其中一个拐着腿进去，踏着楼梯“嗵嗵嗵”登上楼，司徒美堂照例招呼他们就坐，互相打了照面，冷笑。谭阿福给这一伙送茶端菜，他们吃饱饮醉了，起身欲下楼，站在楼梯口的司徒美堂一个箭步拦住他们：

“喂，你们还没有结账哩！”

那个为首的流氓伸手向司徒美堂脸上一巴掌掴过去，司徒美堂机敏地一闪躲开了，流氓欲迈步下楼，司徒美堂伸出后腿，使暗劲向他横扫一脚，“扑通”一声，那个家伙像西瓜似的滚下楼梯，接着，另一个流氓很不服气，他直向司徒美堂劈头盖脸地扑去。他哪里是对手，司徒美堂伸手一挡，连推带踢，让他顺着楼梯滚下去，压在大流氓身上。楼下餐厅吃饭的顾客和侍者哄堂大笑，两个流氓像一摊泥似的躺在楼梯下，叽里咕噜胡说一通。后面那个家伙见势不妙，只好乖乖地结账下楼。司徒美堂望着后走的那个流氓，挥手冷笑道：“拜——拜！”

那两个醉得稀巴烂的流氓还爬不起来，堵着楼梯口，几位伙计七手八脚，有的抬头，有的拉脚，把流氓抛到街上去了。

此时，楼上楼下的吃客都拍手称快，特别是中国人，无不夸赞：“嗯！就是要这样，他们才不敢再来吃霸王饭，欺侮我们中国人！”

顾客中大多是中国人，大家争着给司徒美堂敬酒。

“来，小伙子，敬你一杯！”

这位喊，那位拉，司徒美堂连喝几杯，应接不暇，喝得满脸通红，不敢再喝了，只好双手抱拳谢绝：“谢谢，各位乡亲，不能多喝了！”

顾客纷纷鼓励他：“喂，喂，小伙子，往后他们再来吃‘霸王饭’时，狠狠地揍他们，替中国人出口气！”

司徒美堂乐滋滋地说：“好的！”

这一回合，司徒美堂给中国人争了一口气，得到大家的支持，内心有说不出的高兴，这使他懂得逆来顺受、低声下气做人是不行的。在别人眼皮下谋生也要当一个强者，要团结一心，战胜邪恶，否则，中国人会永远受人欺侮！他痛下决心，不畏强暴，正直做人！

1886年秋天，司徒美堂因打死一名流氓，被当局判处极刑，幸好洪门人士捐款营救，才免于一死。出狱后失业，后被一家美国白人收容当保姆。

有一回，在街上看见美国海军“保鲁磨号”军舰招收厨师的告示，他又应征入伍了。

……

第三章　结义安良堂

（一）

1898年（清光绪二十四年）春天，美国军舰“保鲁磨号”离开法国巴黎，穿过英吉利海峡，在大西洋公海上疾驶。

舰艇上厨房的炊事员，除班长之外，全是华工。司徒美堂和几位厨工对这次舰艇的仓促行动有些猜疑。原先通知在巴黎停留三天，可是，舰艇刚到巴黎停留时间还不到半天，突然接到密令，即速返航。司徒美堂和几位伙计本想在这座世界著名的花都巴黎好好地逛逛夜市，玩上几天。当他们上街转了一圈买菜回来后，舰艇立即起航回纽约。

司徒美堂跟几位厨工在伙房边干活边议论：

“哎呀，真可惜，这一次没有很好玩玩，人家说巴黎是世界花都，我怎么没有看见花呢？”

“嗨，一两个钟头你就想看完世界最大的名城巴黎，哪有这么容易啊！”

“我正想明天到凡尔赛宫的大钟楼，没想到这么快就走了，真不过瘾！”

“听人讲法国巴黎的姑娘特别漂亮，是不是呀？”

“我看也不见得有多好，还不如广东妹子。”

“有什么好看的，姑娘们穿的裙子像蚊帐一样。”

大家听了哄堂大笑。

司徒美堂疑惑地说：“喂，这一次究竟有什么急事呢？”

“舰长叫班长去，不知道有什么吩咐，等班长回来问一问他就知道了。”

他们正在议论纷纷的时候，炊事班长回来了，大伙见班长回来，围着他探听消息，你一言，我一语。

班长吩咐大家说：“今晚准时开饭。七时三十分，舰长找大家谈话。”

大家都想从班长口里探听一些更具体的消息，可是，班长守口如瓶，不露风声。

“到晚上，舰长会告诉你们。”

厨工们各忙各的活。司徒美堂心里猜想：是不是要跟哪一个国家打仗？

吃过晚饭，收拾好碗筷，炊事班长领着司徒美堂等几位厨师来到舰长室。

进门后，舰长热情地招呼：“司徒，你们请坐！”

舰长请他们坐下，接着挥了两下拳头说：

“我们准备打仗，希望你们跟我们合作，一起作战！”

果然不出司徒美堂所料，一场战争即将爆发。几位厨师听说打仗，精神有些紧张。

司徒美堂问舰长：“舰长，你们跟谁打仗？”

舰长：“我们接到海军司令部密令，迅速开赴菲律宾，跟西班牙军队作战。”

司徒美堂：“舰长，你们为什么要到那么远去跟人家打仗？”

舰长：“菲律宾是一个非常美丽的岛国，物产丰富，风景优美，是东南亚的咽喉要地。现在，西班牙人想去占领，我们美国人也要出兵。”

司徒美堂：“舰长，你们这样做，岂不是干涉别人的内政，侵略菲律宾？”

舰长：“不不不，那不叫侵略，是帮助菲律宾。”

司徒美堂意识到，这是一场掠夺战争，是美国侵占菲律宾，如果跟着他们去侵略别国，岂不是成了战争的罪人！

“舰长，你们打赢西班牙人又怎么样呢？”司徒美堂似乎很不理解地问。

舰长：“啊，战争胜利了，我们美国就可以帮助菲律宾人发展经济，建立军事基地，可以得到很多很多东西，到那个时候，你们也可以享受享受。”

司徒美堂：“舰长，你们跟西班牙人打仗，打赢了可以得到很多很多的东西，而我们去又有什么用呢？”

舰长：“司徒，你不懂，打一仗，就可以发一大笔财。只要你们愿意跟我们一起参战，胜利凯旋，加薪晋级，这可是一个发财的大好机会啃！”

司徒美堂：“这样吧，舰长，让我们几位弟兄商议商议再告诉你。”

舰长：“OK，你们一起商定后再回答我。”

他们回到宿舍里，几位弟兄共同商量，各抒己见。

一位厨工：“听说马尼拉是颗夜明珠，风景很优美，我们去转一圈，看看风景多好呀！”

司徒美堂：“你真是傻。美国政府去侵略菲律宾，跟西班牙人争夺地盘。你去有什么油水可捞？当人的炮灰。再说，菲律宾有很多华侨，我们怎能跟着美国兵打自己中国同胞！算了，不去了。”

几位厨工反对参加这场不道义的战争。一位厨工说：“我也不同意去，司徒大哥说得有理，人家大发横财，侵略菲律宾，我们去看什么热闹，不合算，不如回纽约后上岸找工做。”

司徒美堂：“我的意见也是那样，到纽约就退役上岸，找份工做比较稳妥。”

经过争论后大伙商定回到纽约立即离舰，另找出路。大家推选司徒美堂去答复舰长。

夜海茫茫，月色朦胧。“保鲁磨号”在波涛汹涌的大西洋海上破浪前进，像一匹奔赴疆场的野马，在无边无际的草原上怒吼狂驰。司徒美堂走上甲板，扶着船舷，瞭望茫茫的夜海。突然一阵飞溅的浪花扑过来，打在脸上，凉飕飕的。此时，舰艇上已处于一级战备状态，士兵各就各位，炮手已紧握扳机。司徒美堂正在思索着回答舰长的较为合适的言辞。

司徒美堂朝舰长室走过去，望见通明的灯光，站在门口，欲进又停。舰长听见门口的脚步声，主动开门：

“是哪一位?”看见站在门口的正是司徒美堂，便招呼他，“您好，司徒，请进!”

司徒美堂似乎感到有些尴尬，当司徒美堂走进舰长室后，舰长问他：

“想好了吗？司徒。”

“想好了，舰长。”

“对，只要跟我们好好合作，好处多着呢。菲律宾是个好地方，黄金、女人要多少有多少，打完仗该带个漂亮的姑娘回来!”说完舰长拍着司徒美堂的肩膀哈哈大笑。

司徒美堂：“舰长，我们……”

“到那时，我们还要去澳大利亚新金山和南洋各国游览一番，美啊!”舰长自言自语地说。

司徒美堂：“舰长，我说……”

“你说吧，司徒，只要你们答应跟我们一起作战，你们要什么，我都可以帮你们的忙。”

“舰长，我们不想去了。”

舰长愕然地说：“怎么?”

“我们想退役了。”

“为什么，是不是怕打仗?”

“不是。”

“那么，啊，我明白了。只要你们愿意跟着我们一起参战，工薪可增加一倍。”

司徒美堂：“不——”

舰长：“不够，可增加两倍。”

司徒美堂忙解释：“舰长，我们想到纽约上岸，找份合适的职业，寻个吃饭的地方就算了。我们已经考虑好了，到纽约就退役。”

舰长：“不后悔吗?”

司徒美堂肯定地回答：“不。”

舰长：“那好吧，到纽约再说。”

司徒美堂：“说定了，舰长，到纽约我们就下舰。”

舰长：“那好吧！”

司徒美堂向舰长行了个军礼：“谢谢舰长，晚安！”说完，转身走出舰长室。

司徒美堂回到宿舍，几位伙计正等着他的消息。他一进门，大家急着问他：“大哥，怎么样？”

司徒美堂：“舰长同意我们退役，准备到了纽约，打背包走人。”

几位弟兄很高兴，有的已经开始收拾行李了。

司徒美堂：“不用急，慢慢来，到了纽约还来得及，军舰到纽约还要停留几天才出发，我们还要到海军司令部办理退役手续，急什么呢？”

海上流浪的日子即将结束，新的生活在等待着他们，未来前途是凶是吉，谁也无法预料。这一夜，他们几位厨工高兴得睡不着觉。尤其是司徒美堂躺在床上翻来覆去，思前想后，一幕幕往事又浮现在脑际：码头被辱、餐馆受气，坐牢十月，保姆生涯，舰上当厨。十多年的光景，仍然是伺候别人的苦力劳工，流浪的生活，苦难的历程，不堪回首。

人们常说，苦尽甘来。金山梦已幻灭，那么，下一步棋该怎么走？迎接自己的是鲜花美酒，还是荆棘丛生的险途？天晓得，世界就是如此不公平，但愿命运之神会给苦命的孤儿带来福音！

（二）

“保鲁磨号”返回纽约后，司徒美堂带着几位伙计到海军司令部办好退役手续，在纽约待了一些时候。纽约是美国最大最繁华的城市，号称世界名城之一，但是，司徒美堂等人来到这里却难以找到立足之地，谋生困难。他们只好转移“阵地”，结伴来到波士顿唐人街。

司徒美堂领着一帮弟兄，首先到了四邑会馆，在这里结识了不少乡亲。司徒美堂的名字早为华侨社会所熟悉和传颂，侨众一听说司徒美堂来波士顿“落脚”，各侨团纷纷派代表来四邑会馆接应联络，特别是致公堂大哥阮本万、李圣策、陈文耀等洪门人士更是主动登门拜访。

一天，阮本万和李圣策等几位洪门兄弟兴致勃勃地来到四邑会馆。进门便看见几位青年小伙子，个个神采奕奕，红光满面，体魄健壮，他们非常高兴。阮本万望着一位身材高大结实、相貌威风凛凛的汉子，他那一双闪闪发亮的大眼睛，虎虎生光；宽阔的胸膛，饱满的肌体，给人一种力量；他说话时深厚而铿锵，响若洪钟，带着浓重的四邑口音：“请坐，各位请坐！”阮本万按洪门人士的礼节，紧握着他的手问：

“请问，兄弟高姓大名？”

“小姓司徒，名美堂。”

“啊，你就是司徒美堂兄，久仰久仰，可惜没有见过面，真是百闻不如一见。”他拍拍司徒美堂宽厚的肩膀，然后伸出拇指夸赞道，“太好了！兄弟亲驾光临，难得幸会！”说完，他自我介绍说：

“我叫阮本万。”

“原来是阮大哥，我们几位弟兄前来投奔你，这回，小弟可要给你们添麻烦了，有劳关照！”

“哪里，哪里，都是乡里乡亲，一家人不说两家话，要不是兄弟亲临，我们就是打着灯笼，抬着五花大轿还请不到呢！”

双方依次介绍，握手言欢，寒暄几句后，阮本万说：“老弟，我直鼓打直槌，今天，我们是来请兄弟们到堂上薄酌小饮，闲聊闲聊，增长一点见识。”

“谢谢大哥的盛情，怎么好意思！”

“嗯，都是兄弟，不必客气，走！”

随同阮本万来的李圣策、陈光耀齐声相邀：“走吧，走吧，我们洪门弟兄欢迎你们来助威！”

司徒美堂用征询的眼神望着几位伙计，问道：

“怎样？既然几位兄弟这么有心，我们就不客气了！”

“好吧，听大哥指挥！”几位伙伴异口同声回答，相随而去。阮本万带着他们来到一间四邑老乡开设的“远香楼”畅饮一顿，为久闻大名的司徒美堂等弟兄洗尘，表示洪门兄弟的一片情意。

……

司徒美堂等几位兄弟，在阮本万、李圣策等洪门大哥的帮助下，各自找到生计，暂时扎下根。有的在华侨开设的餐馆当厨，有的在洗衣馆做工，有的在街头摆小摊。司徒美堂用原来当水兵时节约下来的一点积蓄，经营小本生意，每天到屠宰场拉肉，到菜市场买青菜、西红柿、豆芽和鲜果之类的东西，然后推着小车，走街串巷，哪里有华侨就往哪里送。日子长了，跟华侨混得很熟，关系密切。他每天起得很早，拉的肉和蔬菜比较新鲜，甚至，有的华侨向他买肉时，身上带的钱不够，他可以先给顾客赊欠着；有时，华侨想吃点家乡土特产，他想方设法给弄来；他记忆又好，谁家的名字、地址，只要说一遍，他都能记着。这么一来，波士顿唐人街的华侨中不少人把他当作知心朋友。他广泛接触各方人士，消息灵通。老人、小孩跟他都谈得来，有事情请他帮忙，他也乐意办。华侨对他十分信任，有话都跟他说。他还能帮人排忧解难，有时候闲下来他还跟人讲《三国演义》、《水浒》，吸引不少顾客，生意特别兴隆。

自1899年康有为、梁启超等人逃亡美国，成立“保皇会”后，华侨社会起了极大分化，加深了华侨社会的矛盾。特别是清政府驻美使馆的裙带、亲属和一些“出番人”，倚仗着清朝钦差的权势，勾结警察欺侮华侨，敲诈勒索，弄得许多华侨惶惶不可终日。大多数华侨不明真相，糊里糊涂被保皇派利用。洪门致公堂已不像以往那么团结、一呼百应，而是组织涣散、人心不齐，起不到保护华侨合法利益的积极作用。洪门致公堂常常受到保皇派的攻击，威信逐渐下降，洪门人士常受个别“出番人”和警察的歧视。

司徒美堂在波士顿唐人街生活了一段时间后，唐人街华侨社会的急剧变化，堂口增多，矛盾日趋尖锐，唐人街每时每刻发生的大小事情，他都了如指掌。华侨社会的团结遭受破坏，司徒美堂对华侨内部的矛盾与隔阂，深感忧虑与不安。

一天清晨，司徒美堂推着装满各种瓜菜和肉类的小车，来到唐人街一家生意较热闹的“粤华楼”附近，停车叫卖。

“鲜肉上市，要者快买！”司徒美堂洪亮的嗓音叫了起来。

“头等好肉，不买可惜！”可是，人们从他面前急匆匆走过，不见有人向他买肉，他觉得一反常态，莫名其妙。后来，他发现许多人涌向“粤华楼”，他心里暗想，大概又发生了“出番人”欺侮华侨的丑事，于是，他也推着肉车走过去看热闹。

当他拥到人群中去看的时候，果然不出所料，一个拖着长辫子、穿着长袍马褂、头顶西瓜皮帽的家伙，一张布满了无数豆豉黑斑的苦瓜脸上深陷着一双鼠眼，忽闪忽闪的，尖尖的嘴巴说话时，几乎顶着鼻尖，此人正是唐人街臭名昭著的恶棍伍时通。说起他，唐人街的华侨无不恨之入骨，侨胞给他起了个外号，骂他“乌屎公”。他仗着姑父是驻美使馆的钦差，在唐人街横行霸道，鱼肉华侨，到处借口要册纸，敲人竹杠，勒索钱财。这回又是他在敲人竹杠，司徒美堂真想进去揍他一顿，替唐人街的华侨出口气，可是，旁边还站着两个警察跟着他。司徒美堂心里想，要不是有警察护着他，非狠狠地揍他两拳不可。店主人邝添也是洪门人士，远远望见司徒美堂在人群中出现，他伸出右手，屈着二指，三指伸直向司徒美堂发出求援的暗号。

司徒美堂见到洪门兄弟受人欺侮，心里不禁想起加入洪门时的三十六誓言中的第四誓：“洪家兄弟虽不相识，遇到挂出牌号，说起情由，而不相认，死在万刀之下。”第七誓：“遇有兄弟困难，必要相助，银钱水脚，不拘多少，各尽其力。如有不加顾念，五雷诛灭……”当他想起誓言时，不顾一切，拨开围观的人群，挤了进去。司徒美堂看见“乌屎公”暴跳如雷，逼着店主人说：

“没有钱也可以，把‘册纸’拿出来！”

警察帮腔说："不合卫生，不准你在这里营业！"

司徒美堂走到邝添跟前问道："怎么回事？"

店主人邝添把事情经过告诉他说：

"刚刚请他们吃过饭，但他又向我借钱，我讲，现在茶楼刚开门，还没有收到钱，以后再给，他不让，逼我拿护照，两位警察说我餐馆不卫生，要我搬迁……"

店主人的话还没有说完，周围看热闹的观众七嘴八舌，你一言我一语：

"咳，他到处敲人竹杠！"

"嘿，他呀，马屎凭官威哩！"

司徒美堂听了店主的一番话，以及观众的怨恨咒骂声，转身问伍时通：

"喂，你想要多少钱？"

"我向他要多少与你有什么关系？"

"你要多少，我可以帮他出！"

"你，狗抓老鼠，多管闲事。"

"你是什么人？"

"你问这个干吗？当然是中国人！"

"嗨，我看你不像中国人。"

"你胡说什么？不是中国人是什么人？"

"既然是中国人，就不应该欺侮自己人。"

"你，你是什么人？"

"哦，我当然是中国人，不是'马屎凭官威'！"

伍时通听见他那嘲讽的口气，怒发冲冠，举起拳头在空中晃了两下，摆出决斗的架势，一双大小不一的鼠眼，滴溜溜地转动，放射出逼人的凶光，龇牙咧嘴道："你、你、你想怎样？"

司徒美堂冷静地说："没有什么呀，我只不过劝你不要欺人太甚，你要多少钱，我拿给你，为什么要偏逼他拿护照，还要他搬走呢？大家出门在外，都是想找碗饭吃，你不能不给人留条路走啊！"

伍时通："那好吧！既然你答应拿钱，五十元拿来！"

司徒美堂："给钱可以，但你得答应一个条件，以后不准你再向他查册要钱，再欺侮他。"

"别啰唆，钱拿来！"

司徒美堂从口袋里掏出一大把美钞交给他。

伍时通一五一十在点票，数完后说：

"不够，还差二十元。"

司徒美堂："就这么多了，其余的再过几天，赚到钱给你。"

"几时拿呀？"

"十天以后。"

"我去哪里向你要钱？你想骗我！"

"不会，你放心好了，十天之后，在这间店门口交钱。"

"谁人担保？"

司徒美堂指着邝添："这么多人作证，店主担保，应该可以相信吧！"

邝添："我会还给你。"

伍时通对着店主狞笑："咳，好吧，到时拿不出二十元。我就不客气了！我就认你，走得和尚走不了庙！"

司徒美堂："不用怕，请相信，我是中国人，说话算数。"

伍时通："记住，十天后！"

司徒美堂："没错，请准时来拿！"

伍时通与两位警察相继走出"粤华楼"。

"该死的'乌屎工'！到处欺侮人。"

"马屎凭官威，总有一天没有好下场！"

大家在咒骂声中，像送瘟神似的把这几个家伙打发走了。

店主邝添握着司徒美堂的双手，热泪盈眶："哎呀，好兄弟，这次要不是遇到你呀，我可惨了，真不知怎样脱身！"

司徒美堂："不要怕他，看他威风到几时。"

店主邝添激动地："兄弟，这笔钱应该由我来出，改日我送还给你。"

"不必，我有办法，你安心做你的生意！"说完，他走出人群，又推着车卖肉去了。围观的华侨争先恐后向他买肉，一阵工夫，车上装的肉和菜全部卖得精光。

司徒美堂卖完肉，推着小车离开了"粤华楼"。侨众望着他的背影，用崇敬的眼光送他远去，仿佛他那形象越来越高大。

司徒美堂回到家里，清点了卖肉的钱，远远超出了几倍，他感到惊奇。心里想：一定是洪门兄弟在支持着他，该怎么办？他的心情无法平静下来，像受了一场极大的刺激后，又得到莫大的安慰。今后要更好地为保护华侨的合法权利出点力，要不然侨众无法生存。他又想，单凭一个人的力量是不行的，只有团结一班敢作敢为的华侨青年，跟卖国求荣的清廷官吏和仗势欺人的败类作斗争，华侨才有出头之日。

当晚，司徒美堂便连夜去找阮本万、李圣策商量，提出自己的想法，另立山头，组织新堂，摆脱保皇势力的控制，跟保皇派作斗争。司徒美堂的想法，得到阮本万和李圣策的支持，一拍即合，决定成立以“锄强扶弱、除暴安民”为宗旨的“安良堂”。几天内挑选数十名敢作敢为、武艺高强的华侨青年，重举义旗，另开山堂。

安良堂成立后，第一件事就是教训为非作歹的“乌屎公”伍时通。

一天早晨，司徒美堂推着肉车来到离“粤华楼”餐厅约三十米处，停车卖肉。六位弟兄按原先商定的地点各自隐蔽。过了不大一会，伍时通独自一个人大摇大摆朝司徒美堂走过去，到了跟前，得意洋洋地说：

“喂，喂，怎么样？二十块钱快点拿来！”

“你急什么呀，我说话是算数的。”司徒美堂取出二十元交给他，边交钱边说：“为人要行善，缺德的事可不要做得太多，做多了没有什么好下场！”

伍时通噘起两片尖薄的嘴唇，一双鼠眼滴溜溜地转，凶神恶煞地说：

“你想怎样？”

“啊！我没有什么呀，只不过说两句，劝劝你不要欺侮乡里乡亲。”

“哼，我倒要劝劝你，你再多管闲事，当心你那吃饭的家伙！”伍时通摇头晃脑地教训司徒美堂，说完扬长而去。司徒美堂暗想：看你横行到几时。此时，他已向两边街口的弟兄做了联络暗号的手势，几位弟兄已经跟上了。当伍时通走到街口拐角处，司徒美堂一扬手，几位兄弟把伍时通痛打了一顿。从此，“乌屎公”那嚣张气焰被压下去了。

安良堂兄弟痛打“乌屎公”的消息很快传遍波士顿唐人街华侨社区，尽人皆知，震动很大。它像一把盐头撒进油锅似的炸开了，安良堂的出现打破了波士顿华侨社会的沉闷局势，大长了洪门兄弟的志气，打击了一小撮保皇分子的气焰，给正直的华侨们带来了希望。

安良堂的威信日益提高，许多华侨和洪门人士纷纷要求加入这个堂口，队伍从小到大，发展很快，特别是华侨青年纷纷入堂。入堂后进行训练，定期练功，组织周密，纪律严明，它与保皇派针锋相对，同清朝钦差势不两立，使大多数被保皇派思想蒙蔽的华侨清醒过来。从此，在相当一段时间，安良堂以绝对优势压倒保皇势力，成为后来孙中山先生到美洲发动华侨支持辛亥革命的主要支柱。

第四章 追随孙中山

（一）

1904年春天，孙中山为了进一步发动美洲华侨，宣传革命，再次从檀香山乘船赴旧金山。这时候，为了跟洪门兄弟团结在一起，增强力量，反击保皇势力，他已加入了致公堂，主盟人给他“洪棍”的称号。由于保皇党人及清政府驻旧金山领事的指控，捏造说孙中山的护照是假的，美国移民当局不让他登陆，把他扣留在码头木屋移民候审室，判决出境，等候原船送回檀香山。旧金山华侨办的《中西日报》总理伍盘照获悉孙中山被扣留木屋的消息后，即与朋友商量营救办法。伍盘照把孙中山的消息告诉旧金山的洪门致公堂负责人黄三德、唐琼昌。他们对孙中山的人品学识和革命精神都非常钦佩。同时，又知道他是檀香山的洪门大哥。他们闻悉此事，急往码头会见孙中山。见面之后，了解到美国海关不准孙中山上岸的原因，弄清了案情，黄三德、唐琼昌即按法律手续用500元铺保把孙中山保释出来。然后，又花了5 000元美金雇请美国律师那文先生提出诉讼。官司打到华盛顿最高法院，经判决获胜。4月28日，三藩市（旧金山）致公堂的职员及许多华侨前往码头把孙中山迎接入境，获得合法居住的自由，侨胞们还召开了欢迎会，并保护他在美国进行革命活动。

为了扩大革命的影响，在黄三德、唐琼昌、伍盘照等洪门兄弟的帮助下，孙中山重新把邹容写的《革命军》翻印了11 000册，还加上“革命潮”三个字。印好之后，向美洲和南洋各地广为散发。为了筹款接济国内武装起义之用，并把檀香山印好的军需债券，向美洲华侨推销。在一次筹饷大会上，侨胞当场认购美金4 000元。

孙中山为了跟保皇派展开论战，重新改组了被保皇派篡夺了的致公堂机关报《大同日报》，撤换了主笔，占领了阵地。与此同时，他发现致公堂组织涣散，内部分裂。原因是许多地方组织由保皇分子把持，改良主义思想影响极深。洪门致公堂除在旧金山设立总堂之外，各埠分堂有100处，但相互之间联络极少，缺少通气，领导不力。孙中山为了更好地发挥致公堂加强联络、促进团结、重整旗鼓的反清革命作用，征得致公堂负责人黄三德的同意，亲自为致公堂重订新章程。章程中强烈谴责清政府的黑暗统治和保皇党的反动立场，并明文规定致公党以“驱除鞑虏，恢复中华，创立民国，平均地权”为宗旨。孙中山还向总堂负责人建议，举行全美洪门会员总注册，他还表示愿意亲自前往各地对洪门会众进行革命宣传。这个主张得到黄三德和总堂各职员的赞同。大家推选孙中山和黄三德联袂前往各埠进行宣传，发展组织，筹款募捐。

同年夏天，孙中山偕同黄三德从旧金山出发，分赴美国各地对洪门会众进行注册和宣传活动。所到之处，黄三德先作开场白，孙中山则发表演说，阐明“驱除鞑虏，恢复中华，创立民国，平均地权”的革命宗旨，驳斥保皇派的谬论。孙中山的革命主张，受到广大华侨和洪门人士的拥护，使喧嚣一时的保皇舆论渐渐暗淡下来，保皇党在美洲华侨中的影响也大为减弱。

初秋，美国东北部素有“古景都会”之称的海滨城市波士顿，气候宜人，景色绝佳。海风徐徐吹过，带着一阵阵咸涩的海腥味。

司徒美堂推着肉车走街串巷卖肉。他来到丁字街口，放下肉车，随后，从口袋里取出一份印刷传单，涂上糨糊贴在附近告示栏里。

然后，他又开始卖肉了。顾客慢慢多起来了，到告示栏看传单的人也越来越多，围成了一大堆。传单的头页上写着“革命潮”三个大字，署名孙逸仙。

一群华侨站在告示栏前，挤着看“革命潮”传单，议论纷纷。

司徒美堂忙着卖肉，不少顾客买肉后，望见告示牌前看传单的人群问他：

“师傅，那里在看什么呀？”

“啊，你过去看看，很有意思的。”

于是，一些顾客手里提着牛肉也走过去凑热闹，争看“革命潮”。有的看完“革命潮”传单后，又走过去问司徒美堂：

“请问孙逸仙是什么人呀？”

“啊！孙逸仙大哥也是洪门兄弟，听说他为推翻清政府，在广州领导武装起义。”

“你看了怎样？”

“讲得很有道理，要推翻清政府，建立中华民国。”

“还讲什么？”

“要建立和美国一样民主、自由的制度。”

“真好呀！”

“你认识孙中山吗？”

“没有见过他，但听别人说过他的事。听说，他的大哥为了支持他宣传革命，把农场家产都卖掉了一大半……”

司徒美堂跟那位华侨正在谈论着有关孙中山的事，阮本万和李圣策匆匆赶来，告诉他说：

“听说黄三德大哥和孙中山先生来了。”

“在哪里？怎么不先告诉我们？”司徒美堂惊奇地问。

“在粤乐戏院演说，好多人围住。”阮本万说。

“这样，你们先去，到茶楼和洗衣馆找几个弟兄，带上家伙做好保护工作。情况复杂，千万不能出事，我马上收摊赶去！”司徒美堂着急地吩咐他们说。

阮本万和李圣策急忙先走，还有几位顾客等着买肉，他把牛肉卖了，收拾好卖肉的工具，踏着肉车直奔粤乐戏院。当他赶到粤乐戏院门口时，观察动静，再往人群中挤。当他挤进人群之后，望见台阶上站着一位身穿一套深灰色的西装、体格结实匀称、形貌威武的人：方正的脸孔，开阔的天庭，两道浓眉掩映着一双炯炯有神的慧眼，深邃灼人，挺直略高的鼻梁下，两撇八字短须微微翘着，随着激昂慷慨、动人心弦的演说，八字胡子也在不停地抖动。他说的每一个字、每一句话都能紧紧抓住四周的听众，抑扬顿挫，铿锵有力：

“……革命，保皇二事决分两道。如黑白之不能混淆，如东西之不能易位。革命都志在扑满而兴汉，保皇都志在扶满而臣清，事理相反，背道而驰，互相冲突，互为水火，非一日也。”

“……我们一定要发扬民族精神。这种精神一经唤起，中华民族将使其四亿人民的力量奋起，并永远推翻清王朝。然后将建立共和政体，因为中国各大行省有如美利坚合众国诸州，我们所需要的是一位治理众人之事的总统。”

“……我们许多人都担心列强要瓜分中国，可是，我们如不帮助他们，他们将无法实现瓜分。有人说我们要君主立宪政体，这是不可能的，没有理由说我们不能建立共和制度，中国已经具备了共和政体的雏形……”

突然，人群中站出一个人，打断孙中山的演说：“孙先生，如果中国不保住清朝皇帝，岂不是让列强瓜分中国？”

孙中山回答：“不，打倒清朝皇帝，正是为了抵御列强对中国的瓜分。因为清朝皇帝已经和外国侵略者同流合污了，所以要抵制列强瓜分，首先必须要进行革命，建立共和政体。”

那个家伙嬉皮笑脸地说：“哈哈，中国这么贫穷落后，怎能跟美国比较呢！中国只有皇帝才能管天下，保住皇帝就是爱国，只有实行君主立宪才是正宗，你胡说什么‘中国要实行共和政体’，那是吹牛！”

孙中山雄辩地回答他：“先生，你说的不对。你要知道，中华民族是个伟大的民族，它要振兴，要腾飞，必须进行革命，推翻封建专制统治。在此同时，吸收西方先进国家的经验和科学技术，建设我们独立、民主、富强的新中国。”

一伙保皇分子围住孙中山，一个肥头大耳的家伙质问他：“孙先生，你口口声声讲爱国，为什么要推翻清朝呢？岂不是口是心非！”

“对！请你讲清楚一点！”几个保皇同伙随声附和，围攻孙中山。

司徒美堂认得那个肥头大耳的伍德耀，他是铁杆保皇分子，清朝钦差的远房亲戚，他依仗钦差的“大红伞”，为非作歹，欺侮华侨，洪门人士恨之入骨。这回，司徒美堂眼看辩论继续下去，孙中山的安全将严重受到威胁，恐怕要出乱子。于是，他急忙挤到伍德耀跟前大喝一声：

“嗐，你们想干什么？”

这一群保皇分子看见司徒美堂的出现，望而生畏，陆陆续续退出会场，边走边嘀嘀咕咕：

“走，斧头仔来了，快走吧！”

陪同孙中山和黄三德的正教会教友陈锦望见司徒美堂，急忙向他打招呼：

“司徒，你来得正好，早晨，我叫人找你，听说你一早就出门卖肉去了，我只好先陪孙先生和黄大哥出来。”

“锦哥，他们几时来的？”司徒美堂问。

“昨天夜里才到，孙先生急着要来宣传演说，我就跟他来了。”说完，陈锦拉着他到黄三德跟前说：“来，我介绍一下，这位是三藩市致公堂黄三德大哥。”

司徒美堂在黄三德跟前跪下说：“谢谢救命恩人黄大哥。”

黄三德一时摸不着头脑地问陈锦：“他是谁呀？”

陈锦说：“他就是安良堂的司徒美堂。”

“啊，司徒美堂，我想起来了。”黄三德向前拉着他的手说，“快起来，司徒。”

司徒美堂站起来后，黄三德仔细打量着他，望着他那剑眉虎眼，显得虎虎有生气，神采飞扬，便笑眯眯地问：

“司徒，你几时跑来这里？”

“大哥，一言难尽，以后我抽空告诉恩人。目前，这里情况比较复杂，先回旅馆住下再说。”

黄三德点点头，拉着司徒美堂说：“司徒，我给你介绍一下，他就是孙中山先生。”

孙中山主动向他握手：“你好！司徒兄！”

“孙先生，您讲得真好，教训教训保皇派，那‘革命潮’的传单就是你写的吧？”

“是的，你看过了？”

“我不仅看了，还帮忙散发。”

孙中山激动地说：“太感谢你了，为革命出力。”

司徒美堂：“孙先生，我们洪门兄弟欢迎你来，请多多指点！”

孙中山谦虚地说：“革命之事，大家共同商量。”

陈锦拉着孙中山、黄三德，并向司徒美堂、李圣策、阮本万等几位洪门人士说：

“走，你们一起到我家，有话慢慢谈，大家高兴高兴，为黄三德大哥和孙先生洗尘。”

司徒美堂主动提出：“锦哥，二位大哥远道来，不如到旅馆吃住方便，又好照顾。”

陈锦：“看看二位大哥的意思怎样？”

黄三德：“由你们安排，怎么样都可以。”

孙中山：“吃住随便，节约为原则，不要过于铺张。”

于是，他们决定一起到“远香楼”茶馆去。司徒美堂吩咐一名弟兄骑着他的脚踏车，先到“远香楼”安排酒席。他和阮本万、李圣策等洪门兄弟陪着黄三德、孙中山、陈锦在街上相跟走去。他们边走边谈，拐过丁字大街，到了“远香楼”，一起上二楼餐厅雅座就席。

开始，饮茶聊天，司徒美堂对黄三德说：

“大哥，这次你们可要在波士顿多住些日子。”

黄三德呷了一口茶，放下茶杯，望着孙中山说：“主要看孙先生的意思，这一次孙先生帮助我们洪门致公堂重新注册，进行革命宣传，要招呼周到一点，特别要注意他的安全问题。”

司徒美堂：“这个请大哥放心，一切我们会安排，我们几位兄弟已商量妥了，你们暂时在这里住，吃饭到餐厅。大哥呀，自从那一次你们救我一命，分手十多年没见面了，深恩未报，这回可得好好报答一番。”

黄三德：“都是兄弟，不必客气。”

孙中山：“司徒兄，久闻你的大名，拳打美国烂仔头，可就是没有机会见面。这回见到你很高兴。我们都是患难兄弟，黄三德大哥也是我的恩人啊！”

司徒美堂惊奇地问：“孙先生，你也在美国坐过牢吗？”

孙中山：“今年春天，我从檀香山乘船到三藩市，被美国移民局拘留在码头木屋，关了一个多星期，幸亏黄大哥用致公堂的店铺把我保出来，要不你我也不可能有今天见面的机会。”

司徒美堂激动地说：“哎呀呀，孙先生，我们能相会真是三生有幸，都应该感谢恩人黄大哥。”

孙中山：“是呀，我们是患难之交，应该感谢黄大哥的救助之恩！”

司徒美堂：“孙先生，敢问贵庚呀？”

孙中山：“生于同治五年十月。”

司徒美堂：“啊，孙先生，你比我大两岁，我出生于同治七年四月。”

孙中山："好啊，我们都是同治年间出生的。"

司徒美堂："孙先生你祖籍哪里？"

孙中山："府上是香山县翠亨村。兄弟尊府呢？"

"草舍开平赤坎中股乡。我们都是四邑老乡。"

"是呀，都是乡亲，难得的机会。"

"今天同乡聚会，又逢恩人黄大哥亲驾光临，庆贺孙先生脱险入境，应该痛痛快快喝两杯！"司徒美堂兴高采烈地对李圣策说，"先上菜，边喝边聊。"

接着，李圣策通知茶楼侍者出菜送酒。

一桌丰盛筵席，尽是广东风味。宴席上，除了黄三德、孙中山、陈锦、司徒美堂之外，还有阮本万、李圣策以及安良堂的几位洪门人士，刚好一桌。葡萄酒、广东米酒和各种名酒几大瓶。司徒美堂亲自给黄三德和孙中山斟酒。他给黄三德倒了一杯广东米酒后，要给孙中山斟酒，对孙中山说：

"孙先生，今天可要多喝一点啊！"

"很抱歉，我不会喝酒。"孙中山说。

黄三德："孙先生可是滴酒不沾，香烟不抽，真是天底下的好人。"

司徒美堂："那就来一杯葡萄酒吧！"

黄三德劝说："孙先生，白酒不行，葡萄酒来一点！"

陈锦也劝他："今天应该高高兴兴喝一点！"

众人说："对，喝点葡萄酒，大家高兴高兴！"

孙中山："好吧，既然如此，兄弟盛情难却，我喝一点点家乡米酒。"

司徒美堂："应该喝一点，今天难逢难遇，兄弟情面，多喝一点！"他给孙中山斟了一杯，也给自己倒满一杯。然后，举起酒杯说："首先，让我敬黄大哥一杯，感谢救命之恩，永生难忘，请大家干一杯！"

大家站起来，碰杯，干。司徒美堂又给黄三德斟了一杯，他要给孙中山加酒，可是他的酒杯仍然四溢。孙中山呷了一口说："谢谢洪门兄弟的关照！"

司徒美堂又给自己倒满一杯，然后举杯说："这一杯为我和孙先生结拜兄弟，义重山河，干！"他与孙中山碰杯，接着两人一起与黄三德碰杯，大家一起碰杯。

随后，孙中山也拿起酒瓶给大家斟酒，同时给自己倒了一杯葡萄酒，然后举杯祝酒说：

"我敬诸位兄长一杯，祝我们洪门事业兴旺发达，革命成功！"

杯觥交错，互相祝愿，尽情痛饮。酒过数巡，宴会结束，司徒美堂送黄三德和孙中山回客房休息。

……

几天来，孙中山早出晚归，到各社团、侨校和各阶层人士中进行调查、宣传，从中发现保皇派的思想流毒甚广，欲在华侨中发动推翻清朝的革命，必须做大量的工作，任重而道远。同时，在短短的几天调查中，他进一步了解到安良堂在波士顿华侨社会中的影响极大，尤其是司徒美堂的非凡组织能力和他在洪门人士中的威望，给了他很大启示，对他产生了极大的兴趣。革命需要一支强大的队伍，而革命队伍中又必须有核心力量和领袖人物。半年多的时间，他走遍美国二十多个大城市，发现各地洪门致公堂由于受保皇思想的影响，组织涣散，战斗力不强。华侨社会中堂口林立，宗族帮派矛盾重重，保皇分子乘机钻营，控制侨校、报界，制造分裂，华侨远离祖国，消息闭塞，难辨真假。而安良堂是洪门致公堂总堂属下组织中的一个堂口，人多势众，组织严密，号召力强，能左右局势，本埠侨社活动中，凡事有他们的支持则可顺利进行，反之，则无法开展。因此，安良堂便成了致公堂下属的实力派。而安良堂的头面人物司徒美堂是个穷华工，又是绿林好汉、侠义武士，讲义气，抱不平，胆识过人，敢作敢为，但有时也容易产生盲目性的行动。孙中山决心给他灌输革命意识，提高爱国思想，激发民族精神，把他引向革命道路。于是，他决定在波士顿多住些日子。

孙中山在旅馆住了几天后，觉得长时间吃住旅馆，开销大，加重他们的负担，心里不安。一天晚上，司徒美堂跟阮本万一起到旅馆看孙中山和黄三德。一进门，司徒美堂关切地问："黄大哥、孙先生，二位兄长，照顾不周，请多多包涵！"

孙中山见他们进来，急忙招呼说："请坐，照顾顶好，破费太大，不如另找个住地，节约点开支，留下钱打清朝！"

司徒美堂听了孙中山的话，越发觉得孙中山可钦可敬，便对他说：

"嗯，不必客气，先生为了革命奔走，倾家荡产，我们波士顿洪门兄弟，哪怕再穷也能招待得起二位大哥，这你们不用考虑啰！"

孙中山："你们的心意我理解，该花的钱再多也要花，不该花的钱分文也要节约。革命需要很多很多的钱，个人节约一分，给革命多支持一点。"

司徒美堂："既然这样，搬到安良堂去，跟我住在一起，行吗？"

孙中山肯定地回答："很好，跟你住在一起，那就打扰啦！"

（二）

翌日，早晨。

司徒美堂把黄三德和孙中山一起接到安良堂，住在他家里。从此，司徒美堂跟孙中山和黄三德便朝夕相处。司徒美堂给孙中山当厨师兼保卫。孙中山生活俭朴，每顿饭只吃点牛肉番茄便可。

孙中山住在司徒美堂家里，两人亲如手足。白天，孙中山除了外出宣传革命和调查之外，回到宿舍就埋头读书，伏案写作，经常工作至深夜。孙中山还经常给司徒美堂讲革命道理，谈“三民主义”和国家前途问题。

一天夜里，孙中山跟司徒美堂促膝谈心。孙中山问他：“你为什么要来美国呢?”

司徒美堂：“因为家穷没有田耕，交不起租，才出来闯金山。但真没想到，一年到头给人打工，当厨师、当保姆、当水兵，还坐了十个月的牢。在国内受人欺侮，来到美国照样受人欺侮，讲来讲去都是怨我命苦哩!”

孙中山：“兄弟，这个不能怨自己命苦，那是清廷腐败，造成民不聊生，列强入侵。革命就是要推翻清朝专政，改革社会，实行耕者有其田，让普天下过着自由、美满的幸福生活。你因为穷才来美国谋生，到了这里又受洋人欺侮，那是因为国家没地位，弱国无外交，华侨在海外才受人欺侮。”

司徒美堂：“孙先生，我们中国那么大，又有那么多人，为什么外国人敢如此欺侮我们中国人？这个问题我总是想不通。”

孙中山：“这个问题确实很值得思考，中国是文明古国，人口众多，地大物博，有四万万同胞，资源丰富，人杰地灵，如今却遭到列强的侵略，八国联军进攻中国，清政府与列强订立了卖国条约，割让土地，丧权辱国，就是因为腐败无能的清政府投靠外国人，出卖主权。要振兴中华，首先要进行一场革命，彻底推翻清朝的封建专制统治，建立民主共和国，中国才能强大，中华民族才有希望，外国人才不敢欺侮我们!”

司徒美堂：“那么，革命又是为了什么?”

孙中山：“啊，我们革命的目的，是为中国大多数人谋幸福，不愿少数满洲人专政，故要民族革命；不愿君王一人专制，故要政治革命；不愿少数富人专制，故要社会革命。这三样有一样做不到，也不是我们的本意。达到了这三样目的之后，我们中国当成为完美的国家。”

……

夜阑人静，两位新结识的洪门兄弟无所不谈，两颗炽热的心共同搏动。孙中山的话给司徒美堂开了窍，使他顿开茅塞，心胸更加宽阔，视野更加辽远，越听越觉有精神，仿佛不知疲倦似的，忘记了明天还要上街卖肉的事。

“时间不早了，你快睡吧，明天你还得早起卖肉哩。”孙中山劝司徒美堂说。

“好，我先睡，你也不要太晚睡啰!”

当司徒美堂睡了一觉醒来，灯光还亮着，他看见孙中山还在灯下奋笔疾书，便从床上爬起来劝说：“孙先生，该睡了，注意身体!”

孙中山客气地说：“对不起！打扰你休息了。”说完，他熄了灯，轻手轻脚上床睡觉了。

第二天，天刚蒙蒙亮，司徒美堂起床时，孙中山也一骨碌从床上爬起来。司徒美堂劝孙中山说："昨晚你那么晚才睡，多睡一阵嘛！"

"不行，时间宝贵，今天我要抓紧到报社一趟。"孙中山说完，急忙洗脸刷牙。然后，司徒美堂推着肉车，两人一道出动，在茶楼喝了咖啡便分手。司徒美堂吩咐他说："晚上早点回来，千万别上保皇派的当！"

"知道，请放心，祝你今天猪肉卖上价！"

"谢谢，晚上见。"司徒美堂笑了笑，转身踩着肉车走了。

晚上，司徒美堂正在宿舍算账。孙中山手里拿着一份报纸，进门看见司徒美堂正在埋头结账，风趣地问：

"司徒兄，今天生意兴隆吗？"

"托你的金言，今天卖了好价。"

"那就好，五祖保佑你发财。"

两人哈哈大笑，孙中山把手里的报纸塞给他说："你看，这些保皇先生们太顽固了，他们口头上讲一套，可是行动上又是另一套，你看该怎么办好？"

司徒美堂望着他那焦急的神态，把算盘搁在一边，沉思了一会儿，说：

"我看目前堂口复杂，致公堂下属堂口被保皇分子把持，内部不团结，要想办法整顿一下才行。"

"是的，现在不单堂口受保皇派的操纵，连侨报也被保皇分子控制。要想揭穿保皇派的真面目，必须先改造报纸。同时，重新整顿致公堂下属堂口，我想洪门会员要重新登记入会。"

"好呀，你有什么主张？"

"在旧金山时，我同三德大哥商议写了一份章程。你看看合不合适。"孙中山说着，从行李箧取出那份文件交给他。司徒美堂双手接过，翻开细阅，醒目的标题吸引着他。孙中山对他说：

"你先看看，如有不妥之处，我们再商量修改。"

"好，我看看。"司徒美堂如获至宝，聚精会神地读着《致公堂重订新章要义》。

"原夫致公堂之役由来已久。本爱国保种之心，立兴汉复仇之心，联盟结义，声应气求，民族主义赖之而昌，秘密社会因之日盛……"

司徒美堂逐字逐句，细心阅读，越读越觉有味道，如含参丹，精神焕发，似乎写出了自己的心里话，却又比自己想象的高超，当他读完之后，喜滋滋地说：

"妙哉！妙哉！先生高见，高见！"

"怎么样，你有什么补充？"

“好耶，好耶，就按先生的主张办，我们洪门兄弟要团结起来，推翻清政府。”他激动地站起来紧紧握住孙中山的手说：

“先生，有你当我们的军师，我们洪门事业一定成功！”

“中国革命需要洪门兄弟大力支持，革命成功之日，洪门兄弟还要回国参加建设富强的新中国，到那时海外孤儿再也不会受人欺凌。”

“先生，有什么主张，你尽管吩咐，上刀山下火海我都不怕。”

“司徒兄，我想你们安良堂是致公堂之中最大的堂口之一，是后起之秀，通过你的安良堂带动其他堂口，重新登记入会，整顿好了再到纽约。纽约是美国最大的城市，又是美东华侨集中的地方，保皇势力根深蒂固，保皇思想影响大，我准备下一步到纽约开展革命宣传，肃清保皇派流毒。你能不能把安良堂总部设在纽约，逐渐向大城市发展，协助全美各地致公堂从组织上整顿一下，把受蒙蔽的洪门兄弟争取过来，团结全美华侨支持中国革命？”

司徒美堂略思索一会，肯定地回答：

“行，完全可以！”

“这样一来，美西三藩市致公堂有黄三德大哥主事，美东有你的安良堂支持，把全美华侨发动起来，支持中国革命，推翻腐败无能的清政府，那就指日可待了。”

孙中山的一席话，给了他很大的启示，使他思路更加开阔，也有了明确的奋斗目标。夜静更深，孙中山奔走了一天虽已疲倦不堪，可他仍在灯光下奋笔疾书，而司徒美堂躺在床上久久不能入睡。此时此刻，他思绪万端，时而像一只海燕在碧波万顷的海面上翱翔搏击，时而像一艘快艇在惊涛骇浪中破浪疾驶，时而想起在旧金山警察局坐牢时被洪门兄弟营救的情景，时而想起在家乡童年时代的不幸遭遇，往事一幕幕展现在眼前……

想呀，想呀，翻来覆去睡不着。孙中山发现他还没睡，便问道：

“司徒兄，还没有睡着，对不起，影响你休息了。”

“我在想事，想来想去睡不着。”

“你明天还要早起，我也睡了。”孙中山劝他休息，熄灯入睡。

司徒美堂跟孙中山兄弟般地相处了一段很长时间，共同生活，互相关照。司徒美堂对孙中山进行革命宣传工作给了很大的支持，而孙中山对司徒美堂走向革命道路起了极大的启蒙作用。孙中山的革命思想使这位受凌辱、受歧视的苦力华工萌发出强烈的爱国爱乡的嫩芽，驱使他在坎坷的历程中勇敢探索，执意追求，寻觅爱国真理。

第五章 “孙先生，祝您一帆风顺”

（一）

纽约是美国最大的城市，也是世界著名的大城市之一。它位于大西洋海岸、哈得逊河流入大西洋的出口处，气候宜人，农牧发达。它是欧美交通的重要港口，又是美国的工业中心、金融中心和交通中心。这里居住着来自世界各地的不同种族，有白种人、黑种人、黄种人。除了土生的犹太人印第安人外，很多都是从欧洲移民去的白种人，最早的是荷兰人、爱尔兰人、英国人和德国人，还有意大利人、俄国人、波兰人，也有亚洲的日本人和中国人。华侨大部分居住在唐人街。

纽约华侨众多，堂口林立，矛盾激烈，斗争复杂。清朝钦差和保皇会控制着堂口。华侨远离祖国，消息闭塞，盲目愚忠，保卫大清光绪皇帝。孙中山离开波士顿到了纽约，想在这里开展革命宣传，但因纽约保皇势力很大，工作难于开展，便决定先到西欧、日本和东南亚各地活动。黄三德陪同到纽约后，便送孙中山赴伦敦，然后返回旧金山。

1905 年春天，司徒美堂为了更好地支持孙中山在华侨社会中开展革命宣传活动，他跟几位拜把兄弟从波士顿来到这座美国最大的城市纽约成立安良总堂，跟保皇会分庭抗礼。在短短的几年时间里，安良堂组织发展很快，在美东的华盛顿、芝加哥、费城等 31 个城市组织安良分堂，入堂人数剧增，安良堂便成了致公堂下属堂口的后起之秀，甚至可以左右美国华侨社会的局势。安良堂势力的迅速发展，为孙中山在美洲华侨中发动革命打下了社会基础。

冬去春来，年复一年，司徒美堂为了发展洪门事业，扩大安良堂势力，遵照孙中山的吩咐，在纽约扎根串联，团结更多的华侨，历尽艰辛，为革命奔走。岁月流逝，青春已过，仍是光棍一条。远在故乡的老母亲日夜思念儿子，望眼欲穿，期待司徒美堂回乡成家立业，母子团聚。一封封书信催他回故乡，一字字都饱含着母亲的眼泪，一句句像银针刺痛他的心。未过门的媳妇日夜盼望郎君的归期，人非木石，怎能不动心呢？

1909 年春天，司徒美堂应母召唤，第一次返乡。他回到阔别二十多年的故乡，见到日夜想念的母亲，悲喜交集。母亲已苍老了，面容憔悴，头发斑白，脸上布满了皱纹。

司徒美堂回到家乡，住了将近一年时间，办了两桩大事：一是盖了一座两房一厅的砖瓦平房；另一桩是办完了终身大事，成了家，与方春女结为夫妻，是年腊月生下一子，起名柱仔，号健庭。

司徒美堂回国期间，中国正处在辛亥革命前夕，几千年的封建专制统治濒临覆灭。孙中山策动的粤、桂、滇西南几次武装起义虽然连续遭到失败，但是，每一次的起义影响颇大，全国各地劳动人民由于承受不了清政府的残酷压迫和剥削，自发的反抗斗争和农民起义此起彼伏，革命的形势日益高涨。长江中下游的湖南、湖北、江西、安徽和江苏等省的许多州县，先后发生饥民暴动。影响较大的有长沙的抢米风潮，震动全国。1909 年至 1910 年全国各省普遍发生了反抗捐税的群众运动。官逼民反，山东省莱阳抗捐斗争规模最大，五六万农民组织武装，四处捉拿一贯横行乡里、强征暴敛的土豪劣绅。官逼民反的怒火，很快燃遍邻近的几个县。

孙中山领导的武装起义和全国城乡各地的人民反帝反封建的斗争烈火，在神州大地熊熊燃烧，革命浪潮席卷全国，波及海外，把清朝皇帝的宝座推向火山口上。

广东人民的反清情绪更加高涨，孙中山领导了潮州黄冈起义、惠州七女湖起义、广州新军起义。历次的起义，播下了革命的火种，点燃起人们反清的烈火，正在孕育着更大规模的广州起义。革命有一触即发之势。

司徒美堂回乡一年，目睹日暮途穷的清朝政府卖国求荣，腐败无能，人民则日益穷困，米价飞涨，饥饿连年。他的心也在燃烧着，急于回到海外，发动洪门兄弟，投入支援祖国人民推翻清王朝的伟大斗争中去。

光阴似箭，日月如梭。冬去春来又一年。他第一次回乡，遂了母亲的心愿后，又背起行装离开亲人，惜别了妻儿和老母，重渡太平洋，返回美国纽约，继续致力于洪门致公堂的事业。

（二）

1910 年（清宣统二年）夏天。当司徒美堂返回美国纽约时，华侨社会发生了很大的变化。经过孙中山的革命宣传，华侨心向革命，各堂口之间的矛盾逐渐消除，受保皇思想影响的华侨慢慢倾向革命，各地洪门致公堂下属组织，纷纷募捐筹款支持国内反清斗争的革命行动。

革命的烈火在中华大地燃烧着，革命的浪潮已波及南洋和美洲各地华侨社会。司徒美堂以新的姿态，团结更多的洪门兄弟，迎接革命风暴的来临，以尽炎黄子孙的天职。

1911年的一个晚上，浓浓的夜色笼罩着世界名城纽约，那明亮的水银街灯，照得全城如同白昼，商店、茶馆、戏院、夜总会五光十色的霓虹灯，炫惑人目。街上的车辆、行人，川流不息。一辆黑色轿车在宽阔的街上疾驰，穿过市区中心，朝唐人街驶去。轿车开到安良大厦门口，“嘎”的一声停下，从轿车走出两位西装革履的中年人，手提皮箧，向小车司机挥手道别后，直朝安良大厦入口处走去。门口有两个侍卫站着。两人用左右手各以拇指与食指屈成圆圈形，其余三指直伸，并各以直伸三指尖向上附贴胸前腰际行礼。侍卫同样回礼。

“你们找谁？”

“司徒美堂。”

“从哪里来？”

“芝加哥。”

“有何贵干？”

“有急事相商。”然后，侍卫领着他们走进内室，望见香堂昏暗的灯光，闻到扑鼻的香火味。

侍卫：“请稍等。”

然后，侍卫进到香堂不大一会，司徒美堂来到外室，他一眼看见两位风尘仆仆的客人，其中有一位留着八字胡须——他日夜盼望而又非常崇拜的兄弟。

“司徒兄，您好！”两人紧握双手。

“哎呀呀，孙先生，几年不见面，你可瘦多了！”

“是吗？”

“你太辛苦了！”

“没什么。”

“你怎么不来个电话，让我去接你？”

“我知道你忙，不要增加你的麻烦了。”

“兄弟之间，何必客气！”

司徒美堂又望见随行的陌生人便问：“这位兄弟？”

“啊，他是三藩市致公堂黄芸苏兄，我们一起到美东募捐来了。”

“啊，辛苦了，芸苏兄，你们先住下，改日我们再慢慢谈。”

“弟兄们都好吧？”孙中山问他。

“好，很好。你来得正是时候，我常常想念你，弟兄们也盼望你来指点。”

“谢谢弟兄们的关照！”

司徒美堂领着孙中山和黄芸苏进入内室，并吩咐管事安排他俩下榻……

翌日清晨，司徒美堂亲自给他们送去咖啡、面包。吃完早点后，孙中山从皮箧里取出一份《少年中国晨报》交给司徒美堂。

“美堂兄，请你看看这个不幸的消息。”

司徒美堂接过报纸，凝神注视着醒目的标题：《广州武装起义失败，革命烈士血洒黄花岗》。

司徒美堂含悲抑愤读着不幸的消息。当他看过后，凝望着孙中山无限沉痛和手足无措的表情，在房间里来回踱步，忽而双手交叉在胸前，十只手指不断敲打着手肘，时而背着双手低着头在苦思冥想，他急迫地问：

“孙先生，你看这次失败主要原因是什么？”

孙中山又从他的皮箧里取出两份电报交给司徒美堂，说：

“你看看这份电报就明白了。这是胡汉民从香港拍来的，失败的主要原因是经费不足，我这次来加拿大和美东各地，主要目的也就是募捐经费，准备更大规模的起义。司徒兄，我希望尽快成立美洲洪门筹饷局，更好地发动全美华侨认购债券，支援革命和武装起义。同时，号召同盟会员一起加入洪门致公堂。清除门户之见，两大组织实行联合，团结一心，筹饷救国。”

司徒美堂：“这么一来，我们的力量就更大了。”

孙中山：“我们设法成立革命公司，把全美华侨的力量调动起来，由旧金山致公堂统一组织，成立洪门筹饷局，我要起草洪门筹饷章程。你的意见如何？”

司徒美堂：“很好，就按照你的主张办。”他指着电文又说，“不过，目前革命军急需 15 万美金的活动经费，恐怕一时难于募捐到。”

“是呀，那么你有什么更好的办法吗？”孙中山心急如焚地说。

“我看，缓不济急，虽然洪门兄弟可以你 5 元，他 10 元，积少成多，但需要相当一段时间。为着救急，不如先把加拿大的都郎度、温哥华、维多利亚和金山大厦四所致公堂大厦典押出去。这么一来，可以迅速把款汇去应急，我建议跟三德兄和加拿大的弟兄商量商量。”

“这倒是个办法，芸苏兄，你的意思如何？”

黄芸苏：“待我回到三藩市跟黄大哥他们商议商议。”

孙中山：“好吧，我先起草《洪门筹饷章程》，回到三藩市再跟同盟会李是男会长和黄三德总理商量，成立筹饷局。司徒兄，这次广州起义，牺牲了 72 位烈士，其中有我们 29 位华侨，这是我们华侨的光荣，我们要想办法为死难烈士筹集善后费用，烈士的血不能白流！”

司徒美堂：“这个请放心，我们会尽快筹集资金，汇回祖国。”

在司徒美堂的协助下，孙中山在纽约作了几场宣传，发动募捐，筹了一笔经费，电汇给香港的黄兴。随后，孙中山顺着铁路沿线募捐，各大城市的华侨热情赞助。回到三藩市时，正式成立美洲洪门筹饷局，由黄三德、李是男等人负责。孙中山代订了《洪门筹饷缘起》和《革命军筹饷约章》两个文件，分别在《少年中国晨报》和《大同日报》上刊登。通知美洲各埠所属同盟会和致公堂实行联合，同盟会会员一律加入洪门致公堂。华侨社会空前团结，全力支援革命。美洲洪门筹饷局成立之后，采取各种形式进行募捐活动，掀起了募捐高潮。同时，经过协商，在黄三德、李是男、司徒美堂等人以及加拿大洪门兄弟的大力支持下，变卖了美、加的几座致公堂大楼，筹足了15万美元，迅速汇到香港黄兴手里，支援武装起义。

同年10月10日，武昌革命爆发时，孙中山正在美国北部科罗拉多州进行筹集革命经费等活动。第二天，他从美国报纸上得悉武昌起义的消息后，心情非常兴奋和激动，立即中止了在美国各埠继续演说筹款的计划。他本想从太平洋回国，亲自指挥革命战争。可是，他考虑到成立共和国，将要碰到外交、财政等方面的困难，尤其担心列强中的某些国家可能联合起来反对革命，所以他认为这时最主要的工作不在"疆场之上"，而在"樽俎之间"，应该周旋于列强各国，办理外交，以断绝清政府的后援。他幻想中国革命能够争取帝国主义的同情和帮助。因此，他决定前往纽约，取道英国进行外交活动，然后回国。

20日，孙中山抵达纽约后，仍然住在司徒美堂家里。连日来，司徒美堂陪同他对华侨宣传共和政治，并向美国朋友介绍中国革命宗旨，希望得到他们的同情。

一天晚上，司徒美堂陪同孙中山到戏院演说完了，乘车回家，孙中山对司徒美堂说：

"目前，列强与中国最有关系的六个国家：美国、法国同情中国革命；德国、俄国反对中国革命；日本民间同情，而其政府则反对中国革命；英国民间同情，而其政府未定。因此，我决定先到英国，后到法国进行外交活动，希望英法两国政府能断绝对清政府的支持，事情办妥后，我即回国。"

司徒美堂："你打算何时返国呢?"

孙中山："司徒兄，你先帮我准备路费，我先把今后革命的计划拟定好，然后再作几场演说，让美国朋友知道中国革命的宗旨，希望他们能支持中国革命。"

……

谈着谈着，小车已到达安良大厦，他们下车相继到宿舍休息。

数日之后，孙中山启程，司徒美堂跟几位弟兄筹足450美元，并买好船票送他赴英。

启程那一天，晴空万里，和煦的阳光照耀着纽约港，海面停泊着各式各样海轮，小艇穿梭不断；码头上，起重机像巨人似的装卸货物，搬运工人忙个不停；送行的人们拥挤到码头，水泄不通。司徒美堂跟几位兄弟站在码头为孙中山送行。

孙中山紧握着司徒美堂的双手叮咛："感谢你们美洲华侨对革命的支持，待革命成功之日，请洪门兄弟回国执掌大权，分享革命果实，到那时候建立民国，实行民主共和国，欢迎你们回国参加建设。到那时，你们不再寄人篱下，受人欺凌，你们对革命的贡献，祖国人民永远不会忘记的，希望你们继续做好筹款工作，为革命作出更大的贡献。"

司徒美堂非常激动地说："孙先生，请你放心！一路上要保重，回国后来信联系，只要革命需要，我们华侨会尽最大力量支持！"

孙中山接过行李，向送行的洪门弟兄挥手告别："再见吧，侨胞们，祖国人民谢谢你们！"

"孙先生，祝你一帆风顺！"司徒美堂噙着热泪，站在岸边，望着客轮徐徐驶出纽约港，才恋恋不舍地离开码头。

孙中山回国后，给司徒美堂和洪门致公堂兄弟来信，感谢美洲华侨对革命的支持，以及对他在美活动期间的关照，还介绍了国内革命形势，同时，希望他们继续为中国革命出力。

1912 年元旦，当孙中山被选为中华民国临时大总统时，司徒美堂代表美洲华侨多次通电拥护他当选总统，还发动美洲各埠致公堂通电三百多次拥护孙中山当总统。孙中山出任中华民国临时大总统不久，亲自电邀司徒美堂回国。

当司徒美堂接到孙中山的电报后，心情非常激动。他想，自己是普通的穷苦华侨，在他乡异邦做工谋生，只是在孙中山的影响下，为华侨社会和洪门弟兄做了一点事，为革命事业尽了一点义务。孙中山担任了总统，还没有忘记海外华侨，如此器重自己。司徒美堂想着想着，又高兴，又激动。他拿起笔复电：

孙总统大鉴：

电函悉知，谢谢你肯定华侨对革命的功绩和对洪门致公堂弟兄的关照，以及与吾的重托，我代表美洲洪门弟兄表示感谢你的盛意，吾乃不求做官，只图革命成功，建立民国，中华振兴。赤子报国心切，日后有何吩咐，聆听指拨，侨胞尽力效忠。

弟

司徒美堂奉上

司徒美堂辞谢了孙中山的邀请，更加努力工作，为革命筹集资金，支持新生的革命政权。

第六章 “司徒先生是我的朋友”

(一)

审判会开始，肥头大耳的审判长路易斯宣布开庭，几位法官威严地坐在审判席上，检察官和书记官已做好准备。

审判长路易斯对站在被告席上一位受审者提问：“你叫什么名字?”

“杨林。”被告席上的受审者回答。

法官：“你为什么要欺骗柯丽达小姐结婚?”

“我没有欺骗她。”杨林理直气壮地回答。

法官：“那你为什么要跟一位白人姑娘同居?”

杨林：“那是柯丽达小姐她自愿跟我结婚。”

“你是什么人?”

“中国人。”

“你的职业是什么?”

“小摊贩。”

“一个街头流浪汉，居然要跟我们美国白人小姐结婚，这不是欺骗又是什么?”

“法官先生，我虽然是个穷华侨，但是，柯丽达小姐她自愿跟我结婚，我没有欺骗她。”

“一个高贵的美国白人小姐怎会爱上你这样的黄种人呢？这不是荒唐可笑吗?”

“法官先生，假如你对这个问题感兴趣，那么请你问问我的妻子柯丽达小姐。”

“你既然是个穷华侨，街头小贩，凭什么资产娶她呢?”

“我虽然没有万贯家财，但我就凭着双手经营小本生意，得到柯丽达的爱。你若不信，请我的妻子柯丽达作证。”

法官提问：“柯丽达小姐，你是自愿跟他结婚的?”

“是的。”在陪审位上坐着的柯丽达小姐站起来回答他。

“你爱他吗?”

“是的，我爱他。”

“他是不是骗你？”

“他没有骗我，是我爱他。”

“你为什么要嫁给一位中国小贩？”

柯丽达小姐怒气冲冲地反问法官：“法官先生，我不嫁他，难道要嫁给你吗？”她的回答引起全场哄堂大笑。

法官被柯丽达的反问气得跳起来，狼狈不堪地说：“放肆！一个美国姑娘居然要嫁给一个穷华侨，有损美国法律的尊严！法律不允许你跟中国人结婚！”

律师从座位上站起来辩护道：“法官先生，杨林和柯丽达小姐结婚是合法的。既然他们相爱，任何人都没有理由阻挠和限制他们，更不能说他们犯法。”

法官对律师的辩论感到极其惊讶，责问他：“罗斯福先生，你作为一个美国律师，应该站在哪一边？”

律师罗斯福先生坦率地说：“我作为一名律师，应该站在公正的立场，真理的一边……”

法官：“你应该懂得，你是美国律师，应该站在维护美国法律的立场说话。”

罗斯福：“不，法律是公正的，无私的，不能带有偏见，更不能歪曲事实，袒护自己，戏谑对方。”

“你应该懂得，我国政府是反对美国姑娘跟其他种族人通婚的。”

罗斯福雄辩道：“这只是某些官方人士的意愿，没有形成法律条文。既然我们国家是标榜民主、自由的国体，那么，包括婚姻在内，自由的婚姻不应受到种族和国界的鸿沟所隔阂，只要男女双方自愿结合，就可以通婚，更何况是华侨！他们对我国的经济起飞作过贡献，从金矿开采、铁路建筑到农业发展，华侨都流过血和汗。我们不能忘记华侨的功绩，更不应该歧视他们。因此，他们有权利与我国公民享受同等待遇。既然政府限制中国妇女入境，就更应该允许华侨与当地妇女通婚……”

审判长眼看这场审判无法再审下去了，只好摇着铃，站起来，宣布休庭。

原来是这样的，从清朝钦差到国民政府使节，他们执行屈膝媚外的外交政策，华侨的合法权益得不到保障。因此，华侨只好自办外交，成立各种社团、雇请律师。但华侨没权利当律师，只能雇请美国人当律师。司徒美堂是安良堂的总理，为了保护安良堂会员的利益，特地雇请富兰克林·德·罗斯福先生任常年律师。遇到安良堂会员利益受到当地政府或流氓的侵犯，或者与其他社团发生冲突时，则请罗斯福先生当顾问，起诉告状或出庭辩护。因此，司徒美堂与罗斯福先生结成了亲密的朋友。罗斯福先生比较宽容克己，每逢案情结束，要价总不会太高。他任安良堂法律顾问达 20 年之久，直至他被选为纽约州长以及后来担任美国总统，才辞去安良堂的法律顾问职务。罗斯福先生担任总统后，还与司徒美堂保持着密切的联系。每当华侨有事情请他帮忙，只要司徒美堂写信给他，罗斯福总统总是热情帮助和解决。

（二）

1932年，“一·二八”上海淞沪抗战爆发了。纽约及至全美的华侨纷纷上街集会抗议，示威游行，募捐救国。抗日救国运动在美洲各国如火如荼，风起云涌。

有一回，安良堂组织抗日宣传队，在街头募捐演出。正在募捐的时候，几个美国警察走过去驱赶宣传队，并且抓走两名宣传队员。此事发生后，司徒美堂亲自驱车到纽约州长办公所在地寻访州长罗斯福先生。司徒美堂来到州府大楼，被侍卫拒绝在门外。在他的再三要求之下，门卫请示了州长，罗斯福先生听到司徒美堂求见，立即告诉门卫说：“司徒先生是我的朋友，请他进来！”于是，侍卫把他接到州长办公室。

司徒美堂踏进州长大厅，望见罗斯福正在埋头办公，进门喊了一声：“州长先生，您好！”

罗斯福抬头看见司徒美堂，上前跟他握手，亲切地说：“见到您很高兴，老朋友司徒先生，请坐！”

司徒美堂：“顾问先生，很久没有见到您，非常惦念！”

司徒美堂见到罗斯福仍然那么热情接待他，心里有说不出的高兴，暗想，罗斯福先生当了州长后还没有忘记老朋友，真是难得。

罗斯福州长笑眯眯地说：“司徒先生，您有什么事需要我帮忙吗？”

“是的，我是无事不登州长门，这次又要打扰您，有一件小事希望得到您的帮忙！”

“你是我的老朋友，只要是我职责范围能办到的事，我一定尽力帮忙。您说吧！”

“自从日本侵略中国以来，我们华侨都很关心祖国的命运，特别是‘一·二八’上海淞沪抗战发生后，蔡廷锴将军率领十九路军奋起抗日，我们华侨看到了希望，无不奔走相告。”

罗斯福夸赞：“你们的蔡将军是个了不起的英雄，应该受到尊敬。”

司徒美堂：“是的，我们日夜盼望的日子终于来到了，唐人街的华侨纷纷投入抗日救国的募捐活动之中，安良堂还组织了宣传队，上街发动募捐救国……”

罗斯福：“你们华侨非常热爱自己的祖国。”

司徒美堂：“是的，国家有难，与我们华侨息息相关。日本的侵略激起了我们的仇恨，我们安良堂组织宣传队上街发动华侨募捐救国，您说应该不应该?”

罗斯福回答：“当你们国家遭受日本侵略，海外侨民关心家乡完全是爱国的表现，应该得到支持。”

司徒美堂：“可惜的是，贵国的政府为什么要干涉我们的爱国行动呢?”

罗斯福：“司徒先生，您这是什么意思？我不明白。”

司徒美堂：“昨天，我们的宣传队在街上募捐，被你们警方抓去两人，这是为什么呢?”

罗斯福愕然地说：“呃，那是太不应该。好，请您坐坐，我了解一下情况再回答你。”说完他立即拿起电话机。

“喂，请警察局局长听电话。”稍停片刻。

“喂，您好，我是罗斯福。你是警察长吗？……据说昨天你们抓了两名在街上宣传抗日的华侨，是吗？……喂，他们除了宣传抗日之外，还有无其他非法活动？……啊，影响交通秩序……喂，警长先生，我的意见，请把他们放了……啊，这个么，我们应该同情和支持。当他们的祖国遭到日本的侵略，华侨发动募捐救国是正义的，我们不但不应该干涉，而且还要支持，这是人道，请你们通告全州各地警局不要再发生类似行动……立即把人放了。好，好，谢谢您!”

司徒美堂听到罗斯福州长的电话，非常激动，待罗斯福放下电话机后，司徒美堂走到他跟前，紧紧握住他的双手激动地说：“谢谢您，州长先生，我们华侨感谢您!”

罗斯福：“正义的事业应该支持。”

司徒美堂：“州长先生，您公务繁忙，我不敢多打扰，谢谢您的支持，告辞了。”

“以后，你们有事需要我帮助，写信或亲自找我都可以，我将尽力帮助。”

司徒美堂与罗斯福州长握手告别，罗斯福送他到门口。

司徒美堂：“州长先生，请留步!”

罗斯福：“好，再见。”

（三）

1938年冬，司徒美堂日夜奔走，发动侨众募捐救国。有一天，他正在跟“纽约救总”的常委们商量筹款购物之事，突然接到旧金山“全美救总”来电：“在旧金山码头发现一艘希腊商船‘施祥罗司’号，装运废钢铁二千五百吨，准备起航赴日。请你们密切注视沿海港口，严防开往日本的军火商船，一经发现，立即采取行动。”

当他们接到通电后，会议立即改变议题，马上研究对策，司徒美堂建议："这样吧，我们一方面派人到港口巡视，观察货船装卸的动静，通知海员工会和港区码头搬运的华工随时报告货物情况，同时，与旧金山'全美救总局'取得联系，商量办法，采取罢工禁运措施。"大家一致表示同意司徒美堂的建议。会后，立即派人前往港区各码头巡视，联络搬运华工。他派出的人员到了曼哈顿岛港口码头，发现一艘日本商船正在装化肥。消息回报后，司徒美堂立即前往码头动员搬运华工罢工，停止搬运化肥装船，并组织华侨监督日船。

当天下午，司徒美堂向罗斯福总统告急，请示他禁止向日本输出军火。罗斯福总统接电后，立即向国会提案，经国会通过，授权罗斯福总统下令禁止军火物资赴日。当罗斯福总统发出禁运通电令后，全美华侨迅速行动起来，禁止垄断资本家向日本军国主义者出售战争物资。沿海各大城市华侨纷纷涌向港口码头拦阻向日本运输军火的商船。

旧金山各行各业的华侨放下手中的工具，华侨商店关门闭户，侨校学生冲出校门，妇女走上街头。侨胞们无不奔走呼号、互相串联发动全市侨胞汇成浩浩荡荡的大军，涌向码头，把"施祥罗司"号货轮团团围住，停止装货，禁止废铁上船，全市华侨团结一致，轮流值班。

美国人民也参加了这场斗争。"美国中国之友社"和"全美救济中国难民联合会"共同组织了支持华侨阻止美国垄断公司把可以改制成杀人武器的废铁和军需物资出售给日本的行动。中美联合组织，一方面向国会提出质问，要求政府履行不参加侵略政策，禁止向日本输出军火及战争用品，包括汽油、化学品、生铁及废铁、飞机及零件、机器及发动机、汽车及附件在内；一方面，跟美国海员工会结成禁运废铁赴日联盟，在联合组织和海员工会的统一指挥下，各地货船装运废铁出口的码头都部署了工人纠察队。美国海员工会主席约瑟夫·柯伦亲临指挥，并在布鲁克林的布什码头与华侨一道参加纠察。

在罗斯福总统和美国友人的支持下，禁止向日本运输军火的斗争取得巨大的胜利。这次中美联合禁运的行动，对美洲华侨抗日救国斗争起着积极的推动作用。不仅获得美国人民的配合，还受到美国政府和总统罗斯福的支持，中美人民联合反日斗争得到进一步的发展。"全美救济中国难民联合会"又在全国各地发动了一次"节食一碗饭运动"，要求广大美国人民当天每人节吃一碗饭，将节约下来的款项捐助中国，救济伤兵和难民。这一运动得到美国人民的热烈响应，在那一天，美国本土全国48个州中，有2 000个城市同时举行这一活动，有100多万人节食，其中包括12万侨胞，以及前总统胡佛和《纪事报》主编史密斯先生，这次活动共筹得100万美金。

直至1941年5月17日，"美国联合救济中国难民协会"联合全国各地中美联合组织，发动风行全美的“中国周”活动，目的在于为中国伤兵难民募捐500万美元。参加这一活动的中外人士达几百万人。在“中国周”的活动中，以纽约州州长李门为首的14位州长和以纽约市市长拉加弟拉为代表的200多个大中城市市长先后发表宣言，呼吁美国人民捐款救济中国难民。

（四）

1941年冬天，日本偷袭美国海军基地珍珠港，太平洋战争爆发了，美国开始参战，跟中国结成盟国并肩与法西斯国家作战。中国人民成了反法西斯主义的英雄战士，以英勇顽强的姿态，战斗在反法西斯的前线，抗击着凶恶残暴的日本军国主义者。昔日被蔑视为东亚病夫的巨人受到尊重，它的国际地位在变，人们的意识也在变。中国的新形象不仅改变了自己的历史地位，同时直接影响到在美华侨的地位。过去，华侨在美国一直受歧视，从1882年美国实行排华政策以来，处境非常艰难，长期受到歧视和迫害。自太平洋战争爆发后，美国遭受日本军国主义威胁，卷入了战争的漩涡，在美的华侨不仅踊跃购买美国政府发行的战时公债，同时，还积极参军参战。在战争的年代里，大多数华侨都去当兵。在纽约市的一次调查中，将近40%（1.3万人）的华侨应征入伍，在所有民族中所占比例最多，美国华侨对美国的贡献人尽皆知。美国人民对立过战功的华侨和流过血汗的华工享受不到平等待遇，深表同情。许多爱好自由、民主的美国人民和公正无私的工人，都纷纷起来向美国政府呼吁废除排华法，支持美国华侨提出废除排华法的合理要求，广大华侨和各社团纷纷向美国政府写信，要求废除长达60多年的排华法。

《中西日报》经理伍盘照先生向美国政府提出废止排华法的要求后，得到广大华侨和美国各方友好人士的支持。早在太平洋战争爆发之前，中国抗战开始，司徒美堂以切身的感受和体会，说出广大侨胞的意愿，代表美洲洪门兄弟，亲自向罗斯福总统写信。1943年春天，司徒美堂返美后，再次写信向罗斯福总统反映，由于战争给美国华侨亲属带来的灾难，请示他关心美国华侨的疾苦，保护华侨的合法权益，尽快废除不合人道主义的排华法。司徒美堂的信给了罗斯福总统极大的触动和启示。过去，因种种原因，国会内部的分歧，因此无法实施。1943年随着世界反法西斯统一战线力量的加强，战争局势发生了急剧的变化，罗斯福总统意料到盟国胜利的日子为期不远了，为了维护反法西斯战线的团结，消除盟国之间的隔阂，适应美国国情发展的需要，他深明大义、高瞻远瞩，把废除排华法提到议事日程上来。他要以战火中结成的友谊去洗刷历史创伤、填补鸿沟，不能让种族歧视的悲剧继续演下去了。

于是，在1943年10月11日，罗斯福总统向国会提案，要求废除排华法。他在提案中写道：

致国会：

现在提请国会审议批准一项法案，许可中国人移居我国，并允准这里的中国居民成为美国公民。我认为，这一立法对于打赢这场战争和建立巩固和平的事业是重要的。

中国是我们的盟国。多年来，她为反对侵略而孤军奋战。今天我们和她一起战斗。她在极端不利的条件下始终坚持英勇的斗争。

中国理解在这场世界大战中克敌制胜的战略。首先需要把我们的大部分力量集中使用于欧洲前线。她理解，我们所能提供给她的补给由于运输困难而受到限制。她知道大量的援助将会尽快运去——不仅武器和补给上的援助，而且是在实施上已经制订的有效反攻计划方面。我们和我们的盟国将把我们的兵力直指日本的心脏。我们的兵力将不断加强，直到把我们的共同敌人赶出中国的土地。

然而，中国的抗战并不单纯依靠飞机和大炮，以及从海上、陆地和空中发动攻击。它也同样依靠本国人民的精神以及对于盟国的信任。我们有责任加强中国人民的这种信任。在这方面的一个步骤就是清除我们法典中那些不合时宜的东西，就是禁止中国人移居我国和不准华侨取得美国国籍。

国家和个人一样，也会犯错误。我们要有足够的勇气承认过去的错误，并加以改正。通过废除排华法，我们就可以改正一项历史性的错误，并消除日本人的歪曲宣传。在待国会制定的这项立法将使中国移民和其他国家移民受到同等的待遇。因此，中国的移民限额每年大约一百名左右。没有理由担心，这样数量的移民会造成失业，或加剧求职的竞争。

把公民权授予在我国相对来说为数不多的中国居民，将是又一项有意义的友好表示。这将进一步证明，我们不仅把中国当成共同作战的伙伴，还将把她当成和平时期的伙伴。这样会使中国人比其他东方人占有优惠的地位。但是，她对荣誉和自由事业所作出的伟大贡献，使她理应得到这种优惠。

我深信，国会是完全同意采取这种早应采取的措施，以纠正过去对我们朋友不公正的行为的。国会现在就此采取行动，也是我们打算在同其他国家人民的关系中运用睦邻政策的一项保证。

富兰克林·德·罗斯福

1943年10月11日

罗斯福总统这个提案于同年12月17日在国会迅速通过。从此，持续61年之久的排华法正式宣告废除，中国人和其他国家的移民在美国享有同等待遇。华侨也根据移民法受到正常移民数额的限制。新的法律还使中国人和其他外国人一样，得以通过归化，成为美利坚合众国的公民。

排华法的废除，不管其实施如何，毕竟是顺潮流而动，合乎人道的。罗斯福总统办了一件大好事，载入史册，为中美人民友好往来重新架起了一道天桥，为人类社会的进步和发展立下了不朽的功绩。美国人民崇敬他，中国人民也感谢他。后来，司徒美堂还代表美洲洪门人士和广大侨胞向他写信表示衷心的感谢，并致崇高的敬意。他在信中写道：

总统阁下：

您好！

首先，让我代表美洲洪门兄弟和侨胞向您表示感谢。您为美国华侨办了一件大喜事，废除了长达六十一年之久的排华法，我们子孙后代永远不会忘记您！

我十四岁那年，为了谋生，横渡太平洋，来到美国做工。刚刚踏上贵国的国土，不到两个月，美国政府便宣布了排华法令，距今已整整61年。在这漫长的岁月中，我做过厨工，当过保姆，当过水兵，做过流落街头的小贩。我伺候过美国朋友，也挨过他们的拳头，还坐过你们的监狱。这一切都已经成了历史，一去不复返了。过去的就让它过去吧。我今年75岁了，希望我们的后代不再重蹈我所走过的苦难历程，让他们过着不受歧视、平等相待的日子，多么渴望有朝一日，美国政府将不合理的排华法取消。这个法案终于在您的努力下彻底废除了，我们梦寐以求的目的达到了，我们华侨感谢您！我们洪门兄弟感谢您！我们侨胞的后代感谢您！

我们洪门前辈在国内为了追求自由，反抗专制，反对种族歧视，不满遭受清朝皇帝的迫害，逃亡海外。但是，他们到了美国，同样遭受到一些不合理的种族歧视和迫害。您是一位正直无私、胸怀旷达的人，当我们遭受到不平等的种族歧视时，挺身而出，替我们辩护，担当我们的法律顾问，保护我们的合法权益。我们洪门兄弟十分感谢您！

您当选为总统之后，仍然不忘故旧，关心洪门兄弟，维护华侨合法权益，亲手把阻碍中美人民友谊的枷锁——排华法彻底废除。但愿在您的关照下，我们子孙后代跟贵国人民和睦相处，同舟共济，废除不合理的种族歧视，为共同建设美利坚合众国而努力奋斗！

谨致

崇高的敬意！

您的朋友

司徒美堂　奉上

1945年初，世界反法西斯战争取得决定性胜利，罗斯福总统再次取得美国人民的信任，第四次宣誓就职后，便着力筹备成立国际性联合组织。经过多方的努力，决定在同年4月25日在旧金山召开第一次联合国会议，起草联合国宪章。中国以五大强国的身份派遣10名代表出席联合国会议。

司徒美堂被美洲华侨选为中国出席联合国代表团的华侨顾问。他多么期待这个日子的到来，再次与老朋友罗斯福总统相会，还有许多话要跟他说。但是，就在联合国会议即将召开的前两个星期（4月12日），这位老朋友不幸与世长辞，无法出席大会。

联合国会议召开期间，4月25日那一天，司徒美堂见到出席联合国大会的祖国亲人时，常常谈起罗斯福总统与美国华侨的友谊。他说："罗斯福总统对华侨的友谊我们永远不能忘记！"

第七章　祖国在召唤

（一）

1931年春，司徒美堂为避堂斗，离开美国，返回香港。在港期间，他广泛接触洪门兄弟和爱国人士，了解到国内由于军阀混战，南北割据，造成民不聊生，国力不振；国外列强窥伺入侵，瓜分中国，国运危在旦夕。蒋介石制造宁汉分裂，叛卖革命，发动"四·一二"政变，大肆屠杀革命人民，在南京组织伪政府，实行"剿共"政策。第一次国共合作已彻底破裂。他暗中跟美国进行谈判，借款购买军火。国民党官僚把钱存在美国银行。这么一来，民穷财尽、天灾人祸的祖国，让日本军国主义的入侵有了可乘之机。

岌岌可危的祖国，灾难深重的中华民族啊！前途在哪里？难道就这样沉沦下去吗？不！中华民族是炎黄子孙，要繁衍、生存、强盛，只要团结一心，中华民族是不会灭亡的！四万万同胞应该立于不败之地，中国不能灭亡，我们不能没有祖国，失去祖国便没有靠山，没有祖国就成了海外孤儿。为了振兴中华，建立民国，海外洪门兄弟追随孙中山先生，参加辛亥革命，推翻了腐败的清政府，付出了巨大的代价，作出无偿的牺牲。华侨的心血不可白流，洪门兄弟的心愿尚未达到，要继续奋斗！

10月，在港召开的中国致公党第二次代表大会，决定在香港设立致公党中央党部，解决党堂不分的问题，出席会议的有来自美洲以及海外各地的代表数十人。与会代表大都是洪门致公党（堂）的中坚人物。司徒美堂代表美洲洪门致公党出席了这次会议。他曾与陈其尤等国内洪门人士座谈，了解中国抗战的真实情况，互相交换意见。谈及对形势的看法，表示了海内外洪门兄弟要团结合作、支援抗战的决心。这次会议考虑到历史和现实种种因素，承认党堂并存的现状，决定党堂分开，以党领导堂。在会上，司徒美堂号召洪门兄弟，团结抗日。同时，呼吁国人团结一致，合作抗日，继续发展新党员。

这次会议，司徒美堂本身受到很大的教育和启发：国家分裂，列强入侵，国难当头，应以团结为重。他深深领悟到，海外华侨、社团不和，就会被人利用、受人欺侮。堂斗就是受人挑唆、互不团结、自相残杀、愚昧无知的行动。他猛醒过来，回忆往事，痛心疾首，凭着一股“义气”，各堂的头领好像一对给人玩弄的蟋蟀。只要人家小竹丝一挑动，两只蟋蟀就打得你死我活。受害的是侨胞，流的是侨胞兄弟的血，花的是侨胞兄弟的钱，这是多么愚蠢呀！

他想着想着，不寒而栗，摇头顿足。够了够了，当初不该意气用事，差点儿掉了脑袋。在沉痛的回忆中，他深深感到这种受人指使的愚昧无知行为早该结束了，同胞兄弟自相残杀的恶作剧应当收场了。他暗下决心，返美后，主动赔礼，向对方认错，团结侨众，抗日救国。

12 月上旬，司徒美堂告别了亲人，离港返美。新年前夕回到纽约，见到阮本万、李圣策等洪门兄弟，互相拥抱，热泪盈眶。大家都非常高兴，嘘寒问暖，探听国内抗战的消息，询问家乡亲人的情况。特别是李圣策、阮本万等人，早就盼望着司徒美堂回来。

司徒美堂离开纽约，在港居住将近一年的时间。返美后发现周围一切都在变，唐人街在变，人的思想在变，社会风气在变。人们谈论的是抗日之事，街上贴的是抗日救国的标语。一年来，华侨社会发生了翻天覆地的变化，处处呈现出一派群情激愤的抗日救国气氛。

司徒美堂关切地向阮本万询问起一年来的变化。阮本万一五一十地把唐人街的变化告诉了他。他听了几位兄弟的汇报后，心里万分高兴。但还有一事使他忧虑，他关切地问：

“我走后，那场官司打得怎么样？”

“啊，关于那场官司，‘九一八’事变之前，协胜堂还不时来纠缠，‘九一八’之后，就烟消云散没有什么事了！”

“现在，协胜堂怎样？”

“他们也上街宣传抗日，募捐筹款、抵制日货……”

司徒美堂回美时，最担心的问题就是跟协胜堂的矛盾，现在经阮本万详细介绍后，如释重负。沉重的包袱放下了，宛如刚刚洗完热水澡后，顿觉浑身轻松愉快。他沉思片刻之后说：

“兄弟们，我有个想法，不知你们的意见如何？”

“噢，什么想法，说来听听！”

司徒美堂抬头望着墙上“忠诚救国、义气团结、义侠锄奸”三大信条。然后用祈求的目光扫视了几位兄弟，深沉地说：

“我们不能再斗下去了，国势垂危，枪口要对外，团结抗日才是出路，堂斗必须结束，各堂才能平安相处。我们要跟协胜堂和好，我建议召开一个‘和平会’，你们的看法怎样？”

阮本万疑惑地说：“不知他们愿不愿意呢？”

司徒美堂恳切地说：“我们可主动登门，表示友好。”

李圣策：“难道我们要向协胜堂求和？”

司徒美堂：“对，我们要上门讲和，求得谅解，团结抗日。”

李圣策：“嘿，我想不通，他们向美国政府告我们的状，逼得你躲到香港长达一年的时间，你忘记了！我们安良堂这么多人，怕他们干什么。”

司徒美堂：“你不能一条竹竿压倒一船人，少数人搞鬼，我们要团结多数人，我们不是怕他们，说起来我们也有错！”

李圣策：“我们有什么错？我们抵制日货，打了奸贼，错在哪里？”

司徒美堂：“奸贼是少数人，他们大多数人是爱国的，错在我们没有做好工作，团结好大多数侨胞。”

司徒美堂耐心地说服他们，把国内的情况告诉他们，使这几位兄弟擦亮了眼睛，看清了形势，同意司徒美堂的建议，决定派人跟协胜堂讲和，召开“和平会”。

（二）

1932年元月的一天，安良堂和协胜堂双方派出代表数十名，在协胜堂大礼堂召开和平大会。会场一派团结的气氛，司徒美堂在会上主动检讨自己，与协胜堂负责人握手言欢，当场立了和约。在场的代表抱头痛哭，饮酒立誓。两堂的“和平会”结束了持续二三十年之久的“堂斗”，给纽约唐人街带来了新的气象，在美洲华侨社会中产生了良好的影响。

“和平会”胜利召开之后不久，“一·二八”上海淞沪抗战一打响，压抑在华侨心中的怒火喷发了。纽约唐人街华侨社会出现空前团结的局面，抗日救国的气氛日益高涨。华侨热血沸腾，奔走呼号，纷纷集会要求蒋介石抗日，痛斥亡国灭种的不抵抗论。

司徒美堂立即投入到抗日救亡的爱国运动中，联合各侨团组织了“纽约华侨抗日救国会”，发动募捐救国。

2月初，司徒美堂在安良堂主持了干事会，作出三项决议：①以致公堂名义发出支持坚守上海的军队；②迅速成立洪门筹饷机构，发动募捐；③组织青年航空救国。

随后，在中华公所的组织下，在司徒美堂亲手创办的华文学校召开了紧急动员大会。会上，侨校的教师宣读了《商报》登载的上海淞沪抗战的消息，整个会场顿时沸腾起来。接着司徒美堂从主席台上站了起来后，全场鸦雀无声，他慷慨激昂地说：

“侨胞们、洪门弟兄，我们等待多时的日子到来了，祖国有希望了！1月28日驻守在上海的蔡廷锴将军率领十九路军官兵跟多于我军四倍兵力的日军打开了，我们能袖手旁观吗?”

“不能!”会场内外像一阵闷雷似的轰鸣。议论纷纷，有的说：

“十九路军，都是广东人。敢打日本鬼子，好耶，要支持!”

有的骂道：“日本鬼子欺人太甚，我就是翻家底都要同他搏斗!”

口号声、呼喊声、咒骂声响成一团。会场秩序安定后，司徒美堂继续演讲：

“日寇如此欺侮中国，我们都是有血性的中国人，中国亡于日本，我们在海外也无法生存，每个侨胞都要忠诚救国，有钱的出钱，有力的出力，有人的出人……”

司徒美堂讲到这里，会场已无法安静了，有的当场举手捐款，有的报名参战。此种激动人心的场面，不差于当年辛亥革命时期侨胞支持孙中山先生“推翻清政，建立民国”时募捐筹款的热烈情景。眼看侨胞的爱国情绪已调动起来了，他再次高喊：“侨胞们，洪门弟兄，我们美洲洪门致公堂曾经以最大力量帮助过孙中山先生进行辛亥革命，推翻了清政府，建立了民国，作出了贡献。希望大家为抗日救国作出更大的贡献!”

他演讲完毕后，当场开始募捐。有的根据家产每月捐款，有的捐物，有的青年报名回国参战。

最后，司徒美堂宣布，散会后，各社团的负责人留下，研究募捐事宜。

动员大会召开之后，在纽约唐人街，几乎天天都有个人和团体发电报支持坚守上海的中国军队。各社团纷纷派专职人员办理捐款捐物的工作，致公堂组织侨校的学生到街头宣传抗日，进行募捐活动。

有一回，司徒美堂亲自带着致公堂的宣传队，在靠近大街的一座天主教堂门口宣传。观看演出的人群越来越多，有中国人，也有美国人，有些美国汽车司机把车停放在路旁观看。看完演出，大家争先恐后捐款。捐款的有中国人，也有美国人。有的捐赠金戒指，有的妇女随手取下金耳环，还有的掏出支票和美钞。一位白人牧师把挂在脖子上的金项链取下，虔诚地捧在手里，欲交给宣传队，司徒美堂发现牧师献金，急忙走过去向他行了一个鞠躬礼：

“谢谢您，牧师先生！”

那牧师在胸前比划三下，然后有礼地说：“上帝保佑你们祖国平安无事，过去你们华侨为我国修筑铁路、开采金矿、开垦农场流过血和汗，我们美国的繁荣有中国人的一份功劳。现在你们国家遭到战争，我很同情你们的不幸，请你收下吧！”

司徒美堂激动万分地握着他的手，恳切地说：

“非常感谢您，我们祖国人民感谢您，华侨感谢您！”他接过牧师先生的金项链，高兴地举在空中，告诉正在踊跃捐款的侨众：

“侨胞们、朋友们、女士先生们：这是牧师先生捐给我们的金项链，我代表洪门兄弟感谢美国朋友的真诚帮助……”

他的话还没有说完，突然传来“叭叭”两响枪声，募捐的人群骚动起来了。司徒美堂抬头远望，发现一群荷枪实弹的警察向他们冲过来。人们向四方躲散，司徒美堂指挥宣传队收拾好捐款捐物躲进教堂里。队长劝他一起到教堂避一避，他毫不恐惧，命令宣传队员：“快走，你们快进教堂，一切由我来对付！”队员遵令躲入教堂后，牧师再把教堂大门关上。募捐群众不欢而散。当警察向他走过去时，他心胸坦然，毫不畏惧。警察把他团团围住，警官一声命令：“带走！”

司徒美堂泰然自若，面不改色：“到哪里去？”

“到警察局！”

“去干什么？”

“扰乱秩序，破坏治安，快走！”

“我犯了什么法？”

“聚众闹事，违反政府法律！”

“我们宣传抗日，募捐救国，违反政府哪一条法律？”

警长无言以对，只好胡说一气：“要募捐回中国去，不准你们在美国宣传抗日。”

司徒美堂冷笑一声：“哈哈！难道你们同意日本侵略中国？”

警官凶神恶煞地大声命令警察：“把他带走！”

司徒美堂理直气壮地说：“慢着，请问华盛顿为什么会受到美国人民的尊敬呢？”

警官被司徒美堂的提问弄得莫名其妙，说不出道理，只是强词夺理训斥他：

"你、你、你，不准你诬蔑我们美国人的开国元勋。"警官狠狠地给他一耳光。司徒美堂为了祖国的光明前途，忍受眼前屈辱，克制着满腔的怒火。

"警官先生，我们华侨世居美国，跟你们一样尊敬华盛顿总统。因为他率领美国人民击败了英国侵略军，争得了民族独立与自由。今天我们华侨宣传抗日救国，也是为了中国的独立和自由，爱国怎能说是犯罪呢?"说完他从口袋里掏出一张名片交给警官："若州长罗斯福先生有命令，你们可以把我送进监狱。"

那位警官目瞪口呆地看着名片，手有些颤抖，神色显得紧张。他把罗斯福先生的名片还给司徒美堂后，转身走了。

他望着警官走远了，随即向教堂走去。此时天色已晚了，教堂里灯火通明，宣传队员正在为司徒美堂的安全担忧。当司徒美堂走到教堂门口时，看见教堂大门紧锁着，他急忙用拳头"嗵嗵嗵"敲打大门。不一会，大门开了，开门的正是那位募捐金项链的牧师，他看见司徒美堂回来非常高兴，在胸前点了三下说：

"上帝保佑你平安无事。"

司徒美堂着急地问："谢谢您，牧师先生，我们的人在吗?"

牧师："请你放心，上帝保佑他们。"牧师把他领到里面，队员们见到司徒美堂回来，都松了一口气，宣传队长关切地说：

"哎呀，五叔，大家担心你会被警察抓去挨打。"

司徒美堂笑眯眯地望着牧师，幽默地说：

"哈哈，有上帝保佑我，警察怎么敢打我呢?"队员们被逗得哄堂大笑，牧师也哈哈大笑。司徒美堂再次向牧师表示谢意，然后领着宣传队回侨校去了。

连日来，纽约唐人街募捐救国的热潮一天高过一天，各社团和堂口的侨胞奔走相告，他们把一批一批募捐的款项和物资陆陆续续通过中国银行汇回给"南京政府"，转给十九路军。有的把捐款直接汇给上海十九路军司令部。还有少数人请他们在广东的亲人把款送往上海，可是，蒋介石却把华侨的捐款扣下来，不给十九路军。后来，当侨胞发现"南京政府"没有把捐款送给十九路军时，大家很生气。于是改变方式，在银行汇款时写上"上海十九路军蔡廷锴将军收。"不管怎样，华侨还是源源不断捐款支援十九路军，表达了海外华侨跟保卫上海的将士们团结一致的抗战决心。

2月上旬的一天，司徒美堂正在侨校组织宣传队排练节目，突然，走进几个年轻的小伙子，领头那一位青年，手里捧着一份《商报》，走到司徒美堂面前喊了一声："五叔，我们要报名，回国参战，为黄毓铨烈士报仇!"说完，他把手里的《商报》打开，交给司徒美堂。司徒美堂接过报纸说："请坐!"他目不转睛地看着报纸头版头条消息："血洒长空，卫国牺牲。"

"美洲华侨爱国青年黄毓铨烈士，在'一·二八'保卫上海的空战中，英勇杀敌，壮烈牺牲，以身殉国，血洒长空……”

司徒美堂看完这篇报道后，激动地站起来同四位热血青年握手，然后逐个询问。领头的那个青年自我介绍：“我们都是华侨航空学校的学员，再过几个月就毕业了，请允许我们回国参战！”说着，从口袋里掏出决心书交给司徒美堂说：“这是我们四个人申请回国的参战书。”

司徒美堂接过他们的请战书，打量着这位青年，然后亲切地问道：

“你叫什么名字？”

“关飞。”

“啊，多大年纪？”

“二十一岁。”

“祖家哪里？”

“原籍广东开平赤坎五龙乡。”

“啊，是老乡，现在能飞吗？”

“能。理论课都学完，已开始两个月的飞行实习。”

“好。祖国需要你们，我们正准备组织华侨航空救国会，你们把姓名、地址留下，待后通知。”说完，司徒美堂从口袋里取出一个小本本，让他们登记。

这四位青年又激动又高兴，都把名字记在司徒美堂的本子上。他们登记完毕后，关飞把本子交还给司徒美堂。当他接过本子后，仔细审阅每一个人的名字：

关飞，21岁，祖籍广东开平赤坎，纽约华侨航空学校飞行班学员。

谭光仔，20岁，祖籍广东开平杜澄乡，纽约华侨航空学校机械班。

梅庆强，19岁，祖籍广东台山瑞芬，纽约华侨航空学校飞行班学员。

杨国才，21岁，祖籍广东台山，纽约华侨航空学校机械班。

司徒美堂看过他们的登记表后，发现他们的祖籍都是广东四邑地区，他高兴地说：

“你们都是四邑乡亲，现在国家有难，你们都愿意忠诚救国，为国家出力，够义气，你们的愿望很快会实现的。”

关飞代表几位青年向司徒美堂行了个军礼，表示感谢，然后一起离开侨校。

（三）

3月6日上午，纽约华侨抗日救国会在中华公所的支持下，召开了美东华侨航空救国大会。那一天举行了大规模的巡游活动，美国东部华侨航空界人士全部云集纽约。有的驾机赶来，有的乘车来到。这是一次美东华侨的航空盛会。这一天，前来参加的有波特伦、凤凰城、芝加哥、纽约、匹兹堡、波士顿的华侨航空救国义勇团。

开会之前，由纽约华侨航空学校驾机表演一番。纽约市的华侨纷纷赶来华侨学校的广场。会场内外人山人海，水泄不通。

表演开始，侨校上空出现几架飞机。有时低飞，有时直插云霄。会场的侨众一片欢腾雀跃，欢欣鼓舞。一阵表演过后，侨校宣传队演出《万宝山惨案》话剧。侨众看完演出，群情愤怒，个个义愤填膺，磨拳擦掌。顿时会场变成愤怒的海洋，咆哮如雷。“打倒日寇”、“保卫中华”的口号声此起彼伏。

在舞台上，挂着“美洲华侨航空救国大会”横幅，引人注目。演出过后，邀请了参加大会的黄兴夫人徐宗汉女士演说，她站在麦克风前激动地说：

“侨胞们，今天是你们美洲华侨航空救国誓师大会，我能出席这个庄严的庆祝大会，深感无上光荣！美洲华侨历来爱国，过去，你们以航空救国支持孙中山先生领导的辛亥革命，现在，我们祖国遭受日寇侵略，国势危难的时候，你们又组织航空救国，支援祖国抗战，祖国人民永远感谢你们。从 1928 年‘山东济南惨案’以来，直到‘九一八’事变和今年的‘一·二八’上海淞沪抗战，美洲侨胞慷慨捐资，筹款救国。你们应自行做点实际事情更有意义……”她演讲结束后，会场爆发出雷鸣般的掌声，经久不息，惊天动地，响彻天空。

接着各界代表纷纷表示要迅速行动起来，捐款购机，航空学校的学员代表向大会表示要驾机回国参战。

大会即将结束，主持大会的中华公所主席雷芳宣布几项决定：

（1）正式成立华侨航空救国会；

（2）建立旅美中华航空学校；

（3）组织美洲华侨航空救国义勇团。

宣布完毕后，司徒美堂接着站起来讲话：

“侨胞们，我代表纽约致公堂洪门兄弟坚决拥护大会的决议，洪门兄弟要秉承孙中山先生航空救国的遗训，组织华侨航空救国会，支持祖国抗战，我们作出三项决议：

（1）会后立即组织华侨救国义勇团，回国参战；

（2）致公堂洪门人士捐机两架；

（3）继续募捐，筹办航空学校。

司徒美堂的讲话简短有力，会场内外掌声雷动。

大会连续开了四个小时，下午三点时分，主席宣布大会结束，侨胞们在雷鸣般的掌声中离开会场，开始巡行活动，队伍像一股洪流拥向街头。

……

美东航空救国大会胜利开过后，影响极大，全美华侨进一步行动起来，掀起

更大的航空救国运动。各地相继成立华侨航空救国会，捐献飞机，输送空军人才回国。他们分别在广州空军华侨班和杭州中央军校特别班受训，然后编入航空部队。

4 月初，经过一个月的筹备，纽约华侨航空救国会已组织起来了。会址就设在侨校，并编为美国华侨航空救国义勇团第四团。航空救国义勇团的筹备工作已就绪，租借美国机场，聘请美国飞行教员培训，每天到机场训练，随时准备回国参战……

第八章　劳军上海滩

（一）

1932 年春天，淞沪抗战停火后，消息传到海外，司徒美堂决定亲自回国一趟。一则，把侨胞的捐款和物资带回上海慰问十九路军；二则，进一步了解上海抗战的事态发展。

4 月中旬，司徒美堂领着慰问团几位代表，携带着侨胞捐赠的慰劳物资，乘船回到上海。回国前夕，他们先给十九路军蔡廷锴将军电汇一笔劳军款，并电告他们回沪慰问的消息。

当司徒美堂乘坐远洋客轮驶入黄浦江时，站在甲板上，远远望见飘着太阳旗的日本军舰停泊在长江口时，他的心情是何等的难受啊！偌大的中国，竟然被小日本用武力侵占，作为一个堂堂的中国侨民，深感屈辱。客轮进入黄浦江时，同时也看见美国、英国、法国等国家的军舰停泊在江上。客轮越靠近码头，他的心情越沉重。他凝神瞭望着经受战斗洗礼的大上海，仿佛见到自己的母亲，遭受强盗蹂躏过后，形容憔悴，双目无神。客轮已徐徐靠岸，碰到码头的栈桥。客轮摇了一下，使他在沉思中惊醒过来。当他转身准备回舱取行李时，几位随从人员已提着行李在门口等候着他一起下船。

当他们经海关检查办好手续，已经快七点钟了，昏暗的街灯给人一种凄怆悲凉的感觉。他们上岸后，在外滩叫了一辆的士直奔四川路横滨桥，找到司徒美堂的一位老乡。他们都是第一次到上海，人地生疏，这位老乡给他们安排在广东人开的一家“南粤旅店”下榻。店主见到久闻大名的司徒美堂十分尊敬，格外亲热。他们在与店主人交谈中了解到淞沪抗战以来一鳞半爪的情况。因为十九路军官兵大都是广东籍的，蔡廷锴将军又是广东人，“一·二八”以来，不少海外侨胞通过广东老乡把捐款转给十九路军。广东人在上海做生意的大多聚居在四川路横滨桥一带，这里也成了十九路军战士与广东乡亲联系的交通站。因此，每当假日，十九路军的一些官兵常来老乡家里闲聊做客，探听乡情。司徒美堂从中知道十九路军的一些情况和总部所在。

翌日，司徒美堂派人与十九路军取得联系后，蔡廷锴将军当即派车接他们到军部。汽车在公路上急驰，司徒美堂望着公路两旁的田野、工厂、村庄被战争破坏得不成样子，处处是残墙颓壁、弹痕累累。此时此刻，他的心情是多么的沉重啊！

他们来到真茹的范庄军部，蔡廷锴将军已在会客室等候多时了。当司徒美堂领着洪门代表走进会客室时，蔡廷锴将军激动万分地握着他的手说：

“欢迎你们，司徒美堂先生，感谢你们海外华侨给我军的支援！”

司徒美堂紧握着蔡廷锴将军的手，热泪盈眶地说：

“蔡将军，我们美洲华侨应该感谢你们，向日寇打响抗战的第一枪，为海外华侨争光。我们海外华侨早就盼望这一天早日到来。在一年多以前，我们海外侨胞早已做好募捐筹款的工作，每个华侨都从自己的家底中抽出一半，准备支援祖国抗战。可是，无从投寄，听不到抗日的枪声，我们只好将募款退给大家。”

蔡廷锴将军激动地说：“请坐，我们坐下谈，司徒先生，太感谢你们了。在打仗的日子里，你们捐款捐物支援我军，现在还漂洋过海慰问我们，你们太辛苦了！”

司徒美堂：“不，你们才辛苦，流血流汗，不怕牺牲，为中华民族争光，为国雪耻！”

蔡廷锴将军：“保卫我们神圣的国土，这是每个中国人应尽的天职。”

司徒美堂：“对，可是去年‘九一八’日本攻打东三省，张学良将军为什么不敢抵抗，反而后撤？”

“司徒先生，这个问题很复杂，不是张学良不抵抗，是南京政府不让。”

“啊，原来是这样呀，我们海外华侨错怪了他，骂他投降派！”

“不，你们不应该怪罪张学良将军，那是南京政府不让抵抗。”

司徒美堂有些疑惑不解，又问他：

“既然南京政府不让他抵抗，‘一·二八’抗战，南京政府同意吗？”

“啊，这个问题更加复杂，那是逼出来的，‘一·二八’这场抗战，我是违反军令，豁出来的。抗战打响以后，得到全国人民和海外华侨的支援，我们才有今天。可是，政府不派援军，正常供给减少百分之二十，要不是全国人民和海外侨胞的支持，我们也许没有今天的见面机会！”

司徒美堂肃然起敬，从座位上站起来，竖起拇指：

"蔡将军，你够义气，忠诚救国，我们洪门兄弟也是一样，从报纸上知道将军率领十九路军打响'一·二八'淞沪抗战，致公堂连夜发动全美的洪门兄弟和侨胞募捐，大家表示只要国家抗战，要多少钱，我们都愿意捐出。有的表示说，甚至可以抽家底。请问你们十九路军收到我们多少汇款？"

蔡廷锴冷静地沉思一会儿后，伸出右手五个指头说："据我所知，足有五十万美元。"

司徒美堂刚刚坐下，又从座位上蹦起来，恼怒地说："蔡将军，你收到的只不过是二十分之一呀！开始的时候，我们把华侨的捐款汇给南京政府转给十九路军的，都没有收到吗？"

蔡廷锴将军摆摆头说："没有，这五十万美元是你们汇给我亲收的，以前从没见南京政府转来你们的汇款。"

司徒美堂听到后，几乎肺都气炸了，浑身发抖似的，"叭"的一声坐在椅子上，有气无力地说："哎呀呀，蔡将军，五十万，仅仅是二十分之一，连零头都不够啊！南京政府把我们华侨这笔捐款用到哪里去了呢？太辜负我们华侨的心了！"说到这里稍停片刻，接着又说：

"我们启程之前，电汇五万美金收到了吗？"

"如数收到，谢谢侨胞们的关照，遵嘱发给全军将士，每人一份，我代表全军官兵表示感谢！"他从座位上站起来，行了个军礼，然后同司徒美堂的随同人员再次一一握手。

坐定后，司徒美堂从口袋里取出提货单，继续说："我们还带回一批慰问品，请你们派车到海关把货取回来。"说完吩咐随行人员把提货单交给蔡廷锴将军。

蔡廷锴接过提货单，托在手里凝思遐想，仿佛双手捧着十万美洲侨胞爱国爱乡的赤诚之心，它寄托着海外侨胞支援祖国抗战救国的决心，司徒先生带来了洪门兄弟的深情厚谊和殷切期望。

蔡廷锴激动地说："淞沪抗战，海外侨胞给了我们极大的支援，每次收到你们的捐款和物资，我们都告诉战士们，他们听到后更加英勇杀敌，斗志倍增。你们不仅捐钱捐物，特别重要的是你们捐送的飞机和回国参战的飞行员，起着很关键的作用。战斗开始时，敌人用四倍的兵力向我阵地逼进。几乎每次出动二三十架飞机轰炸我军阵地，我军伤亡惨重。后来得到你们华侨航空救国团和美国航空的支援，狠狠打击了日寇的气焰。在空战中，华侨飞行员表现最英勇，有的华侨飞行员在空战中壮烈牺牲。"他讲到这里，再也抑制不住，眼眶湿润了，从口袋掏出小手绢擦拭眼泪。

司徒美堂："蔡将军，我们海外华侨已作了长期支援的打算，淞沪抗战之始，我们除了捐机和选送飞行员回国之外，还成立了华侨航空救国会，组织华侨航空救国义勇团，并建立了中华航空学校，随时准备派员送机回国参战。”

蔡廷锴：“要是没有你们华侨航空的支援，很难预料这场战争的结局……”话还没有说完，他的秘书进来通知他召开部务会议。当他接过通知看完后，交还给秘书。

“司徒先生，你们来得正好，刚才送来的通知，过几天召开各部阵亡将士的追悼会，到时请你们一起参加。这两天你们先休息，明天我派车送你们到战场看一看。”说完就领他们到接待处休息。

（二）

5 月 16 日，十九路军军部召开“一·二八”淞沪抗战阵亡将士追悼大会，会场上人山人海，参加追悼大会的有三万多人。会场庄严肃穆，参会人员无不沉痛悼念。司徒美堂代表美洲华侨赠送花圈。追悼会开始，气氛十分悲壮。廖夫人何香凝女士演讲时，放声大哭，全场极其悲痛，蔡廷锴将军泪流满面。司徒美堂和随行人员亦痛哭流涕。

会后，何香凝女士会见司徒美堂。

追悼会过后，司徒美堂准备回粤省亲，临行前与蔡廷锴告别，悉知蔡廷锴要调闽剿共，闷闷不乐。司徒美堂甚为惊愕地问他：“蔡将军，日寇未赶出国门，为何调转枪口打自己人？”

蔡廷锴摇着头说：

“前途未卜，见机行事。”

司徒美堂带着疑团离沪，临别赠言：“蔡将军，日后如有难处，请到美国来，海外侨胞欢迎你！”

蔡廷锴：“谢谢您，后会有期！”两人分手，各奔前程。

……

上海各界追悼淞沪抗战阵亡将士大会刚过不久，蔡廷锴将军接到南京政府命令，调防福建。他到福建后，违背南京政府剿共的旨意，高举抗日大旗，建立抗日政权，组织人民革命民主政府，推李济深为主席，蔡廷锴任革命军总司令。福建人民革命政府号召全国反蒋、反南京政府。后来南京政府为消灭抗日革命民主政权，派遣空军不断轰炸福建，威逼新生的福建革命政权。蔡廷锴目睹大势已去，决定解甲出洋，流亡海外，带着军长谭启秀、闽警备司令丘兆琛等人去港。

离闽之前，他们怀着沉痛的心情在厦门逗留了几天，住在要塞司令部。一天下午，他特地登鼓浪屿，瞻仰当年郑成功操练水师的瞭望台，缅怀先贤，悼念英雄郑成功。当他登上日光岩，站在至高处，极目眺望辽阔的海天，滔滔的海浪冲击着岩石，随后慢慢退回。此时此刻，他那壮志未酬的心情就像汹涌澎湃的海涛碰击岩石后，激起飞溅的浪花，发出愤怒的咆哮。天色慢慢黑下来了，他望着大海，对中国的前途无限担忧，他心里暗想：郑成功要是还活着，一定奋起抗敌，可他一去不复返了……

他深深地吸了一口海风，叹息道："呜呼！郑公何日归?"蔡廷锴将军站在当年郑成功训练水师的瞭望台，望着辽阔的海疆，思念前贤，仰慕先烈，痛恨当局丧师失地，敌寇压境，不容抵抗。如今壮志未酬，报国无门，只好弃甲丢兵，流亡海外，周游列国，期待有朝一日，东山再起，重披盔甲，挥戈上阵，卫国尽忠，把日寇赶出国门。此时，他情绪压抑，忧肠满怀。摇头迈步，拾级下山，走到半山一块大岩石面前止步，情绪激昂地拾起一个小石块，在岩石上题写了一首诗：

心存双手补天工，
八闽兵屯今古同。
当年故垒依然在，
日光岩下忆英雄。

此岩为郑成功将军屯兵举义之地，每一登临辄思前贤，受题数言，以志不朽。

蔡廷锴题

二十二年

写完后，蔡廷锴将军朗读一遍，然后，疾步下山，直回寓所。

第二天，他们一行乘船回港后返粤，蔡廷锴回到广州受到各届欢迎，休整一段时间，安排好一切事宜，然后赴港，出访欧美。

（三）

1937年"七七"事变后，全面抗战爆发了。华北危急，国家处在危难之中。全国人民在中国共产党的领导下，处处点起抗日救亡的烽火。东南亚各地的爱国侨胞在陈嘉庚先生的领导下，掀起了抗日救国的爱国运动，有钱出钱，有力出力。除了疏财助战、募捐救国之外，一批批爱国华侨青年组成各种回国抗日服务团、战地服务队等等。美洲爱国侨胞也不例外，掀起募捐高潮，有飞机捐、自由捐、洗衣捐、餐馆捐、杂捐、散捐和公债券等等。纽约成立了"抗日筹饷总局"。司徒美堂为了集中全力发动侨胞，坚持长期抗战的募捐活动，他辞去其他职务，专职负责在纽约抗日筹饷总局的工作，与以香港宋庆龄为首的“保卫中国大同盟”取得联系，把美洲侨胞的捐款源源不断地送给坚持抗战的八路军、新四军和各地抗日游击队。他在筹饷总局工作期间，连续四年，每天早出晚归，东奔西走，串联发动，除了在纽约筹饷外，还领导全美各分局的筹饷工作。

“七七”卢沟桥炮声震撼着祖国大地，震动了全美华侨。当天晚上，侨领们立即行动起来，联合召开了特别会议，出席的有“美洲华侨反帝大同盟”、“华侨洗衣馆联合会”、“华侨失业会”、“华侨妇女爱国会”、“纽约留学生联合会”、“致公堂”和“中华公所”等华侨社团负责人。会议决定立即停止任何派系冲突，建立抗日救亡的华侨统一组织——“纽约华侨筹饷总委员会”。会上，选出了19个执行委员。司徒美堂出席大会，并被选为常委。从此，司徒美堂集中全部精力投入抗日救亡的工作。他深知这次抗战是长期的，募捐救国也是长期的。于是，他放下其他工作，专门负责纽约筹饷工作，他常常每天工作十三四个小时。

战争的风云密布中华大地，沉沉压着侨居海外的每一个炎黄子孙的胸口。侨胞们的命运跟祖国前途息息相关，压在他们心头多年的怒火像强劲的岩液喷发出光焰无际的火花，颤动着美洲大地，点燃轩辕后裔的心。

初秋的一天，“纽约救总”联合各侨团发动一次抗日示威大游行。队伍有来自各行各业的华侨1.5万人，司徒美堂走在游行队伍的前头，高喊：

“打倒日本军阀！”

“抗议日军侵略中国！”

“团结一心，共同抗日！”

呼喊声惊天动地，吸引着成千上万的观众。天空出现十多架由华侨航空学校学员驾驶的飞机作凌空示威，散发传单。示威游行场面激动人心，气氛紧张，严肃热烈。

游行队伍中，有几百名妇女手持各式各样的小纸旗，拉着横条幅：“抵制日货”、“宁愿穿纱袜不穿长丝袜”。

游行的队伍越来越多，许多美国朋友也跟着示威，特别是美国妇女也跟着游行队伍一起，振臂高呼。

随后，全美各地侨胞纷纷举行抗日游行活动，各侨团不断深入发动，扩大宣传，抗日救国的热潮一浪高过一浪。

游行过后的第二天，司徒美堂在救国总会主持了募捐大会，侨胞争相捐献，有的捐款，有的捐救护车，有的捐药物，有的捐寒衣，有的捐献飞机，场面非常动人。

一位中年妇女走到司徒美堂面前，把随身携带的首饰一件件取下，金耳环、金项链、玉石手镯，托在手上，说："这是我结婚的时候丈夫送给我的纪念品，请收下吧！"

"大姐，你的结婚纪念品还是留着作纪念吧！"司徒美堂劝她说。

"不要了，只要能把日寇赶出中国，我不仅要献出结婚纪念品，我还准备把家产都献出来。如果中国灭亡了，我留着这些东西也没有意思，你就收下吧！"说完，她把金银首饰交给司徒美堂后，转身走了，司徒美堂望着这位爱国妇女，内心产生了一股无限钦佩之情。

这次大会结束后，司徒美堂把大家的捐款全部买了救护车，共一百辆，编上号码，粤侨一号、二号、三号……然后，交给国民政府驻纽约的领事馆。这一义举很快传开了，成为轰动一时的新闻。各地侨团互不示弱，争相捐献。

纽约华侨一次捐车百辆的消息，鼓舞了全美侨胞，推动着募捐运动向前发展。司徒美堂并不满足这次募捐大会的成绩，他立即通电号召全美各地的洪门兄弟作出更大的贡献。他还亲自到各大城市进一步发动，全美抗日救国的爱国热潮如火如荼地开展起来了。

1938 年 7 月中旬，日寇大批飞机轰炸广州的消息传到美国，更加激起美洲侨胞的愤恨。美洲华侨大多数都是广东人，他们听到家乡亲人遭受日寇无辜的屠杀，更是群情激愤，怒火万丈。"全美援华委员会"在全美各地 40 座城市同时发起一次抗议示威游行。

7 月 17 日那天，司徒美堂联合各侨团再次发动示威游行，领着示威的侨众在日本驻纽约领事馆前举行抗议活动。他领着大家振臂高呼：

"抗议日本屠杀无辜的中国人！"

"撤去中国境内之日本杀人狂！"

"抗议日本侵略中国！"

"日本侵略中国没有好下场！"

司徒美堂还领着大家选出的华侨代表，把抗议书亲自交给日本领事馆官员。参加这次示威活动的还有支持华侨爱国斗争的美国、朝鲜和日本友人。参加游行示威的群众，一律穿着黑色的衣服。队伍中间，有几十位侨胞共同抬着一具黑色的棺材，放在日本领事馆门前停下。齐声呼喊：

"不准日本杀我同胞！"

"血债要用血来还！"

游行的队伍，唤起了社会各界的同情和支持，揭露了日本侵略的暴行。

抗日斗争更加激发了侨胞的爱国热情，侨胞纷纷要求捐献飞机，回国参战，保卫家乡，保卫广州。纽约唐人街再次掀起了航空救国的热潮。

连日来，纽约华侨航空学校的学员，纷纷向航空救国会写请战书，要求回国

参战。一天，司徒美堂跟纽约救亡团体的负责人在侨校召开航空救国紧急动员会。在会上，司徒美堂含着眼泪，心情十分沉痛地说：

“诸位代表、乡亲们，日军已占领广州，日寇的铁蹄已踏进我们的家乡，我们亲人惨遭杀害。隔海观火，我心急如焚，眼看不用多久，我们四邑就会遭到敌人的烧、杀、抢。我们的亲人、我们的家乡、房屋、土地，将会怎样？惨啊！……”他哽咽了，眼泪再也止不住了，到会的代表也压抑不住内心的痛苦，你一言，我一语，争先发言。

“快点派人回去，同日本仔搏命!”

“要多捐几架飞机，同他拼一拼!”

“就是抽家底，我们也要买飞机跟鬼子搏!”

会上，群情激愤。大家一致作出决定，立即行动，除继续募捐外，用所有的捐款购买十架飞机。

华侨洗衣馆联合会代表说：“近日航校的学员积极报名，要求回国参战，我们要快点买飞机，派学员回国。”

深秋的一天，众侨胞们在纽约布鲁克林机场，欢送华侨航空义勇团回国。天高云淡，碧空万里。机场上，停放着十架银白色的飞机，每架飞机编写着：“纽约粤侨一号、二号……”欢送的人群汇成海洋，拥护在跑道的两旁，20 名回国的飞行员和机械师站在跑道上，接受侨胞们的临行嘱咐。

司徒美堂和各侨团负责人站在他们面前，握手告别。司徒美堂发表了简短的临行赠言：

“青年朋友们，祖国在召唤你们，乡亲在期待你们，侨胞在支持你们，你们为了救国救乡，拯救中华民族危亡，要与日寇决一死战，要血战到底！你们为国效力的时候来到了，我们等待着你们胜利的消息……”

在热烈雷动的掌声中，飞行员和机械师登上飞机。接着，隆隆的机声，震天动地，拨动着人们的心弦。侨胞们望着出征的“粤侨一号”、“二号”、“三号”……接二连三相继飞向蔚蓝色的天际，朝着灾难深重的故乡飞去，直到飞机消失在云海之中，侨胞们才渐渐离开机场。

在纽约华侨的影响下，全美航空救国的热潮掀起来了，一批批华侨飞行员和航空技术人才相继回国。据不完全统计，在世界各国华侨献机救国运动中，仅美国华侨献机就有 50 架，输送回国参军参战的粤侨青年近千人，其中包括飞行员、航空机械师和医疗救护人员等。

第九章　卫侍将军行

（一）

1934年春，司徒美堂接到香港陈铭枢先生的急电：“蔡欲来美，能否发动侨团保护，免被敌人暗害！”他立即复电：“热烈欢迎蔡将军来美，保证他的安全，他为中华民族争光，他为美洲华侨大添光彩，请放心！一切无误！”

蔡廷锴到美国访察的消息传出后，海外华侨沸腾起来，侨胞们纷纷串联发动，为迎接中华民族抗日将领的到来做充分的准备。

秋天，蔡廷锴将军结束欧洲访问。一天夜里，从英国伦敦乘坐奥林匹克号向大西洋方向驶去，在通往美国纽约的航线破浪前进……

纽约是美国最大最繁荣的城市，也是世界著名的大城市之一，居住着数万华侨，大多数聚居在唐人街。唐人街虽然没有高耸入云的摩天大楼，却保留着中华民族的传统建筑艺术特色，它与纽约其他地方相比迥然不同，别具一格。街道两旁的建筑物，几乎都是古老的中国飞檐斗拱式骑楼。红墙绿瓦，在阳光下闪闪发光。古朴的阳台伸出顶楼，楼下大门两旁悬挂中文对联，如“出入平安”、“万事如意”、“生意兴隆”、“财源广进”等吉祥佳语，有的家门前蹲着两只造型别致生动的石狮子。进入唐人街俨然置身在中国古老的城镇里。

连日来，唐人街非常热闹，为了迎接抗日英雄的到来，已沉浸在节日的气氛中。大街小巷打扫得干干净净，家家户户彩旗飞舞，张灯结彩，比一年一度的春节还热闹红火。特别是中华公所和安良堂等堂口会馆，粉刷一新，引人注目。侨胞们每家每户都准备好爆竹、彩旗和礼物。自“一·二八”上海淞沪抗战发生后，蔡廷锴将军的名字和十九路军抗日的英雄事迹，在海外华侨社会中家喻户晓。蔡将军的名字是中华民族的骄傲，到处传颂着这位抗日英雄的名字。这一回，海外侨胞能有机会亲自与这位英雄见面，大家感到十分荣幸。广大华侨的心情像大西洋的浪涛一样，奔腾澎湃。司徒美堂更不例外，他不仅高兴，更忙碌，为这位抗日民族英雄的安全奔忙、操心。他亲自向各大城市安良堂布置保安任务。

1934年8月28日，纽约唐人街的侨胞为了迎接祖国的亲人，最敬佩的抗日民族英雄蔡廷锴将军的到来，唐人街关门闭户，所有店铺停止营业，除了留下老弱病残和小孩以及照看门户的人之外，侨胞全体出动，带着鲜花和彩旗到码头去迎接。码头挤得水泄不通，欢迎的汽车有300多辆，飞机3架，摩托车无数。舞狮队、中西乐队、化妆的学生队、高跷队等等。欢迎的场面是有史以来迎接中国官员中最热烈的一次。前往码头迎接的侨胞3 000多人，美国官员、警察、群众以及西方各国的报界人士和凑热闹的共有4 000多人。码头上金狮狂舞，军乐队演奏雄壮的乐曲，三架飞机在空中飞翔，散发欢迎的传单。码头上，欢迎的场面如此热烈，在美国是罕见的。侨胞们已在码头等候了两个多小时，六点时分，“嘟——”远处海面传来两响震撼山岳的汽笛声，码头上的人们纷纷涌向海堤，顿时一阵混乱。当远洋客轮越来越靠近海岸时，英轮“奥林匹克号”出现在侨胞们的眼前，慢慢驶向码头。岸上鼓乐齐鸣，金狮狂舞，军乐奏起雄壮激昂的《义勇军进行曲》，响彻云天，震动着美国的最大城市。鞭炮声响成一团，万吨客轮徐徐靠岸了，中华会所主席雷芳、致公堂总理司徒美堂以及各社团的代表100多人相继上船迎接。蔡廷锴将军和谭启秀、丘兆琛、秘书麦英俊一行四人，见此场面非常激动，他们互相寒暄几句后，簇拥登岸。司徒美堂在前头引路，雷芳陪同蔡廷锴将军前行。当蔡廷锴将军出现在侨胞们的面前时，侨胞们争先恐后向他献鲜花、花环，蔡将军应接不暇，他不停地挥动着侨胞送给他的鲜花向大家频频点头，表示谢意。接着由雷芳和司徒美堂陪同乘坐欢迎的花车，前头由警察摩托车开路，欢迎的汽车依次随行，风驰电掣，直向华埠驶去。金狮队、武术队、高跷队、学生队和步行的侨胞，挥舞鲜花、彩旗，在大街上游行。看热闹的白人、黑人、印第安人，在街道两旁挤得密密麻麻。在西方城市，他们有机会欣赏到东方人的传统文化艺术，感到无限喜悦。

街上的灯光全亮，商店的霓虹灯忽明忽暗，红绿更换，纽约的夜色多姿多彩。蔡廷锴将军驱车在街上慢速前行，不停地向欢迎的侨胞挥手致意。他非常激动，脑际闪现出淞沪战斗的场面：他骑着战马，手持双枪驰奔在上海黄浦江岸淞沪战场上，率领官兵与日寇决一死战。他那为国尽忠，驱逐日寇于国门之外的愿望未遂，却被南京政府调离抗敌的战场，被迫到福建，受到排挤、打击、迫害，报国无门。但是，在全国人民的心目中，他却是真正的英雄，打响了抗日救国的第一枪。他来到欧美各国考察，受到海外侨胞热烈的欢迎。眼前此种场面给了他极大的鼓舞，感触良多。自己为祖国抗日大业作了一点贡献，海外侨胞给予偌大的荣誉，侨胞爱国爱乡的感情激励着他。想着，想着，已来到中华公所。门楼上，彩旗招展，中美国旗迎风飘舞，整个公所布置得花枝招展，节日的气氛浓烈。当欢迎的花车在具有民族特色、雄伟壮观的中华公所门前停下，门口已站着各社团、堂口的代表和侨界领袖，列队迎接。蔡将军走出车门，同他们一一握手，雷芳、司徒美堂等侨领跟着进入公所礼堂。会场上，各界代表几百人，座无虚席。当蔡将军进入会场，全体起立，掌声如雷，“向蔡将军致敬！”“蔡将军万岁!”随着此起彼落的口号声，雷芳、司徒美堂领着蔡廷锴将军频频点头致意。台上台下坐得满满的，人们坐定后，雷芳主席开始讲话：

“侨胞们：

我们日夜盼望谒见的英雄蔡将军终于来到了。为表示对蔡将军的欢迎，我们再次以热烈的掌声请蔡将军讲几句话，大家鼓掌……”

一阵雷鸣般的掌声响彻礼堂内外。蔡廷锴将军站起来，行了个严肃的军礼。

“敬爱的侨胞们、女士们、先生们：

这次从伦敦乘船来纽约，因途中雾大阻碍航行，客轮迟到误点，致使侨胞们久候，殊觉抱歉，请谅！我此次出洋考察，以增长见识，拜会侨胞，承蒙诸位热情相迎，无限感激，时间不早，改日奉告祖国抗日之形势……”

蔡将军讲完，随行的谭启秀军长、丘兆琛司令和麦英俊秘书也讲了话。十一点散会，由警探护送他们到旅店休息。司徒美堂亲自布置好保安工作，跟他们一起下榻。

翌日早晨，在窝道夫旅店召开了记者招待会，参加的有纽约《华侨日报》、《纽约商报》以及西方各报记者十多人，美国官员、军人等，还有司徒美堂和几名便衣警探若干人，共有二三十人。记者们不断抢拍镜头，闪光灯一个接着一个在闪动，弄得蔡廷锴将军眼花缭乱。

《纽约商报》记者问：“蔡将军，请问南京政府采用不抵抗政策，而你们十九路军为什么会打响‘一·二八’抗战的枪声？”

蔡廷锴将军冷静地说：“我于五、六月在日内瓦时，曾读贵报，宣传抗日真理，深感精彩。我们一贯主张也是‘抗日救国’，既然当局降日卖国，不得不根据我的一贯主张，起而反对。”

《纽约华侨日报》记者问：“蔡将军，你对华侨捐款支持十九路军的抗战有何感想?”

蔡廷锴将军严肃地说：“我们十九路军只是尽了军人的一点抗敌的义务，保卫国土，抗击日寇。但是，受到全国人民和海外侨胞的热情支持，这充分说明海外侨胞爱国爱乡，关心祖国，在国家不幸时共赴国难。有海外侨胞做后盾，全国人民的支持，世界正义人们的声援，只要我们团结一心，中国将立于不败之地，中国人民永远不会被任何侵略者所征服。”

西方一记者：“你在福建成立的抗日革命政府失败了，回国后有何打算?”

蔡廷锴将军坚定不移地说：“人民革命运动虽然暂时失败，但我并不感到失望，中国是有四万万同胞之国家，抗日救国是四万万同胞的一致要求。如果奋起反击，抗日而亡，诚心甘情愿，绝不允许少数人操纵国运，断送国土，无论何时，对抗日抗战，本人当携枪冲锋，致死而不顾。”

一位穿着现役军装的美国军官激动地站起来说："蔡将军，你既是中华民族的英雄，又是军人的典范，本人表示十分钦佩。倘若你回国再与日本打仗，我愿将直辖海陆军全部交给你指挥作战！"

蔡廷锴将军从座位上彬彬有礼地站起来，行了个军礼，诚恳地致谢说：

"在淞沪之战中，十九路军不仅得到美洲侨胞的捐助，同时，还有美国朋友的捐助。美国志愿航空师肖德（Short）烈士，他独身驾机支援我们抗战，他为了支援十九路军抗战，在淞沪抗战中与日寇作战，在一次空战中牺牲了。感谢美国朋友的真诚相助。在淞沪空战中为国捐躯的还有不少华侨飞行员，他们在祖国危难的时刻挺身而出，不愧是炎黄子孙。"

一位美洲日报记者："蔡将军，淞沪之战是正义的，中国抗战前途如何？"

蔡廷锴将军说："一个外国军队跑到别人的国土挑衅，军舰停在人家的港口，甚至肆无忌惮地命令别人撤军，这是侵略。淞沪之战是反侵略的正义战争，因此，十九路军得到全国人民、海外侨胞、世界人民的支持，特别是美国朋友的支援，这就充分说明淞沪之战是正义之战，有世界人民道义的支持，经过中国人民的艰苦奋战，我相信，最后的胜利一定是属于中国人民的！"

纽约市长发言："这次蔡将军的莅临，给我们增添了光荣，欢迎将军阁下到市府做客。"

记者招待会在欢悦的气氛中结束，下午，全埠华侨举行大巡游，游行队伍由警察摩托车两架为前导，从中华公所门前出发，所经各处，不仅侨胞欢迎，美国和西方其他国家的人士同样热烈鼓掌燃爆竹欢迎。电影公司、照相馆和西方各报记者，争相拍照。游行队伍到了勿街安良堂前，气氛更加热烈，金狮狂舞，鼓乐齐鸣，中西音乐一起演奏，爆竹声、锣鼓声响彻云霄，欢迎盛况空前。游行的队伍使纽约沸腾起来，美国人，不论犹太人、白人、黑人、男女老少纷纷来看热闹，分享华侨的欢乐节日。

侨胞们喧闹欢乐的一天结束了，游行的队伍各自解散了。入夜，举行盛大的宴会，在架大旅社，参加的有六七百人，餐厅灯火通明。宴会的规模也是少有的庞大。宴会开始，首先由中华会馆主席雷芳致欢迎词。然后，请蔡廷锴将军介绍淞沪抗战的经过。

蔡廷锴将军站在麦克风面前，向参加宴会的代表行了个军礼，开始演讲。

"各位侨胞，洪门兄弟：

你们好！

兄弟此次来纽约，蒙各侨胞设宴欢迎，愧不敢当。本来，抗日未竟，无言可说，但为感谢各位盛意起见，又不能不对各位作简单的汇报。

……我此世誓与日寇不两立，与国贼不共存，决心坚持一贯之主张，继续抗

战救国，矢志不渝，唯希望我亲爱的全体侨胞鉴原，一致摒弃成见，促进大规模之抗日救国联合运动，共同奋斗到底。”

蔡廷锴将军演讲完，雷鸣般的掌声经久不息。雷芳代表侨胞送给他金牌，上面刻着“抗日英雄，名扬四海”。接着由美国海军少将斯特灵、众议员诺威治、著名作家苏考斯基等人演讲。纽约市后备军官委员会还聘请他为名誉会员，赠给他徽章和证书。

夜深了，宴会在热烈的气氛中结束。司徒美堂同蔡廷锴将军等人回旅馆休息。

蔡廷锴将军在纽约逗留半个月时间，侨胞和美国朋友把他当作上宾招待，每天除了参观访问外，商会、社团轮流设宴招待。美国政界、军界、报界的朋友都纷纷邀请他作客。陆军大学校长康那将军请他去作客，陪他参观各种兵器和炮台、检阅部队、观看表演等，还陪他参观了陆军基地、纽约警察厅和罗斯福飞机场等地。

蔡廷锴将军在纽约访问期间，受到司徒美堂的保护，平安无事。

（二）

9月14日上午10时，在司徒美堂等保卫队的陪同下，蔡廷锴将军一行四人来到有“古景都会”之称的波士顿，它位于纽约东北，海滨城市建设别具一格。这里居住着3 000多华侨，当年，孙中山先生领导革命，在波士顿开展革命宣传时，司徒美堂发动侨胞们给他极大的支持，为辛亥革命作出了很大贡献。但是，波士顿华侨社会比较复杂，过去保皇派有一定的势力，在各社团、堂口活动，影响华侨的团结。这次蔡廷锴将军访问消息传开后，引起社会各阶层的重视，受到海外华侨和美国朋友热烈欢迎。在此同时，国内南京政府亲日派汪精卫派张发奎到美国“跟踪”他，蒋介石指使在美国的国民党特务暗杀他。司徒美堂已接到香港消息，加强保安工作，蔡廷锴将军每到一处，司徒美堂预先跟当地致公党下属组织联系做好保安工作。每到一处，除美国警察保护之外，各地侨团派出数十名武林拳师警卫。当他们到达波士顿，已是下午两点三十分。在车站欢迎的人群有数千人之多，把车站围得水泄不通。当蔡廷锴走出车站时，数十名警察维持秩序，排开一条出路。到站迎接的除中华公所主席阮本万和全埠的侨胞外，有中美协会、军人联欢社等团体，还有文学家柴比路、大学教授大卫博士、牧师施导士博士，中美协会副会长施哥费露、土摩路郁将军等几十名美国人士。当蔡廷锴将军出现在人群中，中西乐队齐奏，金狮狂舞，游行队伍浩浩荡荡，沿途均有警察保护，蔡廷锴将军走过，不论西方人士或是华侨均鼓掌扬巾，欢呼声、口号声、鞭炮声响成一团。游行队伍途经的华侨居住的街道、商店、住户门口都悬挂着中美国旗和鲜艳夺目的红对联。蔡廷锴将军乘着敞篷花车，不断地向欢迎队伍的侨胞和外国朋友挥手致意，鞠躬点头。

入夜，在唐人街醉香楼大酒家举行公宴大会，中西人士，男男女女，披红戴绿，欢聚一堂。门楼上横幅写着"热烈欢迎抗日英雄蔡廷锴将军"，参加宴会的除侨胞代表之外，有省长、市长以及美国高级军官。宴会开始，主席阮本万致词并祝酒。接着市长杰克逊讲话：

"敬爱的蔡将军阁下：

今晚我代表本市居民在这里欢迎您，你是中国抗日英雄，不独受华人崇拜，全世界人士亦要崇拜，你的光临给我们增添了光彩，我以私人与市长资格代表全体市民欢迎您……"

演说过后，赠给蔡将军波士顿市开市纪念章，麻省省长也赠送金质奖章一枚。记者争相拍摄，宴会厅掌声热烈。

接着便是司徒美堂演讲："……三十年前，孙中山先生为了推翻清政府的统治，来到美国发动华侨参加革命，碰到许多困难。孙中山心里非常苦闷、难过，他来找我们商量，他认为在美洲要使革命得到发展，还是要依靠洪门兄弟，革命没有群众基础是不行的。于是，他来到我们安良堂，跟洪门兄弟在一起，举行全堂会员总注册，帮助我们洪门致公堂重订总章程，他亲自修订出八十条公章。他看重我们华侨，我们华侨也支持他革命。有一次，在黄花岗之役失败后，国内的同志曾向孙中山先生致电急需十五万美金。当他接到电报后，手足无措，寝食不安。当时，我想五块十块的叫洪门兄弟募捐，后来考虑，缓不济急，于是，我就提议将加拿大的都郎度、温哥华、维多利亚和金山大厦的四所致公堂大楼典押出去，大家一致赞成，把款项筹足了。当时许多美国人感到奇怪，平时一毛一文都节省了，不在美国花费，可是革命需要时却如此热心，一举之间能筹十五万美元。我们华侨身居海外，深知国家不强，海外孤儿没地位，国家有难，我们愿意出钱出力，挽救祖国于危难。蔡将军抗日大业未竟，却遭当局迫害，含着眼泪离开抗日战场，你的心情我们理解，我们侨胞像支持孙中山一样支持你抗日救国的行动。'一·二八'淞沪抗战你为中华民族立功，我们许多华侨把家产都捐献出大半来支援你们十九路军，有朝一日你若重返前线，抗暴杀敌，我们侨胞会作出更大的努力支持你。你在美国考察军事，学习技术，掌握本领，将来为国效劳，报国尽忠，请你安心考察，谁要是敢动你一根毫毛，我们要把他捣成肉酱。"司徒美堂的一席话，给了蔡将军很大的鼓舞，演讲完毕，雷鸣般的掌声响彻宴会厅。突然，一位华侨从坐席上站起来大声地说：

"侨胞们，今天我们是为抗日英雄蔡将军洗尘，但在座的有'亲日派'参加。我们坚决反对动用公款来欢迎这位参与宁汉分裂、广州起义时杀害华侨的刽子手。”

在宴会的一角，坐着正在饮酒的张发奎，他是受汪精卫派遣来骗取华侨的捐款和监察蔡廷锴将军的活动的。当他听到那位侨胞的呼喊后，感到满脸火辣辣的，面红耳赤，仿佛无处容身，生怕侨胞赶他，想躲又躲不开。

侨胞们起哄：“把‘亲日派’赶出去！”

司徒美堂赶忙起来制止，解释道：“各位乡亲，今天是同乡便饭，为蔡将军洗尘，而绝不是欢迎什么与广东华侨为敌的人，这里可以暂时不谈政治，开怀畅饮吧！”他转过脸望着满脸通红的张发奎说：“喂，请你退席。”

张发奎实在坐不下去了，狼狈不堪，非常尴尬，一杯酒还没有喝完，红着脸，憋着一肚子气，本想赖着不走，但又怕挨打，只好灰溜溜地走了。

宴会在热烈的气氛中进行。司徒美堂讲述了孙中山先生在波士顿为革命奔走的事迹后，又把美洲洪门致公堂的情况介绍了一番。

在波士顿的日子，司徒美堂还陪着蔡廷锴将军参观了世界著名的哈佛大学图书馆、博物馆、科学馆等，访问了我国的留学生和在此任教的华侨教授梅迪军夫妇。蔡将军鼓励留学生努力学习科学技术，将来报效祖国。

结束波士顿访问，蔡廷锴将军一行先后又访问了费城、华盛顿、芝加哥，并在司徒美堂的陪同下，来到旧金山。

旧金山，又名三藩市，华人统称为大埠。它位于美国加利福尼亚州的西北部，三面环海，是美国太平洋沿岸一颗明珠，是美国西海岸三大城市之一，是一个美丽的海湾城市，美国太平洋海岸第一良港。这个城市是华侨最集中的地方。中国移民作为第一批“契约华工”来到这里，他们不仅为开采黄金付出了艰苦的劳动，同时，也为旧金山经济文化的发展作出了很大贡献。由于后来美国西海岸其他地方也发现了大量的金矿，当时，最早来到美国的华工就把这个地方称为“旧金山”，以示与其他地方相区别。

司徒美堂陪同蔡廷锴将军等人从山那舍乘坐十二点的火车来到旧金山，一点二十五分抵达车站。在火车站迎接的侨胞有三四千人，汽车有300辆，中西乐队排列成行；美国朋友中，有市长罗士及其秘书，警卫队和法官等。当他们走出车站时，中华音乐队奏西乐，南侨学校鼓吹队奏国乐。车站外的汽车交通，因人多拥挤不能通过，被迫暂时封闭。蔡廷锴将军登上欢迎车第一号，由市长罗士和市议会参事加利架左右同坐，司徒美堂陪同蔡廷锴将军的随员同车。由警车及南侨乐队为先导，其余侨胞的汽车随后，由三街转入孖杰街、上都板街至华埠。各街道的华侨和美国人士皆鼓掌欢迎，蔡廷锴将军向侨胞、美国朋友频频挥手致意。当他们来到中华会馆时，司徒美堂陪着蔡将军和市长等人进入会场，全体侨胞起立鼓掌欢迎。此时，蔡将军挥手致意，表示感谢。他们登上主席台后，掌声更加热烈。大会主席刘恢汉代表全市侨胞热烈欢迎蔡将军的光临，并邀请蔡廷锴将军作简单的发言。随后，市长罗士和议会代表加利架相继发言。欢迎会结束后，举行宴会。因参加宴会的人多，著名的"杏香"、"醉月"、"新吉香"、"广东"、"远东"、"新上海"六大酒楼，均设有宴席。每个酒楼设五十余席，这是蔡廷锴将军赴美访察的最后一个城市，也是受到最热烈接待的一次。司徒美堂跟三藩市的侨胞父老兄弟早已商量定，以最高的规格、最热烈的场面欢迎抗日英雄蔡廷锴将军，充分表达了华侨敬仰抗日英雄的爱国精神。

宴会结束后，举行盛大的游行活动，各侨团的男女老少侨胞都踊跃参加。游行活动直至深夜，侨胞才各自回家。

蔡廷锴将军来到三藩市后，连日受到侨胞各社团、学校和美国人士的热烈招待，不是欢迎会便是宴会，地方政府首脑和军政要员还特别邀请蔡将军到市政府座谈和军事要地参观。有一回，蔡廷锴将军在司徒美堂陪同下到海港一带参观了炮台、兵营、飞机场等地，大开了眼界，增长了知识，学习到不少东西。他跟司徒美堂边参观边议论："要是当年我们上海吴淞口有这样的布防就好了，日本人休想进来！"

司徒美堂："你返国后作何打算呢？"

蔡廷锴："美堂兄，我这次访美收获不小，兄弟本只是为抗战做了一点小事，却受到侨胞们的热情接待和美国朋友的支持。回国后，只要政府支持，一定重赴疆场，为国效命，不把日本鬼子赶出国门，绝不罢休！"

司徒美堂紧紧握着蔡将军的双手："好！蔡将军，为了四万万同胞的生存，只要你说一声，我们海外华侨要钱有钱，要人有人。"

蔡将军："谢谢侨胞们一片爱国丹心，在淞沪抗战的最艰难的日子里，得到你们的大力支持，将士们倍加奋勇杀敌，你们真不愧为炎黄子孙，身居海外，心向祖国！"他们俩边参观边谈抗战的决心。海军后防司令部还领着他们乘着军舰参观了造船厂和各要塞。参观完毕，在海军司令部接受了后防司令的宴请，宴会结束后才回旅馆休息。

蔡将军来到三藩市，日子过得很快，天天都有宴会，仿佛生活在自己的家乡，侨胞们把他敬为上宾，待他亲如兄弟。

他们悉知蔡将军要在三藩市欢度春节后回国，散居市内外的侨胞纷纷来信，寄丝绸、白布请他题字，请柬像雪片似的邮来，他收到了许多热情洋溢的书信，表达了侨胞的爱戴之情。他不知疲倦，牺牲休息时间给侨胞题字，诸如"抗日到底"、"团结救国"、"内除汉奸"、"抗战必胜"等等。

时间过得飞快，蔡将军来到三藩市不知不觉已过了三个多月了，眨眼踏进新的一年——1935 年的 1 月 28 日。1932 年这一天是他终生难忘的日子。这一天，在中华民族的历史上记下了光辉的一页，蔡将军为中国人民反抗日本侵略者，率领十九路军在淞沪战场上向日寇侵略军打响了第一枪。他们的功绩永载史册，被压迫的人民永远记住这位抗日英雄的名字。距今已三年了，可是，这位英雄却报国无门，仍流亡海外，他那英勇抗敌的本领无法驰骋疆场。多灾多难的祖国啊！东方的巨龙何日才能奋飞?！这一天又来临，壮志未酬的蔡将军遥望祖国的天空，仿佛乌云密布，群魔乱舞，胸中怒火在燃烧。

28 日，司徒美堂跟三藩市的侨领们商议，召集全体华侨开会纪念。这个日子寄托着侨胞们的希望。蔡将军起得格外早，穿上当年淞沪战场指挥千军万马的军装，佩戴威严，一整容颜，精神振作，准备参加“一·二八”纪念大会。司徒美堂和侨领们已在门口等候他一起登上轿车，飞速奔赴会场。当蔡廷锴将军到达会场时望见人潮如海，呼声震天，他的心情很不平静，回首往事，抑郁不安。当他进入会场主席台时，场上侨胞们全体起立，顿时爆发出一阵阵口号声：“欢迎抗日英雄蔡廷锴将军！”“为‘一·二八’死难烈士报仇！”他用深沉的眼神凝视侨胞，伸出双手示意大家：“侨胞们，请坐！”会场的侨胞像接到将军命令，寂静无声。此时此刻，他的心情是何等地悲愤，情绪是那么激昂，声音又是如此铿锵：

“主席，各界侨领，诸位侨胞：今天为‘一·二八’纪念日，各位侨胞本抗日救国之志，特开此会。三年前之今日，就是日本帝国主义者侵略淞沪、残杀我淞沪同胞之时，亦即我全国人民与十九路军将士，奋起抵抗日本帝国主义者之强暴行为之时。廷锴抚今追昔，异常悲痛。今蒙请廷锴到来演讲，但关于‘一·二八’淞沪战争之经过，廷锴自抵美以来，对侨胞演讲多次，诸位皆已明白，无须赘词复述。今日所讲者，为‘一·二八’以后至今三年间之事实，廷锴要作一简单之报告：

……廷锴确信吾四万万同胞中，除利令智昏之一二汉奸外，皆不愿断送国家者，救亡图存，人人有责，愿共勉之！”

蔡廷锴将军的演讲，字字句句都打动着侨胞们的心弦，会场上鸦雀无声。当他演说结束时，掌声如雷，喊声震天。司徒美堂领着侨胞们呼喊口号：

“同心同德，共同抗战！”

“侨胞们团结起来，支援祖国抗日！”

“内除汉奸卖国贼！”

“打倒日本侵略者！”

除夕之夜，蔡廷锴在回旅馆途中，诚恳地对司徒美堂说：“司徒兄，我们国家不统一，常常遭受外族入侵，你们华侨不团结，也会遭受别人的欺侮，望你们团结起来，才能支援祖国的抗战。”

司徒美堂听了蔡将军的一席话感触良多地说：“是呀，我们也尝过苦头，家人不和受人欺！”

蔡廷锴问：“你们堂斗，闹不团结，中国大使馆外交官不理吗？”

司徒美堂气愤地说：“他们不但不理，更可恨的是还制造事端，引起矛盾。”

蔡廷锴说：“啊——，他们跟国内政府当局是同出一辙，想当年淞沪抗战，要是当局能团结抗敌，调兵支援十九路军抗战，日寇怎能得寸进尺，占我领土，杀我同胞?！望侨胞千万要以团结为重，精诚团结，共谋救国良策才是。但愿我这次出国访问侨亲，对你们的团结抗日有所促进，小弟回国后，仍本一贯主张，联合国内和海外同胞，以弘扬民族精神，团结抗敌救国为己任，在祖国多难之秋，奉献绵力！”

司徒美堂紧握蔡将军的双手表示：

“蔡将军，你放心，我们遵照你的愿望，让侨胞团结起来，为国效力。”

大年初一、初二，蔡廷锴将军收拾行装，准备回国。按中国人的习惯，从初一至初五是闹新年的日子，探亲访友，吃喝玩乐。亲戚朋友、侨胞乡亲，纷纷登门拜年，这家邀那家请，弄得蔡廷锴将军应接不暇。

大年初三，蔡将军乘船回国，前往码头送行的侨胞有几百人，各界欢送的汽车几十辆，侨胞们手捧花束、彩球，气氛非常热闹。十一点时分，三十号码头挤得满满的。司徒美堂与各界代表以及七大会馆主席，跟蔡将军一行四人站在码头相互叮嘱，临行赠言。各报新闻记者和侨胞争相拍照，有的乡亲赠送礼品，有的送鲜花给蔡将军。十一时五十分左右，停泊在码头的远洋客轮“马利普沙号”，“嘟——嘟”长鸣两声，蔡廷锴将军与司徒美堂以及各界代表握手告别了。他紧握住司徒美堂的手说：

“希望侨胞乡亲团结为重，共同抗日！”

司徒美堂说：“请放心，你回国后，只要是抗战的需要，要人我们有人，要钱我们募捐，要飞机我们可以买，请你们把我们美洲侨胞抗敌救国的心愿告诉祖国亲人，海外侨胞和祖国人民站在一起。祝你一帆风顺，旅途平安！”

“谢谢侨胞们的支持，再见吧！”

蔡将军登上“马利普沙号”客轮，站在甲板上，向挤在码头上的数百名华侨挥手致意：“再见吧，侨胞们！”客轮徐徐离开码头，向大海驶去。岸上的侨胞手持花束纷纷挥动，乐队奏起激昂的进行曲。蔡廷锴将军高举鲜花呼喊着：“团结抗日！”司徒美堂和侨胞们目送着爱国将领蔡将军，看着“马利普沙号”客轮渐渐远去，消失在大海之中……

第十章　香港脱险

（一）

1941年春天，蒋介石不顾国家民族利益，制造了震惊中外的“皖南事变”，屠杀新四军抗日军民。事变发生后，蒋介石不仅遭到全国人民的谴责，同时受到海外侨胞的强烈抗议，侨胞纷纷通电，反对这种“枪口对内”的行为。司徒美堂听到“皖南事变”的消息，立即以个人名义向重庆国民党政府发出通电：

“大敌当前，国家为重，反对分裂，坚持团结；反对投降，坚持抗战。”

蒋介石收到司徒美堂从美国发来的电文后，生怕与司徒美堂闹翻，失去美洲华侨的支援，于是，他以“国民政府行政院华侨参政员”为诱饵，邀请司徒美堂回国，参加第三届国民参政会。

司徒美堂接到国民党政府邀请后，也作了一番考虑：一方面想在参政会上敦促蒋介石与共产党团结抗日，拯救国家危亡；另一方面要求国民党政府接通侨汇，解救苦难中的侨眷；再次是联络南洋、香港和国内的洪门兄弟，为祖国的抗战出力。鉴于此，他决定再次回国。他第四次返国，已经是七十三岁高龄了。

10月11日，司徒美堂乘坐美国远洋客轮，横渡太平洋，途经菲律宾，取道香港，辗转曲江、桂林，才到重庆。

当司徒美堂乘坐的美国远洋客轮经过马尼拉湾的咽喉哥黎希律岛，驶进马尼拉湾，停泊在菲律宾首都马尼拉市码头的时候，码头上欢迎的人群围得水泄不通，锣鼓喧天，金狮狂舞。掌声、乐声、爆竹声响彻天际。这位美洲洪门大哥走访岛国的喜讯很快传开了。在码头迎接的有致公堂、秉公社、竹林协义堂、协和兢业社和洪光侨校师生等侨团300多人，挥舞彩旗，夹道欢迎。《侨商公报》和各报记者不停地在拍照。

司徒美堂走上码头，受到全菲洪门联合总会会长杨肇根和副会长王奎俊等代表的热烈欢迎。随后，洪门人士与司徒美堂相继上车，警车、摩托车开路，在大街上游行。

街道两旁，高大笔挺的椰子树、槟榔树，在海风的吹拂中，摇曳多姿，仿佛跟侨胞们一起欢迎客人。

游行队伍在大街上吸引着人们，洪门兄弟和侨胞把司徒美堂送到下榻的宾岛饭店后，队伍便各自散去。洪门总会代表和各侨团的代表与司徒美堂互相问长问短，交流侨胞募捐救国的情况。接着便是设宴招待司徒美堂。

宴会上，杨肇根代表菲律宾洪门兄弟致欢迎词。演说完了，把一根精制的象牙拐杖送给司徒美堂。当司徒美堂接过拐杖时，在空中摇晃了几下，然后严肃地说："谢谢你们的盛意，我要用这把拐杖来打汉奸和摩擦派！弟兄们，你们南洋在陈嘉庚先生的率领下，南洋华侨筹赈会对祖国抗战作出了很大贡献，不仅出钱捐物支援祖国抗战，还拿出枪杆子武装起来，组织了菲律宾'华侨抗日锄奸义勇军'和'华侨抗日游击支队'，狠狠地打击了日本侵略军。美洲的侨胞兄弟在抗战爆发后，也组织了'华侨筹饷总局'，掀起了募捐救国的热潮。我希望你们更加团结一心，支援祖国抗战到底。这次我回国参加国民参政会，你们有什么要求和建议，不妨提出来，我会把你们的意见带回去作出提案。"

司徒美堂的一席话，给了代表们很大的鼓舞。一位代表站起来，激动地说："大哥，你回到重庆，要向国民参政会提出，国难当头，不允许有人制造分裂。要团结，枪口一致对外。我们南洋华侨捐款是为了抗日，而不是供给打内战的。"

司徒美堂接着说："这个提案很好，我一定转达，只有举国上下，团结一心，共同抗敌，抗战才能早日胜利！"说完，他站起来举杯："祝愿我们祖国抗战早日胜利而干一杯！"大家互相碰杯，他一饮而尽。总会长杨肇根举杯："我代表洪门兄弟和侨胞敬你一杯，祝你一路平安！"大家举杯，宴会在热烈的掌声中结束了。

翌日，司徒美堂在洪门兄弟的陪同下，参观游览了马尼拉市的主要风景区，欣赏了岛国旖旎的热带风光。他在马尼拉歇了几天后，乘船到香港。

回到香港，洪门兄弟把他接到胜斯饭店，与他家人团聚。第三天，廖梦醒来到胜斯饭店四楼司徒美堂的客房，说明了她的来意，然后，司徒美堂和儿子跟着廖梦醒一起出去。

廖梦醒领着司徒美堂和他的儿子来到孙夫人家里，在场的还有何香凝女士。当司徒美堂进到宋庆龄家里时，受到了她们热情的接待，仿佛回到了自己家里一般。司徒美堂跟她们为了祖国抗日伟业，早已建立了深厚的友谊。抗战爆发后，司徒美堂是"美洲华侨筹饷总会"的负责人。他把美洲华侨筹募的捐款和物资，通过在香港的宋庆龄和何香凝女士源源不绝地输送给各地八路军和新四军抗日军民。辛亥革命时期，司徒美堂与孙中山建立了亲密的友谊。当孙中山先生领导辛亥革命急需经费的时候，司徒美堂不仅发动美洲华侨成立筹饷局，同时还变卖致公堂的房产支援武装起义；当武昌起义成功后，孙中山缺乏路费回国时，他和几位洪门兄弟拿出路费送他回国，对辛亥革命作出了重大贡献。如今当孙夫人继承孙中山的遗志，为拯救中华民族的危亡，发动侨胞募捐救国时，司徒美堂继续在美洲发动侨胞疏财抗日。他们都是为了国家兴盛，民族存亡而不知疲倦地奔走着。这次相会，彼此格外高兴，她们就像招待自己远道归来的兄长一样亲切，一进门便左右相扶，亲如兄妹，嘘寒问暖。而司徒美堂带着崇敬的目光，凝望着这两位民国开基元勋的遗孀。她们在国家危难的日子里，不顾个人安危，仍然青春焕发为国操劳奔忙，更加激励着他的爱国热情。

宋庆龄给司徒美堂端了一杯茶："大哥，你漂洋过海，一路辛苦了，请喝茶吧。"

司徒美堂接过茶杯说："孙夫人，你们比我更辛苦！"

宋庆龄："你给八路军和新四军这么大的支持，祖国人民要感谢你！"

司徒美堂："支援祖国抗日是我们每一个炎黄子孙应尽的天职！我们募捐寄来的款项和物资都如数收到了吗？"

宋庆龄："我们每次收到你们汇来的捐款和物资，就及时输送给各个战场的八路军和新四军，他们还纷纷写来热情洋溢的感谢信。要求我们向侨胞转达谢意！"

司徒美堂听了很高兴，他的工作直接与抗日前线的将士们连在一起，非常有意义。

他们促膝谈心，谈话结束后，宋庆龄设宴招待司徒美堂父子。司徒美堂感到这一天过得特别有意义，他把这次以"华侨参政员"的身份到重庆参加国民参政会的意图告诉宋庆龄，并征询她的意见，互相交换了对目前形势的看法。

吃过午饭，宋庆龄叫车把司徒美堂父子送回胜斯饭店。临行前，宋庆龄叮嘱他：

"目前，局势比较紧张，时局可能发生变化，望你在香港期间注意安全。赴渝途中要好好保重！祝你一路平安！"说完，她们一起送司徒美堂父子上车，就此分手。

司徒美堂父子回到胜斯饭店，时间不早了，他儿子有点醉意，已酣然入睡。而他却躺在床上迟迟不能入睡，回味着孙夫人对他的鼓励，时而看看熟睡的儿子，时而点火抽烟，一直到深夜，仍然精神奕奕。突然，远处传来几声"轰隆""轰隆"的炮声，仿佛落在饭店周围，他赶忙叫醒正在熟睡的儿子。

"柱仔，快醒醒，打炮了！"

司徒柱一骨碌从床上爬起来，惊惶失措地问："哪里打炮？"

炮火越来越猛，司徒美堂已站在窗口，眺望外面的动静，他叫儿子："你快过来看！"父子俩听着震耳欲聋的炮声，望着离饭店不远地方的一间店铺被炮弹击中起火，浓烟滚滚，火光冲天；远处接连传来高射炮声。父子俩心里有些慌。一阵密集的炮声过后，低头望见街上硝烟弥漫，行人仓皇疾走。大约一个多小时后，炮声渐渐稀疏。此时，旅客纷纷走出房间，司徒美堂走到柜台询问：

“掌柜，怎么回事呢?”

“日本仔打炮。”

司徒美堂已意识到，这是日本进攻香港的炮声，心里更加着急，他跟儿子一起回到房间里，心神不安，父子俩再也睡不着了，一直坐到天亮，注意周围的动静……

(二)

1941 年 12 月 8 日，日军轰炸九龙启德机场，接着，6 万多日军从深圳河越过边界向九龙推进。由于港英当局毫无准备，港九英军一触即溃，12 日九龙失守。一星期后，日军在香港的北角登陆。大批日本特务已潜入香港。司徒美堂到达香港后一星期，日军开始炮击香港。

当时，国民党海外部部长陈庆云，特为迎接司徒美堂召开欢迎会，参加会议的有香港各界知名人士和洪门代表。会上，陈庆云代表国民政府表示热烈欢迎司徒美堂回国赴渝参加第三届国民参政会。会议正在进行，会场外面已发现有不明身份的便衣密探，紧接着陆陆续续出现日本武装警察，会场骚动起来，会议主持人宣布散会，人们争先恐后，惶恐不安地离开会场。

洪门兄弟保护着司徒美堂从后门走出去，穿过小街，朝胜斯饭店走去。突然，迎面出现一队武装警察，司徒美堂和洪门兄弟正想躲开他们，可是已经来不及了。走在前面的警察已盯住司徒美堂了，武装警察把司徒美堂包围起来。司徒美堂停住脚步，跟那个警官怒目相视，然后对他们说：

“你们想干什么?”

那位警官嬉皮笑脸地说：“司徒先生，你准备到哪儿去?”

司徒美堂严肃而又冷静地回答：“我到哪里去是我的自由，这跟你们毫无关系!”

“司徒先生，别误会，我们不但不干涉你的自由，我们还会保护你的安全和保证你的自由!”那位警官似乎很得意地说，“我们的矢崎总长很关心你，请你到司令部做客!”

这时候，司徒美堂扭头望望跟在后面的洪门兄弟，有的正在伸手掏武器，准备拼搏。司徒美堂沉思片刻，突然放声大笑：

“什么？稀奇？哈哈，我从来不认识你们的稀奇总长，他怎么会请我做客?”

说完，他向洪门兄弟示意，勿轻举妄动，下命令似的大声说：“那好吧，让我去看看稀奇。”洪门兄弟领会他的意思，暗地里跟在他们的后面，相隔一段距离。此刻，司徒美堂心里暗处思忖，寻找对策，口里念着：“生为洪门人，死为洪门鬼。”

司徒美堂被迫跟着日本武装警察来到警备司令部。门卫戒备森严，进门便见一位戴着金丝眼镜、留着山羊胡子的总长。那位警官向司徒美堂介绍说：“他是我们的矢崎总长。”司徒美堂轻蔑地望了一眼矢崎，矢崎脱下白手套，走向前跟他握手：“司徒先生，欢迎你和我们亲善合作，共治香岛。”

司徒美堂坐定后，仔细打量着这个日本军官，慢条斯理地冷笑一声，说：

“哈哈，我是中国人，侨居美国，你是日本人，侵略中国，你我彼此谈何亲善合作？”

“嗯，司徒先生，久闻阁下大名，武艺高强，拳打美国人，威震南北美，洪门兄弟遍五洲，我希望你安心在港，把洪门兄弟组织起来，维持香港治安，我们任命你为香港维持会总会长，只要你肯答应，天皇还会给你大大的关照！”

司徒美堂反诘问：“倘若我不答应呢？”

矢崎总长支支吾吾：“啊，那就——”

“嗨，你敢把我怎么样？”他毫不畏惧地说。

“嘿嘿，那就不由得你啰！”矢崎冷笑一声，咬牙切齿地说。

司徒美堂：“我是一个苦力华工，普通的侨民，在美国侨居五六十年，年逾七旬了，人老眼花，怎么能当你们的维持会长呢？岂不是笑话！”

矢崎：“司徒先生，只要你挂个名字就行了，至于外面的具体事务可由你儿子出面，每月给你1 000港元薪水，你儿子500港元，怎么样？”

司徒美堂：“嗬，待遇不低哟，可惜我没福气。我可以死，但不能让我的儿子去死！”

矢崎总长深知司徒美堂不是普通的侨民，敢于只身拳打美国人，是非常了不起的人物，香港的洪门势力大，他在香港一呼百应，有社会基础，能左右社会局势，甚至港英当局都不敢怠慢他。他是个铁铮铮的硬汉，智力过人，组织能力超群，是一位奇才，只要他肯出面，香港的社会秩序就可以稳定。于是矢崎千方百计诱惑他，利用他为日本天皇效劳。可是矢崎太不了解这位炎黄子孙的脾气和心理了，司徒美堂明白现在处境跟以往不一样，站在面前的是中国人民的仇敌日本法西斯侵略者，如今自己已七十挂零，老态龙钟，力不从心了，再也没有当年血气方刚、力大无比的那股少年盛气，自己已落在敌人之手，像笼中之鸟，不得奋飞。硬拼可不是办法，要保存自己，想方设法脱逃，把有限的余年为祖国的抗日伟业敬献一片丹心，他想祖国人民需要他，海外侨胞对他抱有厚望，不能一死了之，要继续团结海外侨胞，为打败日本侵略者出力。他想着想着，冷静下来，沉着地对付站在眼前的敌人。

矢崎问他：“司徒先生，你为什么不愿意当维持会长呢？”

"啊，道理很简单，就像有人喜欢吃饭，而有人喜欢吃面包嘛！"司徒美堂冷笑道。

矢崎无言以对，只是再次相劝：

"司徒先生，希望你慎重考虑？"

"我已考虑过，还是不当为好，我该回家啦！"他斩钉截铁地回答。

矢崎看见司徒美堂婉言谢绝，对他毫无办法，只好把他留在司令部，软禁起来。

第二天，在香港大街小巷贴出"命令司徒美堂为香港维持会长"的通告。矢崎到他房间里，将委任状交给司徒美堂说：

"司徒先生，命令已发出，今天就请你上任，怎么样？"

司徒美堂接过委任状，看着"命令"二字，他生气了，念了一遍委任状，沉思片刻，稍为克制，设法应付，板起脸孔，向着矢崎提出："嗯，矢崎总长，你这样做未免太不近情理了，你既然要我担任维持会长，你怎能对我下命令，你只能请我出来，我才去，你不聘请，我就不干！"

"那好说，只要你答应，我可以发聘请书。"矢崎满以为得计，高兴地回答他。

司徒美堂意识到跟他们硬顶是无法摆脱困境的，设法拖延时间，离开司令部，借机跟洪门兄弟接触，争取脱逃，才是上策。于是，他告诉矢崎："那这样吧，如果你们愿意聘请我任维持会长，那你得给我时间，让我出去，跟洪门兄弟商议商议。"

矢崎满口答应："一个星期后回答我，你可以自由回去！"

司徒美堂得到矢崎的允许，离开警备司令部。矢崎派车把司徒美堂送回胜斯饭店，然后，指派特务暗中盯梢他的行踪。

司徒美堂回到旅店后，从报纸上看到，12 月 8 日，太平洋战争爆发了，日本偷袭珍珠港，并占领东南亚各地。就在这一天，香港沦陷，自己落难，此地再也不能久留，他迅速与洪门兄弟取得联系，设法甩开特务的盯梢，尽快离开香港，商议脱逃的计划。

第二天黄昏，司徒美堂在他儿子陪同下，已剃了胡子，穿上长褂，戴上毡帽，化装成医生。他儿子换上西装，提着药箱，相跟离开旅馆，没有发现跟踪的尾巴，赶快向码头走去。这时候十多个洪门兄弟已在码头等候，当司徒美堂赶到码头时，正好是日本警察换班，他发现没有站岗的，迅速走上渡轮过九龙。渡轮开出不久，两名便衣急忙追上，留在码头的几位洪门兄弟就故意纠缠阻挠两个特务。当渡轮已到九龙码头时，那两个特务干着急，只好又赶回旅馆，命令招待员开门。进入房间，发现司徒美堂的口盅、牙刷、毛巾、衣服等用具还在。于是，两个特务判断司徒父子未走，便在楼下耐心地等待。等呀，等呀，直至深夜，仍不见人回来，两个特务只好走了。

翌日清晨，矢崎带着应聘书跟几名便衣特务赶到旅馆，监视着司徒美堂房间的动静。迟迟不见人出来，矢崎着急了，他坐在客厅里，派特务去敲门。

"笃、笃、笃"，不见人出来，便找招待员开门，发现人去楼空，矢崎知道上当了，叽里咕噜把两名特务臭骂了一通，急匆匆地朝码头追去了……

洪门兄弟已把司徒美堂父子送到九龙他的朋友家里，住了一天。然后，派洪门兄弟与游击队取得联系，决定夜渡大鹏湾，游击队在澳头接应，再到东江游击区。当时，铁路已被封锁，无法通过，只好绕道到大鹏湾，渡海回东江。

司徒美堂父子在五个洪门兄弟的护送下，连夜赶到海边。游击队已安排好一条木船并由两名战士驾船护送。深夜两点钟，正是退潮的时候，明月照在静悄悄的海湾上，像是给海面撒下无数的碎银似的，除了听见退潮的海涛咆哮声之外，别无其他动静。司徒美堂父子与随行的五位洪门兄弟一起登上木船，两位游击队员扯起风帆向沙鱼涌驶去。船上共坐 9 人，已超载，船沿离水面很近，开船的时候，海风把帆布鼓得满满的，速度较快，在海上漂了一个多小时。突然，远处传来"砰，砰"几声枪响。枪声越来越近，几颗子弹打在帆布上，又是连续"砰、砰、砰"几声密集的枪响，船帆被打烂了，船漂在海面，慢速前进。船上的人骚动起来，司徒美堂急问两位游击队员：

"怎么回事?"

两位游击队员正在观察枪声的方向和周围海面，朦胧中发现东南海面有一条帆船，他们从船舱取出三八枪，朝远处的帆船连放几枪，然后，把枪放回船舱底下。几位洪门兄弟也拔出手枪，准备应战。

一位队员冷静地指挥船上的人，说：

"请大家不要慌张，坐定，这是海盗船，他们听到我的枪声，不敢再追来的。你们坐好！不要慌！"

他们两人架起摇橹，一个摇浆，一个掌舵，观察海面动静。其他几个人心里很紧张，担心被海盗追上。海盗船听到游击队员的枪声，不敢追赶。划船的两位游击队员凭经验判断，海盗船已甩远了，船上的人心安定下来。几位洪门兄弟提出帮助他们划桨，被谢绝了。

"请你们放心，不要紧张，船帆已烂，船吃水深，速度已减。只要你们坐好，一定会平安到达目的地！"他说完又加劲摇橹。

摇呀，摇呀，木船朝着沙鱼涌漂去，东方天幕渐渐露出鱼肚白，朦胧中望见沙鱼涌的海岸。他们经过两三个小时的划桨，体力消耗很大，当他们望见海岸时，精神顿时振作起来，加快了速度。司徒美堂和洪门兄弟紧张的心才轻松了一些。

正在加速前进的时候，隐隐约约听到从海面传来小汽轮的马达声。声音越来越清晰，掌舵的游击队员喊了一声：

“糟糕！这是敌人的巡逻艇，今天为什么这么早来呢？”

那位掌舵的游击队员，急中生智，指挥几位洪门兄弟：“快，请你们每人拿一块木板，一边三人，齐力划！”离澳头还有几百米，掌舵的游击队员已望见岸上有人在向他们招手。

划呀，划呀，大家心急如焚，一股劲地划。汽轮的马达声越来越响，木船也越来越快飞向码头，300 米、200 米、50 米、10 米，终于到岸了。岸上的游击队员们把他们接上岸，飞快赶到指定地点。司徒美堂父子换了服装，坐上太师椅，几名游击队员化装成轿夫，抬着司徒美堂往山路走，游击队长梁金仔率领 12 名战士护送上路。

敌人的汽艇越来越近，岸上的游击队已望见日本的太阳旗，那两位游击队员赶快把风帆放进船舱，取出三八枪上岸，跟游击队一起进入山头隐蔽，监视日本小汽艇的动向。

当日本小汽艇驶进澳头时，游击队已进入戒备，留下少数便衣在注视敌人的活动。原来盯梢司徒美堂的两个日本特务与武装警察上岸后，叽里咕噜，到处找人，碰见老头子便拿出司徒美堂的照片对照，弄得沙鱼涌鸡犬不宁。他们在镇上折腾一气，一无所获，把街上老百姓卖的鸡、鹅、鸭和渔民卖的海鲜抢劫一空，装在汽轮上“卟、卟、卟”开走了。他们临走前，把悬赏捉拿司徒美堂的通缉令贴在大街上。日本人走后，游击队员迅速把通缉令撕掉了。

游击队护送着司徒美堂一行人从沙鱼涌来到淡水镇。此时，淡水镇已被敌人占领，他们不敢进镇，只好绕道走山路。他们风餐露宿，吃番薯、住山寮，每到一处，游击队员就给他们找饭吃。抬轿的游击队员，脚底长起了水泡，仍然坚持与保卫人员轮流抬轿。

他们克服了重重困难，翻山越岭。快到梁井小镇时，突然，头顶上响起“嗡、嗡、嗡”声，出现了一架日本飞机。飞机越来越近，机声越来越响，离公路不远处，有一片茂密的竹林，队长梁金仔指挥他们躲到公路旁边的竹林去隐蔽。把那张太师椅扔在公路上，敌机俯冲下来反复朝公路处的那两张太师椅扫射。敌机走后，他们从竹林钻出来，司徒美堂脸上被竹枝刮破了脸，有的人被荆棘刺伤了腿。梁金仔走到司徒美堂跟前关切地问：“司徒先生，你有没有受伤？”他笑眯眯地回答：“哈哈，五祖保佑我，平安无事！”梁队长跟他开玩笑：“你命大，可以活一百岁。”大伙哈哈地放声大笑。

敌人在海上捉不到司徒美堂，便派飞机从空中侦察，跟踪追击，想置他于死地。

经过几天的步行，穿山过坳，历尽艰险，他们实在太劳累了，决定改乘木船到观音阁，然后溯东江而上，到龙川坐轿到连平县，再转粤北曲江。

他们走到离曲江不远的山坳，路旁有一片茂密的松林，迎面走来一队人马，前头的十几个人衣衫褴褛，被五花大绳绑着，后面是国民党兵。先行的一个国民党兵扛着三八枪，刺刀上串着几个鲜血淋淋的耳朵。狭路相逢，双方剑拔弩张。当他们走过去的时候，一位长官问道："哪一部分的？"梁队长："游击队。"长官："干什么的？"队长："路过。"那位长官看见司徒美堂坐在轿子上，非同一般，正想再问，司徒美堂停了下来，向走在前面的那个国民党士兵："嗯，小兄弟，你那尖刀上挂的是什么呀？"

跟在他后面的那位长官抢先回答：

"他们要是逃走，抓回来的就得把耳朵割下！"

司徒美堂再问："啊，那么，这是从壮丁身上割下的耳朵吗？"

"没错，他们不老实，想逃走，抓到了就要割耳朵！"这位长官提高嗓门，故意让前面被绳子绑着的几个壮丁听到。

司徒美堂听到这位长官的话，揪心似的难受。他心里想，国家遭难，人民遭殃，我的祖国啊，天灾人祸，人民何时才能得救呢？想着想着，他只是摇头叹息。

那位国民党军官问他："你问这些干什么？"

"啊，我随便问问，没有什么。"

这位军官本想刁难他一番，看着这个架势，量他大概是有一定身份的人，不敢轻举妄动，只是拭目而过。司徒美堂对此情景，心里感到惴惴不安。

（三）

粤北韶关是抗战时期广东省国民政府临时省府所在地，位于北江上游武水与浈水汇合处，贯穿我国南北的大动脉京广铁路由此经过。四周崇山峻岭，松林茂密，山势奇特，蜿蜒曲折的北江，木船穿梭，木筏漂流，粤北的风光引人入胜。司徒美堂虽已七十高龄，有时坐轿，有时拄着拐杖步行，对祖国的土地、家乡的山水无限眷恋。

当他们一行20人的小分队，历尽艰辛，辗转来到韶关后，广东省国民政府主席李汉魂派车把司徒美堂父子俩接到省府帽子峰招待所，指派第七战区司令长官余汉谋的副官和国民党东江游击指挥所主任香翰屏负责接待，其余同行安顿在北江水上招待所。

过了两天，余汉谋打发护送司徒美堂的游击队回去，把他们的枪支子弹全部收缴了。队长梁金仔找到司徒美堂，报告了情况，司徒美堂非常生气，马上去找余汉谋，一见面便大发雷霆：

“余司令，你知道我是怎么来到韶关的吗?”

余汉谋有些愕然，还摸不着头脑，恭敬地问他：

“司徒先生，请息怒，小弟如有不周之处，请多包涵。发生了什么事？有话请慢慢说，我一定照办!”

“是他们把我从虎口里抢回来，又用轿子把我抬到这里，一路吃尽艰苦头，被海盗袭击，被敌人汽艇追赶、飞机扫射，沿途步行二三百里，你们不但没说句感谢的话，相反还把他们的枪支都缴了，这够朋友吗？人总得讲点义气吧，请你立即把枪支如数交还给他们，并写个手令，保证他们平安返回东江游击区!”

余汉谋二话没说，满口答应：“是，一定照办!”余汉谋知道司徒美堂的身份，只好把枪支交还他们，还给梁金仔队长等人写了亲笔信。第二天清晨，司徒美堂亲自到水上招待所去送行，临行前送给梁金仔一张名片，并从裤腰里掏出一支勃朗宁小手枪送给他，然后请梁金仔写了姓名和通信地址。他激动地说：

“梁队长，谢谢你们东江游击队救了我，我已拍电报转告美洲侨胞和洪门兄弟，感谢你们的救命之恩，待抗战胜利后我再去看望你们，后会有期。”

梁金仔领着游击小分队和几位洪门兄弟与司徒美堂挥手告别。司徒美堂依依不舍地望着远去的小分队，伫立良久，直至队伍消失在崇山峻岭中，然后司徒美堂才跟儿子一起回帽子峰招待所。

司徒美堂这次回国历尽艰险，总算摆脱了险境。但是，由于路途的颠簸、体力的消耗、精神的紧张，身体还没有完全恢复过来。

冬天，粤北山区寒气逼人，广东省国民政府主席李汉魂对司徒美堂父子表示关心，给他们各发一套棉衣，留他们在韶关过春节，怕他们顶不住粤北山区的寒气，吩咐服务员给他们烤火取暖。有时开车陪他们到郊外的奇观古寺，游玩名山秀水，有时到山里狩猎打鸟。

春节到了，李汉魂把司徒美堂父子请到家里做客。筵席丰盛，既有四邑的风味，也有粤北山区的山珍海味。他们父子俩在省国民政府主席家里过了一个团圆年，非常高兴。当他们举杯痛饮的时候，司徒美堂情绪突然变得有些沉重，放下酒杯发呆，似乎有什么心事。李汉魂有所觉察，便问他：“司徒先生，怎么举起酒杯又不喝了?”

司徒美堂叹了一口气，心情沉重地说：

“李主席，自从日本侵略中国以来，侨汇中断，四邑侨眷饿死无数。我在回国之前受侨胞的委托，请求政府迅速接通侨汇，救救我们的侨眷。回到香港时，不少乡亲告诉我，几年来侨乡饿死不少亲人，我听了真是伤心透了。你是我们广东一省之主，望你能听听海外侨胞的呼声，替他们做点好事，尽快接通侨汇，救救处在水深火热之中的侨乡父老兄弟姐妹。那么，我就太感谢你啦！”

李汉魂：“啊，原来你是为这事担忧的！”

“是的，我只要想起他们，我的心就难过，吃饭不香，睡觉不安。请你理解我们华侨的心，体谅侨眷的苦衷。”

李汉魂满口答应，劝他：“请你放心！我一定尽力而为，替侨胞效劳。大哥，今天是除夕，你该开怀畅饮了吧！”说完他给司徒美堂斟酒。经李汉魂这么一说，司徒美堂如释重负似的，端起酒杯与李汉魂碰杯：“好，我们干杯！”司徒美堂一饮而尽。李汉魂继续给他斟酒，宾主一连干了四五杯，除夕晚宴的气氛由沉闷到欢快，李汉魂夫妇不停地给司徒美堂父子加菜添酒。他们边吃边谈，晚宴直至八点多钟才结束。司徒美堂已有些醉意了，李汉魂派车送他们回到招待所。

此刻，街上，除旧岁的爆竹声响彻粤北山城的夜空。战乱年月的临时省政府已沉浸在除夕的节日气氛中。

司徒美堂父子在韶关过完春节，大年初十，乘火车到了广西桂林。一到桂林便受到老朋友广西军事委员会主任李济深的热情接待，还见到患难之交蔡廷锴将军夫妇。李济深留他在桂林住了一个星期，他们陪同司徒美堂游览了“甲天下”的著名山水——漓江、阳朔等地；尤其是报国无门、解甲为民的蔡廷锴将军，见到司徒美堂，更是难舍难分。除了陪他游玩桂林山水外，还把他请到家里，倾诉返国多年的离情别绪和忧国忧民的思想，向他诉说壮志未酬、报国无门的衷肠，他们一谈便是几个钟头。司徒美堂勉励他不要泄气，有朝一日要重振军威，挥戈上阵，杀敌卫国。

元宵节，李济深设宴招待司徒美堂父子，赴宴的还有蔡廷锴夫妇等人。宴会的气氛浓烈和谐，共叙旧情，开怀畅饮，互相交谈海外侨情和国家大事，抒发他们忧国忧民的情怀。

元宵过后，司徒美堂要赴重庆，李济深给他们父子俩买了飞往重庆的机票。临走前，李济深、蔡廷锴以及一些军政要员、爱国民主人士前往机场送行。

3月9日上午10时，阳光灿烂，司徒美堂登上客机，向送行的知己和各界人士挥手致意。客机起飞了，他从机窗俯望闻名天下的桂林山水，宛如飘带的漓江，阳光下，银光闪烁；一座座直立的山峰，犹如一个个卫士在站岗。他感触万端，心想，祖国处处美丽如画的大好河山，多么令人神往，雄踞世界首位的四亿七千万同胞，怎能屈服于一个小日本呢?！他带着问号飞往重庆山城寻找答案。

飞机在碧空越过黔桂高原、苗岭山、大娄山，向着山城重庆飞去……

第十一章　初访山城

（一）

1942 年 3 月 9 日。重庆山城。

一架银灰色的客机冒险破雾在白市驿机场降落。司徒美堂和儿子走下飞机，受到等候多时的国府要员吴铁城、刘维炽、陈果夫、陈立夫、许世英、陈庆云、陈策、马湘等人的欢迎。他们之中有的是广东四邑老乡，有的是当年追随孙中山先生的卫官。他们一见如故，亲如手足，因为是同乡，语言相通，感情融洽，格外亲切。

司徒美堂父子俩上车后，被接送到中央饭店下榻。

司徒美堂赴渝的消息轰动山城，成了爆炸性新闻。驻渝各报记者争相采访、拍摄、发表消息。《中央日报》、《新华日报》等纷纷报道。

《新华日报》发表短评：

旅美侨胞领袖司徒美堂先生，以七十五岁高龄，远涉重洋返国，复经香港之受，旅途劳瘁可知，昨日由港脱险抵渝，我们诚不胜其欢迎之情。

司徒美堂先生旅美六十一年，而对祖国的热爱，不仅没有淡薄起来，反而与日俱增。抗战以来，他领导旅美侨胞作热烈捐输活动，成绩斐然。尤令人爱戴者，如去春大局艰危之际，呼吁民主团结，其爱国家民族的热情，更令人起敬。

现在国难方殷，司徒老先生于太平洋战局紧张之际，回到祖国。我们除祝福他健康之外，相信他对民族、国家，一定会有更多的贡献！

《新华日报》还报道司徒美堂谈话的专访。

“中央社”发表《陪都将开会欢迎陈策与司徒美堂》的消息：

陪都各界发起欢迎目前抵渝之陈策将军及侨领司徒美堂先生。昨日（12 日）下午三时各界代表十余人，在国民外交协会开筹备会，决议欢迎会定于本月 22 日下午三时，在夫子池新运货场，举行大会，节目主席团均已决定。

“中央社”接连不断发表消息、讲话等。

各民主党派，洪门人士和爱国抗日将领也纷纷登门拜访。

司徒美堂刚到重庆的当天晚上，国民政府军事委员会副委员长冯玉祥将军特地派车把他接到家里去做客，当司徒美堂进到冯玉祥将军的客房时，一位素不相识的陌生人热情地迎接他：“欢迎您，司徒先生！”

冯玉祥说："让我来介绍一下，这位是老同盟会会员，中共驻重庆八路军办事处代表董必武先生。"

司徒美堂："啊——董先生，见到你很高兴。"

董必武："司徒先生，我们能在冯将军家里相见，真是机会难得，你早年追随孙中山先生，支持辛亥革命，抗战爆发后，你发动华侨募捐支援祖国抗战，祖国人民永远感谢你！"

司徒美堂："我是中国人，爱自己的祖国是我的本分，遗憾的是认识你们太迟，支援你们太少！"

此时，冯玉祥激动地插话："司徒先生，海外侨胞的心血被少数人侵吞了，他们发了横财，中饱私囊，老百姓处在水深火热之中，真正抗日的军民却得不到侨胞的捐助，枉费你们的一片心意。中国的前途，抗战的胜利只能寄托在八路军和新四军的身上了！"

司徒美堂疑惑不解地问："冯将军，这是什么意思？"

冯玉祥愤慨地说："爱国有罪，不少抗日将领遭受迫害，多少爱国志士被杀害，无辜的百姓遭殃，老蒋一伙人走的是妥协投降之路，搞的是独裁专制……"

冯玉祥的一席话，使他恍然大悟，对冯将军的敬佩之情油然而生。抗战之初冯玉祥将军所率领的抗日军队英勇杀敌，蜚声海内外，如今却困守山城。他是正直的军人，他的话句句是肺腑之言。

"司徒先生，我冯玉祥是军人出身，对不起先辈，对不起四万万同胞兄弟……"冯玉祥痛心疾首的回忆给了司徒美堂极大的启示，他下决心到八路军办事处去听听真情实况。

此时，董必武诚恳地说："司徒先生，周恩来同志委托我，转达他对你的问候，并邀请你到八路军办事处做客，欢迎你介绍海外侨胞抗日救国的募捐盛况。"

冯玉祥鼓励他说："去吧，你一定要去，那里能听到真正的抗日实情。"

司徒美堂欣然答应："去，我一定去！请你回报周将军。"

董必武："到时我们会派车来接你。"

冯玉祥设便宴招待他们，宾主双方举杯畅饮。突然，司徒美堂想起一位老朋友，他说：

"冯将军，我想打听一位老朋友的下落！"

"你那位朋友是谁呀？"冯玉祥问。

"杨虎城将军。"

"啊！是他。"

"他在重庆吗？"

"不在。司徒先生，恐怕你见不着他！"

“只要你告诉他，我来重庆，杨将军一定会来的。”

“不，他不可能来啦!”冯玉祥摇头叹息。

司徒美堂疑惑不解地问：“这是怎么回事呢?”

冯玉祥如实地告诉他说：“他被监押在贵州息烽县玄天洞!”

司徒美堂义愤填膺，按捺不住满腔的怒火，拍案而起，说：

“岂有此理，杨将军爱国有何罪呢!”他一阵激怒过后，摇着头，双掌合抱，祈祷，“苍天呀，救救杨将军啊！五祖啊，请保佑杨将军!”

冯玉祥：“司徒先生，我们抗日成了罪人了!”

司徒美堂：“这样下去国家前途令人心寒。”

夜深了，冯玉祥驱车送他回到中央饭店，他久久不能入眠……

翌日清晨，一辆小吉普“咔嚓”一声停在中央饭店门口。一男一女“咚咚咚”相继走上二楼，男的站在客厅里，女的走到司徒美堂的房门口，伸手“笃笃笃”轻轻地敲了几下房门。接着，司徒美堂开了门，望见是一位笑容可掬、敦厚胖实、中等身材的女士，问道：“大姐，你找谁呀?”

“您是司徒先生吗?”

“是呀!”

“周恩来先生想看望您老人家!”

司徒美堂听见“周恩来先生”的名字，非常高兴，没等那位女士说完，他便热情地表示：“欢迎！欢迎！十分欢迎周先生的到来。”司徒美堂打量了一下那位女士，问他：

“现在，周先生在哪里？快请他来!”

司徒美堂虽然没见过周恩来，但对他的名字非常熟悉，他这次来重庆，很希望能有机会见到这位八路军的卓越领导人。没想到这位久闻大名的周将军居然主动登门拜访，难得，难得。于是，他整整衣裳，喜出望外，站在门口走廊，期待着尊贵客人的来访。

一会儿，邓颖超随着风度翩翩的周恩来走过来。周恩来热情地紧握司徒美堂的双手：

“您好！司徒先生。”

“周先生，见到您很高兴!”

“您太辛苦了，一路上受惊劳累，长途跋涉，对不起，打扰您休息了!”

“哪里，哪里，我早已起床了，你不来，我都要拜访你们的啦!”司徒美堂招呼周恩来和邓颖超进房间，宾主坐定，他拿出香烟递给周恩来。周恩来：“谢谢，我不会!”

司徒美堂：“啊，不抽烟就请喝咖啡，这是李济深先生送给我的南洋咖啡。”

“谢谢！您留着自己慢慢喝吧！”周恩来客气地说。

“嗳，一家人，不要客气。”

“对，爱国是一家，谢谢你们海外侨胞对祖国抗战的关心和支援！”

“嗯，一家人别说两家话，抗日救国是我们每个中华民族子孙应尽的义务，海外侨胞也不能例外。”

“您说得对，司徒先生，我们欢迎您到八路军办事处做客，届时我要向您汇报八路军、新四军的抗日情况。”

“很好，我一定去！”

“那么，没有特殊情况，过两天我派车来接您去！”

“可以。”

周恩来从口袋里掏出两张《新华日报》交给他说：“司徒先生，这是我们办的报纸，如果您喜欢，我天天派人送给您。”

司徒美堂接过《新华日报》看看大标题，很感兴趣，他高兴地回答：

“周先生，如果方便，请每天给我送来！”

周恩来对邓颖超示意：“司徒先生刚到山城，一路奔波劳累，让老人家多歇一会，改天我们到办事处再详谈。”

司徒美堂：“不着急，多坐一会，好好聊一聊，喝杯咖啡再走嘛！”

周恩来站起来，同司徒美堂握手：

“司徒先生，重庆气候不好，你刚来不习惯，要多加保重！”

邓颖超关切地说：“司徒先生，山城天气变化大，早晚要多穿衣服，吃点麻辣的东西可避避寒气！”

“谢谢你的关心！”司徒美堂激动地站起来送行。

周恩来劝他：“你不要送了，我们自己走啦。”

司徒美堂坚持送他们夫妇到楼下，出了大门。

周恩来：“请留步！”

司徒美堂：“再见！”

他目送着小吉普“叭——”一声开走了，才回到楼上房间里。

司徒美堂回到房里，戴起眼镜埋头翻阅《新华日报》，逐篇地看下去。

周恩来夫妇走后不久，刘维炽来到司徒美堂的房间里，看见司徒美堂正在埋头翻阅《新华日报》，便走过去劝说：

“阿伯，那报纸没什么好看的，尽是造谣生事，不要看它！”

司徒美堂聚精会神在看报：“很好看，八路军又打了大胜仗！”

刘维炽说：“咳，他们尽是吹牛。”

司徒美堂摘下眼镜，望着刘维炽问道：

"你说什么?"

"他们的报纸尽是吹牛的，你别上当受骗啦!"

"你乱讲，人家讲的都是有根有据，尽说事实，怎么能说是吹牛呢!"

刘维炽也从口袋里拿出一份《中央日报》交给他说："这才是正宗的，以后少去看那不三不四的报纸，少跟他们来往有好处!"

"小弟，怎么能这样讲呢!"他接过《中央日报》，望了一眼，扔在一边，又继续看《新华日报》。

刘维炽见司徒美堂不听他的劝告，不再多说，转过话题，把蒋介石要接见他的消息告诉他：

"阿伯，下午蒋委员长要接见你，设宴为你洗尘，让我叫你今天好好在家休息，不要随便跟不三不四的人来往。"

司徒美堂听了有些恼火地说："谁不三不四? 你讲话要有分寸!"

司徒美堂毫不客气地回了他一句。刘维炽自知没趣，但他生怕与司徒美堂闹翻，不好向蒋介石交代，于是变换口气，亲热地说：

"阿伯，走，我们一起去饮早茶，下午我再来接你。"

"你先去吧! 我等一会。"

司徒美堂头也不抬，一声不吭，入迷地看他的《新华日报》，刘维炽只好尴尬地走了。

(二)

当天下午六时。刘维炽开车前来中央饭店把司徒美堂接到行政院会客室。当司徒美堂下车后，各报记者的镁光灯忽闪忽闪，欢迎的官员热烈鼓掌，气氛倒也算热烈。

蒋介石、宋美龄、孔祥熙、吴铁城等人把司徒美堂请进二楼会客厅，几乎所有国府要员都云集在这里了。当司徒美堂进入会客厅时，全体要员起立鼓掌。蒋介石领着司徒美堂到中间坐定后开始讲话：

"诸位：

今天，我们欢迎劳苦功高的远客司徒美堂先生大驾光临。司徒老人为了党国事业作出了重大贡献，他在海外发动华侨抗日救国募捐，给予我们很大支持。现在又从美国回到香港，冲破日本的封锁，脱险后步行几百里来到山城。他老人家漂洋过海，跋山涉水，前来参加我党召开的国民参政大会。为此，对司徒先生忠诚党国的精神，深表谢意。

我们对司徒先生这种以国家为重、效忠党国的精神表示敬意。今天特备便宴为他洗尘。这次由我开头，司徒先生在重庆还有一段时间，你们各机关自行其便，要好好招待。望司徒先生在重庆多住些日子，观赏观赏山城的风光。现在请司徒先生介绍一下海外侨胞抗日捐款的情况。”

司徒美堂望了望客厅的高级官员，开始发言：

“蒋委员长，诸位要员：

提起海外侨胞对祖国抗战事业的支持，真是一言难尽。不少侨胞为了支援祖国抗战，把全部家产都捐出来了，有的甚至倾家荡产。

‘九一八’日寇侵略东北后，美洲侨胞热血沸腾，奔走呼号，自动募捐，根据各人家产按月捐。但当时不知把捐款寄到何处，我只好把捐款退给大家。

‘一·二八’上海淞沪抗战爆发，我们华侨的愿望才实现了。大家都说十九路军的广东人敢打日本仔，好样的。侨胞们慷慨捐资，源源不绝汇到南京，交给政府，究竟有多少？恐怕蒋委员长和孔院长会记得更清楚些。”

当司徒美堂讲到这里的时候，蒋介石和孔祥熙脸部不太自然，蒋介石只是说：

“是的，支援很大很大！”

司徒美堂继续往下讲：

“开始寄给政府，后来直接寄给蔡廷锴将军。我们侨胞在美国抗日集会和募捐，处处受到警察的阻挠和破坏，可是许多美国朋友都自动捐钱给我们救中国，我们爱国也不自由。不管怎样，侨胞的心是向着祖国的。

‘七七’抗日战争全面爆发后，我们华侨知道这是长期抗战，要长期募捐救国，因此，成立了‘筹饷局’，纽约成立总局，各大城市设分局。我辞去其他职务，专门负责纽约筹饷总局工作五年之久，每天早出晚归。侨胞们非常热心，当时募捐的名目很多，如额捐、飞机捐、散捐、餐馆的自由捐、公债券。抗战以来，仅纽约每个华侨就平均捐了六七百美元。另外公债和杂捐不包括在内，捐款在一千四百万美元左右，全美洲华侨抗日募捐与公债，总共有几个亿的美金，都从中国银行汇给国府蒋委员长收。”当司徒美堂讲到这里的时候，蒋介石着急了，不知如何是好。其他要员互相观看，似乎有些心照不宣的表情。司徒美堂问：“蒋委员长，我们的汇款收到了多少？”蒋介石脸红耳赤地回答：“嗯，嗯，都收到了，具体数字记不清了。”

司徒美堂越讲越激动，继续说：

“抗战初起时，美国的军火商和日本大做生意，把军火和原料供给日本来屠杀中国同胞，美国政府还公然出面干涉我们华侨如火如荼的抗日募捐。我们在唐人街推销抗日公债券，美国警察要抓人，说什么这与美国法律有碍。华侨为了救国，真不知吃了多少苦头。我们自动捐款抗日刺激美国，与美国法律抵触，那么，美国供给日本军火杀中国人却合乎美国法律，不刺激中国人，这是什么话呢！……”

司徒美堂讲话还没结束，蒋介石坐不住了，打断了他的发言，问孔祥熙：

“孔院长呀，宴席准备好没有？先给司徒先生洗尘，改天再请他详谈，怎么样？”

孔祥熙心领神会：“已准备好了，请入席。”

蒋介石站起来扶着司徒美堂进宴会厅。

“司徒老先生，你不远万里回国参政，给党国增添不少光彩！”

司徒美堂边走边说：“我们海外洪门兄弟在致公堂的领导下，为了祖国的抗日不知花了多少心血啊！”

“应该感谢洪门兄弟的大力支持。”蒋介石拉着司徒美堂坐在首席的嘉宾位置，随后各要员陆续入席。

坐定后，宴会开始。

蒋介石站起来，举起酒杯：

“诸位，让我们为劳苦功高、漂洋过海、效忠党国的司徒美堂先生敬一杯！祝他老人家健康长寿！”

全体起立干杯，蒋介石与司徒美堂碰杯。

坐在司徒美堂身边的宋美龄不停地给他夹菜，显得很殷勤。

“司徒先生，这是长江鲤鱼……这是广东白斩鸡……你难得回来一次，要多吃一点啊！”

“谢谢，我小时候经常在家乡潭江抓鱼，长江鲤鱼还比不上我们潭江的鲤鱼鲜甜呢！”

宋美龄一边夹鱼，一边更亲昵地说：

“司徒先生，我们都是广东老乡，你在海外几十年，家乡观念还这么重啊！”

“蒋夫人，你不了解我，你二姐可了解我，我在海外日夜奔走，是为了把日本侵略者从中国赶出去，建设强大的祖国，到那时，落叶归根，我就回国定居了，老骨头不能丢在海外啰。”

蒋介石听见司徒美堂的话后，连忙说：

“司徒先生，我敬你一杯，欢迎美洲致公党和我们精诚合作，我们都是孙中山先生的信徒。”

司徒美堂若有所思……

宋美龄：“嗯嗯，菜都凉了，多吃菜，这些以后再谈吧！”

宴会十一点才结束，蒋介石陪着司徒美堂走出宴会厅后，宋美龄搀扶着他上楼，回客房休息。

第二天清晨，司徒美堂独自一人在翻阅《中央日报》，听见“笃笃”的敲门声，起身去开门。打开房门，站在门口的是两位老朋友，一位是在海外认识的陶行知先生，另一位是黄兴的夫人徐宗汉女士。司徒美堂赶快招呼他们进去。

司徒美堂发现徐宗汉手里拄着一根精制的油光漆亮的拐杖，上面刻着耀目的四个大字“万众一心”。司徒美堂凝神地望着拐杖上的四个大字，徐宗汉双手托着拐杖，毕恭毕敬，奉献在司徒先生的面前说：

“司徒先生，你年岁大了，初来山城，这里人地生疏，山路崎岖，街道不平，时常浓雾遮天，行走不便，这支拐杖送给您，望您老人家走路小心，预防跌跤。”

司徒美堂接过拐杖，凝视着闪闪发亮的“万众一心”四个大字，仿佛这支拐杖的分量很重，俗话说“礼轻情谊重”，拐杖虽小，可又寄托着故友的希望，表达了爱国人士的情谊。他激动地说：

“好，谢谢您，黄夫人，我要用他来打摩擦派，还要把它带回美国去，让海外侨胞都知道夫人的心意，宣传抗日！”

陶行知关切地说：“司徒兄，重庆山城的气候，跟美国不同，雾浓瘴气大，起居饮食要注意，切实保重身体。”

司徒美堂：“谢谢你们的关心。”

陶行知：“年纪大了，要注意休息，烦闷的时候可到郊外走一走，看看郊外的宜人景色。”

徐宗汉女士：“改天我陪你到郊外走一走。”

陶行知看见他桌子上放着《中央日报》，劝他：“司徒兄，有空看看《新华日报》，你就可以了解到更多真实的情况。《中央日报》没有什么好看的，多是些造谣惑众、攻击他人的文章。”

司徒美堂：“陶先生，我在美国看到中文报纸宣传的，说延安的八路军不去打日本，却向国统区扩大地盘，还说共产党是共产共妻，是这么回事吗？”

陶行知：“那是造谣，共产党领导的八路军、新四军，不怕流血牺牲，真心在前方打日本。去年春天，皖南事变，是国军先打第一枪，我就想不通，为什么国难当头，蒋委员长不去打鬼子，却调转枪口打抗日前线的新四军呢？陕北延安集合了全国优秀的儿女，艰苦奋斗，培养了一批又一批爱国志士，奔赴前线到晋察冀边区和太行山去打游击，消灭日寇。国军却节节败退，中央政府各级要员都在这里花天酒地。你走一走，看一看，就会明白的。有的人还在发国难财哪！”

司徒美堂：“啊——照你说，搞分裂的不是共产党？！”

陶行知：“谁打日本，谁就爱国，你说是不？”

司徒美堂：“对！”

陶行知：“凡是爱国的人，就绝不会反对共产党。共产党是中流砥柱，八路军、新四军才是真正的抗日队伍。”

司徒美堂：“我们知道平型关大捷的胜利消息后，立即把侨胞的捐款寄给八路军，不知他们有没有收到？”

陶行知：“这个可要问问周恩来先生才知道。”

徐宗汉女士补充说：“周恩来先生是最可信赖的人。”

司徒美堂：“周恩来先生也是跟随孙中山先生的将军吧？”

陶行知：“没错，他以前是广州黄埔军校政治部的主任。”

谈话结束，司徒美堂一直把他们送到楼下。

第十二章　雾都探究

（一）

春天来到美丽如画的山城重庆，沉沉的雾霭紧锁着山城，恰似美丽的姑娘披着面纱，人们无法看清她那漂亮的脸庞。当灿烂的阳光把云雾驱散，山城才显出它的轮廓，像是妙龄淑女的面纱被揭开后才露出她的妩媚。可是，山城的春天，轻纱般的薄雾似乎无法驱散，在雾霭笼罩下的长江在咆哮，嘉陵江在呜咽。

清晨，一辆小吉普在城郊公路上急驰，司徒美堂坐在车上不时从车窗望望葱绿的田野和峰峦层叠的远山，心情有些急迫，坐在他前头的童小鹏转身问他：

“司徒先生，你父子俩是第一次来山城吗？”

“是的。”司徒美堂回答。

“习惯这里的生活吗？”童小鹏又问。

“气候不太好，雾气太大，时常见不到阳光，有点不习惯。”

司徒美堂的儿子接着说：“还有吃饭不习惯，菜里面的辣椒太多。”

童小鹏关切地说：“山城雾气大，吃点辣椒有好处，早晚你们要多穿点衣服！”

司徒美堂：“好的。谢谢你的关心！童先生，还要多长时间才到你们办事处呢？”

童小鹏伸手指着远处山崖下的村子说：

“喏，一会就到了，那里就是红岩村。”

“噢！你们住在山里头吗？”司徒美堂感到有些惊奇地问。

童小鹏：“是的。”

“你们为什么不住到城里去呢?”司徒美堂问。

“我们住在山里，政府还不放心，四处还设岗哨监视我们，要是我们住在城里，更加不方便啦!”

说话间，小吉普拐了一个弯向山坳驶去。翻过小山坳便望见红岩村。不一会儿，小吉普沿着嘉陵江边公路急驰，经过村口一棵榕树，“叭叭”两响，“咔嚓”一声，在一座简朴的四层砖瓦结构的楼房门口停下。这个时候，草坪上已站满了欢迎的人群，八路军办事处的工作人员早已集中在这里等候多时了。童小鹏先下车，然后打开车门扶着司徒美堂下车。周恩来、董必武、邓颖超、徐宗汉、陶行知等人，一一向司徒美堂握手问好。《新华日报》记者紧张地抢拍镜头。一百多人的欢迎队伍，不停地热烈鼓掌，有的高举花束，有的挥舞小旗，呼喊着:

“热烈欢迎司徒美堂先生!”

“向海外侨胞致敬!”

口号声、鼓掌声、锣鼓声交织在一起，整个红岩村沉浸在热闹的气氛中，迎接这位远方来客——美洲侨领司徒美堂先生。

周恩来、董必武、邓颖超、陶行知、徐宗汉等人，陪同司徒美堂父子向会议室走去，司徒美堂望见门口挂着“重庆八路军办事处”的牌子，正面挂着“热烈欢迎美洲侨领司徒美堂先生莅临指导”横幅红条。当他进入会场后，欢迎的队伍有秩序地相随进场。司徒美堂坐在主席台上，望着坐满人群的会场，看见一个个笑脸相迎的八路军办事处人员，一种亲切感油然而生，心情格外高兴。这里虽然没有高楼大厦，可是人人穿着朴实，粗布衣衫，官兵一致，他感受到人与人的关系融洽，团结友爱的气氛浓烈，这跟国府大院迥然不同。

宾主坐定后，周恩来同志从座位上站起来，首先向司徒美堂介绍在座的八路军办事处的几位负责人和民主人士的名字，然后向大家说:

“同志们:

今天，司徒美堂先生亲驾光临红岩村，是非常难得的，他为了祖国的抗日事业，漂洋过海，历尽艰辛来到重庆，刚放下行李才几天，就来看望我们。我代表八路军办事处全体成员和在座的同志，表示衷心的感谢!”会场一阵雷鸣般的鼓掌声过后，他又继续说:

“同志们，抗战以来，美洲侨胞捐款捐物，对祖国抗战支援很大，这跟司徒美堂先生在海外的日夜奔走操劳分不开。”会场上又响起热烈的掌声。

他接着说:“现在我代表八路军办事处向司徒美堂先生汇报一下，八路军和新四军在各个战场的情况，望司徒美堂先生向海外侨胞转达我们的谢意和抗战到底的决心!”

周恩来同志把1937年“七七”抗战以来，八路军、新四军在敌后各个战场抗击日寇的情况作了一番介绍后说：

“……但是，在新四军英勇作战的同时，蒋委员长还给我们制造很多困难，就在日寇疯狂进攻解放区的时候，也就是在1940年10月19日，他指使何应钦、白崇禧以国民政府军事委员会正副参谋总长的名义，强令我黄河以南的八路军、新四军，限期一个月内撤到黄河以北。为着顾全大局，我党仍然从令，将驻守在前线的皖南新四军部队开赴江北。可是，就在去年1月4日，当我新四军和直属部队九千余人，从皖南泾县的云岭起程开始北移，6日部队行至泾县茂林地区时，遇到国民党军队七个师的包围伏击。我军被迫反击，浴血奋战七昼夜，因敌众我寡，弹尽粮绝，除两千人突围之外，大部分壮烈牺牲。我们的叶挺军长和项英副军长等人被俘，这就是震惊中外的‘皖南事变’……”

当司徒美堂听到这里的时候，恍然大悟，抑制不住内心的冲动，站起来说：

“啊，原来如此，真是岂有此理，政府养着这么多军队，不去打鬼子，却偏偏要打自己人，这是怎么回事？可是，他们在海外的报纸却说你们八路军、新四军是争夺地盘，扩张势力，不服从指挥！”他稍停片刻，接着说：

“周先生，皖南事变发生后，海外侨胞反应很强烈，纷纷要求向国民政府提出抗议，于是，事变发生后，我就代表美洲侨胞们向蒋委员长发了‘反对分裂，坚持团结；反对投降，坚持抗战’的通电。但不久，我便接到国民政府邀请我回国参加国民参政会请柬，并提名我为国民政府行政院的‘华侨参议员’，这又是怎么回事？”

周恩来同志说：“你这次回来很好，有机会多听一听，看一看，了解祖国抗战的真实情况。目前，他们为了缓和舆论压力，极力想通过民主党派劝说我党出席国民参政会。我党决定由董必武、邓颖超以中共在渝参政员名义发表公开信，提出立即在全国停止向共产党的军事进攻等十二条临时解决方法，作为出席国民参政会的条件。由于他们不肯接受这些条件，我党参政员决定拒绝出席……”

司徒美堂插话：“啊，既然是这样，我要在参政会上，代表华侨为你们说公道话。”

“司徒先生，谢谢你的公正和支持，让我再继续向你汇报你们家乡华南战场的抗战情况：

自1938年10月广州沦陷后，成立了东江人民抗日游击纵队。随着时局的发展，相继成立了珠江纵队、粤北纵队、琼崖纵队等华南人民抗日游击队。虽然远离中央，但他们坚持独立作战，有力地打击了日寇，牵制敌人的进攻，立下了不朽的功绩。

特别要提到的是，华南人民抗日游击队在海外侨胞的支持下，在极端艰苦的环境下，坚持斗争，其中有华侨的一份功劳。抗战爆发后，我党派遣廖承志同志到香港接待侨胞支援抗日工作，孙夫人和何香凝等爱国人士组织了‘保卫中国大同盟’，在香港与海外侨胞取得联系，把海外侨胞支援祖国抗日的捐款捐物源源不绝地转送到各个战场。这跟你和美洲、南洋侨胞的努力分不开，海外侨胞捐资捐物助战，许多南洋爱国华侨青年，在陈嘉庚先生等侨领的资助下，不少人到了延安，而后奔赴各个战场，有的壮烈牺牲了。南洋华侨青年还组织了‘东江华侨回乡抗日服务团’和‘琼崖华侨回乡抗日服务团’，他们活跃在东江两岸和海南岛，有的参加抗日武装部队，有的深入敌后发动民众，宣传抗日。不幸的是热血沸腾的爱国华侨青年却遭到无辜的迫害。”

司徒美堂激动地说：“我这次回国，途经香港得到孙夫人、何香凝女士和廖承志先生的指点，以及东江游击队的帮助，才安全脱险，这是我亲眼所见，情况我都明白了。”

“对，这是你耳闻目睹，切身的感受，我就不多说了。总而言之，我党领导的抗日队伍，多次粉碎敌人的围攻，力量迅速发展壮大。以上的真实情况，请你把抗日的真相，如实告诉海外侨胞，让他们知道谁是真正抗日，又是谁在争夺地盘。我们共产党领导的八路军、新四军和全国各地的抗日人民游击队，是为了国家民族的利益而流血牺牲，从敌人铁蹄下夺回失去的土地，有何罪责呢！正如你这次在香港遇难，当你到了香港不久被日本矢崎抓去后，香港八路军办事处立即告诉我们，随后我们密令香港工委和港九游击队，要千方百计保护你的安全，那些日子我们都为你担忧，当你安全脱险的消息传来后，我们大家才松了一口气。”

此时，司徒美堂热泪盈眶地握住周恩来的手，激动得说不出话来，周恩来同志扶着他说：“司徒先生，请坐下，你慢慢说。”

司徒美堂从口袋里掏出小手绢拭去泪水，舒展了两下紧锁的剑眉，似乎要说的话很多，但又不知从何说起。稍停片刻，声调深沉地说道：

“周先生，我司徒不会忘记你们的，更不会忘记救我一命之恩的香港洪门兄弟和东江游击队，谁在真正抗日，我心里明白啦！”

当他平静下来后，情不自禁地把美洲侨胞抗日募捐的盛况，详尽地向大家介绍……

当他讲话完毕后，周恩来同志拿出一张折叠好的毛毯送给他，并对他说：“司徒先生，这是我们延安自力更生制造的毛毯，送给你作留念。自己生产的，粗了一点，但很暖和，纯羊毛的。”

司徒美堂高兴地接过毛毯，托在左手上，右手轻轻地抚摸，心里喜滋滋的，他很珍惜这份礼物，因为它分量很重，它凝结着周恩来和八路军的深厚情谊，表达了中华民族优秀儿女们抗战到底的决心，寄托着共产党中流砥柱的无限希望。收下吧！一定收下，这是抗日军民的情意，把它带回美国去，让海外侨胞乡亲看到中国抗战的前途，有了这支共产党领导的抗日军队，中国一定不会灭亡，中华民族一定有希望，苦难的祖国一定要独立，海外侨胞一定能看到胜利的曙光！盼只盼不久的将来，强大的祖国像巨人般屹立在东方。从此，海外侨胞有了强大的靠山，不再受人欺凌，海外的孤儿便有了娘……

司徒美堂想着想着，周恩来同志向他建议说：

“司徒先生，你这次回国很不容易，历尽艰险，虎口余生，我们对你那忠贞不屈、正气凛然的爱国精神非常崇敬，让我们到门口照个相，为你安全脱险合照留念，让美洲洪门兄弟知道你安全抵渝而高兴。”

司徒美堂高兴地说：“好，我要把照片带回美洲各地，向侨胞们宣传八路军英勇抗敌的事迹。”

邓颖超、徐宗汉搀扶着司徒美堂，周恩来、董必武陪着他走出会议室，还有他的儿子一起在八路军办事处门口合影。

合照留影后，周恩来同志设便宴招待司徒父子。虽然，便宴比不上国府的豪华筵席，但是广式川菜，饶有风味，司徒美堂父子吃得很满意。宴会结束后，周恩来、董必武、陶行知等人陪同他父子俩参观了红岩村。八路军办事处的工作人员艰苦朴素的作风给他留下了不可磨灭的印象。

这一天，对司徒美堂来说是极不平凡的一天，将永远铭刻在他的心里，载入他人生的史册，闪耀出灿烂的火花。他在人世间已生活了七十余年了，奔走海外，浪迹天涯，历尽坎坷，饱经风霜。这一回，仿佛又增添了新的血液，吸收了新鲜氧气，思想在飞跃，心胸更加宽阔，眼光更加远大，在茫茫的雾海中辨明了方向。他的认识在提高，理智在升华，信仰在转变。

（二）

第三届国民参政会原定4月1日正式开幕。但因种种原因，一再推迟，延至秋天。

司徒美堂在重庆待了一些日子后，回到广东老家探亲，到韶关住了一段时间，接着又到广西探望朋友，直至10月24日国民参政会召开的第三天，才从桂林乘机飞往重庆，同机前往的有女参政员、胡汉民之女胡木兰。司徒美堂抵渝后受到隆重的接待，住在西南大厦四楼，放下行李后他随即参加大会。

会议期间，蒋介石特别关心，派刘维炽和马湘专门照顾司徒美堂。名曰照顾，实是盯梢，因刘维炽是司徒美堂的同乡，马湘原是孙中山的警卫、国民党元老，二位都是广东四邑人，语言相通，联络方便。刘、马二位遵照蒋介石的旨意，对司徒美堂非常殷勤，关照入微。这么一来，他们就可以把司徒美堂控制在手中，不让爱国人士和抗日将领跟他多接触，特别害怕共产党八路军代表跟他交谈。会议期间，司徒美堂几乎失去行动自由，每走一步都有人跟着他，他想看《新华日报》，刘维炽劝他不要看，他想会见爱国将领和进步人士也受到阻挠。

当天晚上，刘维炽来到西南大厦四楼司徒美堂的客房里，进一步启发他加入国民党，两人谈话到深夜。

刘维炽："阿伯，你知道吗？这次是委员长亲自提议，请你回来参加国民参政会的。"

司徒美堂："是吗！啊，那应该感谢蒋委员长的关照，蒋委员长有何命令，我一定遵从！我将不惜老迈之躯为国效劳！"

刘维炽听见他坦率的回答，心里很高兴，便进一步劝他：

"阿伯，蒋委员长很器重你，他很希望你能加入我党，你的意思如何？"

司徒美堂："我们在海外谋生，对国内的情况不了解，但是，海外侨胞都有一个共同的心愿，希望政府领导全国人民，团结一心，早日消灭日寇，建立起强大的民主国家，只要国人能举国上下，万众一心，不分党派，不搞分裂，跟日寇决一死战，我们海外侨胞都愿意支援抗日到底！"

刘维炽："你对本党有何看法？"

司徒美堂："谁打日本，谁就是爱国，谁能拯救中华民族于水火之中，我就拥护谁，我们华侨就支持谁，我是洪门致公党，不参加其他党派。"

刘维炽："只要你愿意加入我党，这就表示你对党国的忠诚，委员长绝不会亏待你的，他还提携你担任'国府委员'的要职！"

司徒美堂笑道："这是你给我戴的乌纱帽吗？"

刘维炽严肃地说："不，那是委员长的意思，我们是老乡，有话直说了，只要你答应加入本党，高官厚禄等着你哩！"

司徒美堂冷笑一声："哈哈……好一个'国府委员'！"

"没错，国府委员，是蒋委员长亲口对我说的。"刘维炽生怕他不相信，进一步解释。

"小弟，你太不了解我了，我追随孙中山先生闹革命，是为了爱国而不是想当官。当年孙中山先生就任总统时，特地从南京发来电报，邀请我回国执掌总统府大印我都辞谢了。如今，国难当头，我回来参加国民参政会，为的是促成团结抗日的局面。我们老家有句土话'兄弟不和受人欺'，你还记得吗？国家也是如此，大敌当前，团结为重，反对分裂！"

夜深了，刘维炽意识到要想把司徒美堂拉进国民党恐怕很难，他看了一下手表已经11点钟了。

"阿伯，时间不早了，今天开了一天会，你该休息了，改日我们再谈。"说完，刘维炽离开了客房。

翌日，国民参政会礼堂，各界代表一个接一个登台演讲，向政府发出提案。当他发言的时候，刘维炽搀扶着他走向主席台，会场上的气氛显得有点紧张，司徒美堂满口广东话，大家虽然听不太懂，但也聚精会神，台上台下鸦雀无声，他的发言显得有些激动：

"蒋委员长，诸位代表先生们：

今天，我代表美洲华侨向政府进一言。在我回国之前，接到不少侨胞来信，要求我向国府提意见，救救他们的家属和亲人。自抗战以来，美洲华侨为了接济家乡的亲人，用自己血汗换来的美金，除了维持自己的生活之外，大部分募捐给政府，留下小部分由中国银行汇给国内亲人作生活费用，中国银行折成金圆券汇回重庆。按汇率来说，华侨已经很吃亏了，但是从重庆总行转到侨眷手里，快则半年，慢要一年。许多人收到海外来信，说有汇款，盼呀，盼呀，汇款未到，全家已经饿死。侥幸活着的侨眷，收到汇款，本来可以买三千斤大米的，只能买到一百斤了。从重庆到广东四邑，不外乎一二千里地，从总行到桂林分行、韶关支行，再到四邑侨乡，拖这么长的时间，究竟原因何在？他们把钱存在国家银行，自己却还在挨饿，岂不是捧着金碗在讨饭吃？

我这次回乡，见到一位鹤山镇南乡侨眷对我说，他父亲在美国费城，寄给他一些钱，被积压了十一个月了，损失了百分之九十七。我的一位台山朋友，七十多岁了，在美国积彩城开中国餐馆，积聚了十万元美金，从纽约中国银行汇出，当他回国后，领到汇款时，还不值美金一千元，支撑了一年多，活活气死了，死后连棺材钱都没有留下……"

他讲到这里的时候，心情不能平静，压抑不住内心的激愤，声调由低沉到高昂：

"我们侨胞在海外寄人篱下，受人欺凌，没有合法的权利，而我们侨眷在国内也得不到保障，真是'老鼠钻竹筒，两头受罪'。万望政府要保护华侨的合法权益，珍惜华侨的血汗钱，救救我们的亲人。请政府拨款三千万元，迅速救济粤省灾民特别是四邑侨乡难民。如国家有困难，可暂时借贷，我返美后，可募集归还国家。如国家过分困难的话，那我只好向广东政府方面提议。

我的第二个提案，希望国共两党坚持团结，共同抗日，反对分裂，反对妥协。国民政府领导全国人民，万众一心，把日寇驱逐在国门之外。我们华侨在海外多么渴望早日把日寇赶走，建设独立富强的国家，只要祖国强盛，我们华侨在海外才有地位。为了祖国，我们侨胞吃尽苦头，人人节衣缩食，募捐救国，平均每人捐款二百七十美元以上，而其他药物、救护车等之捐助，犹不在内。不少华侨翻家底募捐，有的小孩听到打鬼子，把压岁钱都捐出来，有的妇女把结婚纪念品都捐出来。国人千万千万要团结一心，共同抗敌，不能辜负侨胞们的心愿啊！

第三个提案是关于侨资回国问题。

当年孙中山说过‘华侨是革命之母’。这句话经过中国近千年历史的考验，谁也不能玷辱这句话，华侨愿意把资金移向祖国，在自己的国土上开花结果。现在问题是怎样移？移作什么用？怎样耕耘？怎样灌溉？准备开什么花？结什么果？

只要投资有保障，侨胞皆愿意从事投资建国的工作。我的三个提案完了。”

会场上，响起阵阵鼓掌声，非常热烈。

司徒美堂的三个提案和有节奏的掌声，像重槌敲击着在座党国要员的心扉。但是一阵掌声过后，依然平静无波。司徒美堂的提案不仅没有起到积极的作用，恰恰相反，给他们提供了一个搜刮侨汇的救生圈。

大会散场，蒋介石跟孔祥熙同车回邸，汽车在沿江公路急驰，两人坐在车上策划新的谋略。他们决定成立一个华侨银行，直接掌管侨汇，此外，他们还打算拉拢美洲洪门致公党。

汽车朝着黄山疾驶，这两位大人物正在运筹新的决策……

入夜，山城的夜景是迷人的，像是无数星星陨落在长江和嘉陵江两岸，汇合成银河。灯火通明的中央饭店门口，守卫森严，孔祥熙从车上钻出来后，急匆匆登上二楼，走进司徒美堂的客房，一进门便对司徒美堂嘘寒问暖，显得关怀备至。寒暄了几句之后，便单刀直入，进入话题。两人对坐在沙发椅上交谈。

孔祥熙：“司徒先生，今天你在会上的提案很有价值，引起委员长的极大重视，他对海外侨胞非常关切，侨汇搞不好，是直接影响到侨眷生死攸关的大事，为了妥善解决侨汇问题，决定在重庆办一个华侨银行，你的想法如何？”

司徒美堂：“搞好侨汇，首先要解决好两个问题，一是缩短汇期，二是提高比值。这两个问题得不到解决，办起什么银行也无济于事。”

孔祥熙：“如果办起华侨银行，就可以直接与纽约的中国银行汇兑，缩短时间，我们尽力做好这项工作。”

司徒美堂：“好，如果委员长真能关心侨汇工作，解救我们侨眷的痛苦，海外侨胞会感谢他的。”

孔祥熙：“嗯，这是政府责无旁贷的义务，国家有难，海外侨胞竭诚支持，作出莫大的贡献，爱护侨胞是我们义不容辞的责任。”

这次，司徒美堂回国参加国民参政会，肩负着侨胞的重托，披肝沥胆，冒险回国，为了解决战争给侨眷带来的危难，已初步达成协议，他如释重负，内心有说不尽的高兴。

孔祥熙眼看目的已经达到了，从沙发椅上站起来，表示关切地说：

“司徒先生，就这样决定吧，我们尽快促成华侨银行的筹办。你老人家初到山城，生活有不周之处，请随时提出，不要客气！”

“好吧，感谢你对侨胞的关心！”说完，司徒美堂送孔祥熙走出客房。

“晚安！”孔祥熙告别说。

翌日清晨，戴笠和杜月笙遵照蒋介石的吩咐，既然司徒美堂对加入国民党不感兴趣，只好变换手法，企图通过帮会组织把美洲洪门兄弟拉过来，由戴笠和杜月笙出头。

他们来到司徒美堂的客房，杜月笙主动同司徒美堂握手，亲热地说：

“司徒大哥，您好！”

司徒美堂听到“大哥”的称呼，又望着杜月笙那顶鸭舌帽沿底下一双忽闪忽闪的眼睛，便产生一种奇特的印象，戴笠有所察觉，急忙向司徒美堂说：“啊，我来介绍一下，他是上海洪门人士，青帮头目杜月笙兄。”

“欢迎，欢迎，我们都是洪门兄弟。”司徒美堂说。

杜月笙：“大哥，久闻大名，难得一遇，见兄一面，三生有幸！”

戴笠：“大哥，今天月笙兄初次与你会面，以后你们多多加强联络！”

杜月笙：“是的，大哥身居美国，威震五洲，上海青帮弟兄们拜大哥为师，请多多扶持！”

戴笠：“大哥，我们都是洪门兄弟，天下洪门是一家，我建议，海内外洪门兄弟联络起来，增强团结，为国效忠。”

杜月笙：“海外洪门兄弟，势大声威，小弟欲请大哥助一臂之力，扩大影响，不知大哥意下如何？”

戴笠和杜月笙的一番对话，像演一出双簧戏。司徒美堂听着，想着，并不知道他们要唱哪一出戏。眼下国家遇难，每个炎黄子孙都应该尽一份解救祖国民族于危难的天职，似乎这两位弟兄的话也有道理。

戴笠和杜月笙两人一唱一和，把他们联络国内外洪门兄弟的计划一五一十告诉司徒美堂，而他只是在听着，思索着。在他看来如能让海内外洪门兄弟团结合作，壮大力量，为拯救危难的祖国，应该鼎力支持。

“好，待我到回到美国后，跟美洲洪门兄弟商议商议，再给你们写信。”

他们一直谈至深夜，戴笠和杜月笙才离开中央饭店。

会议期间，国府要员接连不断登门拜访，门庭若市，“关怀”备至，许多民主人士和友好人士却均无法安排接见。

国民参政会开过之后，司徒美堂急于筹备华侨银行，经过一番努力，在枣子岚墟街办起了华侨兴业银行。兴业银行的兴办对侨资归国、接通侨汇、输财抗战、投资建设起着一定的作用。司徒美堂亲自出任董事长，避免他人插手，确保华侨的合法权益不受侵犯。他原来住在中央饭店，出入不自由，受人盯梢，行动不便，于是，干脆搬到新办的兴业银行楼上下榻，这样一来，他可以广泛接触各方友好人士，经常与国内洪门人士陈其尤、黄鼎臣等人来往，更有机会了解抗战的真情实况。

（三）

时间如流水，冬去春来又一年。眨眼之之司徒美堂在山城重庆待了将近一年的光景。这一年对他来说是极不平常的一年，接触了各种不同身份的人物，上至国民政府最高领袖蒋介石以及一大帮国府军政要员，下至处在水深火热中的黎民百姓；同时，也见到爱国抗日将领冯玉祥将军和民主人士陶行知先生，以及国内洪门人士；更难忘的是拜会了中央驻重庆八路军办事处代表周恩来、董必武等领导人，他们是中国的希望、民族的精英。有了这些出类拔萃的贤才，一定能把日本侵略者从中国土地上赶出去，抗战一定能够取得最后的胜利！

初春的一天，司徒美堂决定返美，尽快把回国的所见所闻告诉海外的侨胞和洪门兄弟。临行前向蒋介石告别，相约刘维炽一起前往蒋介石官邸。当他们乘"的士"来到山脚下的时候，轿夫把司徒美堂抬到山顶。到了黄山山顶上，两人向别墅走去，远远望见蒋介石和宋美龄已站在门口等候。当司徒美堂走近别墅时，蒋介石夫妇笑脸相迎，左右搀扶着他慢步走入别墅。在会客厅里，宋美龄沏好一杯龙井茶，恭恭敬敬地端给司徒美堂，说：

"司徒先生，请喝茶，听说过两天你就要回美国去了，怎么不多待一些日子呢！"

"我回国时间不短了，将近一年啰，这些日子多蒙委员长和夫人的关照。"司徒美堂接过茶杯，呷了一口说。

宋美龄亲昵地说："嗯，看你说到哪里去了，我们都是一家人，别说两家话，这些日子对你老人家关照不够，请多多包涵！"

蒋介石："司徒先生，很对不起，你来到山城吃苦了，战乱年月，本人因政务繁忙，招呼不周，没有好好陪你老人家玩玩，很抱歉！"

司徒美堂："委员长国事在身，重任在肩，还多方关心，我返美后，一定向侨胞汇报，感谢你们的关照。委员长还有何吩咐？"

蒋介石："啊，请你回到美国后，代我向美洲各地侨胞慰劳，感谢侨胞们对国府的支持，抗战胜利后，再请你们回国参政。"

司徒美堂："但愿抗战早日胜利，我们一定回国与祖国四万万同胞共同欢庆胜利！"

蒋介石："到那时，我一定好好地招待你们。"

司徒美堂："恕我直言，临行前我有几句话奉献给委员长。"

蒋介石："不必客气，有话直说。"

司徒美堂："那好，我就直鼓打直槌。大敌当前，团结为重，国共两党，坚持团结，合作抗战，国内不团结，海外侨胞受影响。其次，对那些走私贩毒、残杀儿童的人一定要严加惩办，救救可怜的孩子们。再进一言，请救救我们的侨眷，华侨银行已成立，侨汇工作一定要做好，要及时把侨汇送到侨眷手里，不能让侨眷饿死！"

蒋介石："好吧，美龄，你一定要协助华侨银行办好侨汇工作，让司徒先生放心！"

宋美龄连忙说："司徒先生，请你老人家放心，侨汇问题包在我身上，一定按时把侨汇送到侨眷手里。"

司徒美堂："这样我就放心了，侨胞们会感谢你们的。"

蒋介石吩咐宋美龄："美龄，过两天司徒先生要回美国去了，中午叫厨师多做几个合口味的广东菜。"

宋美龄看了看手表说："我已通知伙房安排好了，很快可以进餐。"

蒋介石："那好，我们边吃边谈。"

……

吃过午饭，司徒美堂辞行了，蒋介石和宋美龄搀着他穿过三道门，一直送到大门口。

"请留步！委员长。"司徒美堂劝说。

"好吧，你回到美国后，代我到美洲各地宣慰华侨，一切费用由我承担，以我的名义感谢美洲华侨支持祖国抗日，今后继续努力，募捐救国，有什么事情需要帮忙的，请来函！"蒋介石握着他的手说。

宋美龄："司徒先生，祝你一路平安！"

蒋介石吩咐随行的刘维炽："维炽呀，这几天要多加照顾好司徒先生！"

刘维炽："是，委座请放心！"

司徒美堂向他们告别："再见了，委员长！"

蒋介石和宋美龄挥手："司徒先生，再见！"

刘维炽扶着司徒美堂顺着黄山石级一步一步往下走，不时抬头望望茂密林木，欣赏旖旎风光，心花怒放。

已经是春回大地了，浓雾依然笼罩着山城。春末的一天，旭日从东山升起，强烈的阳光渐渐驱散茫茫的烟雾。重庆机场送行的人群热闹喧天，司徒美堂拄着拐杖，登上一架大型客机。站在机舱门口，向送行的人群挥手告别。送行的人群中有各方代表，包括国民党军政要员、八路军代表和爱国民主人士数十人。因太平洋战争爆发后，香港被日军占领，只好取道印度，飞越喜马拉雅山，途经加尔各答返美。

飞机的马达启动了，渐渐离开地面起飞了。

他从窗口俯视着坐落在长江和嘉陵江汇合处的重庆山城，鳞次栉比的建筑物和起伏的群山逐渐变小。随着飞机不断升高，偶尔出现云层，机身在震动着。飞机在大西北上空飞行，越过无数高山大河。

当飞机在青藏高原越过世界屋脊喜马拉雅山时，但见高耸入云的雪山，连绵起伏，银光闪耀，炫惑人眼。仿佛看见一条一条火龙在腾飞，一座座的小山包如同龙口吐珠。此时，司徒美堂心潮起伏，浮想联翩：

"中国是个文明古国，她有着几千年的悠久历史。中华民族是个优秀民族、伟大的民族，以勤劳、勇敢著称于世。我们都是龙的传人，炎黄的子孙，出生在这片古老的国土，多么自豪和骄傲！可是，由于近百年来，清朝的腐败，异族的入侵，多少炎黄子孙迫于无奈，出外谋生，流落海外异国他乡。民国初建，卖国窃臣袁世凯引狼入室，如今日寇的铁蹄仍在践踏我们的国土，蹂躏我们的同胞……

在这广阔的土地上，养育着四亿五千万同胞兄弟和姐妹，他们应该过着自由和幸福的生活；中国应有所发展，步入世界之林，为人类社会发展作出贡献。可是，现在她却像一片桑叶，被那一条小小的蚕一口一口地蚕食。泱泱大国，怎能被日寇置于死地呢！

云雾消散，曙光在前。祖国啊！我的故乡，何时才能把日本强盗驱逐于国门之外呢？中国要是亡于日本，华侨在海外就无法生存，华侨与祖国相依为命，孩儿不能没有母亲，我们不能没有祖国，失去祖国，就是失去母亲，失去了靠山，侨胞便成了海外孤儿……"

他想着想着，客机已越过世界屋脊，飞向印度加尔各答。司徒美堂从机窗望着多灾多难的祖国，恋恋不舍。

第十三章 “效命蒋委员长”

(一)

1943 年，春天。

司徒美堂返回美国后，夜以继日，废寝忘食，投入到抗日救亡的宣传发动工作中。他以“蒋委员长宣慰美洲华侨”的名义，肩负重任，奔赴美国本土和南北美洲十多个国家，宣传抗日和发动募捐救国。

1943 年 7 月 7 日，在旧金山筹饷局召开抗战六周年纪念大会，全市侨胞踊跃参加，还有许多美洲朋友。主席台上挂着横额“三藩市华侨七七纪念大会”，会场上一片激昂的气氛，群情振奋。司徒美堂出席了大会，坐在主席台上。大会由旧金山致公堂负责人司徒俊葱主持，出席会议的还有专程赴美国募捐的国民党特派员萧吉珊。

大会开始的时候，萧吉珊取出一面国民党党旗挂在主席台上，引起台上台下一阵轰动，会场骚乱起来。

台下，有的华侨大声喊叫：“请把国民党党旗取下来!”有的走到主席台前质问：“请问主席，今天是什么日子？为什么要挂国民党党旗呢?”还有的跑到大会主席面前说：“如果不把国民党党旗取下来，我们就退出会场!”

此时，会场内外一片骚动，欢呼声、口哨声、咒骂声，交织在一起，严肃的气氛变得混乱嘈杂。

主席团的代表们也非常气愤，执行主席司徒俊葱对萧吉珊说：“今天是我们三藩市侨胞召开‘七七’团结抗日纪念大会，你明白吗?”

萧吉珊：“今天是‘七七’抗战六周年大会，应由我们领导!”接着，他站起来争着当大会的主持人，夺过讲话筒，伸着脖子，拉长嗓音，抢先发言：

“诸位侨胞，先生们，女士们：

今天是我们党国领导中国抗战六周年纪念日，蒋委员长说过，中国只有一个政党、一个政府、一个主义、一个领袖……”他的话还未说完，会场里有的吹口哨，有的喊口号，“把他拉下台!”大会一片混乱。萧吉珊再也说不下去了。主持会议的司徒俊葱站起来质问他：

“萧先生，今天，这是不分党派、不论姓氏、不问男女、不限乡邑的抗日筹饷会，又是团结的大会，你为什么要讲一个主义？要搞这些名堂，请回到你们党部再讲。”

会场又是一阵又一阵的呼喊：“叫他滚回去!”台下，一位侨胞站起来质问他：

“你既然说国民党天下第一，领导抗战，夸功逞能，那么，请问抗日捐款，你们哪一位掏过腰包呢？要是你来领导筹款，我们就坚决退出筹饷局!”

会场引起更大的轰动，许多侨胞纷纷退席，司徒俊葱也退席。司徒美堂见此情景，气喘吁吁，挥动着手里的那把徐宗汉女士送给他的拐杖，大声喝令：

“萧吉珊，你、你、你快点滚下主席台，要不一切后果你要负责!”萧吉珊见势不妙，只好把国民党党旗取下来，灰溜溜地离开主席台。萧吉珊下台后，大会又继续进行。大会主席宣布：“请纽约救总常委司徒美堂先生讲话。”

司徒美堂从主席台上站起来演讲，声如洪钟，响彻会场内外：“侨胞们，先生们，女士们：

今天，是三藩市筹饷局召开的‘七七’纪念大会，在这隆重的大会上，我说两点。

首先，我代表蒋委员长向大家问好，感谢侨胞们对祖国抗战的大力支持，他希望侨胞今后多多努力!

其次，我要讲的另一方面，我在重庆时见到许多朋友，还拜见了周恩来将军，在跟他们的接触中，我了解到中国抗战的真相，解决了我不少疑问和忧虑。过去，对中国共产党的情况及其主义没有认识，还可以说心存疑惧，这次回国，耳闻目睹，使我渐渐明白过来，共产党所领导的八路军、新四军和他们指挥的游击部队，虽然是缺枪少饷，处境十分困难，军民生活非常艰苦，但他们的力量不断壮大，已由几万人发展到几十万人，不但在前线，而且还深入敌后斗争，解放了大片国土，这是极大的成绩。但是重庆国民政府不仅不给他们粮饷，更可恶的是连我们华侨捐助给八路军、新四军的财物也给扣留和吞没。不但如此，他们还派遣七个师的兵力去伏击驻守在皖南前线由叶挺将军领导的新四军，制造了震惊中外的‘皖南事变’，真是令人痛心！

在我回国一年多的时间里，我逐渐认识到，忠于抗战事业，而且创造了抗战办法，展开抗战局面的是共产党而非国民党。那么，凡是爱国的人，就绝不该反共，反共的人实际上也一定反对抗战。”司徒美堂讲到这里的时候，会场上有些骚动和议论。他停了片刻，又接着说下去：

“侨胞们，几年来，我们大家节衣缩食，募捐救国，为的是什么？是爱国，希望早日打败日寇强盗。谁能把中华民族从水深火热之中拯救出来，我们就拥护谁。我们募捐是供给真正打日寇的抗日军队。有的人打着抗日的旗号来骗取我们侨胞的血汗钱，那是不行的，我们要擦亮眼睛，分清红白真假。我的话讲完了。”

台下掌声此起彼伏，经久不息。

会后，司徒美堂的讲话还被登在报纸上。他的讲话在广大华侨中引起了强烈的反响，曾经产生过一阵争论，澄清了华侨社会中一些模糊的思想，进一步掀起了募捐救国的高潮。从此，侨胞要求自己的捐款汇给八路军、新四军，以及真正抗日救国的军民手中。随后，华侨的抗日捐款之事由筹饷局统一筹措，不容使馆人员和政府官员插手。

（二）

1944 年，夏天。

司徒美堂从美国乘船去古巴视察致公堂的堂务，并做抗日宣传工作，他来到风光旖旎的岛国，在古巴首都哈瓦那致公堂总部，受到朱家兆等洪门兄弟的热情接待。

翌日上午，司徒美堂向朱家兆了解了古巴华侨踊跃捐款，支援祖国抗战救国的许多动人事迹，听后很高兴，并表扬了古巴洪门兄弟的爱国热情。接着，他也把回到祖国的所见所闻，如数家珍地向朱家兆等人介绍一番。洪门兄弟听了司徒美堂讲述国内抗战的真实情况后，朱家兆颇有感触地说：

“大哥，你来得正好，把国内的抗战形势跟侨胞兄弟说一说，耳闻不如目见。近年来，侨胞的募捐热情不如过去高涨了，请大哥给弟兄们鼓鼓气才行！”

司徒美堂惊奇地问道：“啊，据我知道，以往你们募捐运动搞得很活跃，捐款很多，现在却低落下来，究竟是什么原因呢？”

朱家兆愤懑地说：“嘿，那是过去，现在变了。以前是我们致公堂洪门筹饷会自己筹款，自从大使馆来了李迪俊之后，向华侨骗钱他倒很卖力，但对华侨受人欺侮的事他却不管。”

司徒美堂：“是吗，怎么回事？”

朱家兆：“这个家伙，上一次我们举办‘一碗饭’运动时，开始印了三万张入场券，他看见入场人数过多，又拿出临时入场券，差不多增加了一倍。那一次起码收有六万元美金。可是，他呈报中央只了三万元，足足贪污了三万元，打从上次以来，大家的心都淡了。”

司徒美堂听了之后，激动得气喘吁吁地提起拐杖直打哆嗦，连敲几下地板，气愤地说：

“嘿！这个身为党国使官的李迪俊，竟敢把我们华侨当作摇钱树，侨胞兄弟的心他都想吃掉。”

朱家兆从口袋里掏出一封信交给他，说：

“大哥，请你看看这封信，就明白了。”

司徒美堂接过他的书信，逐字逐句细阅，愈看愈恼怒，火冒三丈：

“……李迪俊自抵古以来，日以剥削为事，当其到任之初，即有所谓汽车捐款、公文捐款等敛钱方法。其最大贪污，则为抗日之‘一碗饭运动’，据在事侨领亲见目击，其如印入场券三万张，不敷分发，续印三万张，开会时人数过多，乃发给临时入场券，实数无以稽核，即以印好之六万张入场券而论，收入已有六万元（美金）。场内设有冰水部、茶餐部，凡用点心者，每客至少捐一元，其收入之数，又在六万元。惟李迪俊呈报中央，仅云收入三万元，其为侵吞救国捐款四分之三者显而易见；中国航空协会驻古巴协会原已捐存款甚巨，均为李迪俊予取予携，开销净尽。此次因古巴流氓骚扰华人餐馆，华侨请其出头交涉，他则示意其爪牙，向华侨先支宴请古巴劳工部长出席费五百元（其实只用去二十元，私吞四百八十元）。每年双十节，李迪俊向不在使馆庆祝，惟其私人生日与太太生日，则例须欢宴甘为走狗之所谓‘侨领’，并授意人家发动祝寿献礼，如金饰、珠链等，每举一事，即借口向华侨索捐，欲求无有厌止……

至古巴政府颁布之‘五十工例’，无非迫害华侨，即华侨商店有工出缺，需先雇古巴人，若要开除工人，须先以华工下手。此系华侨生死关头之事，华侨促李出头交涉，则蒙骗国内‘中央政府’，谓其法不苛，对华侨则谓：无权干涉别国之法律。此例实行后一星期，侨工失业者已有七八百人，此后二万七千华侨进退两难，生活焦虑，但素以媚外为能事之李迪俊绝不关心，亦未抗议……”

司徒美堂压抑着满腔怒火，看完这份揭发检举信后，实在坐不住了，噿地站起来，拉着朱家兆说：“走，我跟你一起找李迪俊磕头虫算账去，过去我们骂清朝钦差是磕头虫、卖国投降外交，可这国民政府派来的大使比清朝的磕头虫还坏。不仅不管华侨生死，甚至还要侵吞华侨心血，这样下去，我们国家怎能不灭亡，华侨怎能生存?”

朱家兆派人去叫车，另吩咐几位洪门兄弟随同保护，驱车前往中国驻古巴大使馆。到了大使馆门口，司徒美堂望了一下楼上飘的国民党青天白日旗，大门挂着中国驻古巴大使馆的牌子，然后领着朱家兆等几位洪门弟兄直奔大使馆。站在大门口的侍卫挡住他们问道：“喂喂喂，你们哪来的?”

朱家兆：“致公堂。”

侍卫：“你们找谁?”

朱家兆：“找李大使。”

侍卫：“你们有什么事?”

司徒美堂：“有急事。”

“有事，写条子，留下地址，听候通知。大使馆不准随便入内。”

司徒美堂不管三七二十一，直进。侍卫挡驾。司徒美堂挥动拐杖拨开侍卫：

“走开，大使馆的大门不让华侨出入，岂有此理！”又指挥几位洪门兄弟，“进去，怕什么！”他们进去会客室坐下。

侍卫眼看挡驾不住，赶快跑去告诉武官。

一位身穿军装、胸佩腰带、风度威严的武官出来接见，走进会客室，看见朱家兆和几位陌生人，还有一位七十开外的老人，拄着拐杖，他感到稀奇。

武官：“朱先生，你们有事吗？”

司徒美堂抢先说话：“那当然啰，无事不登三宝殿。”

接着，朱家兆指着司徒美堂说：“啊，是这样，我们美洲致公总堂司徒美堂先生想拜见李大使，洽谈关于华侨募捐救国的事。”

武官：“啊，那很好，请你们稍等，我叫他来。”

隔了一会儿，武官陪着一位西装革履、戴着金丝眼镜、大腹便便、五十开外的外交官进来，他的目光透过金丝眼镜，扫视一下几位不速之客，然后他的视线停留在手持拐杖、年过七旬的司徒美堂脸上，目不转睛，似乎想从他饱经沧桑的脸庞上寻找来意，两个素不相识的人视线交织在一起，各有所思。

朱家兆主动介绍：“李大使，他是我们美洲洪门致公堂司徒美堂先生。”

李迪俊上前彬彬有礼地同司徒美堂握手，说：“欢迎司徒先生远道光临。”

这时，司徒美堂仍然坐在椅子上没有站起来，伸出右手与他相握，司徒美堂那只粗大的右手被那软绵绵而带弹性的双手紧握着，片刻松开。李迪俊吩咐秘书：

“快，沏茶，招待客人。”

然后，李迪俊找了个位子坐下。

“司徒先生，亲驾光临，有何贵干呀？”

“听说李大使对古巴华侨的募捐救国运动非常热心，做了许多工作，取得极大的成绩，特地拜会。”

“这些成绩跟你们全美救总的领导有方分不开，先生爱国至诚，热心公益，久仰，久仰。”

“近年来侨胞的募捐热情如何？”

“跟往年比较似乎差了一点。”

“是何原因呢？”

“我也说不上来。”

“据我所知，抗战之初，古巴华侨募捐救国的热情非常高涨，究竟是什么原因导致低落呢？”

“是否跟古巴政府颁布的‘五十工例’之后，华侨失业人数增多，收入减少

有关系呢？我也说不清楚。”

“啊，既然‘五十工例’公布后直接影响华侨的就业问题，那可是关系到华侨生存的头等大事啊！请问李大使有无向政府当局出面交涉呢？”

“这个嘛，不是鄙人的职责所能承办的，我们无权干涉别国之法律，更谈不上抗议。”

“李大使，以我之见，华侨在外受人歧视，职业无所保障，这是生死攸关之大事呀，保护华侨的合法权益，作为中国政府驻外使节，对此是责无旁贷，怎能不管呀！”

“那是人家的内政，我们无权干预，这些外交原则，你们不懂。”

“不，照你这样做，那是放弃原则，损害华侨的利益，那是失职！除此之外，还在其他原因吗？”

李迪俊听到司徒美堂的说话带刺，预感到他来者不善，居然如此放肆，盘问起自己来，而他的质问又是那么尖刻，仿佛知道了什么。他心里捉摸，这个老家伙究竟想干什么？在大使前说话不讲分寸，步步逼人，要是别的华侨，早就把他赶出使馆大门了，可是，坐在他面前的司徒美堂并不是一般的华侨，他是能指挥全美十几万华侨的首领，又是洪门致公堂的头面人物，既不能让他知道自己的秘密，又不可得罪他，否则就会骑虎难下，甚至砸锅，或许大使的宝座也会丢掉。想来想去，还是要耐心应付，冷静对待，应酬过去方为上策。

司徒美堂直截了当地说：“李大使，古巴华侨为了支援祖国抗战，省吃俭用，他们这种爱国精神非常难能可贵呀！”

李迪俊假惺惺地：“是的，是的，我也很受感动。”

“听说，在‘一碗饭运动’时，很踊跃，是吗？”

“没错，那天，全市一次就捐有三万美元，每人捐一元，那场面太激动人心了。”

“成绩很可观，那一天参加的人有多少呢？”

李迪俊感到这一问似乎是话中有话，他脑子转了转，回答道：“大概也就二三万人左右。”

司徒美堂：“据说，那天六万张入场券都发完了，是吗？”

突然，李迪俊如坐针毡，坐立不安，脸色红一阵、白一阵，说话吞吞吐吐。

“这、这、这是谁说的，简直是胡说八道。那、那、那天捐收的二三万元，早已呈报中央，有据可查，简直是无稽之谈。”他好像被一场突如其来的暴风骤雨袭击过后的落汤鸡，汗如雨下，脸色苍白，瘫坐在沙发椅上，喃喃自语：“没有的事，哪、哪来六万张票?!”

司徒美堂见他一反常态，神色慌张，便乘机进击：“去年，我在离重庆返美的时候蒋委员长委托我……”他的话还没说完，李迪俊听见蒋委员长四个字，心里更加发慌，手足无措，慢吞吞地站起来，整了整西装，从口袋里掏出手绢擦拭满脸的汗水，向墙上挂着的蒋委员长肖像行注目礼。然后，像支撑不住似的一屁股“吧嗒”一声坐在沙发上。

“啊，蒋委员长说，说些什么呢？”

“蒋委员长委托我宣慰美洲各国华侨，动员侨胞继续努力，募捐救国。”

李迪俊听到这里，松了一口气：“对，今后要继续努力，多多发动侨胞捐款。”

“可是，目前古巴华侨的处境如此困难，捐款抗日的热情受到挫折，要我怎样向委员长交代呢？”

李迪俊刚刚松口气，仿佛又被一块石板压在胸前，透不过气，几乎要窒息似的，嘴唇颤动着：

“司徒先生，请你放心，我会继续发动侨胞捐募。”

司徒美堂不客气地说：“嘿嘿，靠你呀，国家会灭亡，华侨要吊颈的。‘一碗饭运动’时你贪污了侨胞多少捐款呢？中国航空协会古巴分会捐存的款哪里去了？祖国正处在水深火热之中，侨胞勒紧裤带，慷慨解囊，捐资救国，可你呢，自己不掏一分钱，相反，还把我们华侨赤诚的心都吞下去，抗日前方将士在跟日寇拼搏，正需要我们支援，可你、你、你还像个中国人吗？够了，以后华侨捐款的事我们自己管了，不再上你的当、受你的骗了。”说完，司徒美堂领着几位兄弟，“嘟、嘟、嘟”敲着拐杖，离开大使馆。李迪俊六神无主，像个掉地西瓜似的瘫在沙发了……

司徒美堂心里明白，发国难财的贪官污吏，何止李迪俊一人？上梁不正下梁歪，既然落进他们腰包的钱是无法挖出来的，只有采取严厉警告、教训一顿、恐吓一番就作罢了，以后的捐款由筹饷局和致公堂自筹，不让他们插手就是了。

在古巴逗留的日子里，司徒美堂跑了几个城市，作了几场演讲，介绍了八路军和新四军战场的战绩和全国军民积极抗战的形势，大大鼓舞了古巴华侨，重新掀起募捐救国的热潮。同时，还以美洲洪门致公堂的名义，对古巴政府颁布的《五十工例》提出抗议，要求修改工例，迅速解决华工就业问题。

他离开古巴，到巴拿马、墨西哥、巴西、秘鲁等国宣传抗日救国活动结束后，回到纽约，收到古巴致公堂朱家兆的来信，说侨工失业现象大为改观，侨胞抗日救国的热潮一天比一天高涨。司徒美堂见信后，感到不虚此行，非常高兴，立即写信表彰古巴华侨的爱国行动。

同时，还给驻古巴大使李迪俊写了一封长信，严肃警告他：不准骗取华侨捐款，否则，要向蒋委员长告他的状，还要在古巴致公堂洪门人士的《开明日报》

和《民声时报》上公之于众。

1943年春天，司徒美堂自重庆返美后，不顾年迈，手持拐杖，不足两年的时间里，他的足迹踏遍美洲十多个国家，深入华侨社会各阶层和团体，接触到更多的洪门人士，将祖国抗战的大好形势向广大华侨宣传，更进一步激发了广大侨众抗日救国的热情。同时，他在美洲华侨心目中备受尊敬，威信日高。

第十四章　梅园喜相逢

（一）

1945年初，国际局势发生了急剧的变化，世界反法西斯统一战线结成同盟，反侵略战争的力量日益扩大。日本侵略军偷袭美国珍珠港，太平洋战争爆发之后，美国政府改变了敌视中国的态度，派遣军事代表团到重庆，派出航空大队参加中国的抗战。同时，美国总统罗斯福宣布取消“排华法”，华侨的合法权利得到保证，华侨在美国的地位逐渐提高；苏联红军已开始向德国法西斯侵略军进行反击，展开猛烈的攻势，柏林不日可下；祖国抗战的形势日趋好转，抗日胜利的局面即将来临。司徒美堂密切注视着时局的变化，也非常担忧中国抗战的前途，十分关心祖国人民的命运。局势的变化，反法西斯力量的壮大，增强了他的信心，他要全力以赴去迎接胜利的曙光。

司徒美堂向洪门兄弟提议，组织华侨政党，以便抗战胜利后回国参加建设大业。经洪门兄弟商议，决定把洪门致公堂改为洪门致公党。经过一番筹备，3月21日，在纽约召开“美洲洪门恳亲大会”。出席大会的加拿大、美国、古巴、墨西哥、巴拿马、巴西、秘鲁、牙买加等九个国家致公堂组织均派出代表，在大会上一致通过，决定把洪门致公堂改称为“中国洪门致公党”。司徒美堂被选为洪门致公党全美总部的主席，古巴的朱家兆、加拿大的陈宜显、墨西哥的甄显炽被选为副主席，并设组织、宣传、联络、财务各部。大会还通过了《党纲》和《对时局宣言》，表示要“以华侨资本和人力参加复兴中国的建设”。各地洪门人士主办的报纸，如美国《五洲公报》，加拿大《大汉公报》和《洪钟时报》，古巴《开明公报》和《民声日报》，秘鲁《公言报》等，还联合其他爱国华侨报纸，发出《十报宣言》，号召“中国要结束国民党的一党专政，还政于民，召开国民代表会议，成立民主政府”。随后，各国致公堂跟着改组为致公党，致公堂的成员也就成为致公党的党员。

1946年4月，美国政府派出马歇尔来华进行所谓“调停”工作。抗战胜利后，致公党作出决议：各地派出代表，由司徒美堂率领回国参政。回国前他又接到上海虹口的洪门头子杨文道和上海滩帮会头子吴纪舜等人的邀请，准备回到上海召开“五洲洪门恳亲大会”。回国之前，他分别致电中共、民盟和南京蒋介石。中共和民盟均复电表示欢迎。唯独蒋介石不予答复。

这个月，司徒美堂率领“美洲洪门致公党代表团”，包括古巴的朱家兆、墨西哥的甄显炽和曹履孚、加拿大的朱金石和谢志加、美国的吕超然和杨天孚、秘鲁的蔡杰则、巴拿马的吴克泮等十人，从纽约乘坐邮船，兴致勃勃地回到上海。

上海是中国的门户和眼睛，素有“东方的巴黎”和“冒险家乐园”之称。当邮轮徐徐驶进黄浦江停泊在外滩码头时，司徒美堂站在甲板上，望着高耸入云的上海饭店，人车喧腾的外滩，以及几艘停泊在码头的挂着星条旗的美国军舰，油然产生一种既熟悉又陌生的感觉。他的脑际浮现出1932年他专程从美国回到上海，为凭吊淞沪抗战牺牲的十九路军爱国将士的情景，仿佛看见蔡廷锴将军指挥十九路军将士们英勇杀敌，浴血奋战的战斗场面……

十四年过去了，中国人民付出了重大的代价，才把日本侵略者赶出国门，黄浦江上已看不见挂着膏药旗的日本军舰。如今出现在眼前的却是美国的星条旗军舰。岂不是美国军队代替了日本军队？

司徒美堂脑子里闪出这个问号，领着代表们走向码头，直奔云南中路扬子饭店住下来。司徒美堂离开上海已有十多年了。眼前的上海，由于长期受到日寇的摧残，许多工厂倒闭，街道残破不堪，饿殍遍地。昔日的乐园，遭受暴风雨袭击后，遍体鳞伤，弹痕累累，百业凋零。

连日来，朋友知己、洪门人士来往不断。到沪一星期后，吴铁城陪同他一起前往上海蒋介石的别墅晋谒。当司徒美堂进到蒋介石的客厅时，看见蒋介石的表情跟四年前在重庆相见时迥然不同。蒋介石见到司徒美堂来了，显得有些尴尬，用冷漠的语气问道：

“司徒先生，你什么时候到上海的？”

“已经一个多星期了。”

“啊，很对不起，有失远迎，怎么动身前不先打个招呼呢！”

“启程之前，我们给你发的电报没有收到吗？”

“是吗？他们没有告诉我呀。”蒋介石摸了一下光秃秃的脑门，慢条斯理地说，“司徒先生，这次回国有何打算呢？”

“在重庆受你的叮嘱，回到美国走访南北美洲十多国家的洪门兄弟，一一转达了委员长对华侨的宣慰。”

“啊，那很好，谢谢你的一片忠诚！”

“去年3月，我们举行了美洲洪门恳亲大会，会上大家决议把洪门致公堂改称为‘中国洪门致公党’，洪门兄弟派我们回来参加祖国的建设，我们准备在上海召开‘五洲洪门恳亲大会’，号召五洲的洪门兄弟支持委员长召开国民代表会议，成立民主政府。”

蒋介石听见“民主”二字，笑道：“嗯，洪门兄弟还要参政？我看不必了，有钱出钱，有力出力嘛，华侨在海外，多出点钱支援国民政府就行了，至于国家大事嘛，你们就可以少过问啰！”

“委员长，你的意思是——”

“你看看《中央日报》就明白了，共产党称功讨劳，蠢蠢欲动，想争霸天下，那怎么行呢！中国只有一个政党、一个政府、一个主义、一个领袖。”

“蒋委员长，俗话说：‘家人不和受人欺，国人不和受人侵’，我代表洪门兄弟，只希望国共两党团结合作，成立民主政府，把中国建设成强大的国家，侨胞在海外也就不会被人歧视。”

“司徒先生，你才回国，不了解现在的国情，共产党没有民主可言。”

“蒋委员长，容我代表海外洪门兄弟说两句心里话，我们海外侨胞日夜思念祖国，希望祖国强盛，当日本侵略我们中国的时候，侨胞们多么着急，为了抗日救国，大家不知吃了多少苦头，作出了多少牺牲。现在抗战胜利了，我们侨胞的日子才好过一点。日本鬼子赶跑了，又要打起内战来，岂不是前功尽弃，白费我们的心血。中华民族何时才有出头之日！”

蒋介石很不耐烦地站起来，下逐客令：

“对不起，司徒先生，我很忙，你有什么事可找吴秘书长谈，再见！”说完扭头走了。

司徒美堂受到这样的冷遇，憋着一肚子气，转身只是摇头，“咚、咚、咚”，把心里头的一股闷气发泄在拄着的拐杖上，一步一步走出大门。吴铁城走出门，送他回到扬子饭店后对他说：

“司徒先生，有不方便之处，随时找我，有空我再来看你。”说完，“嘭”的一声关上车门，乘车走了。

司徒美堂回到旅馆客房，已经十二点钟，随同他来的代表们正在房里等着他，一进门，朱家兆问他：“大哥，你吃过饭没有？”

“嘿！这老蒋翻脸不认人，连茶水都没喝上，别说吃饭。”司徒美堂气鼓鼓地说。

朱家兆劝说：“我以为蒋委员长宴请你一顿，没想到连茶都不给一杯，太不像话。他不请，我们也不稀罕，快到饭厅，要不然人家要收盘了。”说完，扶着他走进餐厅。

司徒美堂受了蒋介石的冷遇，心里感到很不是滋味，心里想："这老蒋太无情，抗战时向我们华侨伸手要钱，说得甜言蜜语，天花乱坠，请我到家做客，从一道门送到三道门。没想到，抗战胜利了，却不准我们过问祖国政治。上门拜访，连一杯茶都不给喝，此人太不够朋友，实在靠不住。"

(二)

过了两天，也就是6月23日，司徒美堂从上海赶到南京梅园新村30号，拜见中共代表周恩来同志。当他来到南京八路军办事处，站在门口，看见简朴的房舍，在他内心产生了鲜明的对比。

"铃——"周恩来同志接到传达室的电话："喂，周恩来同志吗?"

"是呀!"

"门口有一位七十多岁的老人，他是美国华侨司徒美堂先生，要见你。"

"啊，请他进来，我去接他!"

周恩来马上放下手里的文件，走出办公室，穿过院子，来到传达室，一眼看见手持拐杖，风尘仆仆，坐在沙发上的司徒美堂，赶忙进去，紧握他的双手：

"司徒先生，您老人家辛苦了!"边说边扶着他站起来，一起回到自己的办公室，热情招呼司徒美堂坐下，泡一杯热茶端给他：

"今天从哪里来呢?"

"从上海。"

"到上海几天了?"

"十多天了。"

"住哪里呀?"

"扬子饭店。"

"哎呀，你到上海，怎么不早告诉我，我去接您。"

"我想，你们很忙，不要打扰了，到时我自己会来。"

"司徒先生，看您说到哪里去了，我们接到你们回国的电报，很高兴，还给你们安排了吃住的地方，欢迎你们回国参政，你们为祖国的抗战伟业作出了重大的贡献，你们是有功之臣哪!"

"我们在上海待了几天，看看朋友，可也见到不够朋友的蒋委员长。"

"啊——"

"周先生，我们华侨在海外，远离祖国，不了解国情，想得很简单，只知道爱国，盼望祖国兴盛发达，对蒋委员长寄予无限希望，认作最高统帅，中国的救星，只要他说一句话，为了打日本，要钱我们愿意出，要人我们可以派，只要是抗日，我们华侨倾家荡产都心甘情愿。我们总以为美洲致公堂过去对辛亥革命有贡献，八年来为了支援祖国抗日，出钱出力，特别是为蒋委员长国民政府募捐卖尽力气。如今抗战胜利了，我们回国一定会得到蒋委员长的热情招待。可是万万想不到，他翻脸不认人，说什么‘国家大事你们可以少过问，多捐点钱支援政府就行了’。我劝他要团结，跟共产党要合作，建立民主政府，他说什么‘跟共产党没有民主可言’，他说出这样的话，多叫人痛心啊！”

周恩来：“司徒先生，孙中山先生早已说过：‘华侨是革命之母’。华侨对祖国的贡献，不仅在辛亥革命，更重要的是在八年抗战中募捐救国，这将载入史册。现在，您又组织华侨政党洪门致公党，回国为建设独立富强的新中国而奔走出力，这表达了广大海外侨胞一片爱国的赤诚！欢迎你们参加建设。但是，目前从种种迹象看来，蒋介石已经准备全面发动内战，五十万军队在由安徽的来安至江苏的南通八百里战线上，向苏皖解放区大举进攻，内战是不可避免的了。美国人打着‘调停’的旗号，把军舰开到黄浦江，横冲直撞。”

司徒美堂痛心疾首地说：“难道我们侨胞的心血就这样白费了，我认错人了！”

周恩来同志招呼他在梅园住几天，让他进一步了解国内的局势。他回到上海后，民主人士获悉这一消息，准备召开欢迎茶话会。出席会议的有马叙伦、黄炎培、郭沫若、沙千里、梁漱溟、洪志远、张云山、孙宝毅等民主人士，还有中共代表陆定一。

司徒美堂进入来喜饭店，首先打听陶行知有无到会。当他坐定以后，望望会场所有的人，却没有发现陶行知，直到欢迎会开始，仍不见陶行知。他急迫地问：

“嗯，陶行知先生怎么没有来呢？”

到会的民主人士互相张望，沉默不语。司徒美堂扫视了大家一眼，从他们的表情和眼神中，产生了一种疑虑，更加焦急地问：

“诸位先生，你们快说呀！究竟陶先生怎么样，现在他在哪里？”他向在座的民主人士代表投射出探询的目光，期待着他们的回答。可是，大家还是没有回答。他握住坐在他旁边的黄炎培的手问：“黄先生，你一定要告诉我，到底陶行知先生怎么了？你说呀！”

黄炎培见此场面，不得不如实告诉他。于是黄炎培站起来沉痛地说：

“昨天早晨，我打电话告诉他，你回来，准备今天下午举行欢迎茶会，他很高兴，说一定要参加，他还说，这回可要请你到他家住些日子，好好地招待你。今天早晨因听到蒋介石倒行逆施的行径，气得脑溢血，激愤而死……”说到这里，黄炎培眼眶湿润，声音颤抖，再也说不下去了。此时，全场到会人员默然起立，表示哀悼。

“陶先生啊！我们只差半天时间，就来不及在会上相见。”他痛哭欲绝地呼喊着，“苍天啊！为什么好人受气。陶先生啊陶先生，难道你爱国有罪吗？祖国还没有统一，人民尚待解放。可是，你、你、你走了！”

数十年前，司徒美堂在被判处极刑时，没有流过一滴泪，此刻，为什么会痛哭流涕，老泪纵横呢？

原来陶行知先生因犯“救国有罪”的七君子一案，他偕同夫人陆璀女士逃到美国，当时由陈其瑗先生介绍跟司徒美堂相识。在纽约，陶行知住在司徒美堂家里，陶行知天天跟他畅谈救国道理。为了避免国民党通过美国政府通缉他，把名字改了，由知行改为行知。后来在美国待不住，跑到墨西哥去了。司徒美堂写信拜托当地洪门致公堂的兄弟照料他，住了一段时期，后转程返国。1942 年春，司徒美堂回到重庆参加国民参政会时，老朋友又相逢。并通过陶行知的介绍，拜会了周恩来、冯玉祥等人，陶行知常给他讲述祖国抗战真相，他们已结成了至交。

这次回到上海，7 月 25 日，陶行知准备下午欢迎司徒美堂，早上却急病去世。患难之交，爱国挚友，阔别多年，旋即相见，却又生离死别！

随后，司徒美堂含泪赶到陶行知家里，安慰亲属，追悼会那一天，他向陶行知先生的遗体告别。

第十五章　大闹总统府

（一）

司徒美堂率领的“美洲洪门致公党”代表团回国一个多月了。回国之初，带回一笔钱准备作为在上海召开“五洲洪门恳亲大会”的筹备费。最开始他们住在扬子饭店，但由于开销太大，不到一个月时间，恳亲大会尚未召开，钱已花光，穷得连房租钱都付不起。幸好得到上海虹口的洪门人士的帮助，搬到北四川路横滨德里二号的临时住所。

“美洲洪门致公党”代表团暂时寄居在这里，在这花花世界的大上海，各方面人士来往不断，特别是上海国内的洪门弟兄和上海滩的青红帮人士，络绎不绝，应酬不断，开销花费很大。不少人向司徒美堂建议，要他们住国民党政府的宾馆，向蒋介石要钱。

洪门弟兄劝说：“你们代表美洲洪门兄弟回国参加恳亲大会，为什么国民政府不接待你们！”

青红帮人士说：“上海最好的别墅都给国府要员占去了，连他们的姘头都住上别墅，为什么不给美洲洪门兄弟一间?!”

还有辛亥革命人士也说：“美洲华侨对辛亥革命贡献大，抗日战争出钱多，是有功之臣，向老蒋要钱去。”

这些话也不是没有道理，仅就抗战后期，司徒美堂曾为蒋介石在美洲宣慰华侨，用去的旅费不下3万美元，这笔费用应该由蒋介石支付，这是有言在先的。1943年离开重庆的时候，是蒋介石在黄山别墅里亲口说的，能矢口否认吗？要是把这笔钱拿回来，足够召开“五洲洪门恳亲大会”的花费了。

辛亥革命人士朱兆桑之子朱树楠，对蒋介石一伙翻脸不认人的行为非常不满，愤愤不平。

有一天，朱树楠找到司徒美堂，鼓动他：

“大哥，蒋介石是无情无义的人，不能太便宜了他，我陪你去向他讨债!”

“是呀，蒋介石太不讲义气，明天我们就去向他讨还三万元，准备召开五洲洪门恳亲大会之用!”

第二天早晨，司徒美堂偕同朱树楠乘火车前往南京。下午，他们来到南京总统府，吴铁城出门前来引见。当他走进总统府的客厅里，正在翻阅文件的蒋介石向他打了个招呼。司徒美堂在沙发上坐下。蒋介石问他：

“司徒先生，还没有回美国去？在上海玩得怎么样？”

“蒋委员长，你以为我这次回国是来玩的吗？”

“嗯，上海嘛，是中国最大的城市，你难得回来一次，要好好地玩一玩。上有天堂，下有苏杭，你们还要到外地玩一玩!”

“我们连旅馆费都交不起了，哪里还有钱去玩？”

“啊——原来是没有钱花了!”蒋介石摸了一下光秃秃的脑门，思索了一会，说，“今天专为此事而来的吧！那好说。”他扭头向吴铁城说：“吴秘书长，你想点办法，能否从福利费里面拨一点钱救济一下司徒先生。”

吴铁城还没有回答，司徒美堂从沙发椅上跳起来说：“蒋委员长，话得说明白一点，我们来不是要你救济，而是向你讨债!”

“向我？”蒋介石愕然地问。

“是!”司徒美堂冷静地回答。

“讨债？”蒋介石很惊讶。

“没错!”司徒美堂肯定地说。

蒋介石那双眼睛忽闪了几下，然后，站起来，走过去，轻轻拍拍司徒美堂的肩膀：

“大哥，请坐下！请坐下！有话慢慢说。”

蒋介石看见司徒美堂已经坐下，也慢条斯理地退回到他的办公位置坐下，说：“司徒先生，我欠你什么债呢？”

“你忘了吗？”

蒋介石摇头。

“那么，委员长是贵人多忘事啰！”

蒋介石用指头轻轻敲了几下脑门说：“我究竟欠了你什么债？”

司徒美堂伸出右手三个指头说：“三万元美金。”

“哪来的三万元美金？”

“抗战后期我在美洲各国为你宣慰华侨共花了三万多美金，这笔债应该由你还！”

“啊，原来如此，那是你自己花的钱，怎么要向我讨债呢？”

“你是有言在先呀！”

“你有什么依据？”

“那是在1943年春，你在重庆黄山的别墅门口说的。”

“说什么？”

“要我代你到美洲各地宣慰华侨，一切费用由你承担，说过没有？”

“记不清了，就是有也不外乎说说而已罢了。”

司徒美堂气得双手发抖，连话都说不出来。朱树楠扶着他，靠在沙发背上，他有气无力地说：

“蒋——委——员——长，你贵为一国首脑，难道能言而无信吗？”

蒋介石吩咐吴铁城：“他糊涂了，我没有时间跟他磨，你去处理。”说完蒋介石就想走。

司徒美堂振作起来说：“我一点也不糊涂，记性很好，三万元美金，你若不还，我就不走。”蒋介石使个眼色，示意吴铁城跟他来，两人走出会客厅外面嘀咕一阵，而后蒋介石不辞而别了。

朱树楠安慰司徒美堂：“算了，算了，我们走吧！”

“不！国家领袖，说话不算数，怎样叫老百姓听他指挥！我们华侨不稀罕三万元，只要他们能为民族利益办好事，别说三万，就是再多，华侨也心甘情愿。好不容易把鬼子赶走，又要打内战，自相残杀，华侨的心都给你们吃了。这笔账不能不算！”

吴铁城为了缓和矛盾，留他住下来，送他到国府宾馆下榻，仍然叫刘维炽照顾他，顺顺他的气，做些调解工作，缓和一下紧张的气氛。

第二天上午，吴铁城在行政院宴会厅举行茶话会，邀请了几位国府要员中的广东老乡，叙叙旧，消消闷气，还请了几位女歌星娱乐娱乐。

茶话会的内容安排得极为丰富，音乐茶座上摆满了鲜美可口的南北方瓜果。茶话会开始了，吴铁城主持讲话：

“诸位：

今天我们请各位是为欢迎司徒美堂先生从海外归来，你们大多是乡里乡亲，聚会聚会，叙叙旧，谈谈心。本来嘛，委员长要亲自参加，因临时有急事外出，不能来了……”

吴铁城的开场白还没说完，司徒美堂站起来打断他的话说：“蒋委员长是不是怕我向他讨债，走了?!”

吴铁城严肃地制止他：“司徒先生，讲话要有点分寸，怎么能对委员长这么不敬呢!”

在座的国府要员、各界人士、歌星都感到莫名其妙。司徒美堂说：“我来他走，欠我的三万元美金，他打算不给了！”

吴铁城本想通过茶话会，消消他的气，堵住他的嘴，再打发他走，可没想到事与愿违。于是很不客气地对他说：

“司徒先生，近年来，你在美国不听指挥，自行组党，辜负了委员长的一片心意！”

司徒美堂：“你说什么？我不听指挥！八年抗战，美洲华侨募捐筹款不是汇给了国民政府吗？我跑遍南北美洲宣慰华侨，不是听委员长的指挥吗？华侨的心给你们吃了，华侨的血给你们喝了。抗战刚刚胜利，你们又要打内战，我们成立华侨洪门致公党，为了复兴祖国的建设大业难道都有罪?!”他拍案而起。

吴铁城：“政府的钱不能给异党用。”

司徒美堂责问：“异党?！向华侨要钱的时候，你不说异党，抗战胜利了，蒋委员长要独裁，我们洪门致公党便成了异党?”他抓起茶杯“叭”的一声往地上摔。

“你们要组党，可到美洲去搞，为什么要回来！”

司徒美堂勃然大怒，肝火上升，几乎被气炸了，他随手抓起拐杖，朝对面坐着的吴铁城劈头盖脸打过去。幸好坐在他身边的朱树楠和刘维炽阻拦，朱树楠夺过他的拐杖。他气喘吁吁地说：“嘿！我们是异党，原来蒋委员长不肯还债，就因我们是异党！要钱的时候称兄道弟，现在就说我们是异党。”他向朱树楠要回拐杖，“咚、咚、咚”愤愤而去。朱树楠跟着他走出宴会厅，他边走边骂：

“好呀，你吴铁城记住，我们是异党！”

当他走出总统大门口，转过脸，挥起拐杖，指着从宴会厅走出来的吴铁城，

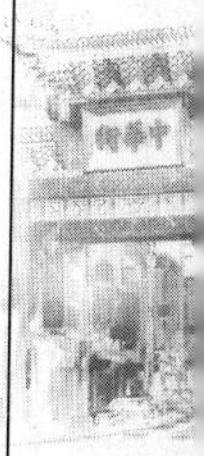

大声高喊："记住，蒋委员长还欠我们三万美金！"

司徒美堂与朱树楠相跟走向大街，乘车直奔火车站，当天就赶回上海四川北路横滨桥德福里二号……

（二）

7 月 25 日，"中国洪门全球恳亲大会"在上海贵州路湖社举行。大会的仪式具有浓厚的帮会色彩。礼堂门口挂着"义气待兄弟，忠心报国家"的对联。场内正中高悬着象征仁、义、礼、智、信的绿、白、紫、红、黑的洪门旗帜，还有巨幅横额，上书"洪门是我们的家庭，要情同骨肉，亲如兄弟"和"要行侠仗义，除暴安良"。到会的有三百余人。会场气氛非常热烈。

到会的代表有：美国、加拿大、檀香山、澳洲、古巴、秘鲁、巴拿马、印度、非洲、香港、澳门等地的代表，还有上海、南京、重庆、山东、河南、河北以及华北、西北等地区的代表。

一切准备就绪，戏即将开台，可是主角还没有出场。

大会开幕那一天，代表青帮的杜月笙和代表美洲洪门的司徒美堂两人均称病不赴会。其实，司徒美堂并没有生病，而是参加上海民主人士的欢迎茶话会去了。司徒美堂是这台戏的主角，为什么他不出场呢？

原来，司徒美堂率领"美洲洪门致公党"代表团回上海之前，上海虹口的洪门头子杨文道即与华北区的帮会头子张书诚、段剑青，还有上海滩的帮会头子吴纪舜、陈亦康等三十余人商谈过举行"全球洪门恳亲大会"，争取"青洪合流"等问题。因此，电告司徒美堂等人，并欢迎他们回国参加大会。但是，青帮头子杜月笙反对"青洪合流"。司徒美堂抵沪之后，"洪门恳亲大会"成立了筹备会，发函邀请国内洪门人士前来参加，因种种原因，响应的人却不多。正当青帮、洪帮、军统和美洲洪门等人纷争未已之际，CC 派陈立夫、陈果夫先在旁边冷眼相看，最后则据为己有，派出大批 CC 特务，并收买了一些中间动摇分子，把司徒美堂孤立起来。

为什么 CC 派要这么做呢？原来，国内的帮会组织，过去都为军统特务戴笠通过杜月笙加以控制和收买，CC 派没有打进去，也号召不起来。这时戴笠已因飞机失事摔死，军统组织呈现"树倒猢狲散"的状态，于是 CC 派企图利用帮会，并通过民治党来实现 CC 派打入美洲洪门组织的阴谋。还有一个原因，当时蒋介石要全面发动内战，将五十万军队部署在安徽的来安至江苏的南通八百里战线上，向苏皖解放区大举进攻。CC 派头子陈立夫于 7 月 30 日公开发表了"解决中共问题如治盲肠炎，当施用外科手术"的谈话。蒋介石为了掩人耳目，制造所谓“民主”，纠集一批人马，拼凑出一些所谓“民主”党派。

尽管司徒美堂和杜月笙没有出席大会开幕式，但会议照样进行。会议一连开了几天，争论不休。后来搬到丽都花园举行。尽管司徒美堂在会上表示坚决反对，认为致公党的招牌不能改，改了就是出卖祖宗，但反应寥寥无几。事实上内部已全部由CC派特务所控制，把来自美洲的洪门人士都挤掉了。

“五洲洪门恳亲大会”在上海的举行和洪门民治党的成立，对海外各地洪门组织影响很大。当时美洲各国和菲律宾的洪门报刊都登载大会的消息，公布了“五项主张”和领导机构人选名单，大部分发来贺电，有的洪门侨报还发表社论。绝大部分的致公党或致公堂都改称为“民治党”。CC派企图利用司徒美堂在上海强组民治党，然后派出干部控制中央各部，发号施令，进而指挥美洲各地的组织。司徒美堂心知如果上当，则落入圈套，身陷重围。于是他决定举行一次记者招待会，发表自己回沪的观感和政治态度。

9月的一天。

记者招待会上，有民主人士和洪门代表二三十人参加，上海各报记者争相拍照，忽闪忽闪的镁光灯，弄得他眼花缭乱。记者抢镜头完毕，司徒美堂正准备开始发表演说，一位《文汇报》的记者就迫不及待地问：

“司徒美堂先生，你回沪几个月了，可否先谈谈你对上海的观感呢？”

此刻，他心情沉痛地站起来讲话：

“先生们，女士们，各位记者：

今天特地相邀诸位，我想回答的正是刚才那位记者先生向我提出来的问题。自美返回，数月居沪，曾亲睹国内实际情况，贪污事件层出不穷，工厂倒闭，大部分经济事业均为官僚资本所垄断，此种现象，如不用民主力量予以制止，将使国家沦于万劫不复之地……”司徒美堂讲到这里，另一位记者向他提问：

“司徒美堂先生，对此现象，你们民治党有何高见？”

司徒美堂回答：“本人主张联合各党派和爱好和平的人民，建立民主统一的政府，然后再以经济从事于建设，我们并不是任何党派的尾巴，我们愿以人民的意志为行动……”

记者招待会结束后，各报陆续发表司徒美堂的讲话，引起各方人士的共鸣，反应强烈。陈立夫闻讯，怕事情闹翻，对于实现他们打入美洲洪门组织的计划不利，于是，他婉转地向蒋介石建议，由蒋介石出面，把司徒美堂找来，设宴招待一番，以示安抚。蒋介石听了陈立夫的建议，甚感有理，乘此机会，也为11月召开的国民代表大会多拉选票做好舆论准备工作。

蒋介石为了把司徒美堂笼络住，找宋子文商量，通过上海的接收机构，准许司徒美堂等人接办一个德国人在真茹经营的颜料厂，筹备一点经费，以应燃眉之急。蒋介石以为这么一来，既可以让司徒美堂不至于因经济困难而找麻烦，又可使他为国民党代表大会的召开卖力气。可蒋介石的如意算盘打错了，因为司徒美堂根本不买他的账。

10 月中旬的一天。

蒋介石派专车到上海把司徒美堂请到南京总统府。这次见面格外亲热，跟前几回判若两人，当司徒美堂进到接待室，蒋介石主动上前握手，称兄道弟。

“司徒兄呀，几个月来在上海受苦了，小弟对你关照不够，请多包涵啊！”

“呃！受苦倒不见得，就是心里不痛快！”

“司徒兄年岁大了，要多加保重！至于生活上有困难就别客气啰，我跟子文兄说好了，准备在真茹一个德国人经营的颜料厂中提取一些费用给你们开销。我们还给你老人家特别费三千元美金；10 月要召开国大，希望你能代表民治党出席国民代表。”

“委员长，你以为我司徒美堂是来向你讨吃的吗？你看错了，我们美洲华侨希望的是国家的统一，民族的正气，别说三千美金，就是三千万美金，我们也能在所不计。你没有忘记吧，八年抗战，仅我们美洲华侨抗战救国的捐款就不下三亿美元，难道我们还缺三千美金吗？你根本不理解我们华侨的心。”

“知道，我知道，华侨是爱乡爱国的！”

“不！你不知道，全然不懂！”

“嗯——华侨嘛，爱国精神可钦可敬！”

“你可别把我们华侨当作傻瓜，华侨的钱也不是那么轻易得来的，而是用血汗换来的。只要你能按人民的意志行动，建立民主统一的政府，建设强大的中华，我们华侨就是上刀山、下火海，倾家荡产也心甘情愿！”司徒美堂越讲越激动，蒋介石根本不愿再听下去，只好叫杜月笙送他去宾馆休息。他们走后，蒋介石与陈立夫商议，改天叫江征卿和杜月笙等人前往劝说。

翌日上午，江征卿与杜月笙来到国府宾馆司徒美堂客房。杜月笙假惺惺地对他表示关切，问长问短。

“司徒先生，晚上睡得好不好呀？”

“很好，臭虫、跳蚤一大堆！”

杜月笙听出他话里带刺，假装一本正经地说：“啊——是吗？明天叫他们给换个房间。”

“不用了，我习惯跟臭虫、跳蚤打交道。”

杜月笙用祈求的口气劝说：“司徒先生，蒋委员长对你很器重，这次请你出席国大，可是难得的机会哟，人家重金还买不到哩！”

“我才不稀罕！”

江征卿："蒋委员长是一片诚心，你就别辜负他的希望了！"

杜月笙带着恐吓的口气劝道："司徒先生，你就别固执了，蒋为人翻脸无情的脾气你难道不知道吗？他一不高兴，你老人家会吃亏的。"

司徒美堂听罢勃然大怒说："嘿，我司徒美堂的为人你们也不是不知道，我可曾是一个好惹的人?！我真后悔，直到今天，我才真正认识了蒋委员长的为人。"

杜月笙和江征卿眼看他对"国大"着实不感兴趣，态度又那么强硬，结果还是不欢而散。

（三）

美国驻华大使司徒雷登得闻此讯，考虑到司徒美堂对美洲华侨有一定影响，而且，目前蒋介石正要与美国订立中美条约，他生怕事情闹大，影响中美条约的签订，因此，也来出面"调解"。第二天，派他的秘书陶履中相约司徒美堂到南京美国大使馆吃饭，大摆筵席，宴请一番。两人一见面，司徒雷登热情地拥抱司徒美堂，并拍拍他肩膀，然后拉着他在会客室的沙发上坐下，陶履中殷勤地泡茶招待他。

司徒雷登："您好！司徒美堂先生，见到您很高兴。"

司徒美堂冷淡地说："司徒雷登先生，我是一个普通的旅美华侨，你是一个美国驻华的使节，见到我有什么值得你高兴的?"

"不、不、不，你是一个很了不起的美国华侨，你的名字我早就听说了。"

"那是因为中国穷，才到你们美国去做工的。在美国坐过牢，吃过苦，当过厨子，是一个伺候过美国人的苦力。"

"不、不、不，你是我们美国人的朋友，蒋先生非常尊敬你，要邀请你出席国大代表会，我也为你高兴哪。"

"我是一名穷华侨，再说洪门人士怎能参加国大代表会?"

司徒雷登眼看无法说服司徒美堂参加国大代表会，只能转换话题。

"司徒美堂先生，你我彼此既是朋友，又是兄弟。我是用半个中国人的身份来欢迎你这半个美国人的洪门老华侨，你在美国生活了六七十年，也一定是爱美国的。正像我是美国人，但在中国住了五十六年，父亲的山坟也在杭州。我爱中国，了解中国人的思想感情，与其说我是美国人，不如说我是半个中国人，我一定协助把中国建设好。"

司徒美堂带着讥讽的语气笑道："司徒雷登先生，要是你真能帮助我们把中国建设好，那我们子孙后代将会永远感谢你。是的，我虽然在美国住了六七十年，可我依然眷恋自己的祖国，所以我不是‘半个美国人’，还是一个地道的中国人，只爱着中国，我只愿把老骨头埋在中国。”

司徒雷登为自己辩解：“司徒兄，我对中国教育也算是立下了不少功绩，我为创办燕京大学作出过一定贡献，执教几十年，桃李满天下，我可以把他们团结在一起，做一番大事业。我愿意长眠于中国的土地上，见到上帝!”

司徒美堂说：“我可是出生于多灾多难的中国，家境贫寒，从小丧父，十四岁去美国打工，做小贩，当厨子，没受过多少教育。在国内受人欺侮，到了美国同样受人欺侮。我在美国也办华侨教育，为的是让华侨子弟不忘祖国的文化和民族传统，使他们热爱中华。美国人在中国开学堂，办医院，并没有使华侨对美国人较为亲热一点。在美国，今天还有许多人失学失业，没有房子住，没有面包吃，美国政府应该花点精神办好你们自己的事再说。”

“嗯，我们中美两国是朋友，应该相互支援，我们美国人愿意帮助中国摆脱贫困，富裕起来，免受他国的掠夺，我们有责任帮助中国建设独立、强盛的新国家。”

司徒美堂听到这些话，情不自禁地放声大笑：“哈哈，司徒雷登先生，你说的比唱的还动听，要是说美国人民能真诚援助中国，那我很感激。但是，美国士兵、美国飞机、美国军舰进入中国的领土，掀起了中国的内战，难道这也叫援助吗?”

司徒雷登解释道：“嗯，我们是来协助国共两党调停的!”

司徒美堂板起脸孔说：“荒唐可笑！国共两党不和是中国人的事，难道中国人的内政需要你们美国的飞机、美国的军舰来‘调停’？还有，你们美国的货物充斥了中国的市场，美国的钞票在中国流通，美国政府那么热衷于参与中国的政治，挑起了中国的内战，难道这也叫援助吗？照这样下去，不久的将来，中国未亡于日本而是亡于贵国了。我愿意坦率地奉劝你一句话：华夏子孙是不可征服的民族，只要一息尚存，就要繁衍下去，自强不息步入世界之林……”

司徒雷登说：“误会，这是误会！司徒美堂先生，我们是来‘调停’、‘援助’中国的，别无其他目的。”

司徒美堂严肃正告说：“你们美国政府帮助蒋介石掀起内战，是与中国人民为敌，也是搬起石头砸自己的脚，是不会有好下场的!”

司徒雷登自讨没趣，本想敲敲边鼓，替蒋介石圆场，殊不知适得其反，事与愿违，挨了一顿皮鞭抽打似的，疼痛难忍，啼笑皆非，狼狈不堪，再也不敢争论下去了。司徒雷登的秘书陶履中看见他的窘态，为他解围，宴席尚未准备好，就提前叫喊入席。司徒美堂本想起身离开，冷静一想，既然来了，还得给对方留点面子，以示礼貌。宾主坐定，只闻到酒香四溢，迟迟才端出几盘西式菜。司徒雷登举起酒杯：

“为我们的友谊干一杯！”他和其余客人在碰杯，唯独司徒美堂没有站起来，也没有举杯。他向招待员要了一碗白饭，三两下吃完，提前退席。

“对不起，失陪，你们诸位慢慢喝吧！我精神欠佳，先回去休息。”

宴会不欢而散。第二天，司徒美堂返回上海。

两个司徒的约谈毫无结果，从此，司徒美堂的态度变得更加强硬起来，拒绝出席国大代表会。他叫朱家兆、谢志如、杨天孚等九位美洲洪门代表全部先行离沪返美。他自己继续留在上海“再顶一阵”，看看事态发展，好让他们安全脱险。他估计蒋介石、CC派不敢对他下毒手，天大的事也不过拼一条老命而已。

美洲华侨洪门代表走了之后，上海发生了“摊贩惨案”，司徒美堂代表小摊贩说了不少公道话，反对国民党特务对劳动人民的迫害。现实斗争生活给了他很大的启发，使他看清了中国政治风云的变幻，长久统治着他脑际的精神支柱“爱国必须忠君，忠君就是爱国”的思想开始土崩瓦解。爱什么国，忠什么君，要以人民大众、国家民族利益、民主政治为标准，对独裁专制、压制民主、残害百姓的暴君，只能分庭抗礼，不能盲目愚忠。只有站在人民大众的一边，才能寻找救国图强的道路。

够了，够了，他已经看够了。回国的一年，上海滩的派系斗争，黄浦江的美军军舰，上海底层人民的生活，密布南京上空的内战风云，催他觉醒。决裂的时刻到了，到了！对蒋介石再也不应存任何幻想了……

（四）

1947年阳春三月的一天，一辆小吉普停留在福德里二号门口。

在楼上，司徒美堂和客人谈话已大半天了，谈得很融洽，观点一致。谈话快结束了，客人说：

“司徒先生，看来这场内战是不可避免要打的了，我准备回延安去，如果你同意，我可陪你到解放区参观参观。”

“不必了，我已完全明白了，中国的希望，只能寄托在你们共产党人身上，蒋介石是靠不住了。”

“既然不去解放区，希望你早日离开上海，一定要注意安全。”

“是的，我得走了，要是蒋介石一意孤行，发动内战，我返美后，发动美洲侨胞全力以赴，支援你们！”

“那好，人民会感谢你的，革命胜利后，欢迎美洲洪门致公党的兄弟回国建设民主的新中国！”客人说完告辞，司徒美堂陪同他下楼。客人握着司徒美堂的手说：

“司徒先生，祝你一路保重，回美后向侨胞们致意！”

“好，谢谢你，周恩来先生，日后只要你们需要，我们美洲洪门兄弟，将竭尽绵薄之力！”

“再见！”周恩来上车。司徒美堂望着吉普车消失在四川路。然后，回到自己的房间。周恩来的声音仿佛还在他脑际萦绕……

4月的一天上午，上海洪门帮会及青帮等人，在CC派的导演下，又演出了一场滑稽剧，为司徒美堂庆祝八十一岁寿辰，而在上海宁波同乡会大摆宴席两天，各方都有送礼。在用红纸印成的长长的“寿序”中，签名的有宋子文、孔祥熙、陈立夫、吴铁城、于右任和民主人士黄炎培等一百五十多人。CC派为什么在这个时候还要为司徒美堂搞这场“祝寿”的把戏？其用意就如司马昭之心——路人皆知了。祝寿过后不久，“和谈”全面破裂，内战已不可避免。蒋管区的白色恐怖已达到了极点，中共代表团已从蒋管区撤退，民主人士纷纷去港。

1947年的秋天，内战的阴云已笼罩着祖国的上空，蒋介石发动的内战已全面爆发，集结百万军队向解放区进攻。情况非常紧急，司徒美堂感到非走不可。7月间，叫他的儿子执笔，起草一个“脱离民治党”的声明登在上海各报：

“……本人对民治党一年来所作所为，不表赞同，自即日起辞去民治党的一切职务，转赴香港，重返美国，致力于华侨福利工作。各方友好，不及一一告辞，请为原谅。”

登报后不久，司徒美堂就收拾行李，乘“普乐总统号”轮船悄然去港。到了香港，洪门人士在湾仔六国饭店开会欢迎。随后司徒美堂又返回阔别多年的故乡广东开平。蒋介石对司徒美堂一直不放心，派军统分子监视他达半年之久。随后，司徒美堂返港，住在朱树楠家里，这时候他的思想苦闷到了极点，彷徨、苦恼，闭门谢客。司徒美堂对蒋介石的幻想彻底破灭了，对祖国的前途非常担忧，但一时还找不到出路。

1948年5月，中共中央发布纪念五一国际劳动节口号，号召召开没有反动分子参加的政治协商会议，讨论成立民主联合政府的问题。这个号召立即得到全国人民的响应，南洋的华侨团体和在香港的“民革”、“民盟”、“民进”、“农工”、“致公”、“救国会”、“民促”、“三民主义同志会”等民主党派和其他民主人士纷纷通电拥护。这个号召给了司徒美堂很大鼓舞，他终于看到了希望的曙光。

8月12日，在建国酒店七楼的航空厅，司徒美堂举行记者招待会，发表“临别赠言”，大意是：

“……来港九月，格于环境，未能与新闻界诸君见面请益，很抱歉。国内形势大变化，谁为爱国爱民，谁为祸国殃民，已经了然。我虽老迈，但一息尚存，此志不容消懈。出国族于危亡，救人民于水火者，则热诚祝颂之。中国为四亿五千万人之中国，非三五家族所得而私，必须给人民以民主自由。本人即将返美参加洪门恳亲大会，讨论国内形势，提出主张，以贯彻洪门革命目的……

我回国后的耳闻目睹，使自己实在不能缄默无言，过去华侨出钱、出血、出头颅，完全是为了祖国和民族的昌盛；今后谁能解救祖国于危亡，使民众安居乐业，即馨香祷祝之。”

司徒美堂以美洲洪门致公党元老身份公开发表政见，当时香港各报都把这次招待会当作一件政治要闻刊登出来，引起极大的反响。招待会过后，司徒美堂分别拜访了李济深、蔡廷锴、陈其瑗等先生和陈其尤、陈滨生、黄鼎臣等洪门人士，就国内政局交换了意见。接着就以“出席在加拿大召开之美洲洪门恳亲大会”为理由，回到南京去要出国返美的护照。蒋介石因闻司徒美堂在港行动有些“不稳”，初时本拟不发给他，但他到处大叫大喊，吵吵闹闹，蒋介石也无可奈何他，只好给他签发了出国护照。

初秋的一天，也就是司徒美堂返美前夕，他出席了在大新酒家隆重举行的临别宴会。宴会开始时，一位西装革履、身材矮胖，带着客家口音的主持人，首先端起酒杯，声音洪亮地说：“让我们为司徒先生健康干一杯！”这位主持人是谁？他就是中国共产党华南分局的连贯同志，他设宴为司徒先生饯行，宴席上双方交谈甚欢。

连贯同志问他：“司徒先生，你对我党中央发布的纪念五一国际劳动节口号有何见教？”

“说出了我的心里话，我拥护共产党的主张。我要给毛泽东写信。”说完，他即席亲书“上毛主席致敬书”。他奋笔疾书，写完交给连贯同志。

“连先生，请把这封信转交给毛泽东主席，并转告他，我拥护他的领导。”

“好的，我一定把你和海外侨胞的心意转达党中央和毛泽东主席，当新政协召开的时候，请你回国参加。”

司徒美堂喜形于色，欣然应诺：“好，新政协召开之时，一定通知我，只要接到电召，我立即回国参加！”

宴会在欢快的气氛中进行，宾主频频举杯，司徒美堂在宴会上开怀畅饮，一连喝了几杯。总之，从抗战以来，几次返国，从未像这一回那么高兴，喝那么多酒。

第二天，他又出席了香港中国洪门致公党的饯别会。宴会上陈其尤先生希望他能代表洪门致公党发表一个拥护中央召开新政协的声明。他表示赞同，宴会结束后，他在声明上郑重签名盖章，并吩咐他的侄儿，在他到了美国之后，才在香港各报公开发表。后来，司徒美堂于10月26日自香港乘飞机经上海返美，10月

30日安抵纽约。这篇声明就于当日在香港各报刊出。全文如下：

司徒美堂拥护中国共产党召开新政协的声明

美堂于1946年春自美返国，适逢当时政治协商会议，为之大慰。奈因蒋介石弄阴谋，背信弃义，行独裁之政治，置民主于不顾，一手撕破政协决议，发动剿民内战，美堂乃愤而赴港，视蒋介石如寇仇。窃思谋国之道，旨在和平，剿民内战，元气大伤。今中央及民主党派所号召的四大家族除外之新政治协商会议，进行组织人民民主联合政府之主张，余以为解决国内政治问题唯一良好之方法，表示热诚拥护，并愿以八十有二之老年，为中国解放而努力。

陈其尤同志等所继续组织之中国致公党，民国二十年在港组中央党部时，美堂已亲自出席，加以签字赞同。今能彻底整理，奋发前进，揭民主之大旗，为新政治协商、人民民主联合政府之主张，坚决奋斗，美堂以洪门老人地位，深表同情，并竭力赞助。当随处呼吁洪门兄弟，予以声援，俾将洪门忠诚救国之精神发扬光大。美堂复郑重声明：中国致公党之民主工作，乃洪门兄弟之良好楷模，必须团结并进，以争取中国革命之彻底成功。

司徒美堂

1948年10月8日

洪门老人司徒美堂先生奔走海外数十年，为了寻求爱国道路，饱经忧患，历尽沧桑。他曾反清复明；追随孙中山参加革命；当中华民族遭受日寇侵略时，他为拯救祖国危亡，奔走呼号，发动美洲侨胞募捐救国，曾拥护蒋介石，支援抗日；抗战胜利后，盼望祖国早日富强，呼吁建立和平民主新政权，目睹蒋介石违反人民的意志，独裁专政，发动内战，制造分裂，人民处于苦难深渊，他对国家的前途和民族的命运无限担忧。形势的变化，现实的教育，使他也不能袖手旁观了，中间道路是走不通的。他彻底认清了谁真正爱国，谁真正卖国，经过一番激烈的思想斗争，改变了中立的态度，决心站在人民的一边，为建立和平、民主、统一的新中国而奋斗。在漫长的岁月中，这位洪门老人为了追求救国真理，寻觅救国道路，历尽坎坷，曲折迂回，终于看到了中国的未来和民族的希望。他全力以赴去迎接胜利的曙光，期待着祖国的新生！

第十六章　叶落归根

（一）

1949年初秋，全国人民政治协商会议即将召开，司徒美堂被推选为美洲华侨代表，即将返国。

一天下午，同族宗亲司徒宽叫他的妻子去邀请司徒美堂赴宴。司徒宽曾任国民党政府广州市财政局局长，跟司徒美堂是老乡，听说司徒美堂要回国，特此请他去吃饭，平时，彼此并无深交，只是一般的老乡关系，这回邀请他去吃饭，他觉得有点突然，起初他不想去，后来考虑既然要回国了，人家表示饯行之意，总不能无礼拒绝。当司徒宽派他妻子来邀请时，他欣然应诺，随即跟她一同去。司徒美堂从家里出来，乘坐她的小车前往，司徒宽的妻子领着他来到一座建筑别致的洋房，非常漂亮的别墅。小车驶到洋房门口停住了，“叭叭”两响，里面走出一位肥头大耳、大腹便便、戴着一副金丝眼镜的主人，他走过去打开车门，喊了一声：

“司徒先生，我以为你不来了，让我好等呀。”

司徒美堂走出车门，抬头一看，原来是孔祥熙，感到有些愕然地说：

“啊，原来是你，我要知道是你，我就不该来！”

孔祥熙拉着他的手，边说边走入司徒宽的别墅。司徒美堂感到很不是滋味，进退两难。

“哎呀呀，你应该来，我们是老朋友了，有缘千里来相会嘛！”

孔祥熙拉着他穿过花园，走进客厅，望着豪华的摆设，司徒美堂感到有些尴尬。孔祥熙招呼他坐定后，把预先准备好的饮料，端在他面前。

“司徒先生，这是正宗的南洋咖啡，我知道你喜欢喝，特地托人从台湾捎来。”

“你什么时候来美国的？”

“共产党背信弃义，把我们从大陆赶出来了，逼得我只好弃政从商。”

“我看背信弃义的恐怕不是共产党。他们识大体，顾大局，以国家民族利益为重。要不是共产党，靠你们这帮人，中国早就灭亡了！”

“司徒先生，你中共产党的毒太深了。你可要保持晚节，千万不要朝秦暮楚，背负洪门！”

司徒美堂听见孔祥熙带刺的话，简直五脏都要炸出来，要是当年早就挥起拐杖给他当头一棍，但眼下给孔祥熙气得话都说不出来，只是一阵急促的呼吸，怒气几乎把胡须都吹得竖起来了，他久久说不出话来。隔了一会儿，喘了喘气，余怒未消，痉挛地抓起拳头在沙发上连捶几下，恼怒地说：

“姓孔的，究竟是谁朝秦暮楚？又是谁背负洪门？你今天给我说个明白！”

“你不是拥护蒋委员长吗？怎么一个人现在要跑回大陆去？”

“谁要是爱国，我们洪门兄弟就拥护谁。是的，我拥护过蒋委员长，我是被你们骗了二十多年，但是我从来也没有加入你们党。现在该觉悟了。国共合作过的‘重庆政府’，我曾经拥护，因为它是在抗日。但当你们甘心卖国，实行‘剿民’，撕碎旧政协，召开伪‘国大’，实行独裁，压制民主，发动内战，与人民为敌，我当然跟随祖国人民一道，要反对你们。我与孙中山先生结为朋友，在波士顿同吃一锅饭，同住一间房，为辛亥革命出钱出力。孙中山先生就任南京临时大总统时，电请我回国执掌大印，我没有去。我是个爱国的洪门老人，谁能救国家于危难，救人民于水火者，我就拥护谁。我司徒美堂七十年如一日，请问，我怎么‘朝秦暮楚’？怎样晚节不保？我只能替中国人民民主守节，我有什么理由替你们祸国殃民的卖国政府守节？”

“你离开美国就是背负洪门兄弟，到时致公党要开除你的党籍，美国不准你回来。”

“我回中国，就是代表洪门兄弟和广大侨胞的爱国赤诚，建设民主自由新中国。”

“你不要被人利用了，年纪大了，何必跑来跑去，只要你留在美国，领导洪门兄弟跟党国配合，你的生活不必过虑，我可以从中国银行拨出一大笔养老金，让你安度晚年！”

“嘿！我才不稀罕你们搜刮民脂民膏的钱，你们把中国人民的骨头都榨出油了，抗战时期骗取我们侨胞的侨汇和捐款，存放在美国银行，仅我们四邑就饿死二十多万乡亲，这笔血债迟早要同你们清算！”

“喂，喂，你这老朽，尽是胡说八道，我发的财是做生意赚来的，可不是做官捞的，你懂吗？”

“嗨！做生意赚来的?！不打自招！祖国人民在受苦受难，你可是发了国难财啊！”

司徒宽的老婆眼看他们两人越吵越激烈，难分难解，只好劝司徒美堂说：

“五叔，孔院长是一片诚意，对你关照，你这么大年岁了，留在美国算了，日后生活有困难，孔院长已开口了，我们也会帮助你，不用发愁！中国还是这么穷，回去干吗？别这么固执了。”

"再穷也是我的祖国，儿不嫌母穷，叶落归根，就是吃盐饭，烧番薯，喝粥汤，我这把老骨头也要送回唐山去！要不是你，我就不会踏这门槛，都怨你。走，快把我送回家去！"

"既然要回国，孔院长请客，看在叔侄乡亲分上，总得给点面子嘛，吃了饭再走吧！"

"不，马上就走！"他扭头拄着拐杖，"咚咚咚"走出大门。

孔祥熙鼻子一哼："老家伙，不知好歹！"

司徒宽的老婆只好送他回家。

司徒美堂走后，孔祥熙独自在花园里来回踱步思谋着，既然挽留不住了，只好另生他计。旋即回客厅里，拿起了电话。

孔祥熙原想通过宴会劝说挽留司徒美堂，继续控制美洲洪门致公党，没想到宴会还没举行，被司徒美堂的乱炮轰击五脏，这比挨了一顿痛打还难受。孔祥熙又气又急，他打电话与美国政府联邦调查局取得联系，告知司徒美堂返国的日期，企图借故阻挠他回去。

司徒美堂跟孔祥熙吵了一架后，走出大门时就考虑到，倘若再不离开美国，定然会遭到极大的麻烦。于是，他回到家里，马上收拾行李，改变返国日期，提前启程。在洪门兄弟的支持下，第二天，乘坐飞机离美返国。

（二）

8 月 9 日那一天，在洪门兄弟的护送下，他来到机场，送行的洪门兄弟和爱国侨胞已在机场等候。

登机前，彼此依依不舍，互相话别。

有的说："大哥，回去吧！把我们华侨对祖国期望的心情带回去吧！"

司徒美堂："好！"

有的说："五叔，你回到北京，要把我们海外洪门兄弟为了盼望祖国强盛的心愿告诉祖国亲人，让祖国人民不要忘记我们海外华侨因国家贫弱在外受过的痛苦！"

司徒美堂："一定！"

在热烈的祝愿声中，司徒美堂登上飞机，他站在机舱门口，向送行的侨胞们挥手告别：

"再见吧！兄弟们，乡亲们，侨胞们。祝你们团结！发达！"

飞机马达"隆——隆"启动了，司徒美堂坐在靠窗的位子上，从窗口望见送行的侨胞依然在挥手。他心事重重，思绪万端。飞机离开跑道，已经起飞了，可他还凝神注视着告别的人群渐渐地远去，直至完全消失……

飞机越飞越高，一千米、两千米、三千米……

“永别了，美国。我的第二故乡！”

在你身边生活了七十个年头，饱经忧患的七十年，历经磨难的七十年！道路坎坷，历尽人间沧桑，尝尽酸甜苦辣。少小离家老大回，赤手空拳转唐山。从十四岁拿着口袋出门，如今八十四岁高龄赤身回国。

记得七十年前，出国那时，母亲叮嘱说：“羡仔，出门在外，不要忘记你的乡土，有钱没钱都要回来！”

他又想起，隔壁老华侨三伯对他说的一番话：“羡仔，‘树高千丈，叶落归根’，什么地方有人烟，什么地方就有我们中国人；哪里有海水，哪里就有我们华侨，我们都是龙的子孙，可不能忘记家乡……”老华侨三伯的话，依然记忆犹新。现在该是我叶落归根的时候了。

飞机在蔚蓝色的天际飞行。蓝天的白云，像朵朵盛开的白莲，喜迎游子归故里。机翼下太平洋的万顷波涛，银光闪烁。此时此刻，他那一颗飞向祖国的心，凝结着美洲侨胞的赤诚，代表了海外孤儿的意愿，飞呀！飞呀！飞向祖国，飞向龙的故乡……

8 月 13 日，客机在香港启德机场降落，等候已久的小“的士”把司徒美堂送到旅馆，他在香港停了几天，会见了亲友和知己。接着北上，于 9 月 4 日到达北京。他一到北京，就受到祖国人民的热烈欢迎。

9 月下旬的一天，中国人民政治协商会议开幕了。司徒美堂在金碧辉煌的怀仁堂与全国各届代表六百多人欢聚一堂，共同协商，通过“共同纲领”，组织了中央人民政府，成立了人民民主专政的新中国。他被选为中央人民政府委员会委员，兼任中央华侨事务委员会委员。昔日的海外孤儿，如今成了国家的主人。从此海外孤儿有了娘，华侨有了靠山。他那喜悦的心情简直无法形容，那颗火热的心激动得快要跳出来了。

1949 年 10 月 1 日，光辉的日子来临了。天安门广场披上节日的盛装，天安门城楼装扮得更加庄严肃穆，多姿多彩。那一天，司徒美堂在天安门城楼上，跟毛泽东、刘少奇、周恩来、朱德、董必武、林伯渠、彭德怀等开国元勋和海外华侨代表陈嘉庚先生、港澳同胞代表，以及各民主党派和爱国人士、工农兵代表、少数民族代表云集一起，参加开国大典。

他站在天安门城楼上，望着红旗飘飘，花的世界，人的海洋，这是一支永远不可征服的铁流。当毛泽东主席代表中央人民政府向全世界庄严宣告：“中华人民共和国成立了！”他那雄伟铿锵的声音，震撼着大地，响彻天空，像闪电传播到五洲四海。随后奏起了中华人民共和国国歌：“起来，不愿做奴隶的人们……”

广场上，礼炮齐鸣，五星红旗伴随着雄伟激越的国歌，徐徐升起。雷鸣般的高呼惊天动地：

“中华人民共和国万岁！”

“中国共产党万岁！”

“毛主席万岁！”

“全世界人民大团结万岁！”

人们的欢呼声，口号声，响彻云天。游行开始了，他看着这雄伟、浩荡的游行队伍，望着那激动人心的场面，再也控制不住自己激动的感情，热泪盈眶地拉着坐在旁边的南洋华侨代表陈嘉庚先生说：“陈先生，我们有福啊，总算盼到了这一天！你说是吗?”

陈嘉庚先生向他点了点头回答说：

“是的，我在海外奔走一生，日盼夜盼也就是为了今天！”

一位“南洋伯”，一位“金山丁”，虽有不同的经历和遭遇，但有共同的愿望。

这两位老侨领，他们的心愿是一样的。在海外艰苦创业，为保护华侨的合法权益，盼望祖国独立、富强，不顾个人生命安危，尽炎黄子孙的天职，如今他们所盼望的日子已经到来了，怎能不高兴？又怎能不激动？他们手里拿着小手绢，不停地擦拭着泪水，露出幸福的微笑。那微笑，是那么豪爽、惬意，又是那么甜蜜……

附　记

美洲爱国侨领司徒美堂先生（1868—1955）于1949年回国后，定居北京，历任中华人民共和国全国人民代表大会常务委员会委员、中国人民政治协商会议第二届全国委员会委员、中华人民共和国华侨事务委员会委员。1955年5月8日在北京逝世，享年88岁。

司徒美堂先生的追悼会在中山公园中山堂举行，送花圈的有毛泽东主席、朱德副主席、刘少奇委员长，以及其他中央领导同志，各民主党派、人民团体等。追悼大会由周恩来总理主祭，廖承志同志致悼词。追悼会后，司徒美堂先生的遗体安葬在八宝山公墓。

文学传记《从徒工到侨领》的主要参考史料是根据司徒美堂先生著的《祖国与华侨》一书，该书是由司徒丙鹤先生帮他整理的。在撰写书稿的过程中，得到多方的支持和帮助，采访过司徒美堂先生的儿子和他的亲人，以及中国致公党主席黄鼎臣、副主席许志猛、伍觉天等一些老归侨、老洪门人士，特别是开平县侨办和致公党给作者以大力支持。在写作上又得到我国著名作家秦牧老师和湖南文艺出版社邱昶同志的具体指导，尤其是我所在单位暨南大学华侨研究所的领导和同志们给予的支持和帮助。值此书出版之际，一并表示感谢！

张兴汉

1987年10月于广州

后 记

我出身于华侨家庭，爷爷的两个弟弟赴印尼邦加·勿里洞做锡矿工，父亲是新加坡归侨。1958 年我从家乡五华县安流中学毕业后考入广州暨南大学中文系。1963 年毕业后，响应国家号召到祖国需要的地方。此时正值国家遭受三年灾害困难时期，我被分配到山西省太行山区搞文化工作，经常下乡劳动和宣传大寨精神，被老区人民战天斗地、开山辟岭建设大寨田的动人情景所感染，写了《太行山上》一文，在《人民文学》发表，并获得征文奖。随后又陆续发表出版了《龙溪河畔》、《红大娘的故事》等作品。

1973 年调回广东省“农业学大寨”的模范——博罗县工作。在拥有两万人的农建专业机构县民兵师任《战报》编辑，足迹踏遍博罗县的农田水利建设工地，写了《壮志易山河》一文，在《惠州日报》发表后，由广东省电台连播三天，大大鼓舞了全省人民树雄心、立壮志，建设现代化大农业的决心。随后又发表了《罗浮山下》、《大干引来幸福泉》、《槟榔岭下战旗红》等报告文学。

1978 年改革开放落实侨务政策，暨南大学复办，我调回母校宣传部校刊编辑室工作。为配合落实归侨知识分子政策，我写了《骨肉难留报国心》、《友谊之树常青》两篇文章，在北京《中国建设》杂志和《归侨丹心》（人民出版社）一书中发表出版。

1980 年，学校成立华侨华人研究所，我被调入华侨教育研究室，从事华侨教育研究工作。海外华侨华人在辛亥革命、抗日战争和改革开放各个历史时期，对中国革命和建设作出了重大的贡献。30 年来我怀着崇敬的思想感情，除了完成国家和合作课题外，还用心和爱抒写了数十篇文学作品和研究论文，讴歌他们怀国爱乡的思想感情和对祖国的丰功伟绩。我走遍祖国沿海和边陲，所到之处见到的最好建筑物是新建的华侨学校，从长三角到珠三角、潮汕平原，梅州山区到云贵高原，处处可以听到许多动人心魄的感人事迹。旅日华侨吴桂显先生把东京银座的店铺卖了，回家乡中山市创建孙文学院，还有不少老华侨把长年积蓄的养老钱寄回家乡创办中小学校和设立奖学奖教基金，为家乡培养人才作出贡献。

1987 年全国侨联出版“龙的传人”丛书，我完成了司徒美堂文学传记《从徒工到侨领》后，国际版被美国纽约国家图书馆收藏，《司徒美堂少年故事》由

广州新世纪出版社译成英文，作为少儿读物，向海内外发行。司徒美堂文学传记出版后，还引起我国电影家协会主席司徒慧敏和著名导演孙道临以及丁荫楠等人的关注。他们希望把它拍成一部爱国主义教育的电影或电视剧，因耗资大、筹款难等种种原因，暂时搁置下来。但愿国家政府或有识之士能完成为侨领树碑立传的宏愿做一件好事！

1990 年完成《华侨华人大观》任务后，1993 年又接受国务院侨办出版“华侨华人”丛书中《世界华侨华人概况》一部。随后应马来西亚客属公会的邀请，参加“客家文化”演讲团赴马讲学。解甲后与他人合作为我校梁奇达校长立传。

随着暨南大学的发展，华侨华人研究所与东南亚研究所合并提升为国际关系学院，受曹云华院长的关爱，应邀出版本书，深表感谢。在此，我衷心祝愿国际关系学院在华侨华人研究领域再上新台阶，取得更加辉煌的成就！

值此书出版之际，特对国际关系学院院长助理文峰老师、暨南大学出版社黄圣英主任和陈绪泉编辑等人的辛勤工作以及肖淑利老师的长期支持和帮助，一并表示感谢！

张兴汉

2012 年 10 月于广州